भारतीय धार्मिक चेतना के आयाम

भारतीय धार्मिक चेतना के आयाम

रविनन्दन सिंह

लोकभारती प्रकाशन
पहली मंजिल, दरबारी बिल्डिंग, महात्मा गाँधी मार्ग, इलाहाबाद-1

लोकभारती प्रकाशन
पहली मंजिल, दरबारी बिल्डिंग, महात्मा गाँधी मार्ग
इलाहाबाद-211 001

वेबसाइट : www.lokbhartiprakashan.com
ईमेल : info@lokbhartiprakashan.com

शाखाएँ : 1-बी, नेताजी सुभाष मार्ग, दरियागंज
नयी दिल्ली-110 002
अशोक राजपथ, साइंस कॉलेज के सामने
पटना-800 006 (बिहार)
36-ए, शेक्सपियर सरणी
कोलकाता-700 017

मूल्य : ₹ 500

प्रथम संस्करण : 2016

त्रिवेणी ऑफसेट प्रिण्टर्स
इलाहाबाद द्वारा मुद्रित

BHARTIYA DHARMIK CHETNA KE AYAM
Ravinandan Singh

ISBN : 978-93-5221-086-2

चलते-फिरते ज्ञानपुञ्ज

श्रद्धेय प्रो. अमर सिंह

(पूर्व प्रो. अंग्रेजी विभाग इलाहाबाद विश्वविद्यालय इलाहाबाद)

को

अनुक्रम

अपनी बात

धर्म जीवन का अभिन्न अंग है। धर्म के आयाम मानव चिन्तन के ही विविध आयाम हैं। यह स्वाभाविक है कि प्रत्येक व्यक्ति अपने देश के धार्मिक एवं सांस्कृतिक विकास प्रक्रियाओं का अध्ययन करना चाहता है। इसी स्वाभाविकता का परिणाम है कि भारतीय धार्मिक चेतना के विभिन्न आयामों का अध्ययन एवं परिशीलन अनेक रूपों में होता आया है। प्रायः देखा जाता है कि कुछ लोग धर्म के नाम पर नाक-भौं सिंकोड़ते हैं। इसका मुख्य कारण है धर्म के वास्तविक परिप्रेक्ष्य का, उसके मनोविज्ञान का, उसके बाह्य एवं आन्तरिक धरातल का ज्ञान न होना। आदिम मानव के भय एवं आश्चर्य से पैदा हुआ धर्म आज अनेक आयामों में विस्तृत हो चुका है। धर्म के समग्र एवं सही परिप्रेक्ष्य का आभास उन्हें या तो नहीं होता अथवा वे यह ज्ञान प्राप्त करना नहीं चाहते। धर्म सामाजिक मनोविज्ञान से बहुत गहराई से सम्बन्धित है। भारतीय सन्दर्भ में इन आयामों का अध्ययन परिशीलन अत्यन्त रुचिकर है। इन धार्मिक आयामों से गुजरकर ही धर्म की अन्तरात्मा अध्यात्म को समझा जा सकता है। इस आध्यात्मिक धरातल पर पूरी मानवीय चेतना एक हो जाती है। इसी सार्वदेशिक मानवीय चेतना अथवा अध्यात्म की अनुभूति करना ही मानव मुक्ति का मार्ग है। धर्म के विभेदकारी बाहरी धरातल को चीरकर ही उस तरल आध्यात्मिक धरातल तक पहुँचा जा सकता है।

वस्तुतः अध्यात्म व्यक्ति के आत्म स्वरूप की अनुभूति कराता है, अहंकार का विसर्जन करता है, सहज भाव से जीना सिखाता है। पूरी प्रकृति सहज है, केवल आदमी असहज है। आदमी जो है वैसा दिखता नहीं और जैसा दिखता है वैसा होता नहीं। भीतर कुछ है बाहर कुछ है। बाहर-भीतर का भेद ही असहजता का कारक है। जहाँ अहंकार है वहीं भेद है। सहजता तभी आयेगी जब अहंकार का विलय होगा। अहंकार का विलय तभी होगा जब मन के धरातल पर अध्यात्म अंकुरित होगा और

अध्यात्म वहीं अंकुरित होगा जहाँ सभी धर्मों की आन्तरिक एकता की अनुभूति होगी। यह कार्य तभी सम्भव है जब धर्म के बाहरी भेदकारी धरातल को तोड़कर अन्दर प्रवेश किया जाय। अन्दर प्रवेश करने पर वैश्विक एकता की अनुभूति होने लगती है तथा धर्मों का बाह्य आवरण आडम्बर लगने लगता है। इस तथ्य एवं सत्य को समझने के लिए धर्मों का परिशीलन एवं अध्ययन आवश्यक है। सभी धर्मों का उद्देश्य है मानव-मुक्ति की तलाश। धर्मों की इसी आन्तरिक एकता की अनुभूति अध्यात्म कहलाती है। संक्षेप में अध्यात्म अहं के विसर्जन की कला है।

राग के ध्रुव पर खड़ा होना आसान है। विराग के ध्रुव पर चले जाना भी आसान है किन्तु राग एवं विराग के बीच सन्तुलन कायम कर लेना कठिन कार्य है। अध्यात्म इसी सन्तुलन को साधने की कला है। ऐसी स्थिति में पहुँचकर जीवन दरिया की तरह बहने लगता है। पहाड़ हो, कंकड़-पत्थर हों अथवा गड्ढे खाइयाँ हों, सबको छलाँगते हुए अध्यात्म का दरिया बहता जाता है। तब कोई प्रतिरोध नहीं रह जाता, अन्दर से भी, बाहर से भी। यह स्थिति तभी उत्पन्न होती है जब धर्म के बुद्धिप्रधान एवं तर्कप्रधान बाहरी आवरण को तोड़कर अन्दर बहती दरिया में प्रवेश दिया जाय। किन्तु जिनका भरोसा बुद्धि पर है, तर्क पर है, वे इस मर्म को नहीं समझ सकते। यह औलिया, खुसरो, कबीर, नानक, चैतन्य का मार्ग है। इस पर चलने के पूर्व वासनाओं के बने-बनाये घर को जला देना होगा। धर्म के विविध सिद्धान्तों, पूजा-पद्धतियों, बाह्याचारों आदि कल्मषों का लबादा ओढ़कर इस राह पर चलना असम्भव है।

ऊपर से देखने पर पूरी मनुष्य जाति ही धार्मिक मालूम होती है। अगर ऐसा होता तो अब तक दुनिया के सारे सन्ताप मिट जाते। किन्तु वास्तविकता इसके विपरीत है। एक तरफ मन्दिर, मस्जिद, चर्च, गुरुद्वारे, सिनेगाग आदि बनते ही जा रहे हैं और दूसरी तरफ अशान्ति, अवसाद, अराजकता, विघटन, हिंसा आदि विसंगतियों का आयतन भी बढ़ता जा रहा है। इन विसंगतियों का समाधान हम बाहर तलाशते हैं, भौतिक तरीके से तलाशते हैं। धीरे-धीरे हम एक कृत्रिम भौतिक दुनिया का जाल बुन लेते हैं और इसमें स्वयं उलझ जाते हैं। जबकि विसंगतियों का समाधान अन्दर है। 'कस्तूरी कुण्डलि बसै मृग ढूँढ़ै वन माँहि।' इसे बाहर तलाशने की आवश्यकता नहीं है। आवश्यकता है अपने ऊपर लदे धार्मिक अवसादों, सिद्धान्तों एवं अन्धविश्वासों की परतों को हटाने की। आवश्यकता है भीतर प्रवेश करने की। किन्तु भीतर प्रवेश करने की कला हमें आती नहीं इसीलिए सर्वत्र दुःख है। जो बाहर है वह दुःखी है, जो भीतर है वह सुखी है। बाहर होने का अर्थ है वासनाओं में रहना, कामनाओं में रहना। बाहर रहने का अर्थ है शर्तों में जीना, शर्तों के साथ जीना। अर्थात कामनाएँ पूरी हों तभी जीवन में सुख मिलेगा, तभी जीवन शुरू होगा। जिसने भी शर्तें लगायीं वह कभी शान्ति नहीं महसूस कर सकता। क्योंकि शर्तें हमेशा आगे खिसकती जायेंगी

और व्यक्ति अन्तिम साँस तक मरीचिका की दौड़ में उलझा रहेगा। जीने के लिए कल का इन्तजार बेमानी है। जीवन यहीं है और अभी है। शर्तों ने जीवन से हँसी छीन ली है। दुनिया के बौद्धिक लोग अब नहीं हँसते। दुनिया के कथित धार्मिक लोग अब नहीं हँसते। धार्मिक सिद्धान्तों एवं अवसाद की परतों को हटाकर अध्यात्म के धरातल पर जीनेवाला व्यक्ति ही हँस सकता है।

दुनिया के सभी धर्म एक ही दिशा की ओर संकेत करते हैं। किन्तु हम उस दिशा में देखने के बजाय धार्मिक संकेत करनेवाले उपादानों को ही धर्म समझ लेते हैं। पूजास्थल, धर्मग्रन्थ, धार्मिक सिद्धान्त मात्र संकेत हैं। किन्तु हम इन संकेतों को ही धर्म मानकर अन्धविश्वास का शिकार हो जाते हैं। प्रस्तुत पुस्तक में धर्म के इन संकेतों के माध्यम से भारतीय सर्वाङ्गीण चेतना को समझने की कोशिश की गयी है। प्रागैतिहासिक युग से अब तक के भारतीय धार्मिक चेतना का क्रमिक रूप से उद्‌घाटन कराना ही इस पुस्तक का उद्‌देश्य है। यद्यपि इस विषय पर अनेक पुस्तकें पहले से ही लिखी गयी हैं किन्तु इन धार्मिक आयामों को समग्र रूप से संकलित करनेवाली पुस्तकों का अभाव रहा है। इससे पाठकों को अनेक कठिनाइयों का सामना करना पड़ता है। इसी उद्‌देश्य से प्रस्तुत पुस्तक की रचना की गयी है। भारतीय इतिहास के कालक्रमानुसार नवीनतम अनुसन्धानों एवं शोधों को सम्मिलित करते हुए धर्म के क्षेत्र में हुए क्रमिक परिवर्तनों को इस पुस्तक में रखा गया है। यह भी ध्यान रखा गया है कि पुस्तक पाठकों एवं विद्यार्थियों के लिए अधिक उपयोगी एवं लाभप्रद हो।

लोकभारती प्रकाशन के श्री रमेश ग्रोवर एवं आमोद महेश्वरी के प्रयास से इस पुस्तक का प्रकाशन सम्भव, हो सका है इसके लिए उनका आभारी हूँ। मेरी पत्नी पारूल सिंह द्वारा प्रूफ रीडिंग करने से पुस्तक त्वरित गति से तैयार हो गयी वरना मेरे जैसे सुस्त इन्सान के लिए यह कार्य अत्यन्त कठिन था। अपने साहित्यिक मित्रों के सुझावों के लिए सदैव आभारी हूँ तथा यह आभार औपचारिकता मात्र नहीं है। शीघ्रता में कही-कही अशुद्धियाँ रह गयी हों तो इसके लिए पाठकों से क्षमाप्रार्थी हूँ।

- रविनन्दन सिंह

1

धर्म : अर्थ एवं आशय

इतिहास साक्षी है कि आदिमकाल से ही मानव का धर्म से अन्योन्याश्रित सम्बन्ध रहा है। मानव-जीवन का कोई भी पहलू ऐसा नहीं है जो धर्म से अनुप्राणित न रहा हो। आस्था एवं विश्वास मानव की धार्मिक चेतना के आधार हैं । विज्ञान एवं धर्म में मूलभूत अन्तर यही है कि जहाँ धर्म का आधार आस्था एवं विश्वास है वहीं विज्ञान का आधार तर्क एवं बुद्धि है, अन्यथा धर्म एवं विज्ञान दोनों का उद्देश्य है मानव मुक्ति अथवा पूर्णता की तलाश। विज्ञान जहाँ इस पूर्णता की तलाश बाह्य जगत् के विश्लेषण से करता है वहीं धर्म यह कार्य अन्तर्जगत् के अन्वेषण से करता है। धार्मिक चेतना वह शक्ति है जो मानव को धर्म की ओर अग्रसर करती है। धार्मिक चेतना के तीन आयाम हैं- 1-भावना, 2-ज्ञान एवं 3-क्रिया। भावना, धार्मिक सत्ता के प्रति प्रेम एवं समर्पण उत्पन्न करती है। ज्ञान, धार्मिक सत्ता के प्रति विश्वास एवं आस्था पैदा करता है जबकि क्रिया, संकल्पबद्ध होकर धार्मिक सत्ता के प्रति पूजा, अर्चना, वन्दना, कर्मकाण्ड आदि का आयोजन करती है। अतः धर्म में भावना, ज्ञान एवं क्रिया तीनों तत्त्व विद्यमान रहते हैं। इसीलिए धर्म को मानव-मन की प्रतिक्रिया कहा गया है। इस प्रतिक्रिया का स्वरूप भावनात्मक, ज्ञानात्मक एवं क्रियात्मक तीनों हो सकता है।

यदि धर्म को परिभाषित करने का प्रयास किया जाय तो इसका स्वरूप अधिक स्पष्ट होगा। अब तक धर्म की अनेक परिभाषाएँ की जा चुकी हैं। जॉन मार्ले के शब्दों में धर्म की दस हजार परिभाषाएँ हैं। निःसन्देह इन विभिन्न परिभाषाओं में सत्यांश है किन्तु परिभाषाएँ कभी पूर्ण नहीं हो सकतीं। फिर भी इन परिभाषाओं की निरपेक्ष छानबीन से धर्म का आशय स्पष्ट किया जा सकता है। धर्म की कुछ महत्त्वपूर्ण परिभाषाएँ निम्नलिखित हैं-

हेगल- 'अपूर्ण बुद्धि द्वारा अपने स्वरूप का पूर्ण बुद्धि के रूप में ज्ञान ही धर्म है अर्थात् धर्म एक प्रकार का ज्ञान है जिससे निरपेक्ष सत्ता का पूर्ण बोध प्राप्त होता है।'

ई. बी. टायलर- 'धर्म आध्यात्मिक सत्ताओं में विश्वास है।'

मैक्समूलर- 'धर्म वह मानसिक शक्ति या प्रवृत्ति है जो मनुष्य को अनन्त सत्ता का ज्ञान प्राप्त कराने में सक्षम बनाती है।'

फ्लिण्ट- 'धर्म मनुष्य का ऐसी सत्ता में विश्वास है जो उससे शक्तिशाली और इन्द्रियातीत है।'

गैलवे- 'स्वयं से परे सत्ता में मनुष्य का विश्वास ही धर्म है जिसके द्वारा वह अपनी भावनाओं की सन्तुष्टि और जीवन की स्थिरता प्राप्त करता है तथा जिसे वह पूजा एवं सेवा के माध्यम से प्रकट करता है।'

उपर्युक्त परिभाषाओं से स्पष्ट है कि धर्म का सम्बन्ध निश्चित रूप से परासत्ता से है। यही परासत्ता ईश्वर या ब्रह्म जैसे प्रत्ययों के रूप में जानी जाती है। इससे अतीन्द्रियता एवं पारलौकिकता का बोध होता है। वह परासत्ता चिरन्तन एवं अनश्वर है। आदिम धर्मों में यही परासत्ता, जीववाद, टोटमवाद, मानावाद, प्रेतवाद जैसी अराधना-पद्धतियों के रूप में स्पष्ट रूप से दिखायी देती है। इसी परासत्ता के ऐश्वर्य एवं चमत्कार से चमत्कृत होकर आदिम मनुष्य भय एवं आश्चर्य के प्रतिक्रियास्वरूप धर्म की ओर उन्मुख हुआ। आज भी इसी आदिम भावना के वशीभूत मानव भूत, प्रेत, वृक्ष, पशु, पक्षी आदि की पूजा करता है। वस्तुतः धर्म के दो पक्ष हैं - आन्तरिक पक्ष एवं बाह्य पक्ष। धर्म का आन्तरिक पक्ष सार्वभौमिक मानवीय चेतना है जिसमें आस्था, विश्वास, भावना और आध्यात्मिकता का समावेश होता है। यह आन्तरिक पक्ष ही धर्म की आत्मा है। धर्म के बाह्य पक्ष के अन्तर्गत धर्मग्रन्थ, अनेक देवताओं की कल्पना, पूजास्थल, कर्मकाण्ड, मुल्ला-मौलवी, पण्डित-पुरोहित, पादरी आदि आते हैं। सारे धार्मिक मतभेद-विभेद इसी बाह्य पक्ष के सम्बन्ध में होते हैं। धर्म के आन्तरिक पक्ष को लेकर समस्त धर्मों में स्वाभाविक एकता है एवं यही पक्ष धर्म का मूल है, वास्तविक धर्म है।

धर्म चाहे आदिम रूप में रहा हो या विकसित रूप में, वह सदैव मानव-जीवन का अभिन्न अंग रहा है। धर्म एवं मानव के विकास में गहरे सम्बन्ध को रेखांकित करते हुए ही मैक्समूलर ने कहा है कि 'मानव का इतिहास धर्म का इतिहास है।' इसी प्रकार काम्टे ने कहा है कि 'सम्पूर्ण मानव-अस्तित्त्व धर्म के अन्तर्गत है और धर्म का इतिहास मानव-विकास के सम्पूर्ण इतिहास को चित्रित करता है। 'मनुष्य केवल रोटी से जीवित नहीं रह सकता। वह अपनी भौतिक अपूर्णता को पूर्ण करने के लिए जीवनभर जद्दोजहद करता है। उसकी यह अपूर्णता बाह्य दौड़ से शान्त

नहीं हो पाती। भौतिकता की पराकाष्ठा पर पहुँचकर मानव को यह अहसास हो जाता है कि परमसुख और शान्ति का आधार आन्तरिक एवं आध्यात्मिक जगत् है। मनुष्य का सच्चा अध्ययन स्वयं मनुष्य है। किन्तु मनुष्य का पूर्ण अध्ययन कभी भी पूर्ण रूप से नहीं किया जा सकता जब तक कि उसमें धर्म का अध्ययन सम्मिलित न कर लिया जाय।

सन्दर्भ ग्रन्थ

द फिलासफी ऑफ रेलीजन - डी. एम. एडवर्ड

धर्म दर्शन-प्राच्य एवं पाश्चात्य - डॉ. याकूब मसीह

ईस्टर्न रेलीजन ऐण्ड वेस्टर्न थाट - डॉ. राधाकृष्णन

रिकवरी ऑफ फेथ - डॉ. भगवान् दास

2
धर्म की उत्पत्ति के सिद्धान्त

मनुष्य कैसे और क्यों धार्मिक बना अर्थात् धर्म की उत्पत्ति कैसे हुई, यह प्रश्न अत्यन्त महत्त्वपूर्ण है। इसी प्रश्न के उत्तर में मानव के मानव होने का अर्थ निहित है। धर्म की उत्पत्ति के विषय में अनेक सिद्धान्त प्रचलित हैं। यह पता लगाने के लिए कि समाज में धर्म कब और किस प्रकार उत्पन्न हुआ, निश्चित रूप से आदिम मानव-समाज के विषय में अध्ययन आवश्यक होता है। मनोवैज्ञानिक विवेचन द्वारा इस बात का पता लगाया जा सकता है कि मानव-मन में धार्मिक चेतना किन कारणों से विकसित हुई एवं किन प्रवृत्तियों, इच्छाओं, संवेगों एवं प्रेरणाओं के कारण धार्मिक भावनाएँ विकसित हुईं। धर्म की उत्पत्ति के कुछ प्रमुख सिद्धान्तों का संक्षिप्त विवरण निम्नलिखित है-

1. दैवी प्रकाशन का सिद्धान्त (Theory of Divine Revelation) : इस सिद्धान्त के अनुसार स्वयं ईश्वर ने ही मानव हित के लिए अपनी अनुकम्पा से धर्म का प्रकाशन किया है। इस आशय से अवतार, पैग़म्बर एवं देवदूतों को माध्यम बनाकर ईश्वर मानव के जीवन में धर्म की भावना पैदा करता है। यह सिद्धान्त विशेष रूप से यहूदी, ईसाई एवं इस्लाम धर्म में पाया जाता है। इसका प्रमाण धर्मशास्त्रों में स्पष्ट रूप से मिलता है।

2. मानवीय विवेक का सिद्धान्त (Theory of Human Reason) : इस सिद्धान्त के अनुसार धर्म की उत्पत्ति मानवीय विवेक से हुई है। इसके अनुसार मानवीय विवेक या बुद्धि में धर्म जन्मजात रूप से विद्यमान होता है। इस मत के पोषक कुछ ब्रिटिश बुद्धिवादी हैं जैसे हर्बर्ट एवं जॉन टोलैण्ड। उन्होंने धर्म को बुद्धिगत माना। ये बुद्धिवादी देववाद (Deism) के पोषक थे। इस मत के अनुसार सभी धर्म प्रारम्भिक अवस्था में शुद्ध थे। किन्तु कालान्तर में स्वार्थी पुरोहितों ने जनसमूह को अपने नियन्त्रण में रखने के लिए अन्धविश्वासों, कर्मकाण्डों आदि पाखण्डों का प्रवेश कराया जिससे धर्मक्रमशः विकृत होता गया।

3. जीववादी सिद्धान्त (Animistic Theory) : जीववादी सिद्धान्त का प्रतिपादन मानवशास्त्रीय दृष्टि से टायलर महोदय ने किया है। उन्होंने अपने ग्रन्थ 'आदिम संस्कृति' (Primitive Culture) में आदिम मानव-संस्कृति का वैज्ञानिक एवं रोचक विवेचन प्रस्तुत किया है। इस सिद्धान्त के अनुसार मानव प्रकृति की समस्त वस्तुओं में आत्मा का अस्तित्त्व स्वीकार करने लगता है। वह पहाड़, बादल, वृक्ष, नदी, नक्षत्र, जलप्रपात आदि में अपने जैसी आत्मा का अस्तित्त्व स्वीकार करने लगता है एवं अपनी चेतना का आरोपण विश्व की सभी वस्तुओं पर करने लगता है। धीरे-धीरे मानव शक्तिशाली जीवों एवं पदार्थों की आराधना अपनी सुरक्षा एवं कल्याण के लिए करने लगता है। आदिम मानव में धर्म की उत्पत्ति इसी चेतना के फलस्वरूप पैदा हुई।

4. प्रेत सिद्धान्त (Theory of Ghost) : प्रेत सिद्धान्त के प्रवर्तक स्पेन्सर महोदय के अनुसार आदिम मानव प्रारम्भ में अपने पूर्वजों की पूजा प्रेतात्मा के रूप में करता था। इसी चेतना से धर्म की उत्पत्ति हुई। आदिम मानव की धारणा थी कि मृत्यु के पश्चात् भी पूर्वजों का अस्तित्त्व प्रेतात्मा के रूप में बना रहता है। प्रेतात्मा के रूप में पूर्वजों की शक्ति बढ़ जाती है और वे प्रसन्न अथवा अप्रसन्न होकर शुभ अथवा अशुभ फल प्रदान करते हैं। इसीलिए उनको प्रसन्न रखने के लिए आदिम मानव मन्त्र-तन्त्र, जादू-टोना, बलि, पूजा आदि क्रियाओं का आयोजन करता था। इन्हीं क्रिया-कलापों से पूजा-पद्धतियों एवं कर्मकाण्डों का विकास हुआ जिससे धर्म की उत्पत्ति में सहयोग मिला। इस प्रकार की धार्मिक चेतना के पीछे भय की भावना कार्य करती है। आज भी अनेक समुदायों में प्रेतात्मा का भय बना हुआ है और उनको प्रसन्न रखने के लिए आज भी हवन आदि क्रियाएँ की जाती हैं।

5. टोटमवाद का सिद्धान्त (Theory of Totemism) : इस सिद्धान्त का प्रतिपादन डब्ल्यू. राबर्टसन, स्मिथ तथा जेवन्स ने किया। इसके अनुसार टोटमवाद ही आदिम धर्म है और इसी से धर्म की उत्पत्ति हुई। टोटमवाद का मानना है कि पेड़-पौधे एवं पशु ही समस्त मानव जाति के जनक हैं। आदिम मानव की धारणा थी कि उनका विकास 'टोटम' से ही हुआ है। वे टोटम को अपने वंश का प्रतीक मानते थे। टोटम के आधार पर आदिम जातियाँ अनेक समूहों में विभाजित थीं। प्रत्येक समूह अपने 'टोटम' को अपना संरक्षक मानता था जैसे यदि किसी समूह का टोटम साँप था तो वह समूह यह समझता था कि उनके समूह के व्यक्ति को साँप कभी नहीं काटेगा और साँप अन्य संकटों से भी उनकी सुरक्षा करेगा।

6. मानावाद का सिद्धान्त (Theory of Manaism) : इस सिद्धान्त के अनुसार 'माना' नामक अलौकिक, अप्राकृतिक एवं रहस्यमयी शक्ति को आराधना एवं उपासना का विषय माना जाता है। 'माना' मलेनिशियन शब्द है जो सर्वव्यापी,

अतीन्द्रिय, अलौकिक, आध्यात्मिक एवं अभौतिक शक्ति का द्योतक है। इसका अभिप्राय आत्मा की तरह है। आदिम मानव अपनी सफलता एवं असफलता में इसी शक्ति का प्रभाव मानता था। उसका विश्वास था कि जीवन की सफलता 'माना' नामक शक्ति से ही प्राप्त होती है। किसी व्यक्ति के साथ यह शक्ति ताबीज, जड़ी-बूटी, पत्थर या धातु के रूप में रह सकती है। जीवन में सफलता के लिए 'माना' की अनुकम्पा आवश्यक होती है। इसका प्रयोग चमत्कार उत्पन्न करने, रोगों से छुटकारा पाने और शकुन जानने के लिए किया जाता था। कुछ विशेष व्यक्ति ही 'माना' का प्रयोग कर सकते थे।

7. भय का सिद्धान्त (Theory of Fear) : इस सिद्धान्त का प्रतिपादन एपीक्यूरियन दार्शनिक एवं लैटिन कवि ल्यूक्रीसस के विचारों में मिलता है। आधुनिक युग में अनुभववादी दार्शनिक ह्यूम ने भी ल्यूक्रीसस के विचारों का समर्थन करते हुए इस बात पर जोर दिया कि धार्मिक क्रियाओं के लिए भय ही प्रेरक तत्त्व है। रोवोट जैसे आधुनिक मनोवैज्ञानिकों ने भी इस सिद्धान्त का समर्थन किया है। इस सिद्धान्त के अनुसार आदिम मानव प्रकृति के प्रत्येक वस्तु में अद्भुत शक्तियों की उपस्थिति मानता था तथा उनसे भयभीत होकर एवं उनकी कृपा पाने के लिए अनेक प्रकार की धार्मिक क्रियाएँ करता था।

8. फ्रायड का अचेतन सिद्धान्त (Subconscious Theory of Fraud) : फ्रायड मूल रूप से चिकित्सक थे और मानसिक रोगों के इलाज के लिए उन्होंने अचेतन (Id) की खोज की। यह ग्लैशियर के पानी के अन्दरवाले भाग की तरह मन का बहुत बड़ा हिस्सा है जो छिपे रूप में हमारे चेतन व्यवहार को प्रभावित करता है। यह अचेतन मानव की मूल प्रवृत्तियों, कामवासनाओं, अतृप्त इच्छाओं एवं दमित कामनाओं का भण्डार है। अचेतन में स्थित कामवासना ही जीवन की मूल प्रेरक शक्ति है जिसे फ्रायड ने 'Libido' का नाम दिया है। फ्रायड के अनुसार धर्म के सम्बन्ध में मानव की जितनी चेतन क्रियाएँ हैं उनका आधार अचेतन मन ही है। फ्रायड के अनुसार धर्म का विश्लेषण संक्षेप में निम्नलिखित है -

1. मनुष्य भय एवं असुरक्षा के कारण जब व्याकुल होता है तब वह ईश्वर की शरण में जाने की आवश्यकता महसूस करता है। वह ईश्वर के ऊपर जीवन का समस्त बोझ सौंपकर अपने को सुरक्षित महसूस करता है। इस प्रकार धर्म एक मनोवैज्ञानिक भय है जिससे छुटकारा सिर्फ ज्ञान एवं तर्क से ही पाया जा सकता है।

2. फ्रायड के अनुसार धर्म विकृत एवं अस्वस्थ मन का द्योतक है। यह ऐसा मानसिक रोग है जो अन्य मानसिक रोगों की अपेक्षा सामान्य एवं अधिक स्थायी है और इससे छुटकारा पाना सम्भव नहीं है। यह एक सुखदायक भ्रम है। जीवन-संघर्षों से घबड़ाकर कभी-कभी नास्तिक भी ऐसे भ्रम में पड़ जाते हैं। अतः भय एवं कष्ट

से मुक्त होने की भावना से ही मानव इस रोग का वरण करता है। मनुष्य जब कठोर वास्तविकता का सामना करने में असमर्थ हो जाता है और अपनी इच्छाओं की पूर्ति वास्तविक जगत् में नहीं कर पाता तब धार्मिक विश्वासों एवं सिद्धान्तों की शरण लेता है। उसकी आड़ में वह अपने को सुरक्षित पाता है एवं अपनी इच्छाओं का प्रक्षेपण धर्म एवं ईश्वर में करके शान्ति का अनुभव करता है। जब मानव वास्तविकता पर विजय पाने में सक्षम होगा तब धर्म का भ्रम स्वतः मिट जायेगा और यह कार्य ज्ञान एवं विज्ञान के आधार पर ही सम्भव हो सकता है।

3. फ्रॉयड के अनुसार दमित वासनाएँ धर्म के माध्यम से सुसंस्कृत रूप में प्रकट होती हैं और मानव को सन्तृप्त करती हैं। पूजा, बलि, प्रार्थना आदि द्वारा हमारी दमित वासनाएँ सन्तुष्ट होती हैं। हमारी यौन भावना जिसे सामाजिक रूप से नैतिक नहीं माना जाता, धर्म के क्षेत्र में प्रेम-भावना के रूप में अभिव्यक्त होती है और यही प्रेम-भावना धार्मिक रूप से भक्ति, ईश्वर-प्रेम, पूजा एवं प्रार्थना के रूप में अभिव्यक्त होती है। यही यौन भावना प्रेम-भावना के रूप में रूपान्तरित होकर धर्म का रूप ले लेती है।

9. युंग का सामूहिक अचेतन का सिद्धान्त (Theory of collective Subconscious) : युंग फ्रायड के शिष्य थे किन्तु सैद्धान्तिक मतभेद के कारण दोनों एक-दूसरे से अलग हो गये। युंग के अनुसार फ्रायड का 'अचेतन' अत्यन्त सीमित है जो व्यक्ति के जीवनकाल तक ही मिलता है। युंग के अनुसार अचेतन के दो भाग हैं-व्यक्तिगत अचेतन एवं सामूहिक अचेतन। व्यक्तिगत अचेतन में वही सब बातें हैं जो फ्रायड की 'पूर्वचेतन' (Preconscious) एवं 'अवचेतन' (Subconscious) में पायी जाती हैं। जबकि सामूहिक अचेतन में मानव की हजारों वर्षों की अनुभूतियाँ एवं संस्कार निहित होते हैं। इन्हें युंग 'आर्केटाइप' (Archetype) अर्थात् स्मृतियों का मूलरूप कहता है। 'आर्केटाइप' ही हमारे चेतन जगत् में विचार का रूप ग्रहण करते हैं। व्यक्ति के जीवन में 'आर्केटाइप' अचेतन के रूप में पड़े रहते हैं और वहीं से स्वप्नों, व्यामोहों एवं पौराणिक गाथाओं के रूप में चलते रहते हैं। युंग के अनुसार धर्म की उत्पत्ति इसी सामूहिक अचेतन से होती है। मानव के अन्दर ईश्वर एवं धर्म सम्बन्धी अवधारणा सदियों से 'आर्केटाइप' के रूप में विद्यमान रहती है।

धर्म की उत्पत्ति का दूसरा आधार युंग का -'लिबिडो' भी है। किन्तु युंग का 'लिबिडो' फ्रायड की तरह केवल कामवासना तक ही सीमित नहीं है। यह शॉपेनहावर के 'जीने की इच्छाशक्ति' (Vital living force) तथा वर्गसाँ की आत्मिक शक्ति (Anal vital force) की तरह है जिसके द्वारा मनुष्य जीवन एवं जगत् में तादात्म्य स्थापित करते हुए पूर्णता की प्राप्ति करता है। इसी 'लिबिडो' के द्वारा चेतन एवं अचेतन के बीच सामंजस्य स्थापित होता रहता है। यही सामंजस्य या पूर्णता की

प्राप्ति ही धर्म का मार्ग है। दूसरे अर्थों में धर्म पूर्णता की प्राप्ति का माध्यम है तथा व्यक्ति के सर्वाङ्गीण विकास का प्रेरक है।

10. जेम्स का सिद्धान्त (Theory of Belief) : इस सिद्धान्त के अनुसार धार्मिक भावना की उत्पत्ति का आधार विश्वास है। जेम्स के अनुसार धर्म तर्क की अपेक्षा अनुभूति एवं संकल्प पर निर्भर होता है। तर्क या बुद्धि के आधार पर ईश्वर को नहीं जाना जा सकता। ईश्वर मनुष्य की इच्छाओं, आकांक्षाओं, अभिलाषाओं, मूल्यों तथा आदर्शों का ही प्रतिरूप है। मनुष्य के अन्तःकरण की जो उच्च भावनाएँ हैं उनका समुच्चय ही ईश्वर है। धर्म या ईश्वर में विश्वास ही सन्तोष, आनन्द, शक्ति एवं उत्साह प्रदान करता है। इस आधार पर जेम्स, फ्रायड के विरुद्ध धर्म की उपयोगिता मानते हैं।

11. वर्गसाँ का सिद्धान्त (Theory of Intution) : वर्गसाँ के अनुसार धर्म के दो रूप हैं - स्थिर धर्म एवं अस्थिर धर्म। स्थिर धर्म का आधार बुद्धि (Reason) है जबकि अस्थिर धर्म का आधार अन्तःप्रज्ञा (Intution) है। स्थिर धर्म द्वारा समाज में व्यवस्था बनी रहती है। स्थिर धर्म को स्वाभाविक या परम्परागत धर्म कहा जाता है। अस्थिर धर्म अन्तःप्रज्ञा (Intution) की उपज है। अन्तःप्रज्ञा अन्तःस्तल तक पहुँचने की शक्ति रखती है। बुद्धि की अपेक्षा अन्तःप्रज्ञा उच्च है इसलिए अस्थिर धर्म स्थिर धर्म से अधिक महत्त्वपूर्ण है। वास्तविक परिप्रेक्ष्य का ज्ञान इसी से होता है। इससे ज्ञाता एवं ज्ञेय का भेद समाप्त हो जाता है।

सन्दर्भ ग्रन्थ

द फिलासफी ऑफ रेलीजन - जी. गैलोबे

रेलीजन ऑफ मैन - रवीन्द्रनाथ टैगोर

समकालीन धर्म दर्शन - याकूब मसीह

डायनामिक्स ऑफ फेथ - के. एन. मिश्र

3

धर्म का ऐतिहासिक वर्गीकरण

मानव संस्कृति के उत्थान में धर्म का प्रमुख हाथ रहा है। अतः इसे जानने के लिए धर्म के ऐतिहासिक विकास को जानना आवश्यक है। विद्वानों ने ऐतिहासिक दृष्टि से धार्मिक अवस्थाओं का वर्गीकरण अपने-अपने दृष्टिकोण से किया है। इन विद्वानों में हेगल, साइबेक, टायले, प्रो. गेलवे तथा प्रो. एटकिन्सन ली के वर्गीकरण महत्त्वपूर्ण हैं। अधिकांश विद्वानों ने प्रो. गैलवे के वर्गीकरण का अनुमोदन किया है। प्रो. गैलवे द्वारा धर्म का ऐतिहासिक वर्गीकरण इस प्रकार है - 1. आदिम धर्म, 2. राष्ट्रीय धर्म एवं 3. विश्वव्यापी धर्म। इनका संक्षिप्त विवरण निम्नलिखित है-

1. **आदिम धर्म अथवा प्रारम्भिक धर्म** - आदिम धर्म अथवा प्रारम्भिक धर्म आदिमकाल से मनुष्य की धार्मिक भावना को व्यक्त करता है। अतः इसे प्रारम्भिक धर्म की संज्ञा दी जाती है। आदिम युग में समुदाय सर्वोपरि था न कि व्यक्ति। सामाजिक नियम ही नैतिक नियम थे। सामाजिक एवं नैतिक व्यवस्था बनाये रखने के लिए मनुष्य पराशक्ति में विश्वास रखता था। यह पराशक्ति दृश्य की अपेक्षा अदृश्य एवं सूक्ष्म रूप में मानव की चेतना में विद्यमान थी। प्रारम्भिक धर्म की कई अवस्थाएँ थीं जिनका वर्गीकरण निम्न प्रकार है -

(I) जीववाद - आदिम मानव का विश्वास था कि प्रकृति की समस्त वस्तुओं में जीव का निवास होता है।

(II) प्राणवाद या आत्मवाद - इस मत में शरीर की अपेक्षा आत्मा को अधिक महत्त्व दिया जाता है। इसके अनुसार सम्पूर्ण विश्व आत्मा से पूर्ण है। आत्मा अदृश्य होते हुए भी विश्व की समस्त वस्तुओं में अन्तर्निहित है। आत्माएँ अच्छी एवं बुरी होती हैं जिनसे शुभ एवं अशुभ परिणाम प्राप्त होते हैं।

(III) फीटिशवाद - जीववाद एवं प्राणवाद के पश्चात् धर्म का क्रमिक विकास फीटिशवाद के रूप में हुआ। 'फीटिश' शब्द पुर्तगाली भाषा के 'फाइटिको' (Fitiko) शब्द से बना है जिसका अर्थ आकर्षण या रमणीयता होता है। 'फीटिश' एक विलक्षण पत्थर या मानव शरीर का कोई अंग होता था जिसकी पूजा आदिम मानव अपनी मनोकामना की पूर्ति के लिए करता था। इसे रहस्यमयी शक्ति या आत्मा का निवास माना जाता था। ओझा या तान्त्रिक बलि, प्रार्थना, यज्ञ द्वारा 'फीटिश' को प्रसन्न करता था और अपनी इच्छा के अनुसार उससे कार्य सम्पन्न करवाता था। यदि उससे कार्य सम्पन्न नहीं होता था तो उसमें आत्मा का निवास अनुपस्थित मानकर नये 'फीटिश' की तलाश की जाती थी। फीटिशवाद जादू, चमत्कार एवं अन्धविश्वास के निकट था।

(IV) मानावाद - इसे भी आदिम धर्म का प्रस्थान बिन्दु माना जाता है। इसके अनुसार 'माना' एक रहस्यमयी शक्ति है जिसकी अभिव्यक्ति भौतिक या मानवीय शक्ति में होती है। इसे पूर्वजीववादी सिद्धान्त भी कहा जाता है क्योंकि इसका प्रचलन जीववाद के पूर्व था। इसकी सबसे बड़ी देन जीवात्मा के विश्वास के रूप में है।

(V) टोटमवाद - आदिम मानव एक 'टोटम' की पूजा करता था जो पशु, पक्षी, वृक्ष आदि किसी भी रूप में हो सकता था। प्रत्येक समुदाय का एक अपना 'टोटम' था जिसकी आराधना कर वह समुदाय अनुकूल फल प्राप्त करता था। वह समस्त समुदाय का रक्षक था। टोटम पूजा के कारण ही कर्मकाण्ड, बलि, जादू-टोने का आविर्भाव हुआ।

2. **राष्ट्रीय धर्म** - यह धर्म के विकास का द्वितीय चरण है। जब जातीय समुदाय ऐतिहासिक कारणों से संगठित हुए तो राष्ट्र के रूप में सामने आये। धीरे-धीरे उनमें राष्ट्रीय चेतना एवं धार्मिक चेतना का विकास हुआ। राष्ट्रीय धर्म के विकास की निम्नलिखित अवस्थाएँ मानी जाती हैं-

(I) बहुदेववाद एवं मानवीकरण - जातीय धर्म का बहुजीववाद आगे चलकर बहुदेववाद के रूप में सामने आया। जातीय धर्म में जो जीवात्माएँ अदृश्य थीं उन्हें राष्ट्रीय धर्म में मानवीकृत होना पड़ा। प्राकृतिक शक्तियों का मानवीकरण हो गया। ये दिव्य शक्तियाँ विभिन्न नामों से अभिहित की जाने लगीं और एक विस्तृत देवमण्डल की उत्पत्ति हुई। प्रत्येक देवता का निश्चित कार्यक्षेत्र होता था। उदाहरण के लिए पर्सिया में 'अहूरा' प्रकाश के देवता थे और वही दायित्व बेबीलोनिया में 'माईूक', मिस्र में 'रॉ', भारत में 'सूर्य', ग्रीक में 'जीअस' नामक देवता निर्वाह करते थे। देवता अमर होते थे, इनकी पूजा की जाती थी तथा इनके पीछे गाथाएँ एवं कहानियाँ भी रची जाने लगीं जिनका पौराणिक महत्त्व आज भी है।

(II) आध्यात्मिकता का जन्म - राष्ट्रीय धर्म में देवताओं को प्राकृतिक जगत् से भिन्न आध्यात्मिक जगत् की शक्ति माना गया तथा उनमें नैतिक एवं उच्च आध्यात्मिक गुणों का आरोपण किया गया। देवताओं के इन गुणों का चित्रण पौराणिक कथाओं के माध्यम से किया जाने लगा।

(III) अनेकेश्वरवाद से एकश्वरवाद की ओर - जिस प्रकार राष्ट्र में एक राजा की सत्ता स्थापित होती है उसी प्रकार स्वर्ग में एक देवता की सर्वोच्चता की कल्पना की जाती है एवं अन्य सभी देवता उसके अधीन माने जाते हैं। इस व्यवस्था के प्रतीक भारत में इन्द्र, यूनान में जीअस, रोम में जुपिटर तथा बेबीलोन में मार्डूक माने जाते हैं। भक्ति-भावना के कारण भी मानव किसी एक देवता को सर्वोच्च मानने लगता है। अन्य देवताओं की सत्ता को स्वीकार करते हुए भी वह एक देवता की प्रधानता स्थापित करता है। इसे ही मैक्समूलर ने 'हीनोथिज्म' कहा है। इस प्रवृत्ति में बुद्धि की अपेक्षा भावना की प्रधानता मिलती है। इस प्रवृत्ति में यह भी देखा जाता है कि कभी कोई देवता प्रधान होता है, कभी कोई।

एकेश्वरवाद की तीसरी अवस्था में ब्रह्म को परमतत्त्व माना जाता है तथा अन्य देवताओं को उसी ब्रह्म की सत्ता का अंग मान लिया जाता है। इस प्रकार एकेश्वरवाद की प्रवृत्ति सर्वेश्वरवाद की तरफ मुड़ती है। भारत में भी बौद्धिक बहुदेववाद औपनिषदिक सर्वेश्वरवाद के रूप में रूपान्तरित हुआ। यही प्रवृत्ति अन्य देशों एवं संस्कृतियों में पायी जाती है। यथा मिस्र में सूर्य को सभी देवताओं की आत्मा के रूप में स्वीकार किया गया।

(IV) धार्मिक व्यवहार एवं क्रियाएँ - राष्ट्रीय धर्म के विकास की चौथी प्रक्रिया धार्मिक व्यवहार एवं क्रियाओं के रूप में अभिव्यक्त होती है। राष्ट्रीय धर्म में क्रिया-शक्ति का महत्त्व पाया जाता है, कर्मकाण्डों की प्रचुरता मिलती है तथा यज्ञ, आहुति एवं बलि-प्रथा का प्रचलन मिलता है। मानव अपनी स्वार्थसिद्धि के लिए, देवताओं के प्रति कृतज्ञता ज्ञापित करता है तथा ईश्वर से एकता का बोध करने के लिए विभिन्न धार्मिक क्रियाएँ करता है। राष्ट्रीय धर्म में साधना के अनेक रूप मिलते हैं 1. सौम्य इष्ट की आराधना, 2. उग्र इष्ट की आराधना तथा 3. कामप्रधान इष्ट की आराधना।

3. विश्वव्यापी धर्म - धर्म के इतिहास में विश्वव्यापी धर्म सर्वथा नवीन धर्म है। यह धर्म किसी जाति अथवा राष्ट्र की सीमा में सीमित नहीं है, इसीलिए इसे विश्वव्यापी या सार्वभौमिक धर्म कहा जाता है। धर्म के बाह्य आडम्बरों से मुक्त होकर यह चेतना के आन्तरिक पक्ष को विशेष महत्त्व देता है। इसमें आध्यात्मिकता का स्थान सर्वोपरि होता है। प्रत्येक देश-काल में कुछ ऐसे सन्त, पैग़म्बर, देवदूत उत्पन्न होते हैं जो धार्मिक रूढ़िवादिता का विरोध कर स्वानुभूत धर्म या सार्वभौमिक धर्म का

प्रचार करते हैं। इस सार्वभौमिक धर्म में बाह्य अनुष्ठानों का महत्त्व नहीं होता बल्कि मन की शुद्धता अपेक्षित होती है। इस धर्म का कोई देवता नहीं होता, कोई देवालय नहीं होता, कोई शास्त्र नहीं होता, न ही इसको किसी पुरोहित, मौलवी, पादरी की दरकार होती है। इस धर्म के प्रचारकों ने सदैव नैतिकता एवं मानवीय मूल्यों का समर्थन किया है।

सन्दर्भ-ग्रन्थ

भारतीय संस्कृति एवं साधना, खण्ड-1 - डॉ. गोपीनाथ

वेराइटीज ऑफ रेलीजस एक्सपीरियेन्स - विलियम जेम्स

ऐन इण्ट्रोडक्सन टू फिलासफिकल एनालिसिस - जॉन हास्पर्स

पाश्चात्य दर्शन दर्पण - डॉ. ओ.बी.एल. कपूर

जीवन की आध्यात्मिक दृष्टि - डॉ. राधाकृष्णन

4
हड़प्पा सभ्यता की धार्मिक चेतना

भारत में मनुष्य कब से रहने लगा इसका साक्ष्य पुरातात्त्विक अवशेषों से प्राप्त होता है। इन साक्ष्यों की प्राचीनता लगभग 20 लाख वर्ष तक जाती है जिसे हम अभिनूतनकाल (प्लीस्टोसीन) के नाम से जानते हैं। आदिम धार्मिक जीवन पुरापाषाण काल, मध्यपाषाणकाल से गुजरते हुए एक नयी अवस्था में प्रवेश करता है जिसे हम नवपाषाण काल कहते हैं। विश्व के सन्दर्भ में नवपाषाण का आरम्भ 9000 ई.पू. से माना जाता है जबकि भारत के सन्दर्भ में इसका आरम्भ 7000 ई. पू. (प्राचीनतम बस्ती मेहरगढ़ के साक्ष्य) से माना जाता है। नवपाषाणकाल के अन्तिम दौर में एक बड़ी घटना घटी जब मानव ने धातु (प्रथम धातु ताँबा थी) का उपयोग करना शुरू किया। पुरातत्त्ववेत्ताओं ने इस अवस्था की कई ताम्रपाषाणिक संस्कृतियों के अवशेष खोज निकाले। ताँबे के बाद उपयोग में लायी जाने वाली धातु थी काँसा, जिसे ताँबा एवं टिन के मिश्रण से तैयार किया जाता था। ताम्रपाषाणिक एवं काँस्य संस्कृतियों के लोग मुख्यतः कृषक थे तथा स्थायी बस्तियों में निवास करते थे। हड़प्पा सभ्यता काँस्यकालीन सभ्यता थी जो भारतीय महाद्वीप के उत्तरी-पश्चिमी भाग में बलूचिस्तान से गंगा-जमुना दोआब तक एवं कश्मीर से नर्मदा घाटी के बीच विकसित हुई।

बीसवीं सदी के प्रारम्भिक चरण तक (1921 ई. तक) जब हमें हडप्पा सभ्यता की जानकारी नहीं मिली थी, प्राचीन भारतीय सभ्यता एवं संस्कृति का आरम्भ आर्य संस्कृति से माना जाता था। इस नवीन संस्कृति के प्रकाश में आते ही विद्वानों को अपनी पुरातन मान्यता छोड़नी पड़ी और यह स्थापित हो गया कि भारत की प्राचीनतम संस्कृति सैन्धव संस्कृति है। अब प्रायः यह स्वीकार किया जाता है कि भारतीय धर्म एवं संस्कृति के विकास में आर्येतर तत्त्वों का योगदान उतना ही महत्त्वपूर्ण है जितना कि आर्य परम्परा का। सैन्धव सभ्यता का अत्यन्त विशिष्ट पक्ष था उसकी

धार्मिक-सांस्कृतिक चेतना, जिसके अनेक तत्त्व परवर्ती भारतीय संस्कृति द्वारा स्वीकार कर लिये गये।

सैन्धव सभ्यता में धर्म का स्वरूप क्या था इसका अनुमान केवल पुरातात्त्विक साक्ष्यों से लगाया जा सकता है। जब तक सैन्धव लिपि को पढ़ने में पूर्ण सफलता हासिल न हो जाय तब तक सैन्धव धर्म के स्वरूप पर निश्चयात्मक रूप से कुछ कहा नहीं जा सकता है। जो अनुमान लगाये जाते हैं उनका आधार विभिन्न पुरा स्थलों से प्राप्त मृण्मूर्तियों, प्रस्तर मूर्तियों, प्रस्तर निर्मित लिंग-योनि, मुहरों, मनकों, मृद्भाण्डों, रेखाचित्रों, सार्वजनिक भवनों एवं स्मारकों आदि द्वारा लगाया जाता है। किन्तु मार्टिमर व्हीलर का मत है कि पुरातात्त्विक साक्ष्यों से धर्म के सैद्धान्तिक पक्ष पर कोई प्रकाश नहीं पड़ता, वे केवल धर्म के क्रिया पक्ष पर ही प्रकाश डालते हैं। जो साक्ष्य उपलब्ध होते हैं उनके आधार पर यह स्पष्ट रूप से ज्ञात होता है कि सिन्धु सभ्यता के निवासी अन्य सभ्यताओं के समान ही बहुदेववादी एवं प्रकृति पूजक थे। वे प्रकृति की विभिन्न शक्तियों-अग्नि, जल, वृक्ष, पशु आदि की पूजा करते थे। उनके धार्मिक प्रथाओं एवं पूजन-विधान की जानकारी हमें नहीं मिलती किन्तु उपलब्ध साक्ष्यों के आधार पर उनके धार्मिक जीवन पर कुछ प्रकाश डाला जा सकता है।

हड़प्पा, मोहनजोदड़ो तथा अन्य स्थलों से नारी की मृण्मूर्तियाँ बड़ी संख्या में प्राप्त हुई हैं। विद्वानों ने इन्हें मातृदेवी का प्रतीक माना है। जॉन मार्शल एवं मार्टिमर व्हीलर ने यह मत प्रकट किया है कि सैन्धव सभ्यता के देव परिवार में मातृदेवी का स्थान सर्वश्रेष्ठ था। जॉन मार्शल इसे पृथ्वी देवी कहते हैं। सिन्धु सभ्यता की समकालीन अनेक सभ्यताओं में भी मातृदेवी की पूजा के चिह्न मिलते हैं। इन नारी मृण्मूर्तियों पर धुएँ के निशान की तरफ संकेत करते हुए अर्नेस्ट मैके ने पूजा-हवन की सम्भावना व्यक्त की है। मृण्मूर्तियों के अतिरिक्त मुहरों पर अंकित चित्र भी मातृदेवी की उपासना का संकेत करते हैं। हड़प्पा से प्राप्त एक मुहर पर अंकित नारी चित्र की योनि से एक पौधा प्रस्फुटित दिखाया गया है। इसी मुहर के दूसरी तरफ एक पुरुष शस्त्र लिये खड़ा है तथा बगल में एक स्त्री हाथ ऊपर उठाये खड़ी है। इस चित्र से बलि की उपासना व्यक्त की जाती है। हड़प्पा से प्राप्त एक अन्य मुहर पर पीपल के वृक्ष की शाखाओं के बीच एक स्त्री का चित्र है, उस वृक्ष के नीचे बकरा लिए हुए मानव का चित्रण है तथा पार्श्व में मानव भीड़ का चित्रण है। इस चित्र से बकरे की बलि की सम्भावना व्यक्त की जाती है एवं पीपल की पूजा का भी संकेत प्राप्त होता है। मातृदेवी की सभी मूर्तियाँ मिट्टी की हैं इससे व्हीलर जैसे कुछ विद्वानों ने यह अर्थ लिया है कि मातृपूजा सर्वसाधारण का धर्म था। आद्य इतिहास में मातृदेवी की उपासना सीरिया, टर्की, ईरान, अफगानिस्तान (मुण्डीगाक), बलूचिस्तान (कुल्ली संस्कृति, जॉब संस्कृति) अर्थात् नील नदी से सिन्धु नदी तक प्रचलित थी।

सिन्धु सभ्यता में मातृदेवी की उपासना के सम्बन्ध में यह तथ्य विशेष रूप से उल्लेखनीय है कि मातृपूजा सिन्ध और पंजाब तक ही सीमित थी क्योंकि राजस्थान एवं गुजरात के क्षेत्रों में इस प्रकार की मृण्मूर्तियाँ अभी तक प्राप्त नहीं हैं। कालीबंगा से अग्निवेदिकाओं एवं अग्निकुण्डों के साक्ष्य मिले हैं जो अग्निपूजा का संकेत करते हैं।

केदारनाथ शास्त्री जैसे अन्य विद्वानों की मान्यता है कि सैन्धव सभ्यता में सर्वप्रमुख स्थान एक देवता का था न कि मातृदेवी का। यह एक सींगवाला देवता था जो पीपल वृक्ष का अधिष्ठाता था। इस देवता के अनेक रूपों का अंकन पुरातात्त्विक साक्ष्यों में मिलता है। मैके महोदय को मोहनजोदड़ो से एक मुहर प्राप्त हुई जिस पर पद्मासन में बैठे एक योगी का चित्रण है। इस नग्न योगी के दायीं ओर हाथी एवं बाघ तथा बायीं ओर गैण्डा एवं भैंसा का चित्रण है। नीचे दो हिरण तथा ऊपर छह अक्षरों का अंकन है जो अभी तक अस्पष्ट है। इस पुरुष के तीन मुख हैं तथा सिर पर त्रिशूल या सींग का चित्रण है। जॉन मार्शल ने इसे शिव का प्रतिरूप माना है। अधिकांश विद्वान् इस मत से सहमत हैं। जबकि केदारनाथ शास्त्री इसे महिष सिरवाला देवता मानते हैं। एच.सी. रायचौधरी भी वृषभ की अनुपस्थिति में इसे शिव मानने से इन्कार करते हैं। मोहनजोदड़ो से प्राप्त दो अन्य मुहरों से भी इस पुरुष देवता के संकेत मिलते हैं। एक मुहर पर अंकित योगी की त्रिमुखी आकृति के सिर पर पीपल की साख का चित्रण है जबकि दूसरी मुहर पर एकमुखी आकृति के सिर पर वनस्पति का चित्रण है। इन आकृतियों से प्रतीत होता है कि यह वनस्पति अथवा उर्वरता का देवता है जो उत्पादन-शक्ति का प्रतीक है। मोहनजोदड़ो से प्राप्त एक अन्य मुहर पर योगासन में बैठे पुरुष के पार्श्व में दो सर्प चित्रित हैं जो नागधारी शिव का समरूप प्रतीत होता है। कालीबंगा से प्राप्त एक मृत्पिण्ड से एक सींगवाले देवता का साक्ष्य मिलता है जिसके दूसरी तरफ रस्सी में बँधे पशु को खींचते हुए मानव का चित्रण है। सम्भवतः यह पशुबलि का प्रतीक चित्र है। हड़प्पा से प्राप्त दो मुहरों से भी पुरुष देवता के साक्ष्य मिले हैं जिसमें से एक मुहर पर तीन पंखवाले पुरुष का अंकन है। उपर्युक्त साक्ष्यों से स्पष्ट है कि मातृदेवी के अतिरिक्त पुरुष देवता भी सैन्धव सभ्यता का प्रमुख उपास्य था।

मातृदेवी एवं शिव के अतिरिक्त सैन्धव लोग प्रजनन अंगों (लिंग एवं योनि) की भी पूजा करते थे। इसके द्वारा वे ईश्वर की सर्जनात्मक शक्ति के प्रति अपनी भावना प्रकट करते थे। यह भी सम्भव है कि लिंग-पूजा का सम्बन्ध शिव-पूजा से रहा हो। हड़प्पा, मोहनजोदड़ो एवं लोथल से बड़ी संख्या में पत्थर, चीनी मिट्टी, सीपी-शंख आदि के चक्र (योनि) एवं लिंग मिले हैं। छोटे एवं बड़े आकार के चक्रों के मध्य में छिद्र है जो योनि का प्रतीक है। ऋग्वेद में अनार्यों को शिश्नदेवा अर्थात्

लिंगपूजक कहा गया है जिससे स्पष्ट होता है कि लिंगपूजा आर्येतर लोगों की देन है।

लिंग बड़े एवं छोटे दोनों आकार के होते थे। छोटे लिंगों को ताबीज के रूप में धारण भी किया जाता रहा होगा ताकि बुरी शक्तियों से सुरक्षा की जा सके। कुछ विद्वान् जैसे एच.डी. संकालिया एवं जार्ज एफडेल्स लिंग-पूजा को स्वीकार नहीं करते। एच.डी. संकालिया महोदय का तर्क है कि यदि लिंगों का धार्मिक महत्त्व होता तो वे नालियों में पड़े हुए नहीं मिलते बल्कि कमरों में मिलते। किन्तु अधिकांश विद्वान् योनि एवं लिंग-पूजा को सैन्धव धार्मिक जीवन का अनिवार्य अंग मानते हैं।

सिन्धु सभ्यता में वृक्ष-पूजा भी प्रचलित थी। कुछ वृक्षों की पूजा होती थी तथा कुछ वृक्षों को देवताओं का आवास मानकर उनके प्रति भक्ति प्रकट की जाती थी। सबसे प्रमुख वृक्ष पीपल था। इसके अतिरिक्त नीम, बबूल, केला, नींबू, खजूर एवं ताड़ के वृक्षों का भी चित्रण मिलता है। मोहनजोदड़ो से प्राप्त एक मुहर पर पीपल वृक्ष की शाखा से एक शृंगी दो पशुओं को प्रस्फुटित होते दिखाया गया है। यहीं से प्राप्त एक अन्य मुहर में पीपल की शाखाओं के बीच एक नग्न देवता का अंकन है जिसकी आराधना सात स्त्रियाँ कर रही हैं। इसके पीछे एक आकृति है जिसका मुख पुरुष का तथा अन्य हिस्सा बकरे एवं बैल का है। मोहनजोदड़ो से ही प्राप्त एक मुहर पर दो पुरुष आकृतियों का अंकन है जिनके हाथ में वृक्ष का चित्रण है। हड़प्पा से प्राप्त एक मुहर में पीपल की टहनी के गोल घेरे में एक देवता का चित्रण है। अन्य मुहरों में वृक्ष देवता के सम्मान में बकरे की बलि तथा पशुओं एवं सर्पों द्वारा वृक्ष की रक्षा करने का चित्रण मिलता है। इनसे वृक्ष-पूजा की महत्ता स्पष्ट होती है।

सिन्धुवासी सर्पों की भी पूजा करते थे। इनकी पूजा भय से तथा देवताओं का वाहन मानकर की जाती थी। मोहनजोदड़ो से प्राप्त एक मुहर पर अंकित देवता के दोनों ओर एक-एक नाग दिखाये गये हैं। लोथल से प्राप्त मृद्भाण्डों के तीन टीकरों पर दो-दो साँपों के चित्र अंकित हैं। मोहनजोदड़ो की एक ताबीज पर एक साँप चबूतरे पर लेटा दिखाया गया है। अर्नेस्ट मैके की मान्यता है कि चबूतरों पर साँपों को दूध पिलाया जाता रहा होगा। नाग-पूजा का प्रचलन आज भी देश के विभिन्न अँचलों में मिलता है।

सिन्धु सभ्यता का प्रमुख धार्मिक पशु कूबड़दार साँड़ था। इसके अतिरिक्त बैल, भैंसा, बकरा, मेढ़ा, हिरण, गैण्डा, घड़ियाल, हाथी एवं बाघ का भी महत्त्व था। संश्लिष्ट पशुओं का पौराणिक महत्त्व था। मोहनजोदड़ो की एक मुहर पर संश्लिष्ट पशु का चित्रण है जिसके तीन सिरों में दो बकरे का तथा एक भैंसे का है। यहीं से प्राप्त एक ताम्रपट्ट पर अंकित संश्लिष्ट पशु का शरीर एवं सूँड़ हाथी का तथा सिर

सींगयुक्त बैल का है। जॉन मार्शल के अनुसार संश्लिष्ट पशुओं की पूजा की जाती रही होगी। मार्शल ने कालान्तर में विकसित मत्स्य, कच्छप, वाराह अवतार एवं गणेश-पूजा को पशु-पूजा का ही विकसित रूप माना है।

जल-पूजा की प्रथा भी प्रचलित थी। नदियों ने प्राचीन सभ्यताओं को पल्लवित-पुष्पित किया अतः उन्हें पवित्र मानकर विश्व की अनेक सभ्यताओं में पूजा की जाती रही है। मोहनजोदड़ो का विशाल स्नानागार (12x7x2.5 eh) इसी उद्‌देश्य से निर्मित था। स्नानागार के उत्तर दो पंक्तियों में आठ स्नानकक्ष भी मिले हैं जहाँ लोग कपड़े बदलते रहे होंगे।

सिन्धुघाटी के धार्मिक रीति-रिवाजों एवं पूजा-पद्धतियों की स्पष्ट जानकारी नहीं मिलती। किसी मन्दिर के साक्ष्य नहीं मिले हैं। किन्तु साक्ष्यों से धूप-दीप, पुष्प, पशुबलि, यदा-कदा मानवबलि, हवन, यज्ञ, अग्निकुण्ड आदि धार्मिक पद्धतियों के प्रचलन का संकेत मिलता है। कालीबंगा के अग्निकुण्डों से पशुओं की हड्डियाँ, सींग एवं राख मिली है। लोथल से भी अग्निवेदिकाओं का साक्ष्य मिला है। मूर्तिपूजा का भी प्रचलन था। विभिन्न सैन्धव स्थलों से प्राप्त मुहरें एवं मृण्मूर्तियाँ इसका प्रमाण हैं जबकि ऋग्वैदिक काल में प्रतिमा-पूजा का कोई प्रमाण नहीं मिलता है। धार्मिक अवसर पर नृत्य-गान भी प्रचलित था। बुरी शक्तियों से बचने के लिए ताबीज भी धारण किया जाता था। योग की प्रथा प्रचलित थी। योग-क्रिया का अंकन सैन्धव सभ्यता में प्राप्त विभिन्न मुहरों पर देखा जा सकता है।

सिन्धु सभ्यता के निवासी मरणोत्तर जीवन में विश्वास रखते थे। वे मृतकों के अन्तिम संस्कार के प्रति सजग थे। अन्त्येष्टि संस्कार की तीन विधियाँ प्रचलित थीं- 1. पूर्णसमाधिकरण (Complete Burial), 2. आंशिक समाधिकरण (Fractional Burial), 3. दाह संस्कार (Funeral Pyring)। पहली प्रथा के अनुसार शव को जमीन में दफना दिया जाता था तथा मृतक के साथ उसके प्रयोग की आवश्यक वस्तुएँ भी दफना दी जाती थीं। सिन्धु सभ्यता में सामान्यतया इसी प्रथा का प्रचलन था। दूसरी प्रथा में शव को कुछ समय तक किसी खुले स्थान पर रख दिया जाता था। पशु-पक्षियों के खाने के पश्चात् बचा हुआ अवशेष दफना दिया जाता था। जबकि तीसरी विधि के अनुसार शव को अग्नि को सुपुर्द कर दिया जाता था। तत्पश्चात् भस्मावशेषों को मिट्टी के पात्रों में रखकर कभी-कभी दफना दिया जाता था।

सिन्धु सभ्यता में कब्र बनाने के लिए जमीन में गड्ढा खोदा जाता था। कभी-कभी कब्र के किनारे कच्ची ईंटें लगायी जाती थीं। हड़प्पा के उत्खनन से एकमात्र ऐसी कब्र मिली है जिसमें शव को ताबूत में रखा गया है। शवाधान की सर्व प्रचलित विधि उत्तर-दक्षिण (सिर उत्तर की ओर) थी। इसके अपवाद भी मिले हैं। रोपड़ से पश्चिम-पूर्व, लोथल से पूर्व-पश्चिम और कालीबंगा से दक्षिण-उत्तर शवाधान

के साक्ष्य मिले हैं। यद्यपि अधिकांश कब्रों में एक ही मृतक को दफनाया गया है किन्तु कालीबंगा से एक युग्म शवाधान तथा लोथल से तीन युग्म शवाधान के साक्ष्य मिले हैं। रोपड़ से मालिक के साथ कुत्ता एवं लोथल से शव के साथ बकरे की सींग एवं हड्डियों के दफनाने के साक्ष्य मिले हैं। मोहनजोदड़ो से कलश-शवाधान के साक्ष्य मिले हैं। मार्टिमर व्हीलर ने मोहनजोदड़ो की गलियों एवं मकानों में पड़े 42 अस्त-व्यस्त शवों के आधार पर मत व्यक्त किया कि ये किसी बाह्य आक्रमण के शिकार लोगों के कंकाल हैं अतः इनका अन्तिम संस्कार नहीं किया जा सका था। किन्तु जार्ज एफ. देल्स ने इस मत से इन्कार किया है तथा इन शवों को सिन्धु सभ्यता के परवर्ती चरण से सम्बन्धित माना है। मोहनजोदड़ो से अभी तक कुल 42 मानव कंकाल प्राप्त हुए हैं जो नगर-क्षेत्र के अन्दर मकानों एवं सार्वजनिक मार्गों पर अस्त-व्यस्त दशा में पड़े हुए हैं। अमेरिकी नृतत्त्व-विज्ञान के विशेषज्ञ के.यू.आर. कैनेडी ने उक्त 42 कंकालों का अध्ययन कर बतलाया है कि इनमें से केवल एक व्यक्ति की मृत्यु चोट लगने से प्रतीत होती है जबकि शेष की मृत्यु किसी महामारी से हुई प्रतीत होती है।

हिन्दू धर्म एवं संस्कृति पर सैन्धव धर्म का व्यापक एवं गम्भीर प्रभाव पड़ा है। जॉन मार्शल के अनुसार सैन्धव धर्म में अनेक ऐसी बातें हैं जिनका आधुनिक हिन्दू धर्म से उनका भेद कर पाना कठिन प्रतीत होता है। ऐसी प्रचलित मान्यताओं में, मातृदेवी की उपासना, शिव की उपासना, मूर्तिपूजा, पशु एवं वृक्ष-पूजा, जल, स्वास्तिक एवं साँप-पूजा, तप एवं योग की पद्धतियाँ आज भी विद्यमान हैं जिन पर सैन्धव सभ्यता का प्रभाव स्पष्टतः स्वीकार किया जा सकता है।

सन्दर्भ ग्रन्थ

सिन्धु सभ्यता - के.के. थपल्याल एवं बी.पी. शुक्ला

रेलीजन्स ऑफ इण्डिया - मैक्सबेबर

द रेलीजन्स ऑफ इण्डिया - हापकिंस

मोहनजोदड़ो ऐण्ड इण्डस सिविलाइजेशन - जॉन मार्शल

इण्डियन सिविलाइजेशन-न्यू पर्सपेक्टिव - ए.एच. डानी

5
ऋग्वैदिक धार्मिक चेतना

1500 ई.पू. से 1000 ई.पू. के बीच का काल ऋग्वैदिक काल के नाम से जाना जाता है। इसी समय ऋग्वेद की रचना हुई थी। इस काल में आर्यों का जीवन अस्थायी था। उनका आर्थिक जीवन बन्जारों की तरह था। अतः ऋग्वैदिक धार्मिक जीवन तथा उस समय लोगों की सैद्धान्तिक मान्यताएँ तत्कालीन भौतिक जीवन से अत्यधिक प्रभावित थीं। इसका प्रमुख कारण है कि ऋग्वैदिक जनजीवन एवं उनकी सामाजिक-आर्थिक संरचना कबायली थी। पशुचारण उनका प्रधान आर्थिक माध्यम था तथा समाज पितृप्रधान था। इसका तात्कालिक धार्मिक प्रभाव था-ऋग्वैदिक देवकुल में देवियों की नगण्यता। चूँकि पशुचारण के लिए चरागाहों की तलाश में स्थान परिवर्तन स्वाभाविक था अतः उनके अभियान प्राकृतिक शक्तियों से अत्यधिक प्रभावित थे। यही कारण है कि ऋग्वैदिक देवता प्राकृतिक शक्तियों के प्रतीक भी हैं। वैदिक आर्यों ने प्रकृति की रहस्यमय शक्तियों से प्रभावित होकर उन्हें दिव्य स्वरूप प्रदान किया तथा इन प्राकृतिक शक्तियों का मानवीकरण कर उनकी स्तुति की। सूर्य, अग्नि, मरुत, वायु, इन्द्र, वरुण, मित्र, विष्णु, रुद्र आदि देवता प्राकृतिक शक्तियों के प्रतीक हैं। यद्यपि अधिकांश वैदिक देवताओं की पूजा मानवरूप में की जाती थी किन्तु कुछ ऐसे भी देवता थे जिनकी अवधारणा पशुरूप में की गयी थी। अज, एकपाद एवं अहिर्बुध्न्य जैसे देवताओं की कल्पना केवल पशुरूप में की गयी थी। इसी प्रकार मरुतों की माता की कल्पना एक चितकबरी गाय के रूप में की गयी थी। देवी सरमा (इन्द्र की गाय खोजनेवाली देवी) श्वान रूप में कल्पित हैं।

ऋग्वेद में प्राप्त 'ऋत' की अवधारणा उस काल के लोगों की सैद्धान्तिक मान्यताओं की ओर संकेत करती है। इस शब्द की व्याख्या विभिन्न विद्वानों ने भिन्न-भिन्न प्रकार से की है। ऋत को सृष्टि की नियमितता, भौतिक एवं नैतिक व्यवस्था, अन्तरिक्षीय एवं नैतिक व्यवस्था के रूप में व्याख्यायित किया गया है। सम्पूर्ण जगत्

को ऋत पर आधारित माना गया है। ऋत ही जीवन की भौतिक एवं नैतिक समृद्धि के लिए उत्तरदायी था। ऋग्वेद में 24 ऐसे श्लोक हैं जिनमें कहा गया है कि ऋत के द्वारा लोगों को गाय, जल, भोजन, उनकी भौतिक समृद्धि तथा जीवन-यापन के अन्य साधन प्राप्त होते थे। वरुण को ऋत का स्वामी 'ऋतस्य गोप्ता' कहा गया। वह ऋत के लिए उत्तरदायी था। ऋत की रक्षा एवं स्थापना पासा खेलकर होती थी। वस्तुतः पासा समूह एवं सामूहिकता का प्रतीक था जो ऋत के सामूहिक न्याय का प्रतीक था। वस्तुतः ऋग्वेद में ऋत की अवधारणा पाक्-वर्गीय समाज और कबायली जीवन के अनुरूप थी। जब कालान्तर में समाज वर्णों एवं वर्गों में विभाजित हो गया और लोगों में लालच, ईर्ष्या, स्वार्थ या लूट की भावना ने घर कर लिया तो ऋत का ह्रास हो गया, तभी वरुण की महत्ता का भी पतन हुआ। कालान्तर में ऋग्वैदिक मन्त्र द्रष्टाओं ने ऋत के ह्रास पर आँसू बहाये हैं। उत्तरवैदिक साहित्य में तो ऋत पूर्णरूप से लुप्त हो चुका था।

ऋग्वैदिक आर्य बहुदेववादी थे। प्रकृति की शक्तियों से चमत्कृत एवं भयभीत होकर आर्य उन्हें पूजते थे। ऐसे देवताओं की संख्या अनेक है। ऋग्वेद के एक मन्त्र के अनुसार तो देवताओं की संख्या 3339 है। किन्तु अथर्ववेद में ऐसे देवताओं की संख्या 33 गिनायी गयी है। इसी प्रकार शतपथ ब्राह्मण में भी वैदिक देवताओं की संख्या 33 बतायी गयी है। यास्क ने अपने ग्रन्थ निरुक्त में वैदिक देवताओं को तीन वर्गो में विभक्त किया है- 1-द्युस्थानीय, 2-अन्तरिक्षस्थानीय एवं 3-पृथ्वीस्थानीय देवता। द्युस्थानीय देवताओं में द्यौ, वरुण, मित्र, सूर्य, सविता, पूषन्, विष्णु, आदित्य, विवस्वान्, उषस्, एवं अश्विनौ प्रधान हैं। अन्तरिक्षस्थानीय देवताओं में इन्द्र, वरुण रुद्र, मरुत, वायु, पर्जन्य, यम, प्रजापति, अदिति, मातरिश्वा, अहिर्बुध्न्य एवं अपानपात आदि मुख्य हैं। पृथ्वीस्थानीय देवताओं में अग्नि, बृहस्पति, सोम, नदियाँ एवं पृथ्वी प्रमुख हैं। इड़ा और भारती भी पृथ्वीस्थानीय देवता हैं। वरुण द्युस्थानीय एवं अन्तरिक्ष दोनों वर्गो में हैं। द्युस्थानीय देवताओं में द्यौ सबसे प्राचीन एवं प्रधान है, यह ग्रीक 'जीअस' का समतुल्य देवता है जो आकाश का मूर्त रूप है। उसे पिता की संज्ञा दी गयी है। वह पृथ्वी (माँ स्वरूप) के साथ सृजन का प्रतीक है। ऋत का नियामक वरुण सभी मनुष्यों एवं संसार का राजा है। वरुण की समता ग्रीक देवता 'ओनरस' से की जाती है। अश्विनौ युगल देवता (नासत्य एवं दक्ष) है जो देवताओं के वैद्य कहे जाते हैं। मित्र एवं सविता सूर्य के ही रूपान्तर हैं। उगते सूर्य को मित्र एवं दोपहर के सूर्य को सविता की संज्ञा दी जाती है। ऋग्वेद की गायत्री उपासना सविता को ही समर्पित है। सूर्य के साथ सम्बद्ध एक अन्य देवता पूषन् (जिसका वाहन बकरा है) पशुओं एवं वनस्पतियों का देवता माना जाता है। उसे मार्गो का देवता भी माना जाता है। विवस्वान् एवं आदित्य भी (द्युस्थानीय) सूर्य की विभिन्न शक्तियों के सूचक हैं। विष्णु भी सूर्य का ही रूपान्तर है। वस्तुतः वह सूर्य की गतिशीलता एवं क्षिप्रता का द्योतक

है। ऋग्वेद के देवताओं में विष्णु (कुल 100 प्रयोग) एक गौण देवता है। उसका उल्लेख ऋग्वेद के केवल पाँच सूक्तों में प्राप्त होता है। वह अपने तीन पग से सम्पूर्ण लोक को माप लेता है। इसमें केवल दो पग ही मनुष्यों को दिखायी पड़ते हैं। इन विशाल पगों के कारण ही उसे 'उरुगाय' कहा जाता है। सूर्य के उदय, मध्याह्न एवं सूर्यास्त ही वस्तुतः विष्णु के तीन पगों के परिचायक हैं। कालान्तर में ऋग्वेद के इसी प्रसंग से वामनावतार का आख्यान विकसित हुआ।

ऋग्वेद के देवताओं में अन्तरिक्ष का देवता इन्द्र सबसे महत्त्वपूर्ण स्थान रखता है। ऋग्वेद में इसका उल्लेख 250 सूक्तों में मिलता है। वह वर्षा विद्युत् एवं प्रकाश का देवता माना जाता है। उसका मुख्य अस्त्र वज्र है तथा वह दुर्गों का भंजक है। उसने दानवों का संहार कर आर्यों को विजय प्रदान किया। इन्द्र आर्यों का जातीय देवता था जिसकी कृपा से ही आर्यो ने अनार्यों पर विजय स्थापित किया। अन्तरिक्ष के अन्य देवताओं में त्रितआप्त्य, अपानपात, मातरिश्वा एवं अहिर्बुध्न्य इन्द्र के साथ अभिन्न सम्बन्ध रखते हैं। त्रितआप्त्य ने आयस नामक अस्त्र से वाराह (एक राक्षस) का वध किया था। अपानपात मेघों से उत्पन्न विद्युत् अग्नि के रूप में उत्पन्न होनेवाला देवता है। मातरिश्वा भी अग्निमय देवता है जिसकी उत्पत्ति जल से होती है। अहिर्बुध्न्य का सम्बन्ध भी वृष्टि से है। वर्षा से सम्बन्धित अन्य अन्तरिक्षीय देवताओं में अज, एकपाद, मरुत, पर्जन्य (तूफान वर्षा का देवता) भी आते हैं। अन्तरिक्ष के देवता रुद्र, ऋग्वेद में गौण स्थान रखते हैं। रुद्र का उल्लेख केवल तीन सूक्तों में आता है। कालान्तर में रुद्र का ही विकास शिव एवं महादेव के रूप में हुआ। शिव नामकरण ऋग्वेद में ही सर्वप्रथम प्राप्त होता है। शिव का सम्बन्ध रोग निवारण करनेवाली शक्ति से भी जोड़ा जाता है।

पृथ्वीस्थानीय देवता अग्नि ऋग्वेद का दूसरा सर्वोच्च देवता है। उसकी स्तुति 200 सूक्तों में प्राप्त होती है। वह भौतिक अग्नि का प्रतीक है तथा मानवों एवं देवताओं के बीच सम्पर्क का काम करता है। उसी के माध्यम से देवता अपनी आहुति प्राप्त करते हैं। अतः उसे देवताओं का मुख कहा जाता है। प्रत्येक घर में अग्नि का निवास होता है अतः उसे गृहपति भी कहा गया है। उसे द्यौः एवं पृथ्वी का पुत्र बताया गया है। ऋग्वेद में इसे धूमकेतु की संज्ञा दी गयी है। उसका मूल निवास स्वर्ग है किन्तु मातरिश्वन् द्वारा उसे पृथ्वी पर लाया गया एवं पृथ्वी पर यज्ञवेदियों में उसकी स्थापना भृगुओं एवं आंगिरसों द्वारा की गयी। पृथ्वी स्थानीय देवताओं में सोम का स्थान भी महत्त्वपूर्ण है। ऋग्वेद के नवम मण्डल में 144 सूक्त हैं जिनका देवता सोम है। सोम को वनस्पतियों का राजा माना गया है। पृथ्वीस्थानीय देवता बृहस्पति की स्तुति में ऋग्वेद में 11 सूक्त विद्यमान हैं। बृहस्पति देवताओं के पुरोहित थे। उनके बिना यज्ञ सफल नहीं हो पाता। बृहस्पति का अन्य नाम ब्राह्मणस्पति एवं वाचस्पति

भी है। विविध नदियाँ तथा पृथ्वी भी पृथ्वीस्थानीय देवताओं की श्रेणी में आती हैं। नदियों में प्रधान सरस्वती है उसे 'नदीतमा' (सर्वश्रेष्ठ एवं पवित्रतम) की संज्ञा दी गयी थी। ऋग्वेद में कुल 21 नदियों का उल्लेख है जिनमें सप्तसैन्धव परिवार की नदियाँ विशेष महत्त्व की हैं। ऋग्वेद में गंगा का एक तथा यमुना का दो उल्लेख प्राप्त होता है।

ऋग्वैदिक देवताओं में त्वष्टा, विश्वकर्मा तथा ऋभ तीनों शिल्पकला के विशेषज्ञ थे। त्वष्टा ने इन्द्र के लिए वज्र बनाया था। विश्वकर्मा प्रजापति को सम्पूर्ण विश्व का स्रष्टा माना गया है। ऋभ ने अश्विनौ के लिए तीन चक्रवाला ऐसा रथ बनाया जिसमें घोड़ा नहीं जोता जाता था। अन्य देवताओं में पुरूरवा, उर्वशी, मन्यु, श्रद्धा आदि का नाम भी आता है। ऋग्वैदिक देवकुल में देवियों का स्थान देवताओं की तुलना में नगण्य है। उषा, अदिति (देवताओं की माता), इड़ा (समृद्धि की देवी), दिशान (वनस्पति देवी), अरण्यानी (वनदेवी), पृथ्वी, सरस्वती, भारती (लक्ष्मी का प्राक् रूप), पुरमाधि (उर्वरता देवी), उर्वशी, मही, पुरन्ध्रि, धिषणा, इन्द्राणी, कुहू, प्रश्नि आदि देवियों का उल्लेख ऋग्वेद में विद्यमान है।

ऋग्वैदिक देवता प्राकृतिक शक्तियों के मूर्तरूप थे और आर्य इन शक्तियों की उपासना के लिए यज्ञों का अनुष्ठान करते थे जिनका स्वरूप अत्यन्त सरल था। यज्ञ-कुण्ड में अग्नि का आधान कर उसमें घृत, अन्न, सोमरस आदि की आहुतियाँ दी जाती थीं। आहुति के समय देवताओं से सम्बन्धित मन्त्र बोले जाते थे। ऋग्वैदिक काल में प्रत्येक गृहस्थ स्वयं पुरोहित था। यज्ञ दो प्रकार के थे 1-स्मार्तयज्ञ या गृहकर्माणि अर्थात् घरेलू यज्ञ जो जन्म, विवाह, मृत्यु, पितरों की पूजा आदि के समय किये जाते थे। 2-श्रौतयज्ञ या सोमयज्ञ जिसका सम्बन्ध सोमरस पूजा से था। यह सबसे विस्तृत एवं व्यापक यज्ञ था। इसका आयोजन केवल राजा या समृद्ध व्यक्ति करते थे। ऋग्वैदिक आर्यदेवताओं से लौकिक कामना रखते थे। वे पुत्र, विवाह, आयु, धन-धान्य, विजय आदि की कामना करते थे। वस्तुतः ऋग्वैदिक आर्य जीवन के प्रति प्रवृत्तिमार्गी दृष्टिकोण रखते थे।

ऋग्वैदिक काल में किसी मन्दिर या मूर्ति-पूजा का प्रचलन नहीं था। सीधे प्राकृतिक शक्तियों से साक्षात्कार के कारण आर्यों में अभी तक मन्दिर एवं मूर्तियों की अपेक्षा नहीं थी। उनकी उपासना में अन्धविश्वास नहीं था। उपासना का स्वरूप अत्यन्त सरल एवं आध्यात्मिक था। स्त्री एवं पुरुष दोनों यज्ञों में भाग लेते थे।

ऋग्वेद के दशम मण्डल के पुरुष सूक्त में एकेश्वरवाद के लक्षण दिखायी देने लगते हैं। जिसमें परमपुरुष (परमब्रह्म) की कल्पना की गयी है। इसी प्रकार दशम मण्डल के नासदीय सूक्त में निर्गुण ब्रह्म की कल्पना की गयी है। नासदीय सूक्त में ही सर्वेश्वरवाद (Pantheism) का सिद्धान्त भी मिलता है जिसके अनुसार परमतत्त्व

सृष्टि के कण-कण में व्याप्त है। मैक्समूलर के अनुसार आर्य जिस देवता की उपासना करते थे उस समय उसे ही सर्वोच्च स्थान देते थे। उन्होंने इसे 'हीनोथीज्म' की संज्ञा दी है। पूर्वजन्म एवं कर्मफल के सिद्धान्तों का आर्यों के जीवन में महत्त्वपूर्ण स्थान था। वस्तुतः ऋग्वैदिक आर्यो के इहलौकिक एवं पारलौकिक जीवन में एक सन्तुलन दिखायीः देता है। पुनर्जन्म में विश्वास के कारण मृतकों का अग्नि संस्कार किया जाता था। अग्नि उन्हें पितरों एवं देवताओं के लोक में ले जाने का माध्यम थी। कभी-कभी मृतक को दफनाया भी जाता था। आत्मा के लिए एक ऋग्वैदिक सूक्त में मनस् शब्द का प्रयोग आता है।

सन्दर्भ सूची

वैदिक सभ्यता एवं संस्कृति - बलदेव उपाध्याय

आर्यों का आदिदेश - सम्पूर्णानन्द

वैदिक इण्डिया - एल. रेनाड

रेलिजस हिस्ट्री ऑफ ऐन्शियण्ट इण्डिया - एस.आर. गोपाल

इण्डियन माइथोलॉजी - ए.बी. कीथ

द रेलिजन्स ऑफ इण्डिया - ई. डब्लू. हापकीन्स

हिन्दू सिविलाइजेशन - आर.के. मुकर्जी

6

उत्तरवैदिक धार्मिक चेतना

1000 ई. पू. से 600 ई. पू. के बीच के काल को उत्तरवैदिक काल कहा जाता है। इस काल में आर्यों का प्रसार पूर्व में गण्डक नदी तक हो गया था तथा उनके आर्थिक जीवन में स्थायित्व आ गया था। आर्थिक जीवन में स्थायित्व के साथ-साथ उनके धार्मिक जीवन एवं आस्थाओं में महान् परिवर्तन दिखायी देते हैं। ऋग्वैदिक काल का सरल धार्मिक जीवन जब आडम्बरपूर्ण, रूढ़िवादी और कर्मकाण्डी बन गया। धर्म पर पुरोहितों का वर्चस्व स्थापित हो गया। एक अर्थ में पुरोहित ही धर्म के ठेकेदार बन बैठे।

ऋग्वेद में जो प्रधान देवता थे (इन्द्र, वरुण, अग्नि) उनका स्थान अब गौण हो गया। उनकी जगह शिव, विष्णु एवं प्रजापति महत्त्वपूर्ण देवता हो गये। देवताओं की संख्या में भी वृद्धि हुई तथा अनेक उपदेवता (दिग्पाल, गन्धर्व, यक्ष, किन्नर) प्रकट हो गये। पितृसत्तात्मक तत्त्वों के सबल होने के कारण देवियों का महत्त्व अत्यन्त कम हो गया। उनकी जगह यक्षिणियों एवं अप्सराओं का आविर्भाव हुआ। देवकुल में सबसे प्रमुख स्थान प्रजापति का था। उसे विश्व का सृजनकर्त्ता या सृष्टि-निर्माता कहा गया। रुद्र अब शिव या पाशुपति (पशुओं का देवता) कहलाने लगे तथा विष्णु सृष्टि के पालनकर्त्ता के रूप में सामने आये। इस प्रकार उत्तरवैदिक काल में त्रिमूर्ति की भावना का विकास हुआ। इस काल में सामाजिक वर्गीकरण के कारण कुछ देवता वर्ग-विशेष के देवता हो गये। जैसे पूषन् (पशुओं का देवता) अब केवल शूद्रों का देवता बनकर रह गया।

धार्मिक क्षेत्र में जो सर्वाधिक महत्त्वपूर्ण परिवर्तन आया वह था पुरोहित वर्ग का प्रभाव एवं कर्मकाण्डों की जटिलता। साम्राज्य-विस्तार की आवश्यकताओं ने बड़े यज्ञों को अनिवार्य बना दिया। परिणामस्वरूप पुरोहित वर्ग का विकास हुआ। बड़े यज्ञों का मूलभूत उद्देश्य कृषि उत्पादन बढ़ाना एवं साम्राज्य-विस्तार करना था। इस प्रकार यज्ञ राजनीतिक शक्ति के परिचायक थे। विशेषाधिकारसम्पन्न उपभोक्ता वर्ग-ब्राह्मण

एवं क्षत्रिय-के आपसी अघोषित समझौते के परिणामस्वरूप पुरोहित वर्ग धर्म का नियन्त्रक एवं क्षत्रिय राजनीति के संचालक बन बैठे। अब यज्ञ खर्चीले एवं भड़काऊ होने लगे। यज्ञों की जटिलता से पुरोहितों की अलग-अलग श्रेणियों का विकास हुआ। ऋग्वेद का पुरोहित 'होतृ', सामवेद का 'उद्गाता', यजुर्वेद का 'अध्वर्यु' एवं अथर्ववेद का पुरोहित 'ब्रह्मा' कहलाता था। 'ऋत्विज' नामक पुरोहित उनका सामान्य सर्वेक्षण करता था। यज्ञों के दौरान मन्त्रों के उच्चारण पर विशेष ध्यान रखा जाता था। उच्चारण की शुद्धता पर यज्ञ का परिणाम निर्भर करता था। उच्चारण की शुद्धता के कारण ही छन्द, शिक्षा एवं व्याकरण जैसे वेदांगों का विकास हुआ।

श्रौत यज्ञ अर्थात् बड़े यज्ञों को दो वर्गों में बाँटा गया था- 1. हविर्यज्ञ, 2. सोमयज्ञ। हविर्यज्ञ के अन्तर्गत अग्निहोत्र, सौत्रामणि, पौर्णमास (पूर्णमासी को), दर्शयज्ञ (अमावस्या को), श्रावणी यज्ञ (सावन-पूर्णिमा को), अग्रहायण यज्ञ (मार्गशीर्ष-पूर्णिमा को) तथा पिण्ड पितृयज्ञ प्रमुख हैं। हविर्यज्ञों में दूध, तण्डुल, दधि, घृत आदि की आहुति दी जाती थी जबकि सोमयज्ञ में सोमरस देवताओं को अर्पित किया जाता था तथा उसी से अग्नि में आहुति भी दी जाती थी। सोमयज्ञों के अन्तर्गत आनेवाले यज्ञों में अग्निष्टोम (पाँच दिन तक), वाजपेय (रत्नियों में श्रेष्ठता के लिए) राजसूय (राज्याभिषेक के समय), अश्वमेध (सामाज्य-विस्तार के लिए), पुरुषमेध, अग्निष्टोम, अतिरात्र, षोडशी आदि यज्ञ प्रमुख हैं। सोमयज्ञों में सर्वाधिक महत्त्वपूर्ण था अश्वमेध यज्ञ। वाजपेय, राजसूय एवं अश्वमेध केवल क्षत्रियों के लिए सुरक्षित थे जबकि पुरुषमेध ब्राह्मण एवं क्षत्रिय दोनों कर सकते थे। व्रात्यों का आर्यीकरण करने के लिए 'व्रात्यस्तोम यज्ञ' का अनुष्ठान किया जाता था तथा रत्नियों को राजा द्वारा बलि प्रदान करने हेतु 'रत्नहवींषि यज्ञ' का विधान था। हल पूजन के लिए 'शुनासीरीय यज्ञ' का अनुष्ठान किया जाता था।

आर्य गृहस्थों के लिए पाँच महायज्ञों का अनुष्ठान आवश्यक माना जाता था- 1. देवयज्ञ (प्रातः-सायं हवन), 2- पितृयज्ञ (पितरों का तर्पण) 3.- नृयज्ञ (अतिथियों का सम्मान), 4- ऋषि यज्ञ या ब्रह्म यज्ञ (स्वाध्याय एवं वेदाध्ययन), 5- भूतयज्ञ (जीव जन्तुओ को भोजन)। देवयज्ञ को ही अग्निहोत्र यज्ञ भी कहा जाता था जिसका अनुष्ठान प्रत्येक आर्य गृहस्थ के लिए सुबह-सायं दोनों समय अनिवार्य था।

यज्ञों में बलि-प्रथा का प्रचलन होने लगा। पशुबलि के लिए ऐसे यूपों का निर्माण होने लगा जिसमें पशु को बाँधा जाता था। ब्राह्मण ग्रन्थों में 'अजामेध' (बकरी की बलि), गोमेध (गाय की बलि), पंचपशुयज्ञ (पाँच पशुओं की बलि) तथा नरमेध या पुरुषमेध (मनुष्य की बलि) जैसे यज्ञों का उल्लेख मिलता है। ऐतरेय ब्राह्मण में शुनःशेप का आख्यान आता है। जिसके अनुसार हरिश्चन्द्र ने अपने पुन रोहित के स्थान पर बलि देने के लिए निर्धन ब्राह्मण अजीगर्त से उसके पुत्र शुनःशेप को खरीद लिया था। बाद में विश्वामित्र ने शुनःशेप की प्राणरक्षा की तथा उसे अपना दत्तक पुत्र बना लिया। पुरुषमेध यज्ञ में ग्यारह या पच्चीस यूप बनाये जाते थे जिसमें

मेध्य पुरुषों को बाँधा जाता था। ये मेध्य पुरुष या तो क्रय किये जाते थे अथवा युद्धबन्दी होते थे। सोमयज्ञों में यह सबसे गर्हित यज्ञ था।

उत्तरवैदिक काल के धार्मिक जीवन में संस्कारों का भी महत्त्वपूर्ण स्थान था। इनकी संख्या सोलह थी– 1- गर्भाधान (सन्तान के लिए), 2- पुंसवन (स्वस्थ सन्तान की कामना), 3- सीमान्तोन्नयन (गर्भ की रक्षा के लिए), 4-जातकर्म (जन्म के समय), 5-नामकरण, 6- निष्क्रमण (शिशु के प्रथम बार घर से बाहर आने पर), 7- अन्नप्राशन (प्रथम बार अन्न ग्रहण करने पर), 8- चूड़ाकर्म (मुण्डन संस्कार), 9- कर्णभेद (कर्णभेदन), 10- विद्यारम्भ, 11- उपनयन (गुरुकुल में भेजने के समय), 12- वेदारम्भ, 13- केशान्त (मुण्डन), 14- समावर्तन (शिक्षा समाप्ति के बाद गृहस्थ जीवन में प्रवेश हेतु या घर लौटने पर), 15- विवाह तथा 16-अन्त्येष्टि संस्कार। संस्कारों के अतिरिक्त जीवन में सम्यक् सन्तुलन के लिए चार पुरुषार्थों का विधान किया था। ये हैं–1- धर्म, 2- अर्थ, 3- काम तथा 4- मोक्ष। पुरुषार्थों का उद्देश्य मनुष्य के भौतिक एवं आध्यात्मिक सुखों के बीच सामंजस्य स्थापित करना था। चार पुरुषार्थों में अर्थ एवं काम भौतिक सुखों के तथा धर्म एवं मोक्ष आध्यात्मिक कामनाओं के प्रतिनिधि हैं। इनमें पुरुषार्थ त्रिवर्ग (धर्म, अर्थ, काम) गृहस्थों के लिए महत्त्वपूर्ण हैं।

उत्तरवैदिक काल में जहाँ एक तरफ यज्ञ, बलि एवं कर्मकाण्डों का महत्त्व बढ़ता जा रहा था, वहीं दूसरी तरफ उसके विरुद्ध प्रतिक्रिया भी स्वाभाविक थी। इस प्रतिक्रिया के परिणामस्वरूप एक नयी दार्शनिक विचारधारा का उदय हुआ जिसने यज्ञ, बलि, कर्मकाण्डों एवं बाह्य आडम्बरों को निरर्थक बताकर तप एवं ज्ञान का मार्ग सुझाया। आरण्यकों में यज्ञ एवं बलि की अपेक्षा तप के महत्त्व को स्थापित किया गया। इसके अनुसार शरीर नश्वर है, अतः इसे तपस्या द्वारा तपाकर ही ब्रह्म का साक्षात्कार या मोक्ष प्राप्त किया जा सकता है। आरण्यकों ने रहस्यवादी चिन्तन को जन्म दिया। इसके विपरीत उपनिषदों ने ज्ञानमार्ग का प्रतिपादन किया। उपनिषदों ने याज्ञिक अनुष्ठानों को कमजोर नाव की संज्ञा दी जिससे भवसागर पार नहीं किया जा सकता। आत्मज्ञान ही ब्रह्म से साक्षात्कार का सर्वोत्तम मार्ग है। उपनिषदों के अनुसार आत्मा ब्रह्मस्वरूप है किन्तु वासनाओं एवं कामनाओं के वशीभूत मनुष्य इस स्वरूप को जान नहीं पाता। कठोपनिषद् में यम से नचिकेता ने प्रश्न किया कि मरने के बाद क्या होता है। इस पर यम ने आत्मा एवं ब्रह्म के स्वरूप को स्पष्ट किया। उन्होंने बताया कि आत्मा का न तो जन्म होता है और न मृत्यु होती है। भक्तिमार्ग का बीज कठोपनिषद् में ही मिलता है। इसके अनुसार परमात्मा जिसका वरण करता है उसी के सम्मुख स्वयं को प्रकट करता है। ज्ञानमार्ग का प्रतिपादन उपनिषदों में सर्वत्र बिखरा है। ब्रह्मस्वरूप आत्मा का साक्षात्कार आत्मज्ञान के माध्यम से ही सम्भव है। आत्मज्ञान के अभाव में ही मनुष्य जरा-मरण के चक्र में उलझा होता है। इस जरा मरण से मुक्ति का आधार है आत्मज्ञान। उपनिषदों में कर्म की महत्ता का भी प्रतिपादन किया गया है। मुण्डकोपनिषद् में कर्म को ही अमृत कहा गया है तथा

कर्म करनेवाले को ब्रह्मज्ञानियों में उच्च माना गया है। कर्म के सहयोग से ज्ञान की अभिव्यंजना बढ़ जाती है। कर्म के प्रतिपादन में ही चार आश्रमों (ब्रह्मचर्य, गृहस्थ, बानप्रस्थ एवं संन्यास) की व्यवस्था की गयी। उपनिषदों में ऐसे राजाओं का उल्लेख मिलता है जो तत्त्व चिन्तक थे। इनमें विदेह के जनक, कैकय के अश्वपति, काशी के अजातशत्रु तथा पंचाल के प्रवाहण जाबालि उल्लेखनीय हैं। उपनिषदों में अनेक स्त्रियों का उल्लेख मिलता है जो तत्त्व चिन्तक थीं। इनमें लोपामुद्रा, विश्वारा, घोषा, अपाला एवं गार्गी महत्त्वपूर्ण हैं।

उपनिषदों के समय ब्रह्मज्ञान को प्राप्त करने के लिए शिष्य आचार्यों के पास जाने लगे। प्रश्नोपनिषद् के अनुसार सुकेशा भारद्वाज, शैव्य सत्यकाम, सौर्यायणी गार्ग्य, कौशल्य आश्वलायन, भार्गव वैदर्भि और कबन्धी कात्यायन ये सभी आचार्य पिप्पलाद के पास अपनी जिज्ञासा शान्त करने के लिए पहुँचे थे। प्रश्नोपनिषद् में इनके प्रश्नोत्तर संकलित हैं। मुण्डकोपनिषद् में शौनक द्वारा आचार्य अंगिरा से यह प्रश्न किया गया कि वह कौन- सा तत्त्व है जिसको जान लेने से सब-कुछ जान लिया जाता है ? इसके उत्तर में अंगिरा ने बताया कि विद्याएँ दो प्रकार की हैं– 1. परा जो अक्षर ज्ञान के परे है, 2. अपरा जो वेद-वेदांग द्वारा दी जाती है। पराविद्या से ही अक्षरब्रह्म का ज्ञान होता है। छान्दोग्य उपनिषद् के अनुसार पाँच प्रसिद्ध विद्वान् अपनी शंका-निवारण के लिए उद्दालक आरुणि के पास गये। उद्दालक आरुणि उन विद्वानों को लेकर कैकय देश के राजा अश्वपति के पास गये तथा उनकी प्रार्थना पर अश्वपति ने उन्हें ब्रह्मज्ञान का उपदेश दिया। वृहदारण्यक उपनिषद् के अनुसार जनक के दरबार में याज्ञवल्क्य एवं गार्गी के बीच हुआ शास्त्रार्थ उल्लेखनीय है। छान्दोग्य उपनिषद् के अनुसार अज्ञात पिता एवं माता जाबाला का पुत्र सत्यकाम जाबाल भी आचार्य हारिद्रुम गौतम के पास ब्रह्मविद्या के लिए प्रस्तुत हुआ। इससे प्रतीत होता है कि आचार्य कुल गोत्र की परवाह किये बिना ब्रह्मज्ञान प्रदान करते थे। इसी समय भारतीय षड्दर्शनों (न्याय, वैशेषिक, सांख्य, योग, मीमांसा एवं वेदान्त) एवं चार्वाक दर्शन का भी आविर्भाव हुआ। इन दर्शनों का संक्षिप्त विवरण अगले अध्याय में दिया गया है।

सन्दर्भ सूची

इण्डिया इन द वैदिक एज - पी.एल. भार्गव

आर्यनाइजेशन ऑफ इण्डिया - एन.के. दत्त

हिस्ट्री ऑफ इण्डियन फिलासफी - एस. राधाकृष्णन

द वण्डर दैट वाज इण्डिया - ए.एल. बाशम

आउटलाइन ऑफ इण्डियन फिलासफी - ए.के. वारडर

हिन्दू सभ्यता - वासुदेवशरण अग्रवाल

7
उत्तरवैदिककालीन दार्शनिक चेतना

उत्तरवैदिक काल में ही भारत के षड्दर्शनों का भी आविर्भाव हुआ। ये षड्दर्शन (न्याय, वैशेषिक, सांख्य, योग, मीमांसा एवं वेदान्त) आस्तिक दर्शन के अन्तर्गत आते हैं। आस्तिक दर्शन वे हैं जो वेदों की प्रामाणिकता को मानते हैं तथा उस पर विश्वास करते हैं। इसके अतिरिक्त चार्वाक जैसे नास्तिक दर्शन का विकास भी इसी समय हुआ जो वेदों पर विश्वास नहीं करता। इन दर्शनों के प्रवर्तक हैं- न्याय के गौतम, वैशेषिक के कणाद, सांख्य के कपिल, योग के पातंजलि, मीमांसा के जैमिनी, वेदान्त के बादरायण व्यास तथा चार्वाक के बृहस्पति। भारत के षड्दर्शनों का संक्षिप्त विवरण निम्नांकित है–

1. न्याय

न्याय दर्शन के प्रवर्तक महर्षि गौतम हैं जिन्हें अक्षपाद भी कहा जाता है। न्याय वस्तुवादी दर्शन है। इसका प्रतिपादन विशषतः युक्तियों द्वारा हुआ है। न्याय का शाब्दिक अर्थ तर्क या निर्णय है जो इस बात का सूचक है कि यह दर्शन मुख्यतः बौद्धिक या तार्किक है। इसे तर्कशास्त्र, प्रमाणशास्त्र, वाद विद्या, हेतु विद्या, आन्वीक्षिकी आदि नामों से भी जाना जाता है। किन्तु न्याय दर्शन का अन्तिम उद्देश्य केवल तार्किक नियमों का अन्वेषण करना ही नहीं है। इसका उद्देश्य भी अन्य दर्शनों की तरह मोक्ष प्राप्ति है। अर्थात् जीवन में दुःखों का किस तरह नाश हो इसका उपाय ढूँढ़ना ही इसका अन्तिम उद्देश्य है। इसका मूल ग्रन्थ गौतम-रचित 'न्यायसूत्र' है जिस पर वात्स्यायन ने 'न्याय भाष्य' नामक टीका लिखी है। इस सम्प्रदाय के प्रमुख दार्शनिकों में उद्योतकर, वाचस्पति, उदयन, जयन्त मुख्य हैं जिन्होंने न्यायसूत्र पर भाष्य लिखा है।

न्याय दर्शन षोडश पदार्थों का अस्तित्त्व स्वीकार करता है। इन षोडश पदार्थों के सम्यक् ज्ञान से ही अपवर्ग या मोक्ष प्राप्त किया जा सकता है। ये पदार्थ हैं- 1. प्रमाण, 2. प्रमेय, 3. संशय, 4. प्रयोजन, 5. दृष्टान्त, 6. सिद्धान्त, 7. अवयव, 8. तर्क, 9. निर्णय, 10. वाद, 11. जल्प, 12. वितण्डा, 13. हेत्वाभास, 14. छल, 15. जाति एवं 16. निग्रह स्थान। षोडश पदार्थों में प्रमाण एवं प्रमेय अत्यन्त महत्त्वपूर्ण हैं।

प्रमाण-विचार- न्याय दर्शन के मतानुसार वस्तुओं का अस्तित्त्व ज्ञाता अथवा मन से स्वतन्त्र होता है। घर, वृक्ष, पशु आदि पदार्थ हमारे मन पर निर्भर नहीं हैं बल्कि उनका अपना स्वतन्त्र अस्तित्त्व है। न्याय दर्शन इसी अर्थ में वस्तुवादी दर्शन है। इसके अनुसार विषय ज्ञान से पृथक् है। न्याय का वस्तुवाद अनुभव एवं तर्क पर आश्रित है। मोक्ष तत्त्व ज्ञान पर निर्भर है। इसके लिए आवश्यक है कि मिथ्या ज्ञान एवं यथार्थ ज्ञान (प्रमा) का भेद समझा जाय। प्रमाण ही वह साधन है जिससे यथार्थ या सम्यक् ज्ञान (प्रमा) एवं मिथ्या ज्ञान (भ्रम) का भेद किया जा सकता है। प्रमाण विचार के अनुसार यथार्थ ज्ञान प्राप्त करने के चार उपाय हैं - 1. प्रत्यक्ष, 2. अनुमान, 3. उपमान एवं 4. शब्द। वस्तुओं के साक्षात् ज्ञान को प्रत्यक्ष कहा जाता है। वस्तु के साथ इन्द्रियों के सम्पर्क होने से जो अनुभूति उत्पन्न होती है उसे प्रत्यक्ष कहते हैं। किन्तु न्यायशास्त्र के अनुसार इन्द्रिय संयोग के बिना भी प्रत्यक्ष ज्ञान हो सकता है अतः इन्द्रिय संयोग प्रत्यक्ष के लिए नितान्त आवश्यक नहीं है। प्रत्यक्ष दो प्रकार का होता है 1. लौकिक प्रत्यक्ष एवं 2. अलौकिक प्रत्यक्ष। वस्तु के साथ इन्द्रिय संयोग होने पर लौकिक प्रत्यक्ष होता है। लौकिक प्रत्यक्ष दो प्रकार का होता है 1. बाह्य एवं 2. मनस्। बाह्य प्रत्यक्ष में ज्ञात वस्तु का संयोग आँख, कान आदि बाहरी इन्द्रियों से होता है जबकि मनस् प्रत्यक्ष में ज्ञात वस्तु का संयोग केवल मन से होता है। दूसरी दृष्टि से लौकिक प्रत्यक्ष के दो भेद होते हैं - 1. निर्विकल्प प्रत्यक्ष 2. सविकल्प प्रत्यक्ष। जब प्रत्यक्ष अविकसित हो तो उस प्रत्यक्ष को निर्विकल्प प्रत्यक्ष कहते हैं अर्थात् किसी वस्तु की प्रतीति या अनुभूति मात्र निर्विकल्प प्रत्यक्ष कहलाती है। जैसे अन्धकार में किसी वस्तु का सामान्य आभास। निर्विकल्प प्रत्यक्ष के विकसित रूप को सविकल्प प्रत्यक्ष कहते हैं। नैयायिकों के अनुसार प्रत्येक सविकल्प प्रत्यक्ष (प्रत्यक्ष का विकसित रूप) के पूर्व निर्विकल्प प्रत्यक्ष होता है। प्रत्यक्ष का एक अन्य प्रकार भी होता है जिसे प्रत्यभिज्ञा (पहचान) कहते हैं। यदि किसी व्यक्ति को देखने से यह हो कि यही वह मनुष्य है (जिसे पहले देखा था) तो इस ज्ञान को प्रत्यभिज्ञा कहते हैं।

प्रत्यक्ष के पश्चात् अनुमान होता है। अनुमान शब्द 'अनु' (पश्चात) और 'मान' (ज्ञान) दो शब्दों के योग से बना है जिसका अर्थ है वह ज्ञान जो किसी पूर्व ज्ञान के पश्चात् आता है। यह केवल इन्द्रियों द्वारा ही नहीं होता बल्कि ऐसे साधन (लिंग) द्वारा होता जिसका नियत सम्बन्ध अनुमानित वस्तु या साध्य से होता है। साधन एवं साध्य के नियत सम्बन्ध को 'व्याप्ति' कहते हैं। किसी अनुमान में कम-से-कम

तीन पद (पक्ष, साधन, साध्य) तथा तीन वाक्य होते हैं। इसे इस उदाहरण से समझ सकते हैं- पर्वत में आग है, क्योंकि उसमें धुआँ है। जहाँ धुआँ है वहाँ आग है। यहाँ पर्वत पक्ष, धुआँ साधन एवं आग साध्य है। यहाँ धुआँ और आग में व्याप्ति है। धुआँ से यह सिद्ध होता है कि पर्वत में अग्नि है।

न्याय दर्शन का तीसरा प्रमाण उपमान है जिसका अर्थ है तुलना (Comparision) इसमें समानता या तुलना के आधार पर एक वस्तु से दूसरी वस्तु का ज्ञान प्राप्त किया जाता है। उदाहरण के लिए-माना किसी लड़के ने नीलगाय नहीं देखी है। कोई व्यक्ति उसे नीलगाय की विशेषताएँ बताता है और बाद में एक जंगल में उस विशेषता से मिलता जुलता पशु लड़के को दिखायी देता है जिसे वह नीलगाय समझ लेता है। उस लड़के का यह ज्ञान उपमान के द्वारा प्राप्त होता है। उपमान के लिए आवश्यक है कि ज्ञातव्य वस्तु की विशेषताओं या सादृश्यों का ज्ञान प्राप्त रहे तथा आगे चलकर सादृश्यों का प्रत्यक्षीकरण हो।

न्याय के अनुसार चौथा प्रमाण शब्द है। आप्त या यथार्थवादी व्यक्तियों के वचन शब्द प्रमाण कहलाते हैं। शब्द के दो प्रकार हैं– 1. दृष्टार्थ शब्द अर्थात् ऐसा शब्द जिससे ऐसी वस्तुओं का ज्ञान प्राप्त हो जिनका प्रत्यक्ष हो सके। 2. अदृष्टार्थ शब्द अर्थात् ऐसा शब्द जिससे अदृष्ट वस्तुओं का ज्ञान प्राप्त हो। दूसरी दृष्टि से शब्द के दो भेद हैं- 1. लौकिक एवं 2. वैदिक। लौकिक शब्द सत्य या मिथ्या हो सकते हैं जबकि वैदिक शब्द ईश्वर के वचन होने के कारण सर्वथा सत्य होते हैं।

प्रमेय- जानने योग्य पदार्थों तथा तत्त्वों की संज्ञा प्रमेय है। इनकी संख्या बारह बतायी गयी है।

1. आत्मा, 2. शरीर, 3. इन्द्रिय, 4. अर्थ, 5. बुद्धि, 6. मन, 7. प्रवृत्ति, 8. दोष, 9. पुनर्जन्म, 10. फल, 11 दुःख तथा 12. अपवर्ग।

न्यायदर्शन अनेकात्मवाद का समर्थक है जिसके अनुसार भिन्न-भिन्न शरीरों में भिन्न-भिन्न आत्माएँ निवास करती हैं। आत्मा की न उत्पत्ति है, न नाश है अतः यह नित्य है, यह काल एवं दिक् से परे है। किन्तु 'चैतन्य' आत्मा का नित्य लक्षण नहीं है। आत्मा मन के संयोग से चेतना, ज्ञान एवं सुख-दुःख की अनुभूति करता है। अर्थात् आत्मा में चेतना का संचार तभी होता है जब इसका मन के साथ, मन का इन्द्रियों के साथ और इन्द्रियों का बाह्य वस्तुओं के साथ सम्पर्क होता है। अर्थात् 'चैतन्य' आत्मा का आगन्तुक गुण है। इस प्रकार आत्मा के सम्बन्ध में न्याय का मत वस्तुवादी है। मन एवं शरीर परमाणुओं से बना है। न्याय दर्शन में मोक्ष को 'अपवर्ग' के नाम से जाना जाता है। आत्मा का मन से संयोग दुःख का कारण है। अतः मोक्ष का अपवर्ग तभी सम्भव है जब आत्मा का शरीर तथा इन्द्रियों से छुटकारा हो जाय। इसके लिए तत्त्वज्ञान की आवश्यकता होती है। तत्त्वज्ञान से ही पूर्व जन्म

के संचित कर्मों का नाश होता है और अपवर्ग या मुक्ति प्राप्त होती है। अपवर्ग की अवस्था में आत्मा चैतन्यहीन हो जाती है।

न्याय दर्शन ईश्वर की सत्ता में विश्वास करता है। ईश्वर ही जगत् का स्रष्टा, पालक एवं संहारक है। ईश्वर अनन्त एवं नित्य है। वह नित्य-ज्ञान युक्त है। ईश्वर परमाणुओं, दिक्, काल, आकाश, मन एवं आत्माओं से सृष्टि का निर्माण करता है। न्याय दर्शन विभिन्न युक्तियों द्वारा ईश्वर के अस्तित्त्व को सिद्ध करता है। वस्तुतः न्याय दर्शन की प्रमुख विशेषता उसकी तत्त्वमीमांसा, तर्क शक्ति एवं अन्वीक्षण पद्धति है जिसने अन्य भारतीय दर्शनों को भी प्रभावित किया। इसी तर्कशक्ति द्वारा यह आत्मा, ईश्वर, मोक्ष आदि को सिद्ध करने का प्रयास करता है किन्तु आत्मा, ईश्वर, मोक्ष सम्बन्धी इसके विचार सन्तोषजनक नहीं हैं। किन्तु न्याय का आस्तिकवाद एवं युक्तिवाद कम सन्तोषजनक नहीं है।

2-वैशेषिक

वैशेषिक दर्शन के प्रवर्तक हैं महर्षि कणाद। उनका वास्तविक नाम 'उलूक' था। उन्हें काश्यप नाम से भी जाना जाता है। उनका 'वैशेषिक सूत्र' इस दर्शन का मूल प्रामाणिक ग्रन्थ है। इस पर प्रशस्तपादकृत 'पदार्थ धर्मसंग्रह' प्रसिद्ध भाष्य है। उदयनाचार्य की 'किरणावली' एवं श्रीधराचार्य की 'न्याय कन्दली' वैशेषिक सूत्र पर अन्य टीकाएँ हैं। इस दर्शन में 'विशेष' नामक पदार्थ की विशद विवेचना की गयी है इसलिए यह वैशेषिक कहलाता है।

न्याय के समान वैशेषिक भी मानता है कि सांसारिक दुःखों की अन्तिम निवृत्ति मोक्ष है और यह तत्त्वज्ञान से ही सम्भव है। न्याय के विपरीत यह केवल दो प्रमाण को स्वीकार करता है–1. प्रत्यक्ष एवं 2. अनुमान। न्याय के उपमान एवं शब्द को वह अनुमान के अन्दर ही सम्मिलित करता है। इसी प्रकार न्याय के 16 पदार्थों के विपरीत वैशेषिक केवल सात पदार्थों को स्वीकार करता है - 1. द्रव्य, 2. गुण, 3. कर्म, 4. सामान्य, 5. विशेष, 6. समवाय और 7. अभाव। मूलतः वैशेषिक छह प्रदार्थों को ही मानता था। सातवाँ 'अभाव' कालान्तर में ग्रन्थकारों द्वारा जोड़ दिया गया। प्रथम छह पदार्थों को 'भाव पदार्थ' तथा अन्तिम को 'अभाव पदार्थ' कहा जाता है। इन पदार्थो का संक्षिप्त परिचय निम्नांकित है–

द्रव्य- द्रव्य वह पदार्थ है जो स्वतः गुणकर्म से भिन्न होते हुए भी उनका आश्रय स्वरूप है। गुण और कर्म द्रव्य में ही निवास करते हैं। द्रव्य नौ प्रकार के होते हैं– 1. पृथ्वी, 2. जल, 3. तेज, 4. वायु, 5. आकाश, 6. काल, 7. दिक्, 8. आत्मा एवं 9. मन। इनमें प्रथम पाँच पंचभूत कहलाते हैं क्योंकि प्रत्येक में कोई-न-कोई गुण होता है जिसका बाह्य इन्द्रियों द्वारा प्रत्यक्ष होता है। जैसे पृथ्वी का गुण है गन्ध, जल का रस, तेज का रूप, वायु का स्पर्श एवं आकाश का शब्द। जिस इन्द्रिय से जिस

गुण का प्रत्यक्ष ज्ञान होता है उसी आधारभूत द्रव्य से उस इन्द्रिय की उत्पत्ति होती है। जैसे नाक (गन्ध) पृथ्वी से, रसना (रस) जल से, आँख (रूप) तेज से, त्वचा (स्पर्श) वायु से एवं कान (शब्द) आकाश से उत्पन्न होता है। प्रथम चार द्रव्य (पृथ्वी, जल, तेज, वायु) अनित्य हैं जबकि उनका निर्माण नित्य परमाणुओं से होता है। आखिरी चार द्रव्य- आकाश, दिक्, काल एवं आत्मा नित्य एवं सर्वव्यापी हैं जबकि मन नित्य है किन्तु सर्वव्यापी नहीं।

चैतन्य आत्मा का आगन्तुक गुण है जो मन के संयोग से उत्पन्न होता है। आत्माएँ अनेक हैं। प्रत्येक आत्मा में एक मन होता है जिसके द्वारा आत्मा विभिन्न विषयों का ज्ञान प्राप्त करता है।

गुण- गुण वह पदार्थ है जो द्रव्य में ही रहता है। बिना द्रव्य के गुण का अस्तित्त्व नहीं है। गुणों की संख्या 24 है- रूप, रस, गन्ध, स्पर्श, शब्द, संख्या, परिमाण, पृथक्त्व, संयोग, विभाग, परत्व, अपरत्व, बुद्धि, सुख, दुःख, द्वेष, प्रयत्न, गुरुत्व, द्रव्यत्व, स्नेह, संस्कार, धर्म एवं अधर्म। इन गुणों में कई के अवान्तर गुण भी होते हैं जैसे रूप (रंग) के अवान्तर गुण हैं - लाल, पीला, नीला, हरा आदि एवं रस के अवान्तर गुण हैं- खट्टा, मीठा, तीखा, नमकीन आदि।

कर्म- द्रव्य के मूल गतिशील धर्मों का पारिभाषिक नाम कर्म है। गुण के समान कर्म का आधार भी द्रव्य है। किन्तु जहाँ 'गुण' द्रव्य का निष्क्रिय धर्म है वही 'कर्म' द्रव्य का सक्रिय धर्म है। कर्म ही द्रव्य के संयोग एवं विभाग का कारण है। कर्म गत्यात्मक है। अतः कर्म का आधार केवल मूर्त-द्रव्य (पृथ्वी, जल, तेज, वायु, मन) ही है क्योंकि अमूर्त एवं नित्य द्रव्य (आकाश, दिक्, काल, आत्मा) स्थान परिवर्तन नहीं करते। कर्म के पाँच भेद हैं- 1. उत्प्रेक्षण (ऊपर फेंकना), 2. अवक्षेपण (नीचे फेंकना) 3. आकुंचन (सिकुड़ना), 4. प्रसारण (फैलाना) तथा, 5. गमन (चलना)।

सामान्य- वस्तुओं के सामान्य लक्षण को सामान्य कहा जाता है। व्यक्तियों में कुछ सामान्य लक्षण हैं जिनसे वे मुनष्य कहलाते हैं। इसी प्रकार गाय, घोड़ा आदि सभी जातिवाचक शब्दों के बारे में सामान्य लक्षण अनुगत हैं। 'सामान्य' एक नित्य धर्म है जो इसके आधार कारण के मरने पर भी नष्ट नहीं होता। मनुष्यत्व एवं गोत्व अमूर्त हैं यद्यपि इनकी कोई स्वतन्त्र सत्ता नहीं है।

विशेष- सामान्य का ठीक उल्टा 'विशेष' है। प्रत्येक मनुष्य, पशु या वस्तु में कुछ विशिष्ट लक्षण विद्यमान होते हैं जिनके आधार पर उनमें अन्तर किया जाता है। यह अन्तर 'विशेष' के कारण है। विशेष के कारण ही एक आत्मा दूसरी से, एक परमाणु दूसरे परमाणु से भिन्न होता है। परमाणु, आत्मा, दिक्, काल, मन आदि सभी के अपने अपने 'विशेष' होते हैं। वस्तुतः 'विशेष' की कल्पना नित्य द्रव्यों (आकाश, दिक् , काल, आत्मा, मन) में भेद स्थापित करने के लिए ही की गयी है। अनित्य द्रव्यों के ज्ञान एवं भेद के लिए इनकी आवश्यकता नहीं है। अनित्य द्रव्यों (पृथ्वी,

जल, तेज, वायु) के ज्ञान एवं भेद के लिए इनकी आवश्यकता नहीं है। क्योंकि वे अपने सामान्य लक्षणों से ही अलग हो जाते हैं। नित्य द्रव्यों में रहने के कारण विशेष भी नित्य हैं।

समवाय- न्याय एवं वैशेषिक दर्शन में सम्बन्ध दो प्रकार के माने जाते हैं -संयोग एवं समवाय। पृथक्-पृथक् वस्तुओं का कुछ काल के लिए परस्पर मिल जाना संयोग कहलाता है। यह सम्बन्ध क्षणिक है, अनित्य है। जैसे- नदी-नाव संयोग। संयोग के विपरीत समवाय नित्य सम्बन्ध है जैसे फूल में लाल रंग, मनुष्य में मनुष्यत्व, कपड़े में धागा, बहते पानी में गति आदि। जैसे 'गुण' या 'कर्म' 'द्रव्य' में, 'सामान्य' व्यक्तियों में तथा 'विशेष' नित्य द्रव्यों में स्वतः विद्यमान रहता है उसी प्रकार 'समवाय' सम्बन्ध नित्य एवं स्थायी होता है। इसी नित्य एवं स्थायी सम्बन्ध को समवाय कहा जाता है।

अभाव- अभाव का शाब्दिक अर्थ है न होना (Not being)। कालान्तर के वैशेषिक ग्रन्थकारों ने इसे सातवाँ पदार्थ मान लिया। अभाव अस्तित्त्वहीन होता है। रात में सूर्य नहीं है, फूल लाल नहीं है, जल में गन्ध नहीं है आदि वाक्य सूर्य, लाल रंग, गन्ध का उपर्युक्त स्थानों में अभाव सिद्ध करते हैं। अभाव दो प्रकार का होता है 1. संसर्गाभाव तथा 2. अन्योन्याभाव। संसर्गाभाव तीन प्रकार का होता है- 1. प्रागभाव अर्थात् कार्य उत्पत्ति के पूर्व विद्यमान नहीं रहता जैसे घड़ा अपनी उत्पत्ति के पूर्व मिट्टी में विद्यमान नहीं रहता। 2. ध्वंसाभाव - अर्थात् किसी वस्तु के विनाश के पश्चात् उस वस्तु का अभाव होता है। जैसे घड़ा फूटने के बाद टुकड़ों में घड़ा विद्यमान नहीं होता। 3. अत्यन्ताभाव- दो वस्तुओं के बीच सम्बन्ध का सर्वथा एवं सर्वकालिक अभाव होता है। जैसे वायु में रूप का अभाव। अन्योन्याभाव का अभिप्राय है - एक वस्तु का दूसरी वस्तु में नहीं होना जैसे अग्नि जल नहीं है।

सृष्टि और प्रलय- अन्य भारतीय दर्शनों की तरह वैशेषिक की भी मान्यता है कि सम्पूर्ण भौतिक जगत् एक लीलास्थल है जो जीवों की उन्नति एवं मुक्ति के लिए रचा गया है। सृष्टि एवं प्रलय का प्रतिपादन वैशेषिक अपने 'परमाणुवाद' के आधार पर करता है। सांख्य-योग के समान वैशेषिक सत्कार्यवाद (अर्थात् कार्य अपनी उत्पत्ति पूर्व कारण के रूप में विद्यमान रहता है) के सिद्धान्त को स्वीकार नहीं करता है। परमाणुवाद के अनुसार कार्य की उत्पत्ति सर्वथा नवीन होती है एवं इस उत्पत्ति के पूर्व कार्य कारण रूप में विद्यमान नहीं रहता। संसार के सभी कार्य (द्रव्य) का निर्माण चार प्रकार के परमाणुओं से होता है, वे हैं-पृथ्वी, जल, तेज एवं वायु। परमाणुओं के संयोग से द्रव्य की उत्पत्ति एवं उनके वियोग से द्रव्य का विनाश होता है किन्तु परमाणुओं का संयोग एवं वियोग स्वतः नहीं होता। परमाणु निष्क्रिय होते हैं जिन्हें गति प्रदान करनेवाली सत्ता ईश्वर की है। वैशेषिक का परमाणुवाद आध्यात्मिक सिद्धान्त पर अवलम्बित हैं। उसके अनुसार परमाणुओं की गति का सूत्रधार ईश्वर है जो जीवों के कर्मफल का भोग कराने के लिए परमाणुओं को गति

के लिए प्रवर्तित करता है। उसी की इच्छा से सृष्टि और प्रलय होते हैं। परमाणुओं की गति के परिणामस्वरूप चार द्रव्यों (पृथ्वी, जल, तेज, वायु) की उत्पत्ति होती है तथा इन चार द्रव्यों से भौतिक जगत् की उत्पत्ति होती है। इस प्रकार जगत् की उत्पत्ति का कारण ईश्वर है। अर्थात् ईश्वर की इच्छा से ही सृष्टि एवं प्रलय होता है। अतः सृष्टि को प्रथम सृष्टि नहीं कहा जा सकता। कर्मफल के अनुसार ही जीवात्मा उसका भोग करती है। ईश्वर प्राणियों को कर्मफल का भोग करने के लिए ही सृष्टि का निर्माण करता है। जब भोग करते-करते जीवात्माएँ थक जाती हैं तो उन्हें विश्राम देने के लिए ईश्वर प्रलय की इच्छा करता है। फलस्वरूप परमाणु बिखरने लगते हैं तथा शरीर एवं इन्द्रियों का विनाश हो जाता है किन्तु जीवात्मा नित्य होने के कारण विनष्ट नहीं होती। मूर्त द्रव्यो (पृथ्वी, जल, तेज, वायु) का विनाश हो जाता है किन्तु अमूर्त द्रव्यो (दिक्, काल, आकाश, मन एवं आत्मा) का विनाश नहीं होता। इस प्रकार सृष्टि एवं प्रलय ईश्वर की इच्छा पर निर्भर करते हैं।

बन्धन तथा मोक्ष- अन्य भारतीय दर्शनों की तरह वैशेषिक भी अज्ञान को ही बन्धन का कारण मानता है अज्ञान के वशीभूत होकर ही आत्मा कर्म एवं कर्मफल की ओर प्रवृत्त होती है। कर्म का सम्पादन बन्द होने पर ही आत्मा को मोक्ष प्राप्त होता है। कार्य बन्द होने पर अच्छे-बुरे फलों का संचय रुक जाता है तथा पूर्व संचित कर्मों का भी क्षय हो जाता है। न्याय की तरह वैशेषिक की भी मान्यता है कि मोक्ष की अवस्था में आत्मा अपने आगन्तुक गुणों (आनन्द, ज्ञान, सुख, दुःख आदि) से मुक्त होती है। जब आत्मा शरीर से आबद्ध होती है तभी उसे आगन्तुक गुणों की आवश्यकता पड़ती है।

न्याय एवं वैशेषिक दोनों वस्तुवादी दर्शन हैं जो ईश्वर के साथ-साथ जीवात्माओं एवं परमाणुओं के अस्तित्त्व को भी मान्यता प्रदान करते हैं। पाश्चात्य दार्शनिकों के विपरीत वे अपने परमाणुवाद का सम्बन्ध ईश्वर से जोड़ते हैं। इस प्रकार के अपने सिद्धान्त को आध्यात्मिक आधार प्रदान करते हैं। किन्तु आत्मा एवं मोक्ष का सिद्धान्त सन्तोषजनक नहीं है। मोक्ष की स्थिति जड़वत् हो गयी है। इसमें भक्ति का कोई स्थान नहीं है। इसकी आलोचना करते हुए शंकर ने इसे 'अर्धवैनाशिक' तथा श्री हर्ष ने 'वास्तविक उलूक दर्शन' कहकर इसकी निन्दा की है।

3-सांख्य दर्शन

सांख्य दर्शन के प्रवर्तक है महर्षि कपिल। यह सबसे प्राचीन दर्शन है। सांख्य दर्शन का मूल ग्रन्थ है कपिल का 'तत्त्व-समाज'। इसका विस्तारपूर्वक विवेचन कपिल के 'सांख्य सूत्र' में मिलता है। किन्तु ये ग्रन्थ काल के गर्भ में चले गये। इसका उपलब्ध प्राचीनतम एवं प्रामाणिक ग्रन्थ है 'सांख्यकारिका' जो ईश्वर कृष्ण द्वारा रचित है। इसके अतिरिक्त गौडपाद का 'सांख्यकारिका-भाष्य', वाचस्पति की

'तर्क-कौमुदी', विज्ञान भिक्षु का 'सांख्य प्रवचन भाष्य' एवं 'सांख्यसार' सांख्य दर्शन के महत्त्वपूर्ण ग्रन्थ हैं। गोविन्द चन्द्र पाण्डेय के अनुसार इसकी उत्पत्ति अवैदिक श्रवण परम्परा से हुई है।

सांख्य के दो अर्थ हैं—1. संख्या, 2. ज्ञान। कुछ विद्वानों का मत है कि इस दर्शन में तत्त्वों की संख्या (25) निर्धारित की गयी है अतः इसे संख्या का दर्शन भी कहते है। श्रीधर स्वामी ने इसकी टीका में सांख्य को तत्त्व गणक कहा है। दूसरा मत है कि आत्म विषयक सम्यक् ज्ञान का प्रतिपादन करता है अतः सांख्य का अर्थ ज्ञान है। गीता एवं महाभारत में इसे इसी रूप में प्रतिपादित किया गया है।

सत्कार्यवाद : सांख्य दर्शन का मुख्य आधार है सत्कार्यवाद। सांख्य के अनुसार कार्य की सत्ता उसकी उत्पत्ति के पूर्व कारण के रूप में विद्यमान रहती है। बौद्ध, न्याय तथा वैशेषिक इस सिद्धान्त को नहीं मानते हैं अतः इन्हें 'असत्कार्यवादी' कहा जाता है। 'अत्सकार्यवाद' का तर्क है कि कार्य अपनी उत्पत्ति के पूर्व कारण रूप में विद्यमान नहीं होता बल्कि उसकी उत्पत्ति सर्वथा नयी होती है। किन्तु सांख्य मत इसका खण्डन करते हुए सत्कार्यवाद का प्रतिपादन करता है एवं इसके समर्थन में अनेक तर्क प्रस्तुत करता है -

1. यदि कार्य कारण में अविद्यमान रहता तो उसकी उत्पत्ति सम्भव नहीं होती। उदांहरण के लिए बालू से तेल नहीं निकलता, जबकि तिल से तेल पैदा हो सकता है क्योंकि तिल में तेल पहले से ही विद्यमान रहता है।

2. किसी खास वस्तु (कार्य) की उत्पत्ति खास वस्तु (कारण) से ही होती है। प्रत्येक वस्तु की उत्पत्ति, प्रत्येक वस्तु से नहीं हो सकती। जैसे तेल केवल तिल से, दही केवल दूध से ही उत्पन्न हो सकता है। दूध से तेल एवं तिल से दूध नहीं निकल सकता।

3. केवल योग्य कारण से ही विशिष्ट कार्य की उत्पत्ति होती है। इससे भी सिद्ध होता है कि कार्य सूक्ष्म रूप से अपने कारण में विद्यमान था।

4. असत् से सत् की उत्पत्ति असम्भव है अर्थात् शून्य से किसी वस्तु का प्रादुर्भाव नहीं हो सकता। अतः कार्य कारण के रूप में विद्यमान रहता है।

5. वस्तुतः कार्य कारण से भिन्न नहीं है अपितु अभिन्न है। कारण कार्य का अव्यक्त रूप है और कार्य कारण का व्यक्त रूप है। कपड़ा धागों में, तेल तिल में, दही दूध में अव्यक्त रूप से विद्यमान रहता है।

इस युक्तियों से सांख्य इस निष्कर्ष पर पहुँचता है कि कार्य अपने-अपने अभिव्यक्ति के पूर्व कारण में विद्यमान रहता है। इस सिद्धांत को 'सत्यकार्यवाद' कहते हैं। सत्कार्यवाद के दो रूप हैं—1. परिणामवाद एवं 2. विवर्तवाद। परिणामवाद के अनुसार कार्य की उत्पत्ति का अर्थ है कारण का सचमुच रूपान्तरित होना जैसे दूध का दही बनना, मिट्टी का घड़ा बनना आदि। यहाँ रूपान्तरण वास्तविक होता

है। जबकि विवर्तवाद (जो अद्वैतवाद का सिद्धान्त है) के अनुसार कारण में जो रूपान्तरण (विकास) परिलक्षित होता है वह वास्तविक न होकर आभासी होता है। जैसे रस्सी का साँप दिखायी देना। इसमें कार्य कारण का वास्तविक रूपान्तरण न होकर आभास या विवर्तमात्र होता है।

प्रकृति एवं पुरुष- सांख्य द्वितत्त्व का प्रतिपादन करता है। यह केवल दो तत्त्वों को मूलतत्त्व के रूप में स्वीकार करता है—1. प्रकृति एवं 2. पुरुष। प्रकृति सृष्टि का आदिकारण है। इसे प्रधान एवं आवास की संज्ञा दी जाती है। यह नित्य एवं निरपेक्ष है। इसका कोई कारण नहीं होता क्योंकि यही समस्त कार्यों का मूल स्रोत है। प्रकृति में तीन गुण होते हैं—1. सत्त्व, 2. रज, 3. तम। इन तीनो गुणों के साम्यावस्था का ही नाम है प्रकृति। त्रिगुणों से निर्मित होने के बावजूद प्रकृति इन पर आश्रित नहीं रहती। प्रकृति के ये गुण रेशा के अर्थ में प्रयुक्त होते हैं।। ये गुण (रेशा) इसलिए कहलाते हैं कि ये रस्सी के (तीन) रेशों की तरह आपस में मिलकर पुरुष के लिए बन्धन का कार्य करते हैं। संसार के समस्त विषयों में ये तीन गुण विद्यमान रहते हैं जिनके कारण वे मोह, सुख, दुःख उत्पन्न करते हैं। सत्त्वगुण-प्रकाश तथा प्रसन्नता, रजोगुण, क्रियाशीलता एवं उत्तेजना तथा तमोगुण अन्धकार अवरोध एवं विषाद का प्रतीक है। गुण प्रत्यक्ष नहीं देखे जाते बल्कि सांसारिक कार्यों को देखकर उनकी प्रतीति होती है। तीनों गुणों में अन्योन्याश्रित सम्बन्ध होता है अर्थात् एक के बिना दूसरा नहीं रह सकता। तीनों की तुलना तेल, बत्ती, दीपक से की जाती है जो परस्पर भिन्न होते हुए भी एक साथ मिलकर प्रकाश उत्पन्न करते हैं। तीनों गुणों में जो प्रबल होता है उसी के अनुसार वस्तु का स्वरूप निर्धारित होता है। शेष गुण उसमे गौण रूप में विद्यमान होते हैं। तीनों गुण निरन्तर परिवर्तनशील हैं। इसी परिवर्तन के परिणामस्वरूप सृष्टि एवं प्रलय का क्रम चलता है। सांख्य दर्शन का दूसरा तत्त्व है पुरुष (आत्मा)। इसका स्वरूप नित्य, सर्वव्यापी एवं शुद्ध चैतन्य है। चैतन्य आत्मा का स्वभाव है। किन्तु पुरुष या आत्मा वेदान्त की तरह आनन्दस्वरूप नहीं है। चैतन्य एवं आनन्द दो भिन्न अवस्थाएँ हैं। शुद्ध चैतन्य स्वरूप होने के कारण पुरुष सर्वदा ज्ञाता के रूप में रहता है, वह कभी ज्ञान का विषय नहीं हो सकता है। पुरुष निष्क्रिय एवं अविकारी है अतः उसमें कोई क्रिया नहीं होती। जितने कर्म के परिणाम हैं वे प्रकृति के धर्म हैं। आत्मा शरीर, मन, बुद्धि तथा इन्द्रियों से परे है। अद्वैतवेदान्त के विपरीत सांख्य का मत है कि प्रत्येक जीव में पृथक्-पृथक् आत्माएँ रहती हैं। इस सिद्धान्त को अनेकात्मवाद के नाम से जाना जाता है। इसके अनुसार आत्मा एक न होकर अनेक है। इस प्रकार जहाँ प्रकृति एक है वहीं पुरुष (आत्मा) अनेक है। प्रकृति विषयों का जड़ आधार है, पुरुष उनका चेतन द्रष्टा है। प्रकृति प्रमेय है तथा पुरुष चैतन्य स्वरूप है।

जगत्-प्रकृति एवं पुरुष के संयोग से जगत् की सृष्टि होती है। अकेला पुरुष सृष्टि नहीं कर सकता क्योकि वह निष्क्रिय है। इसी तरह अकेली प्रकृति सृष्टि नहीं

कर सकती क्योकि वह जड़ है। प्रकृति एवं पुरुष एक-दूसरे से भिन्न हैं, विरुद्धधर्मक हैं तब फिर उनका पारस्परिक सहयोग कैसा। सांख्य के अनुसार जिस प्रकार अन्धा एवं लँगड़ा आपसी सहयोग से जंगल पार कर लेते हैं, उसी प्रकार जड़ प्रकृति एवं चेतन पुरुष परस्पर भिन्न होते हुए भी एक-दूसरे के सहयोग से सृष्टि की रचना करते हैं। सृष्टि के पूर्व तीनों गुण साम्यावस्था में रहते हैं। प्रकृति एवं पुरुष के सम्पर्क से गुणों की साम्यावस्था में विकार या क्षोभ उत्पन्न होता है जिसे गुण क्षोभ कहते हैं। सबसे पहले रजोगुण जो स्वभावतः क्रियात्मक है परिवर्तनशील होता है। तत्पश्चात् अन्य गुणों में भी स्पन्दन शुरू हो जाता है। परिणामस्वरूप प्रकृति में एक भीषण आन्दोलन पैदा हो जाता है। तीनों गुणों के संयोजन से संसार की विभिन्न वस्तुएँ पैदा होती हैं।

सांख्य मतानुसार सृष्टि की उत्पत्ति के क्रम में सर्वप्रथम महत (बुद्धि) तत्त्व उत्पन्न होता है। बुद्धि द्वारा ही ज्ञाता एवं ज्ञेय पदार्थों का भेद विदित होता है। सत्त्व गुण के आधिक्य से ही बुद्धि का उदय होता है। बुद्धि का स्वाभाविक धर्म है स्वतः एवं दूसरी वस्तुओं को प्रकाशित करना। इसी द्वारा किसी विषय का निर्णय सम्भव होता है। सत्त्व की अधिकता से बुद्धि का स्वाभाविक परिणाम होता है- धर्म, ज्ञान, वैराग्य एवं ऐश्वर्य। बुद्धि में तमस् की अधिकता से अधर्म, अज्ञान आसक्ति एवं अशक्ति की उत्पत्ति होती है। बुद्धि से अहंकार पैदा होता है जिसमें मैं और मेरा का भाव होता है। इसी अहंकार के कारण पुरुष (आत्मा) भ्रम में पड़कर स्वयं को कर्त्ता समझने लगता है। अहंकार के कारण विषयों के प्रति आसक्ति पैदा होती है एवं नाना व्यवहारों में संलग्नता पैदा होती है। यही अहंकार सांसारिक कामनाओं का जड़ है। अहंकार तीन प्रकार का होता है 1. सात्त्विक या वैकारिक-जिसमें सत्त्व की अधिकता होती है। इससे पंच ज्ञानेन्द्रियाँ (आँख, कान, नाक, जिह्वा, त्वचा), पंच कर्मेन्द्रियाँ (मुख, हाथ, पैर, मलद्वार एवं जननेन्द्रियाँ) तथा मन उत्पन्न होता है। 2. तामस या भूतादि जिसमें तमस् तत्त्व की प्रधानता होती है। इससे पंच तन्मात्राओं (शब्द, स्पर्श, रूप, रस एवं गन्ध) की उत्पत्ति होती है। 3. राजस या तैजस जिसमें रज तत्त्व की प्रधानता होती है। यह सात्त्विक तथा तामस अहंकार को गति प्रदान करता है। सृष्टि के विकास क्रम में आगे पंच तन्मात्राओं से पंच महाभूतों की उत्पत्ति होती है जो हैं- आकाश, पृथ्वी, जल, वायु, अग्नि। इनके गुण क्रमशः शब्द, गन्ध, रस, स्पर्श तथा रूप हैं। इस प्रकार सृष्टि का विकास-क्रम प्रकृति एवं पुरुष से प्रारम्भ होकर पंचमहाभूतों तक समाप्त होता है। इस प्रकार पुरुष, प्रकृति, महत् (बुद्धि), अहंकार, मन, पंच ज्ञानेन्द्रियाँ, पंच कर्मेन्द्रियाँ, पंच तन्मात्रा एवं पंच महाभूत कुल 25 तत्त्वों का अस्तित्त्व सांख्य दर्शन स्वीकार करता है। पुरुष सृष्टि के विकास की परिधि से बाहर इसका द्रष्टा मात्र होता है। प्रकृति सृष्टि का कारण है किन्तु पुरुष न तो कार्य है और न ही कारण है।

प्रमाण विचार- सांख्य केवल तीन प्रमाणों को स्वीकार करता है- प्रत्यक्ष, अनुमान एवं शब्द। किसी विषय के यथार्थज्ञान को 'प्रमा' कहते हैं। पुरुष (आत्मा) में बुद्धि की सहायता से प्रमा या यथार्थ ज्ञान की उत्पत्ति होती है। सांख्य मत में केवल आत्मा ही चैतन्य है। बुद्धि को भी जड़ तत्त्व माना गया है। प्रमा की उत्पत्ति तीन वस्तुओं पर निर्भर करती है- 1. प्रमाता (जाननेवाला पुरुष), 2. प्रमेय (जानने योग्य विषय) एवं 3. प्रमाण (वह साधन जिससे ज्ञान की प्राप्ति होती है)। प्रमा या यथार्थ ज्ञान की पुष्टि के तीन आधार हैं—प्रत्यक्ष, अनुमान एवं शब्द।

कैवल्य या मोक्ष- सांख्य मत के अनुसार सांसारिक जीवन दुःखमय है। साधारणतः तीन प्रकार के दुःख हैं 1. आध्यात्मिक, 2. आधिभौतिक एवं 3. आधिदैविक। आध्यात्मिक दुःखों से तात्पर्य है शारीरिक एवं मानसिक दुःख जैसे-रोग, क्रोध, सन्ताप, क्षुधा आदि। आधिभौतिक दुःखों का आशय है बाह्य भौतिक पदार्थों से उत्पन्न दुःख, जैसे मनुष्य, पशु, लाठी, काँटा आदि से मिला दुःख। आधिदैविक दुःख अर्थात् अलौकिक कारणों (भूत, प्रेत, ग्रह आदि) से उत्पन्न दुःख। मानव-जीवन का परम उद्देश्य है दुःखों से मुक्ति पाना। दुःखों से मुक्ति मोक्ष, अपवर्ग या पुरुषार्थ कहलाती है। सभी शारीरिक-मानसिक सुख-दुःख वस्तुतः मन के अनुभव हैं, आत्मा (पुरुष) के नहीं। पुरुष शुद्ध, चैतन्य एवं देशकाल के बन्धनों से परे है। सुखी या दुःखी मन होता है, आत्मा नहीं। किन्तु अज्ञान के कारण वह (आत्मा) बुद्धि या मन से अपना पार्थक्य नहीं समझता। यहाँ तक कि शरीर, इन्द्रिय, मन एवं बुद्धि को अपना शरीर मानने लगता है एवं स्वयं को सुखी या दुःखी मानने लगता है। अर्थात् अविवेक या अज्ञान ही सभी दुःखों का कारण है। इसी अज्ञानता के कारण हम पुरुष या आत्मा को मन-बुद्धि से अलग नहीं कर पाते। इस भेद-ज्ञान या विवेकज्ञान से ही दुःखों की निवृत्ति सम्भव है। विवेकज्ञान का अर्थ है पुरुष का अपने को प्रकृति के विकारों से अलग समझ लेना। इस आत्मज्ञान की प्राप्ति निरन्तर साधना (मनन एवं निदिध्यासन) से ही सम्भव है। इस साधना का विवरण योग दर्शन के अन्तर्गत मिलता है जो सांख्य का व्यावहारिक पक्ष है।

सांख्य दो प्रकार की मुक्ति मानता है—1. जीवन्मुक्ति तथा 2. विदेह मुक्ति। जब भौतिक शरीर के रहते हुए भी आत्मज्ञान पैदा हो जाता है तो इस अवस्था को जीवन्मुक्ति कहा जाता है। ऐसी अवस्था में व्यक्ति को दैहिक, दैविक एवं भौतिक दुःख बाधित नहीं करते। विदेह मुक्ति मृत्यु (शरीर के विनाश) के पश्चात् मिलती है, जब सूक्ष्म एवं स्थूल दोनों शरीरों से छुटकारा मिल जाता है। सांख्य के मोक्ष का अर्थ है आत्मा (पुरुष) का अपना मौलिक स्वरूप (चैतन्य स्वरूप) प्राप्त कर लेना। मोक्ष त्रिगुण निरपेक्ष होता है।

ईश्वर- ईश्वर की सत्ता के प्रश्न पर सांख्य के मतानुयायियों में मतभेद है। सनातन सांख्य मतावलम्बी ईश्वर की सत्ता को नहीं मानते थे। उनके मतानुसार ईश्वर किसी क्रिया में प्रवृत्त नहीं होता क्योंकि वह निर्विकार है किन्तु प्रकृति का संचालन

एक क्रिया है जिसके पीछे एक निश्चित कारण है। यह कारण ईश्वर नहीं हो सकता क्योंकि वह निर्विकार है। सृष्टि की उत्पत्ति एवं विकास का आधार प्रकृति एवं पुरुष है। कालान्तर में विज्ञानभिक्षु आदि सांख्य आचार्यों ने वेदान्त एवं योग के प्रभाव से ईश्वर की सत्ता को स्वीकार करते हुए यह मत दिया कि ईश्वर के सान्निध्य से ही प्रकृति का विकास होता है। जिस प्रकार चुम्बक के सान्निध्य से लोहे में चुम्बकत्व उत्पन्न होता है उसी प्रकार ईश्वर के सान्निध्य से प्रकृति में क्रियाशीलता उत्पन्न होती है। ईश्वरवादी सांख्य मत अधिक प्रचलित नहीं है।

विवेचना की दृष्टि से सांख्य मत में अनेक शंका स्थल विद्यमान हैं जिनका ठोस समाधान नहीं मिलता। फिर भी आत्मोन्नति एवं मुक्ति के साधन के रूप में इसका महत्त्व अधिक है। दुःखों से निवृत्ति पाने एवं साधक को जीवन के चरम लक्ष्य मोक्ष पाने के लिए यह दर्शन पथ प्रदर्शक का कार्य करता है।

4. योग दर्शन

योग दर्शन सांख्य दर्शन का व्यावहारिक पक्ष है। इसके प्रवर्तक महर्षि पतंजलि के नाम पर इसे पातंजलि दर्शन भी कहा जाता है। 'पातंजल-सूत्र' या 'योग सूत्र' ही ग्रन्थ है। व्यास ने इस ग्रन्थ पर 'योगभाष्य' नाम से टीका लिखी। व्यास के भाष्य पर वाचस्पति मिश्र ने 'तत्त्ववैशारदी' नामक भाष्य लिखा। योग दर्शन पर लिखे अन्य ग्रन्थों में भोजराजकृत 'वृत्ति' एवं 'योगमणिप्रभा' एवं विज्ञानभिक्षुकृत 'योगसार संग्रह' अत्यन्त उपयोगी हैं।

योग का शाब्दिक अर्थ है मिलन अर्थात् आत्मा का परमात्मा के साथ मिल जाना। गीता में समत्व (समभाव) को योग कहा गया है- 'समत्वं योग उच्यते'। पातंजलि ने चित्तवृत्तियों के निरोध को योग कहा है- योगश्चित्तवृत्तिनिरोधः। सांख्य के सिद्धान्तों का व्यावहारिक जीवन में प्रयोग ही योग है। इस दर्शन में सांख्य दर्शन द्वारा प्रतिपादित पच्चीस तत्त्वों के साथ-साथ ईश्वर के अस्तित्त्व को भी स्वीकार किया गया है। सांख्य के विवेकज्ञान को स्वीकारते हुए योग का मत है कि योगाभ्यास ही विवेकज्ञान का साधन है। इसी कारण कभी-कभी योग को ईश्वर-सांख्य भी कहा जाता है। आत्मशुद्धि के लिए योग व्यावहारिक मार्ग का निर्देश करता है।

सांख्य की तरह योग की भी मान्यता है कि दुःखों से मुक्ति विवेकज्ञान द्वारा ही सम्भव है। किन्तु इसकी प्राप्ति चित्तवृत्तियों के शमन द्वारा ही सम्भव है। यह ज्ञान तभी हो सकता है जब शारीरिक एवं मानसिक वृत्तियों का दमन करते हुए-शरीर, इन्द्रिय, मन, बुद्धि, अहंकार पर विजय द्वारा-आत्मा (पुरुष) के यथार्थ स्वरूप को पहचान लिया जाय। सांख्य-योग का मत है कि जीव स्वतन्त्र पुरुष है जो स्थूल शरीर एवं सूक्ष्म शरीर (इन्द्रिय, मन, बुद्धि एवं अहंकार) से सम्बद्ध है। चित्त प्रकृति का प्रथम विकार है। चित्त बुद्धि, मन एवं अहंकार से परे है। इसमें सत्त्व की प्रधानता

होती है यह स्वभाव से जड़ है किन्तु जब चित्त का किसी विषय के साथ सम्पर्क होता है तब वह उसी का आकार ग्रहण कर लेता है। इन्हीं विषयों के अनुरूप चित्त-विकारों द्वारा आत्मा को विषयों का ज्ञान होता है। यद्यपि आत्मा में स्वतः कोई विकार नहीं होता है तथापि चित्तवृत्तियों के प्रतिबिम्ब के कारण इसमें परिवर्तन का आभास होता है जैसे झील की लहरों में चन्द्रमा हिलता हुआ जान पड़ता है।

चित्त की वृत्तियाँ पाँच प्रकार की होती है- 1. प्रमाण (सत्यज्ञान), 2. विपर्यय (मिथ्याज्ञान), 3. विकल्प (कल्पना), 4. निद्रा (नीद) और 5. स्मृति (स्मरण)। प्रमाण दो प्रकार के होते है-अनुमान एवं शब्द। विपर्यय का अर्थ है भ्रम या संशय। विकल्प का अर्थ है कल्पना (शब्दजनितवृत्ति) जिसका सम्बन्ध वस्तु-यथार्थ से न हो, जैसे आकाश-कुसुम। निद्रा अर्थात् 'सुषुप्ति'। इस अवस्था में भी मन अपना कार्य करता रहता है। स्मृति अतीत के अनुभवों की मानसिक प्रतीति है।

चित्तवृत्तियों के प्रतिबिम्ब के परिणामस्वरूप आत्मा को प्रतीत होता है कि यह मेरी ही अवस्था है जैसे वही जन्म लेता, मरता है, सोता है, जागता है, कर्त्ता है, का भी है आदि। किन्तु ये वृत्तियाँ मन की हैं आत्मा इनसे परे है। क्लेशकर चित्तवृत्तियाँ पाँच प्रकार की हैं -

1. अविद्या अर्थात् आत्म-अनात्म का भेद न करना। 2. अस्मिता अर्थात् आत्मा को भ्रमवश मन या बुद्धि समझ लेना। 3. राग अर्थात् सुख के साधनों की प्राप्ति की इच्छा। 4. द्वेष अर्थात् इर्ष्या एवं 5. अभिनिवेश अर्थात् मृत्यु का भय। चित्त में विकार आने के फलस्वरूप पुरुष (आत्म) सांसारिक विषयों से उत्पन्न सुख-दुःख का अनुभव करने लगता है। यही आत्मा का बन्धन है। योग का उद्देश्य चित्तवृत्तियों का निरोध कर आत्म साक्षात्कार को प्राप्त करना है।

चित्तभूमि (मन) की अवस्थाएँ - चित्त की पाँच अवस्थाएँ मानी गयी हैं- 1. क्षिप्त, 2. मूढ़, 3. विक्षिप्त, 4. एकाग्र एवं 5. निरुद्ध। क्षिप्त अवस्था में चित्त रजोगुण के प्रभाव में होता है और एक विषय से दूसरे विषय पर दौड़ता है। चित्त में स्थिरता नहीं रहती। इसमें मन एवं इन्द्रियों पर संयम नहीं होता अतः क्षिप्त एवं मूढ़ दोनों अवस्थाएँ योगानुकूल नहीं हैं। विक्षिप्तावस्था में मन थोड़ी देर के लिए एक विषय में लगता है पर तुरन्त अन्य विषय की ओर ध्यान चला जाता है एवं पहला विषय छूट जाता है। यह चित्त की आंशिक स्थिरता की अवस्था है, इसमें चित्तवृत्ति का पूरा निरोध नहीं होता। अतः यह भी योगानुकूल नहीं है। एकाग्र अवस्था में चित्त देर तक एक विषय पर लगा रहता है। यह मानसिक केन्द्रीकरण की अवस्था है। यद्यपि इसमें भी समस्त चित्तवृत्तियों का निरोध नहीं होता, तथापि यह योग की पहली सीढ़ी है। निरुद्धावस्था में चित्त की सभी वृत्तियों का निरोध हो जाता है और चित्त अपनी स्वाभाविक स्थिति शान्त अवस्था में आ जाता है। एकाग्र एवं निरुद्ध अवस्थाएँ योगानुकूल हैं क्योंकि इनमें सत्त्व गुण की प्रधानता रहती है। एकाग्र अवस्था को संप्रज्ञात योग कहते हैं क्योंकि इसमें ध्येय विषय का स्पष्ट ज्ञान रहता है। इसे

समापत्ति या संप्रज्ञात समाधि भी कहते हैं क्योंकि इस अवस्था में चित्त ध्येय विषय में लीन होकर तन्मय हो जाता है। इसी प्रकार निरुद्ध अवस्था या असंप्रज्ञात योग या असंप्रज्ञात कहते हैं क्योंकि इस अवस्था में सभी चित्तवृत्तियों का निरोध हो जाता है और किसी विषय का ज्ञान नहीं रहता। यही समाधि की अवस्था है। एकाग्र एवं निरुद्ध अवस्थाओं को समान्यतः समाधि योग कहा जाता है।

अष्टांग योग- चित्त की शुद्धि के लिए योग आठ प्रकार के साधन बतलाता है। इस आठ साधन को ही अष्टांग योग के नाम से जाना जाता है। ये हैं- 1-यम, 2- नियम, 3- आसन, 4- प्राणायाम, 5- प्रत्याहार, 6- धारणा 7- ध्यान और 8- समाधि। यम से तात्पर्य निवृत्ति से है। इसके पाँच अंग हैं। अहिंसा, सत्य, अस्तेय (चोरी न करना), अपरिग्रह (आवश्यकता से अधिक संचय न करना) तथा ब्रह्मचर्य (विषयवासना से दूर रहना)। नियम से तात्पर्य सदाचार के पालन से है। इसके अंग हैं- शौच (शारीरिक एवं मानसिक शुद्धि), सन्तोष, तप, स्वाध्याय एवं ईश्वर प्रणिधान (ईश्वर का ध्यान)। आसन शारीरिक क्रिया है जिसमें शरीर को कुछ देर तक एक निश्चित स्थिति में रखा जाता है। यह शारीरिक अनुशासन है। जैसे पद्मासन, वीरासन, भद्रासन, सिद्धासन, शीर्षासन आदि। प्राणायाम का अर्थ है श्वास का नियन्त्रण। इस क्रिया के तीन अंग हैं 1- पूरक (पूरी श्वास भीतर खीचना), 2- कुम्भक (श्वास भीतर रोकना) तथा 3- रेचक (पूरी श्वास बाहर छोड़ना)। इससे शारीरिक मानसिक स्वास्थ्य ठीक रहता है तथा चित्त की चंचलता का समाहार होता है। प्रत्याहार का तात्पर्य है इन्द्रियों को उनके विषयों से हटाना तथा उन्हें मन के वश में रखना। इसके लिए दृढ़ संकल्प की आवश्यकता होती है। उपर्युक्त पाँच साधन बहिरंग साधन हैं शेष तीन-धारणा, ध्यान, समाधि अन्तरंग साधन कहलाते हैं क्योंकि इनका योग से सीधा सम्बन्ध है। धारणा का अर्थ है चित्त को अभीष्ट विषय पर केन्द्रित करना। यह अभीष्ट विषय कोई भी बाह्य पदार्थ (प्रतिमा, कोई देवता, नासिकाग्र, भ्रूमध्य, नाभि आदि) हो सकता है। ध्यान का अभिप्राय है ध्येय-विषय का निरन्तर मनन-चिन्तन। अर्थात् किसी अभीष्ट विषय का निरन्तर अविच्छिन्न प्रवाह। इससे ध्येय वस्तु का यथार्थज्ञान मिल जाता है। समाधि योग की अन्तिम सीढ़ी है। इसका अर्थ है चित्त की तन्मयता। इस अवस्था में मन ध्येय विषय में इतना लीन हो जाता है कि उसे अपना ज्ञान नहीं रहता। ध्यान में ध्येय विषय मन से अलग रहता है किन्तु समाधि में दोनों एकाकार हो जाते हैं। इस अवस्था में व्यक्ति का बाह्य जगत् से सम्बन्ध टूट जाता है तथा सभी मानसिक विकारों का निरोध हो जाता है। यही मानव-जीवन का परम उददेश्य है।

योग साधना द्वारा साधक 'अष्ट सिद्धियों' को प्राप्त कर सकता है। इन्हें अष्ट एश्वर्य भी कहते हैं। ये हैं- 1- अणिमा (अणु के समान बन सकता है)। 2- लघिमा (रुई के समान हलका होकर उड़ सकता है), 3- महिमा (पहाड़ के समान बड़ा बन सकता है, 4- प्राप्ति (कोई भी वस्तु कहीं से भी हासिल कर सकता है) 5- प्रकाम्य

(योगी की इच्छाशक्ति बाधारहित हो जाती है), 6- वशित्व (सभी जीवो को वशीभूत कर सकता है), 7- ईशित्व (सब भौतिक पदार्थों पर अधिकार कर सकता है) एवं 8- यत्र कामावसायित्व (जो संकल्प करता है उसकी सिद्धि हो जाती है)। किन्तु योग का मत है कि योगी को सिद्धियों के आकर्षण में न पड़कर आत्मसाक्षात्कार करना चाहिए।

ईश्वर- प्राचीन योग दर्शन में ईश्वर का स्थान अधिक महत्त्वपूर्ण नहीं है। स्वयं पतंजलि को जगत् की समस्या हल करने के लिए ईश्वर की आवश्यकता नहीं दीख पड़ती। उनकी दृष्टि में ईश्वर का व्यावहारिक महत्त्व ज्यादा है। किन्तु परवर्ती योग ग्रन्थकार ईश्वर की सत्ता को स्वीकार करते हैं तथा अनेक युक्तियाँ देते हैं। योग के अनुसार ईश्वर परमपुरुष है। वह नित्य, सर्वव्यापी, सर्वज्ञ, सर्वशक्तिमान्, पूर्ण परमात्मा है। वह सर्वबन्धनरहित एवं सर्वक्लेशरहित परमात्मा है। इसी कारण वह जीवात्माओं से भिन्न है। उसका प्रतीक 'ॐ' है। किन्तु योग दर्शन ईश्वर को सृष्टि के सृजन, पालन एवं संहार का आधार नहीं मानता। वह युक्तिप्रदाता नहीं है अपतु वह साधक के मार्ग से केवल बाधाओं को हटा सकता है। इसी रूप में ईश्वर प्रणिधान की आवश्यकता है जिससे समाधि तक पहुँचा जा सकता है। मानव का परम उद्देश्य ईश्वर नहीं बल्कि समाधि या आत्मसाक्षात्कार है।

5. मीमांसा दर्शन

मीमांसा के प्रवर्तक जैमिनी हैं। इनका मूल ग्रन्थ है 'जैमिनी सूत्र'। दार्शनिक सूत्रों में यह सबसे वृहत् है। इस पर शबर स्वामी ने 'शबर भाष्य' की रचना की। बाद के टीकाकारों में कुमारिल भट्ट तथा प्रभाकर गुरु प्रसिद्ध भाष्यकार हैं। इन दोनों के नाम पर मीमांसा के दो सम्प्रदाय विकसित हुए- 'भट्टमीमांसा' तथा 'प्रभाकर मीमांसा'।

वेद के दो भाग हैं- कर्मकाण्ड तथा ज्ञानकाण्ड। ब्राह्मण ग्रन्थों में वैदिक कर्मकाण्डों का तथा उपनिषदों में ज्ञान का विशिष्ट प्रतिपादन मिलता है। वेदों के इन दो धाराओं से दो दार्शनिक सम्प्रदायों का जन्म हुआ। कर्मकाण्ड पर आधारित मीमांसा (पूर्व मीमांसा) दर्शन तथा ज्ञानकाण्ड पर आधारित वेदान्त (उत्तर मीमांसा) दर्शन। यह मत वेदों की अपौरुषेयता को स्वीकार करता है। इसके अनुसार वेद ही धर्म के मूल हैं। वेदों की अपौरुषयेता एवं नित्यता स्वयं सिद्ध है।

प्रमाण विचार- मीमांसा दर्शन छह प्रमाणों को मानता है- 1- प्रत्यक्ष, 2- अनुमान, 3- शब्द, 4- उपमान, 5- अर्थापत्ति, 6- अनुपलब्धि। अन्तिम प्रमाण अर्थात् अनुपलब्धि प्रमाण को केवल भट्टमीमांसक मानते हैं प्रभाकर मीमांसक नहीं।

मीमांसा दर्शन दो प्रकार के ज्ञान को स्वीकार करता है- प्रत्यक्ष एवं परोक्ष। प्रत्यक्ष ज्ञान केवल सत् पदार्थ का ही हो सकता है अर्थात् केवल सत् पदार्थ ही प्रत्यक्ष का

विषय हो सकता है। इन्द्रिय के साथ किसी सत् विषय का सम्पर्क होने पर ही उस विषय का प्रत्यक्ष या यथार्थ ज्ञान आत्मा को हो सकता है। कुमारिल ने साक्षात् प्रतीति को प्रत्यक्ष बताया है। इस प्रकार का ज्ञान समस्त दोषों से मुक्त होता है। मीमांसा का प्रत्यक्ष एवं अनुमान नैयायिकों के समान है अतः इनकी चर्चा पुनः करना औचित्यहीन है। अन्य प्रमाणों का संक्षिप्त विवरण अग्रलिखित है—

उपमान- न्याय की तरह मीमांसा भी उपमान को स्वतन्त्र प्रमाण मानता है। किन्तु मीमांसा इसे दूसरे अर्थ में ग्रहण करता है। न्यायमत में संज्ञा-संज्ञि (नाम-नामी) सम्बन्ध के ज्ञान को उपमान कहा गया है। इसके अनुसार उपमान तब होता है जब पहले देखी हुई वस्तु के सदृश किसी वस्तु को देखकर समझते हैं कि देखी गयी वस्तु प्रत्यक्ष वस्तु के समान है। माना किसी ने पूर्व में गाय देखी है, परन्तु नीलगाय नहीं। वह जंगल में पहली बार नीलगाय देखता है, वह देखने में गाय जैसी लगती है। इससे वह व्यक्ति समझ लेता है कि गाय नीलगाय जैसी है। जबकि न्याय में पूर्व वर्णन के आधार पर किसी वस्तु का ज्ञान उपमान कहलाता है।

शब्द- मीमांसा में शब्द प्रमाण को अधिक महत्त्व दिया गया है। विश्वसनीय व्यक्तियों का विवरण तथा वेदों का विवरण शब्द प्रमाण है। आप्त वचन पौरुषेय तथा वेद बन्धन अपौरुषेय माने जाते हैं। यहाँ वेद स्वतः प्रमाण है जो नित्य एवं समस्त ज्ञान का आधार है। वेद वाक्य दो प्रकार के माने जाते हैं 1- सिद्धार्थक, जिससे किसी सिद्ध विषय का ज्ञान हो तथा 2- विधायक अर्थात् वे वाक्य जो किसी क्रिया विधि का प्रतिपादन करते हैं। इन्हें विधायक या विधिक वाक्य कहा जाता है। इनमें यज्ञीय विधि विधान का निर्देश होता है। मीमांसा में इसी का सर्वाधिक महत्त्व होता है। सिद्धार्थक वाक्य तभी तक मान्य है जब तक वे विधायक वाक्य का समर्थन करें।

अर्थापत्ति-ज्ञात अर्थ की व्याख्या के लिए अज्ञात अर्थ की कल्पना अर्थात् जिसकी सहायता के बिना ज्ञात अर्थ की उत्पत्ति न हो सके उसे अर्थापत्ति कहा जाता है। कल्पना से अर्थ की उत्पत्ति अर्थापत्ति होती है। जैसे यदि कोई जीवित व्यक्ति घर में नहीं है तो अवश्य है कि वह अभी बाहर होगा। इसी प्रकार यदि कोई व्यक्ति दिन में भोजन नहीं करता किन्तु दिन-दिन मोटा होता जाता है तो अवश्य वह रात में भोजन करता होगा। मीमांसक अर्थापत्ति प्रमाण को स्वतन्त्र प्रमाण मानते हैं।

अनुपलब्धि- उपलब्धि का अभाव ही अनुपलब्धि है। इस प्रमाण को केवल भट्टमीमांसक (कुमारिल भट्ट के अनुयायी) स्वीकार करते हैं, प्रभाकर मीमांसक इसे स्वीकार नहीं करते। इसके द्वारा हम अभाव या अनुपलब्धि का ज्ञान प्राप्त करते हैं। जैसे कमरे में घड़ा नहीं है। यह ज्ञान हमें किसी अन्य प्रमाण से नहीं हो सकता बल्कि अनुपलब्धि से होता है। भट्टमीमांसकों का मानना है कि घटाभाव घट की अनुपलब्धि (अदर्शन) के कारण होता है। किन्तु मात्र अनुपलब्धि से अभाव संचित नहीं होता।

रात्रि के घने अन्धकार में घड़ा होने पर भी हमें नहीं दिखायी देता तथापि वहाँ घट का अभाव नहीं होता। पाप-पुण्य, परमाणु, आकाश आँखों से दिखायी नहीं पड़ते। किन्तु उनका अभाव नहीं है। इसे योग अनुपलब्धि कहते हैं। वेदान्त भी इसका समर्थन करता है।

स्वतःप्रमाण्यवाद- जब किसी ज्ञान की उत्पत्ति के लिए पर्याप्त कारण सामग्री होती है तब जो ज्ञान उत्पन्न होता है वह प्रामाणिक, निश्चयात्मक एवं विश्वासजनक होता है। ऐसा ज्ञान यथार्थ ज्ञान होता है। जैसे सूर्य प्रकाश में हम अपनी आँख से देखकर किसी वस्तु का प्रत्यक्ष ज्ञान प्राप्त कर लेते हैं। इस प्रकार का ज्ञान यथार्थ ज्ञान है और इसे पुष्ट करने के लिए किसी साधन की आवश्यकता नहीं रहती। अतः मीमांसक इस निष्कर्ष पर पहुँचते हैं कि ज्ञान की प्रामाणिकता उस ज्ञान की उत्पादक सामग्री में ही विद्यमान रहती है। उत्पादक सामग्री में दोष या त्रुटि होने पर ज्ञान उत्पन्न नहीं होता, जैसे पाण्डु रोगी को कभी भी रोग का यथार्थ ज्ञान नहीं होता। उसे हर वस्तु पीली दिखायी देती है। इसी मत को स्वतःप्रमाण्यवाद कहा जाता है। इसमें मीमांसक दो निष्कर्ष निकालते हैं। 1- ज्ञान की प्रामाणिकता उस ज्ञान की उत्पादक सामग्री में ही विद्यमान रहती है, तथा ज्ञान कहीं बाहर से नहीं आता (प्रमाण स्वतः उत्पतते), 2- प्रामाणिकता का ज्ञान हमें ज्ञान उत्पन्न होते ही हो जाता है (प्रामाण्य स्वतः ज्ञायते च)। मीमांसक नैयायिको के इस मत को नहीं मानते कि ज्ञान की प्रामणिकता सिद्ध करने के लिए हमें अन्य युक्तियों या साधनों का सहारा लेना पड़ता है। नैयायिकों के इस मत को परतः प्रमाणवाद कहते हैं। इसके विपरीत मीमांसा स्वतः प्रमाणवाद को स्वीकार करता है। इसके अतिरिक्त मीमांसक का मत है कि ज्ञान सत्य स्वतः प्रकाशमान् होता है। जब कोई ज्ञान स्वतः उत्पन्न होता है तब उसी में उसकी सत्यता का गुण भी सन्निहित होता है। बिना कारण ज्ञान की सत्यता में सन्देह नहीं होता। इसी विश्वास पर हमारे जीवन का क्रम चलता है।

भ्रम- प्रभाकर मीमांसकों के अनुसार सभी ज्ञान सत्य एवं स्वतः प्रमाणित होते हैं। सत्यता भी स्वतः प्रकाश है, अतः मीमांसा में भ्रम को अस्वीकार किया गया है। जिसे हम भ्रम कहते हैं उसमें भी दो तरह के ज्ञानों का सम्मिश्रण पाया जाता है, जैसे रस्सी में सर्प का आभास होने पर एक लम्बी टेढ़ी-मेढ़ी वस्तु का प्रत्यक्ष ज्ञान तथा पूर्वकाल में देखे गये सर्प की स्मृति, ये दो ज्ञान एकाकार, हो जाते हैं। यहाँ दोनों ही बातें सत्य हैं। हमे प्रत्यक्ष एवं स्मृति का भेद नहीं हो पाता। अतः हम सर्प का व्यवहार रस्सी के साथ कर बैठते हैं। स्मृति लोप के कारण हमें दोनों के बीच भेद का ज्ञान नहीं हो पाता। प्रभाकर मीमांसक इस मत को 'अख्यातिवाद' कहते हैं। इसके विपरीत भट्टमीमांसक का मत है कि कभी कभी मिथ्या वस्तु (रज्जु में कल्पित सर्प) में सत्य की प्रतीति होने लगती है। भ्रम केवल यह है कि हम दो अलग-अलग पदार्थों में उद्देश्य एवं विधेय का सम्बन्ध स्थापित कर देते हैं। अतः विषय तो सत्य होते है। केवल संसर्ग का भ्रम होता है। यद्यपि भ्रम कालान्तर में दूर हो जाता है किन्तु जब

तक भ्रम की प्रतीति होती रहती है तब तक यह ज्ञान के रूप में अस्तित्त्व में रहता है। भट्टमीमांसकों का यह मत 'विपरीत ख्यातिवाद' कहलाता है। इसके अनुसार विपरीत ज्ञान (जैसा ज्ञान होना चाहिए वैसा नहीं होता) के कारण ही भ्रम की सत्ता होती है! अतः इसे विपरीत ख्यातिवाद कहते हैं।

तत्त्व विचार : जगत- बौद्धमत के शून्यवाद एवं क्षणिकवाद तथा अद्वैतवाद के मायावाद के विपरीत मीमांसा जगत् एवं उसके समस्त विषयों को सत्य मानता है। प्रत्यक्ष विषयों के अतिरिक्त मीमांसा स्वर्ग, नरक, आत्मा, वैदिक देवगण का भी अस्तित्त्व प्रमाणों के आधार पर (आप्त वचन) स्वीकार करता है। कर्म के नियमों के अनुसार ही सृष्टि की रचना होती है। मीमांसा के अनुसार न सृष्टि की उत्पत्ति होती है और न विनाश होता है केवल जीव एवं पदार्थों की उत्पत्ति और विनाश होता है। जगत् सर्वदा अस्तित्त्व में रहता है। कर्मफल का भोग कराने के लिए जीवात्माओं को संसार में आना पड़ता है। इस लोक में हम यज्ञादि जो कर्म करते हैं उनसे एक अदृश्य शक्ति उत्पन्न होती है जिसे मीमांसक 'अपूर्व' के नाम से जानते हैं। यह शक्ति कर्मफल का भोग करानेवाली शक्ति है जो समय पाकर फलित होती है।

आत्मा- मीमांसा दर्शन अनेकात्मवाद का समर्थक है। इसके अनुसार जितने जीव हैं उतनी ही आत्माएँ हैं। ये नित्य हैं। आत्मा ज्ञाता, भोक्ता एवं कर्त्ता है। शरीर आत्मा का आश्रय है तथा बाह्य पदार्थ भोग्य पदार्थ हैं तथा इन्द्रियाँ भोग कराने का साधन हैं। चैतन्य आत्मा का स्वाभाविक गुण नहीं है अपितु आगन्तुक गुण है जो मन एवं इन्द्रियों के संयोग से उत्पन्न होता है। आत्मा का शरीर, इन्द्रिय एवं अन्य पदार्थों से छुटकारा ही मोक्ष है। मोक्ष की स्थिति में आत्मा गुण, अनुभूतियों एवं चैतन्य से विहीन शुद्ध द्रव्य रह जाती है।

धर्म विचार- मीमांसा के अनुसार धर्म वह आदेश है जो मनुष्य को कर्म के लिए प्रेरित करता है। वेद जिसका विधान करते हैं वह धर्म है जिसका निषेध करते हैं वह अधर्म है । वैदिक व्यवस्था के अनुसार जीवन ही धार्मिक जीवन है। यज्ञादि क्रिया (वेदानुकूल) से ही धर्म की प्राप्ति होती है।

कर्त्तव्य अथवा कर्मकाण्ड- मीमांसा में कर्मकाण्ड को इतना अधिक महत्त्व दिया गया है कि देवताओं का स्थान गौण हो गया। यज्ञ अथवा कर्मकाण्ड का उद्देश्य देवता को सतुष्ट करना नहीं बल्कि आत्मा को शुद्ध करना है। प्रत्येक व्यक्ति के लिए कर्मकाण्ड अनिवार्य है। कर्म तीन प्रकार के हैं- अनिवार्य, ऐच्छिक तथा निषिद्ध। अनिवार्य कर्म के दो प्रकार के हैं—(1) नित्य अर्थात् प्रतिदिन किये जानेवाले कर्म जैसे पूजा, प्रार्थना आदि तथा (2) नैमित्तिक अर्थात् विशेष अवसरों पर किये जानेवाले कर्म। ऐच्छिक कर्म (कार्य) वे कर्म हैं जिन्हें करने से पुण्य का फल मिलता है जबकि निषिद्ध कर्मों को करने से पाप का फल प्राप्त होता है। मीमांसा के अनुसार निष्काम कर्म ही धर्म है। जर्मन दार्शनिक काण्ट की तरह मीमांसकों का मत है कि कर्त्तव्य

पालन इसलिए नहीं करना चाहिए कि इससे हमारा उपकार होगा बल्कि इसलिए कि कर्त्तव्य पालन करना हमारा धर्म है। कर्त्तव्यता (कर्मकाण्ड) का मूल स्रोत अपौरुषेय वेद वाक्य हैं जो निष्काम कर्म की प्रेरणा देते हैं।

स्वर्ग और मोक्ष- प्राचीन मीमांसकों का मत था कि स्वर्ग ही जीवन का चरम लक्ष्य है। किन्तु बाद के मीमांसकों ने स्वर्ग की जगह मोक्ष (अपवर्ग) को जीवन का परम उद्देश्य स्वीकार किया। निष्काम धर्माचरण एवं आत्मज्ञान के प्रभाव से पूर्व कर्मों के संचित संस्कार क्रमशः लुप्त हो जाते हैं और कर्मबन्धन से छुटकारा मिल जाता है। इसे ही मोक्ष कहते हैं। मीमांसा मोक्ष प्राप्त करने के लिए ज्ञान के स्थान पर वैदिक कर्मों के अनुष्ठान को ही साधन स्वीकार करता है। मीमांसा के अनुसार मोक्षावस्था आनन्द की अवस्था नहीं है क्योंकि आत्मा अनुभूति से परे है। किन्तु परवर्ती मीमांसक (भट्टमीमांसक) भी वेदान्त की तरह मोक्ष को आनन्दानुभूति स्वीकार करते हैं।

6. वेदान्त दर्शन

वेदान्त का अर्थ है वेदों का अन्त। वैदिक साहित्य का अन्तिम चरण होने के कारण उपनिषदों को वेदान्त की संज्ञा दी जाती है। उपनिषद् शब्द (उप नि सद्) सद् धातु में उप तथा नि उपसर्ग लगाकर बनता है। सद् के तीन अर्थ है बैठना, नाश करना तथा शिथिल करना। अतः उपनिषद् का अर्थ हैं गुरु के समीप (ज्ञान-प्राप्ति के निमित्त) बैठना जो समस्त संशयों को शिथिल करता है तथा अज्ञान का विनाश करता है। शंकराचार्य के अनुसार उपनिषद् का अर्थ ब्रह्मविद्या है। मुक्तिकोपनिषद् में 108 उपनिषदों का उल्लेख मिलता है। किन्तु 12 उपनिषद् ही सर्वाधिक उल्लेखनीय हैं क्योंकि शंकर आदि भाष्यकारों ने इन्ही उपनिषदों पर अपना भाष्य लिखा है। इन महत्त्वपूर्ण उपनिषदों के नाम निम्नलिखित हैं–

1- ऐतरेय 2- तैत्तिरीय 3- बृहदारण्यक 4- छान्दोग्य 5- केन 6- कठ, 7- श्वेताश्वर 8- ईश 9- मुण्डक 10- प्रश्न 11- मैत्रायणी 12- माण्डूक्य उपनिषद्। सभी पूर्णतया दार्शनिक ग्रन्थ हैं जिनका मुख्य ध्येय है ज्ञान की खोज। उपनिषदों के विविध प्रश्नों पर विरोध परिहार करते हुए बादरायण ने 'ब्रह्मसूत्र' की रचना की। इसे वेदान्तसूत्र, शारीरिक सूत्र, शारीरिक मीमांसा या उत्तर मीमांसा भी कहते हैं। बाद में अनेक भाष्यकारों ने ब्रह्मसूत्र की अपनी दृष्टि से टीकाएँ प्रस्तुत की हैं। इन भाष्यकारों के पीछे वेदान्त के अलग अलग सम्प्रदाय खड़े हो गये । जैसे शंकर का अद्वैतवाद अर्थात् जीव एवं ब्रह्म दो नहीं हैं। उनमें अद्वैत है किन्तु रामानुज के अनुसार ब्रह्म चित्त (जीव) एवं अचित्त (जड़ प्रकृति) दोनों तत्त्वों से युक्त है। विशेषण युक्त ब्रह्म के कारण इस मत को विशिष्टाद्वैतवाद के नाम से जाना जाता है। मध्वाचार्य का द्वैतवाद अर्थात् जीव एवं ब्रह्म दो अलग अलग तत्त्व हैं। निम्बार्काचार्य का द्वैताद्वैतवाद अर्थात् जीव एवं ब्रह्म किसी दुष्टि से दो हैं तथा किसी दृष्टि से दो नहीं

हैं। वल्लभाचार्य का शुद्धाद्वैतवाद अर्थात् ब्रह्म एवं जीव शुद्ध रूप से अद्वैत हैं। उपर्युक्त मतों में शंकर एवं रामानुज का मत सर्वाधिक प्रसिद्ध है।

उपनिषदों की प्रमुख समस्या है मूल तत्त्व क्या है, जिसमें सबकी स्थिति है और जिसमें सब-कुछ विलीन हो जाता है, वह सत्य क्या है जिसे जानने से सब-कुछ ज्ञात हो जाता है? ब्रह्म क्या है, आत्मा क्या है? मोक्ष-प्राप्ति के साधन क्या हैं? आदि प्रश्नों का विवेचन उपनिषदों का प्रमुख प्रतिपाद्य है। उपनिषदों के प्रमुख विचारों का सक्षिप्त विवेचन निम्नांकित है–

आत्म विचार- उपनिषदों में परमतत्त्व को कभी ब्रह्म एवं कभी आत्मा कहा गया है। कभी इसको केवल सत् कहा गया है। कठोपनिषद् पर भाष्य करते हुए शंकराचार्य ने लिखा है कि आत्मा वह तत्त्व है जो सभी में व्याप्त है, जो कर्त्ता है, जो विषयो को जानता है, जो अनुभव करता है एवं उन्हें प्रकाशित करता है तथा जो सर्वदा शाश्वत एवं समान रहता है। उपनिषद् में आत्मा को अनेक स्थलों पर सर्वव्यापी, अन्तर्यामी, स्वयंप्रकाश्य, स्वयंसिद्ध एवं चैतन्यस्वरूप तत्त्व के रूप में रेखांकित किया गया है। यह सृष्टि का परमसत् है जिसे आत्मसाक्षात्कार द्वारा ही समझा जा सकता है। इस आत्मसाक्षात्कार या आत्मविद्या को पराविद्या कहा गया है एवं अन्य विचार (अपरा विद्या) इससे न्यूनकोटि के हैं। जब तत्त्वज्ञान के द्वारा काम-क्रोध आदि वृत्तियों एवं संस्कारों का लोप हो जाता है जब आत्मसाक्षात्कार होता है। इसके लिए संकल्प, श्रवण, मनन एवं निदिध्यासन की दृढ़ आवश्यकता होती है। शंकर के अनुसार आत्मा एवं परमात्मा में अभेद है। शंकर की भाँति रामानुज भी आत्मा को नित्य, चैतन्य एवं ज्ञान स्वरूप मानते हैं। किन्तु उनके समान यह नहीं मानते हैं कि आत्मा एवं ब्रह्म अभिन्न हैं। उनके अनुसार जीवात्मा सीमित है तथा ईश्वर अनन्त है। दोनों भिन्न सत्ताएँ हैं, दोनों में अंश-अंशी का सम्बन्ध है। ब्रह्म में सृजन शक्ति है किन्तु आत्मा में नहीं। सांख्य की तरह रामानुज भी अनेक आत्माओं की सत्ता में विश्वास करते हैं। सभी आत्माओं में भेद रहता है जिस प्रकार अंश कभी पूर्ण नहीं हो सकता है उसी प्रकार आत्मा कभी ब्रह्म नहीं हो सकती।

ब्रह्म विचार- परमतत्त्व का दूसरा नाम ब्रह्म है। ब्रह्मशब्द 'बृंह्' धातु से निकला है जिसका अर्थ होता है विकसित होना। अर्थात् जो स्वयं को (सृष्टि रूप में) विकसित करे वह ब्रह्म है। जिस प्रकार व्यक्ति सत्ता का मूल आत्मा है उसी प्रकार जगत् सत्ता का मूल ब्रह्म है। वह सत् (सभी सत्ताओं का मूल), चित् (चैतन्य का आधार) तथा आनन्द सभी सुखों का मूल है। उपनिषदों में ब्रह्म के दो रूप हैं–1- सोपाधि ब्रह्म जो जगत् की उत्पत्ति, स्थिति एवं लय का कारण है। 2- निरुपाधि ब्रह्म-बृहदारण्यक उपनिषद् में याज्ञवल्क्य एवं गार्गी संवाद में ब्रह्म की सत्ता को नेति नेति (निषेध) करते हुए प्रतिपादित किया गया है कि वह मानव बुद्धि के परे है । वह ज्ञानातीत है। अर्थात् लौकिक दृष्टि से ब्रह्म सप्रपंच है तथा आध्यात्मिक दृष्टि से यह निष्प्रपंच है।

आध्यात्मिक सत्ता के अर्थ में उसे ब्रह्म तथा लौकिक सत्ता के अर्थ में उसे ईश्वर कहा जाता है। सर्वशक्तिमान् ब्रह्म की दो शक्तियाँ हैं—1-परा (अलौकिक) तथा 2- अपरा (लौकिक) । ब्रह्म इन शक्तियों से आश्रित होने पर भी इनसे भिन्न है। इन शक्तियों से ब्रह्म जगत् की सृष्टि, पालन एवं संहार करता है। परब्रह्म (परा शक्तियों से आश्रित) को निर्गुण एवं अपर ब्रह्म (अपरा शक्ति से आश्रित) को सगुण ब्रह्म कहा जाता है। निर्गुण ब्रह्म असीम, अमूर्त एवं अनन्त है। जबकि सगुण ब्रह्म मूर्त, ससीम एवं सप्रपंच है। निर्गुण ब्रह्म निर्विशेष है जबकि सगुण ब्रह्म सविशेष है। निर्गुण ब्रह्म अप्रमेय है जबकि सगुण ब्रह्म प्रमेय है। सगुण ब्रह्म ही ईश्वर है। इसके दो लक्षण हैं—1- स्वरूप लक्षण-सत्य ज्ञान एवं अनन्त (सत्य ज्ञान अनन्त ब्रह्म) ही सगुण ब्रह्म का स्वरूप लक्षण है 2- तटस्थ लक्षण-जिसमें सम्पूर्ण प्राणियों की उत्पत्ति होती है (यतो वा इमानि भूतानि जायन्ते) ब्रह्म का तटस्थ लक्षण है।

उपनिषदों के अनुसार बाह्य दृष्टि से परमतत्त्व ब्रह्म है जबकि आन्तरिक दृष्टि से आत्मा ही परमतत्त्व है। आत्मा एवं ब्रह्म में कोई भेद नहीं है। आत्मा सुख-दुःख, पाप-पुण्य से परे है। ब्रह्म एवं आत्मा के अद्वैत का प्रतिपादन उपनिषदों में इन वाक्यों में किया गया है—अहं ब्रह्मास्मि, तत् त्वम् असि, अयम् आत्मा ब्रह्म आदि। शंकर के अनुसार ब्रह्म पूर्ण चैतन्य है। शंकर का ब्रह्म निर्गुण है। उसका स्वरूप लक्षण है सत्यं ज्ञानमनन्तं ब्रह्म। अर्थात् ब्रह्म सत्य और अनन्त ज्ञान स्वरूप है। जगत् पालक, कर्त्ता एवं संहारक आदि रूप ब्रह्म के तटस्थ लक्षण हैं जो केवल व्यावहारिक दृष्टि से सत्य है। अर्थात् ब्रह्म पारमार्थिक सत्ता है एवं ईश्वर (जगत् के सम्बन्ध में) व्यावहारिक सत्ता है। जबकि रामानुज का मत है कि ब्रह्म चित्त (जीव) एवं अचित्त (जड़ प्रकृति) दोनों तत्त्वों से युक्त है। उसका अचित्त भी नित्य है। रामानुज का अद्वैतवाद इसी कारण विशिष्टाद्वैतवाद कहलाता है क्योंकि चित् एवं अचित अंशों से विशिष्ट होते हुए भी ब्रह्म एक है एवं अनेक गुणों का भण्डार अर्थात् सगुण है।

जगत् विचार- वेदान्त के अनुसार ब्रह्म एवं आत्मा परमतत्त्व हैं किन्तु जगत् मिथ्या है। श्वेताश्वर उपनिषद् मे ईश्वर को 'मायिन' कहा गया है जो अपनी शक्ति से इस जगत् की रचना करता है। ब्रह्म 'माया' नामक शक्ति से जगत् की सृष्टि करता है अर्थात् जगत् माया या अविद्या का प्रपंच मात्र है। वस्तुतः जगत् को विवर्त या आभास मानने का विचार उपनिषदों में विकसित हो चुका था। शंकर एवं रामानुज दोनों इस मत से सहमत हैं कि अचेतन तत्त्व से जगत् की सृष्टि नहीं हो सकती। दोनों उपनिषद् के वाक्य 'सर्वंखल्विदं ब्रह्म' (अर्थात् ब्रह्म की मूल सत्ता है) को स्वीकार करते हैं। शंकर ने जगत् की तुलना स्वप्न या भ्रम से की है। इस भ्रम का कारण अविद्या है। अज्ञान के कारण ही ब्रह्म का स्वरूप आच्छादित हो जाता है और जगत् की प्रतीति होती है। शंकर जगत् को व्यावहारिक दृष्टि से सत्य मानते हैं किन्तु पारमार्थिक दृष्टि से असत्य। चूँकि इस भ्रम का कारण अविद्या है अतः अविद्या या अज्ञान के कारण ही ब्रह्म का स्वरूप आच्छादित हो जाता है और जगत् की प्रतीति

होती है। जब तत्त्वज्ञान का उदय होता है तो उस अविद्या, माया या भ्रम का तिरोभाव हो जाता है। रामानुज का मत है कि ब्रह्म में चित् एवं अचित् दो तत्त्व विद्यमान रहते हैं। अचित् प्रकृत तत्त्व है जिससे जगत् की उत्पत्ति होती है। ब्रह्म अपनी इच्छा से जगत् की सृष्टि करता है। रामानुज के अनुसार सृष्टि या जगत् उतना ही सत्य है जितना कि ब्रह्म। रामानुज सत्कार्यवाद अर्थात् कार्य अपनी उत्पत्ति के पूर्व कारण के रूप में विद्यमान रहता है, में विश्वास करते हैं। अतः जब जगर्त का कारण ईश्वर सत्य है तो जगत् कैसे मिथ्या हो सकता है।

माया या भ्रम विचार- माया ईश्वर की शक्ति है । उसी शक्ति द्वारा मायावी ईश्वर सृष्टि सम्बन्धी लीला का प्रदर्शन करता है। किन्तु वह स्वयं उस माया से आसक्त नहीं होता। अज्ञानी उसे देखकर भ्रम में पड़ जाते हैं तथा उसे (जगत् को) सत्य मान बैठते हैं। माया को अविद्या या अज्ञान भी कहा जाता है। अविद्या केवल अधिष्ठान का अध्यास (आवरण) ही नहीं करती बल्कि उस पर विक्षेप भी कर देती है। जैसे रस्सी के यथार्थ ज्ञान न होने के साथ उस पर सर्प का विक्षेप हो जाता है। इसी कारण रस्सी साँप का भ्रम पैदा कर देती है। किसी द्रव्य के विकार का आभास (जैसे रस्सी का साँप दिखायी देना, विवर्त कहलाता है जबकि वास्तविक विकार (जैसे दूध का दही बन जाना) परिणाम कहलाता है। शंकर का मत विवर्तवाद तथा सांख्य मत (प्रकृति वस्तुतः जगत् के रूप में पारिणित हो जाती है) परिणामवाद कहलाता है। जहाँ जो वस्तु नहीं है उसे वहाँ कल्पित करना अध्यास कहलाता है। यह अविद्या के कारण होता है। शंकर भी माया को ब्रह्म की शक्ति मानते हैं। किन्तु यह शक्ति ब्रह्म का नित्य स्वरूप नहीं है। जबकि रामानुज का मत है कि माया ब्रह्म का नित्य स्वरूप है। रामानुज के अनुसार सृष्टि या जगत् भ्रममात्र नहीं है। बल्कि सत्य है। कोई भी ज्ञान असत्य नहीं होते बल्कि सभी ज्ञान सत्य हैं। रज्जु सर्प के गुण में भी तत्त्व (तेज, जल एवं पृथ्वी) ही दोनों विषयों (सर्प एवं रज्जु) में विद्यमान है। वहाँ सत् पदार्थ की प्रतीति नहीं होती।

मोक्ष विचार- उपनिषदों के अनुसार आत्मा एवं परमात्मा में भेद दृष्टि ही बन्धन का कारण है तथा आत्मा-परमात्मा में अभेद दृष्टि ही मोक्ष का कारण है। आत्मसाक्षात्कार ही परमात्मा का साक्षात्कार है तथा वही मोक्ष है। आत्मज्ञान को अपरा विद्या कहा गया है। आत्मज्ञान अथवा मोक्ष दो प्रकार के माने गये है—1-जीवन्मुक्ति तथा 2- विदेह मुक्ति। जीवन्मुक्ति अर्थात् जीवन (स्थूल शरीर) के रहते हुए मुक्ति। उस मुक्ति में जीव संसार में रहते हुए भी निर्लिप्त एवं अनासक्त हो जाता है तथा उसे कोई दुःख व्याप्त नहीं होता क्योंकि वह शरीर से पृथक् होता है। विदेह मुक्ति तब प्राप्त होती है जब सूक्ष्म एवं स्थूल दोनों शरीरों का अन्त हो जाता है। शंकर का मत है कि असक्ति पूर्व किया गया कार्य ही बन्धन का कारण है तथा अनासक्त एवं निष्काम कर्म मोक्ष का परिणाम है। रामानुज के अनुसार वैदिक कर्म एवं ज्ञान द्वारा भक्ति का उदय होता है जिससे मुक्ति मिलती है। ईश्वर में अनन्य भक्ति ही ईश्वर में प्रपत्ति

अर्थात् पूर्ण आत्मसमर्पण लाती है। रामानुज के अनुसार भक्ति और प्रपत्ति ही मोक्ष के साधन हैं। उनके अनुसार कर्मों के कारण ही आत्मा बन्धनग्रस्त होती है। वह अज्ञानवश अपने को शरीर, इन्द्रिय एवं मन आदि समझ बैठता है तथा कर्त्ता एवं भोक्ता मानने लगता है। कर्मफल का विनाश ही मोक्ष है। यह तभी सम्भव है जब अनन्य भक्ति के साथ वेदों द्वारा विहित कर्मकाण्डों का निष्काम भाव से अनुसरण किया जाय। रामानुज के अनुसार भक्ति तीन प्रकार की होती है—1- साधन भक्ति- इसमे जीव सांसारिक विषय भोग से ऊबकर ईश्वर में ध्यान लगाता है। 2- पराभक्ति- इसमें ईश्वर की पूर्णता में उसका विश्वास दृढ़ हो जाता है। तथा अपने को उसका अंश मानकर उसका प्रत्यक्ष करता है। 3- परमाभक्ति- इस अवस्था में भक्त भगवान् के साथ एकाकार हो जाता है। रामानुज के अनुसार मोक्ष की अवस्था में आत्मा का परमात्मा में विलय नहीं हो जाता बल्कि वह अपने को परमात्मा का अंश मानते हुए वास्तविक स्वरूप का ज्ञान प्राप्त कर लेता है। रामानुज के अनुसार जीवन्मुक्ति जैसी कोई अवस्था नहीं होती। मोक्ष तभी सम्भव है जबकि आत्मा का शरीर से विच्छेद हो जाय। क्योंकि जब तक आत्मा एवं शरीर का सम्बन्ध रहेगा कर्म एवं कर्मफल बने रहेंगे। मोक्ष की अवस्था में आत्मा ईश्वर के समान अनन्त चैतन्य एवं आनन्द का उपभोग करता है।

7. चार्वाक दर्शन

चार्वाक जड़वादी दर्शन है। जड़वाद वह सिद्धान्त है जिसके अनुसार जड़ ही परमतत्त्व है। इसके अनुसार चेतन की उत्पत्ति भी जड़ से होती है। इस दर्शन का कोई मूलग्रन्थ प्राप्त नहीं है। किन्तु इसका उल्लेख वेदों, उपनिषदों, पुराणों तथा दार्शनिक ग्रन्थों में पाया जाता है। प्राचीन भारतीय साहित्य में जड़वाद के लिए चार्वाक शब्द व्यवहृत होता था किन्तु चार्वाक का मूल अर्थ क्या था इसका पता नहीं है। कुछ विद्वानों के अनुसार चार्वाक एक ऋषि का नाम था जिनके अनुयायी चार्वाक के नाम से जाने गये। कुछ विद्वानों के अनुसार चार्वाक शब्द 'चर्व' धातु से उत्पन्न है जिसका अर्थ है चबाना या भोजन करना। चूँकि इस मत के लोग खाने-पीने पर जोर देते थे अतः उसका नाम चार्वाक पड़ा। एक मत के अनुसार मीठे वचन (चारु वाक्) के कारण उन्हें चार्वाक कहा गया। एक मत के अनुसार जड़वाद का प्रवर्तन देवगुरु बृहस्पति ने दानवों के विनाश के लिए किया था ताकि उसका अनुसरण कर दानवों का स्वतः विनाश हो जाय। इस मत को लोकायत (लोक में विस्तृत) भी कहा जाता है। इस धर्म के सिद्धान्तों का विवरण दो ग्रन्थों 'बृहस्पति सूत्र' एवं 'लोकायतशास्त्र' में मिलता है। चार्वाक मत का विस्तृत विवरण माधवाचार्य ने अपने ग्रन्थ 'सर्वदर्शनसंग्रह' में दिया है। वेदों पर विश्वास न करने के कारण माधवाचार्य ने उन्हें नास्तिक शिरोमणि कहा है।

यथार्थ ज्ञान को प्रमा कहते हैं तथा प्रमा के कारण को प्रमाण कहते हैं। चार्वाक के अनुसार प्रत्यक्ष ही एकमात्र प्रमाण है। केवल इन्द्रियजनित ज्ञान ही यथार्थ ज्ञान है। चूँकि प्रत्यक्ष ही एकमात्र प्रमाण है अतः हम केवल उन्हीं वस्तुओं का अस्तित्त्व मान सकते हैं। जिनका प्रत्यक्ष हो। ईश्वर, स्वर्ग, नरक, आत्मा, पुनर्जन्म, अदृष्ट विषयों को चार्वाक नहीं मानते। चार्वाक चार जड़ तत्त्वों पृथ्वी, जल, वायु, अग्नि को स्वीकार करते हैं। भारतीय पंचभूत (पृथ्वी, जल, वायु, अग्नि, आकाश) में आकाश का अस्तित्त्व नहीं मानते क्योंकि इसका ज्ञान अनुमान के आधार पर होता है। सभी निर्जीव एवं सजीव पदार्थों की उत्पत्ति इन्हीं चार जड़ तत्त्वों से हुई है एवं मृत्यु के बाद वे पुनः इसी में विलीन हो जाते हैं। देह ही आत्मा है।

चार्वाक के अनुसार मोक्ष या दु,खों से मुक्ति जैसी कोई चीज नहीं होती। जीवन है तो दुःख अवश्य होगा। दुःखों का पूर्ण विनाश तो मृत्यु से ही हो सकता है। बृहस्पतिसूत्र में कहा गया है- 'मरणम एव अपवर्गः' अर्थात् मृत्यु ही मोक्ष है। मनुष्य का अस्तित्त्व वर्तमान जीवन तक ही सीमित है अतः हमारा एकमात्र उद्‌देश्य होना चाहिए कि इस जीवन में अधिक-से-अधिक सुख प्राप्त करें तथा अपने दुःखों को कम-से-कम करें। सफल जीवन वही है जो अधिक-से-अधिक सुख भोग करे। नैतिक वही है जो अधिक-से-अधिक सुख दे तथा अनैतिक वही है जो दुख दे। पुरुषार्थ केवल अर्थ एवं काम हैं। धर्म एवं मोक्ष जैसी कोई चीज नहीं है। अर्थ अन्तिम लक्ष्य नहीं है बल्कि-काम-सुख प्राप्ति का साधन है। वेद शास्त्र आदि पर आधारित ज्ञान व्यर्थ एवं अविश्वसनीय है।

सन्दर्भ सूची

स्प्रिचुअल हेरिटेज ऑफ इण्डिया - स्वामी प्रभानन्द

प्राचीन भारत का इतिहास - डी.एन. झा

ए हिस्ट्री ऑफ इण्डियन फिलासफी - एस.एन. दास गुप्ता

रेलिजन ऐण्ड फिलासफी ऑफ द वेदाज ऐण्ड उपनिषदाज- ए.बी. कीथ

इवोल्यूशन ऑफ हिन्दू सेक्ट्स - सुधाकर चट्टोपाध्याय

8

धार्मिक प्रतिक्रिया का युग

छठीं शताब्दी ई.पू. गंगा घाटी में जहाँ अनेक साम्राज्यवादी महाजनपदों का उदय हो रहा था, वहीं अनेक धार्मिक सम्प्रदायों का भी उदय हो रहा था। जिस प्रकार साम्राज्यवादी गतिविधियों का केन्द्र मगध था उसी प्रकार धार्मिक गतिविधियों का केन्द्र भी मगध था। इस समय विश्व के अन्य भागों में भी पुरातन धार्मिक मान्यताओं को चुनौती दी जा रही थी। चीन में कन्फ्यूसस एवं लाओत्से, ईरान में जरथ्रुष्ट, यूनान में पाइथागोरस धार्मिक क्षेत्र में वही कार्य कर रहे थे जो भारत में महावीर एवं बुद्ध कर रहे थे। विश्व स्तर पर विस्तृत इस धार्मिक प्रतिक्रिया ने जन-मानस को एक नयी धार्मिक जमीन पर खड़ा कर दिया जिसने पुरातन जीवन-दर्शन को अस्वीकार कर दिया। इन सभी धर्मसुधारकों ने धार्मिक जीवन में प्रविष्ट विसंगतियों को दूर करने का अथक प्रयास किया तथा इस प्रयास में उन्हें पर्याप्त सफलता भी मिली। इसीलिए इस धार्मिक आन्दोलन को सुधारवादी आन्दोलन भी कहा जाता है। भारत में धार्मिक सम्प्रदायों के उदय के क्या कारण थे इसकी तलाश तत्कालीन सामाजिक, आर्थिक एवं धार्मिक व्यवस्था में अन्तर्निहित तत्त्वों द्वारा की जा सकती है।

विद्वानों के अनुसार नवीन धार्मिक आन्दोलनों के उदय का वास्तविक कारण नवीन आर्थिक संरचना थी। लगभग इसी समय उत्तर भारत में प्रचलित लौह-तकनीक पर आधारित नवीन कृषि प्रणाली के कारण उत्पादन में अत्यधिक वृद्धि हुई। उत्पादन अधिशेष के परिणामस्वरूप विभिन्न व्यवसायों, शिल्पों, व्यापार-वाणिज्य, सिक्कों-मुद्राओं का प्रचलन एवं अनेक नगरों का उदय हुआ। उत्पादन तकनीक के क्रान्तिकारी प्रभाव से जनजातीय जीवन-पद्धति टूटने लगी तथा एक विकसित सामाजिक जीवन का प्रादुर्भाव हुआ। इस नवीन जीवन-पद्धति का निर्वाह तत्कालीन प्रचलित रूढ़िवादी धार्मिक मान्यताओं के द्वारा सम्भव नहीं था। अतः नवीन सामाजिक-आर्थिक संरचना ने निम्नलिखित कारणों से सुधारवादी धार्मिक आन्दोलनों को जन्म दिया—

1. तत्कालीन यज्ञप्रधान जीवन में पशुबलि बहुत प्रचलित थी जबकि दूसरी तरफ नवीन कृषि-व्यवस्था में पशुध्रन की आवश्यकता थी। इस पशुधन की सुरक्षा हेतु अहिंसा के आधार पर नवीन धर्मों ने वैदिक धर्म पर गम्भीर आघात किया।

2. नयी अर्थव्यवस्था ने सूदखोरी, कर्ज, महाजनी आदि तत्त्वों को आवश्यक बना दिया। किन्तु नागरिक जीवन में आये इस परिवर्तन को कट्टरपन्थी ब्राह्मणवादी तिरस्कार की दृष्टि से देखते थे। ब्राह्मण धर्मग्रन्थों में सूदखोरी को घृणित करार दिया गया तथा नगर में रहनेवालों की निन्दा की गयी। अतः नवोदित वणिक् वर्ण वैदिक पुरोहिती व्यवस्था का विरोधी बन बैठा तथा नवीन धार्मिक आन्दोलनों को अपना समर्थन देना शुरू किया।

3 तत्कालीन सामाजिक वातावरण में ब्राह्मणों के अतिरिक्त अन्य सभी वर्ग अपने-अपने कारणों से असन्तुष्ट थे। क्षत्रिय शासन करते थे, इसके बावजूद उन्हें ब्राह्मणों से नीचे रखा गया। वैश्यों की आर्थिक स्थिति अच्छी होने के बावजूद उन्हें तृतीय स्तर पर रखा गया जबकि स्त्री एवं शूद्र अपनी स्थिति अत्यन्त दयनीय होने के कारण असन्तुष्ट थे। इसलिए क्षत्रिय, वैश्यों एवं शूद्रों सभी ने नवीन धार्मिक आन्दोलनों का समर्थन किया।

नवीन धार्मिक आन्दोलनों का स्वरूप सुधारवादी था। प्रवृत्ति मार्ग के विरुद्ध निवृत्ति (संन्यास) मार्ग का प्रचार होने लगा। वैदिक धर्म का विरोध करनेवाले सभी आचार्य एवं उपदेशक संन्यासमय जीवन के समर्थक थे। बौद्ध साहित्य से ज्ञात होता है कि ईसा पूर्व छठी शताब्दी में गंगाघाटी में अनेक सम्प्रदाय अस्तित्त्व में आ चुके थे। इनमें से छह अत्यन्त महत्त्वपूर्ण थे-

1. **निगंठनातपुत्र** - यह जैन आन्दोलन के प्रवर्तक महावीर स्वामी का ही नाम था।

2. **पूरनकश्यप** - यह ब्राह्मण जाति का आचार्य था जो घोर अक्रियावादी था। इसका मत था कि पाप-पुण्य अथवा अच्छा-बुरा जैसा कोई कर्म नहीं होता और न ही कर्मों का कोई फल होता है।

3. **अजितकेस कम्बलिन**- यह नितान्त भौतिकवादी एवं उच्छेदवादी आचार्य था तथा जड़वाद का समर्थक था। इसके अनुसार शरीर पृथ्वी, जल, वायु, अग्नि से निर्मित है तथा मृत्यु के पश्चात् सब-कुछ नष्ट हो जाता है। पाप-पुण्य, सत्य-असत्य की कल्पना बकवास है। व्यक्ति को अपनी इच्छानुसार जीवन जीना चाहिए।

4. **पकुधकच्चायन**- यह नित्यवाद का समर्थक था। इसके अनुसार सात तत्त्व नित्य हैं-पृथ्वी, जल, वायु, अग्नि, सुख, दुःख एवं आत्मा। अतः न कोई किसी को काट सकता है और न जला सकता है। प्रत्येक पदार्थ अपरिवर्तनशील एवं नित्य अणुओं से बना है।

5. **संजय वेलट्ठिपुत्त** - यह अनिश्चयवादी, सन्देहवादी तथा अज्ञेयकारी आचार्य था। इसके अनुसार कुछ भी निश्चयपूर्वक नहीं कहा जा सकता। जीवन, जगत्, ब्रह्म, आत्मा जैसे किसी प्रश्न का कोई निश्चित उत्तर नहीं है।

6. **मक्खलि गोशाल** - कहा जाता है कि ये पहले महावीर के शिष्य थे किन्तु बाद में मतभेद हो जाने के कारण 'आजीवक' नामक स्वतन्त्र सम्प्रदाय की स्थापना की। दोनों 6 वर्षों तक नालन्दा में साथ-साथ रहे। दोनों के बीच मतभेद की सूचना जैन ग्रन्थ 'भगवती सूत्र' मिलती है। आजीवक का अर्थ है जीविका के लिए भिक्षु बनना। 'सुमंगल विलासिनी' नामक ग्रन्थ से उनके बारे में सूचनाएँ मिलती हैं। इस ग्रन्थ के अनुसार मक्खलि गोशाल दास पुत्र थे तथा गोशाले में जन्म के कारण उनका नाम मक्खलि गोशाल पड़ा। बौद्ध एवं जैन अनुश्रुतियों से विदित होता है कि गोशाल की मृत्यु बुद्ध की मृत्यु के लगभग एक वर्ष पूर्व हुई थी। 'भगवती सूत्र' में मक्खलि गोशाल तथा अन्य आजीवक सन्तों के विषय में महत्त्वपूर्ण सूचनाएँ मिलती हैं। नन्दवक्ष, पूरन कस्सप, किस सांकिच्च, अज्जुन गोयमपुत्र आदि गोशाल के पूर्ववर्ती आजीवक सन्त थे। आजीवकों का मुख्य केन्द्र श्रावस्ती था जहाँ गोशाल ने अपनी तपश्चर्या के 26 वर्षों में से 16 वर्ष व्यतीत किया था। गोशाल के विषय में 'मणिमेखलै', 'नीलकेशी' तथा 'चिषांनाचेत्तियार' जैसे तमिल ग्रन्थों में भी सूचना मिलती है।

आजीवकों का मत नियतिवादी या भाग्यवादी था। इसके अनुसार सारे जीव नियति के अधीन हैं। न उनमें बल है और न पराक्रम। अच्छे-बुरे कर्म का कोई परिणाम नहीं होता। जन्म एवं मरण भाग्य के संयोग से होते हैं न कि कर्म के आधार पर जैसा कि बौद्ध आदि धर्म मानते हैं। आजीवक मतावलम्बी दिगम्बरों की तरह नग्न रहते थे एवं एकान्तवास करते थे। अजन्ता के एक भित्ति चित्र में पूरन कस्सप आजीवक को नग्न चित्रित किया गया है। आजीवकों के आवास को 'सेय्य' या 'आजीविय सभा' कहते थे। वे कठोरतम जीवन का पालन करते थे। नृत्य एवं गान इनके पन्थ कर्म का आवश्यक अंग था। इस पन्थ में बालक एवं स्त्री भी स्वीकार्य थे। आजीवक शाकाहारी एवं अहिंसक थे। आजीवक भिक्षुओं का रहन-सहन जैन भिक्षुकों से काफी मिलता-जुलता था। आजीवकों की प्रचार भाषा मागधी प्राकृत थी तथा उनका प्रमुख प्रचार केन्द्र श्रावस्ती था। कालान्तर में आजीवक सम्प्रदाय का दो शाखाओं में विभाजन हो गया-उपासक एवं तापस (भिक्षु)। आजीवकों की 'घट-समाधि' से पता लगता है कि कुम्भकारों की आजीविकों के प्रति विशेष श्रद्धा थी। गोशाल की एक शिष्या हलाहला श्रावस्ती की कुंभकार कन्या थी। वायु पुराण में आजीवकों को शूद्र कहा गया है तथा पिशाच को उनका देवता माना गया है। संक्षेप में आजीवक

नियतिवादी, एकान्तवादी, कठोर तपस्वी, अपरिग्रही परिव्राजक थे। उन्होंने वैदिक बहुदेववाद, यज्ञवादी कर्मकाण्ड आदि कुरीतियो का खण्डन कर वैदिक 'ऋत' के स्थान पर नियतिवाद का सिद्धान्त दिया।

सन्दर्भ सूची

ए हिस्ट्री ऑफ प्री-बुद्धिस्ट इण्डियन फिलासफी-बी.एम. बरुआ

ए कल्चरल हिस्ट्री ऑफ इण्डिया-ए.एल. बाशम

हिस्ट्री ऐण्ड डाक्ट्रिन ऑफ द आजीवक्स-ए.एल. बाशम

श्रमण ट्रेडिशन : हिस्ट्री ऐण्ड कण्ट्रीब्यूशन-जी.सी. पाण्डेय

स्टडीज इण्टू ओरिजिन ऑफ बुद्धिज्म-जी.सी. पाण्डेय

9

जैन धर्म : उद्भव एवं विकास

वैदिक धर्म के प्रतिक्रियास्वरूप ही जैन धर्म का भी विकास हुआ। यद्यपि जैन धर्म को संगठित एवं विकसित करने का श्रेय वर्द्धमान महावीर को जाता है किन्तु वे इस धर्म के संस्थापक नहीं थे। जैन धर्म की स्थापना (आदि प्रवर्तन) का श्रेय प्रथम जैन तीर्थङ्कर ऋषभदेव को दिया जाता है। जैन धर्म के अनुयायियों के अनुसार ऋषभदेव की प्राचीनता प्रागैतिहासिक है। उनके अनुसार मोहनजोदड़ो से प्राप्त योगी की मूर्ति स्वयं ऋषभदेव की है। ऋग्वेद में एक स्थल पर (ऋग्वेद 89.6) आये 'ऋषभ' शब्द का समीकरण जैन मत ऋषभदेव से जोड़ता है। यजुर्वेद में एक स्थल पर उल्लेख है -"ऋषभ धर्म प्रवर्तकों में सर्वश्रेष्ठ है।" ऋषभदेव का उल्लेख श्रीमद्भागवतपुराण (5.28) में भी मिलता है जहाँ उसके उपदेश एवं सिद्धान्त संकलित हैं। ऋषभदेव के पश्चात् जैन धर्म में कुल 24 तीर्थङ्कर हुए। इनके नाम हैं - 1. ऋषभदेव (आदिनाथ), 2. अजितनाथ, 3. सम्भवनाथ, 4. अभिनन्दन, 5. सुमतिनाथ, 6. पद्मप्रभु, 7. सुपार्श्वनाथ, 8. चन्द्रप्रभु, 9. सुविधिनाथ, 10. शीतलनाथ, 11. श्रेयासनाथ, 12. वासुपूज्य, 13. विमलनाथ, 14. अनन्तनाथ, 15. धर्मनाथ, 16. शान्तिनाथ, 17. कुन्थुनाथ, 18. अरनाथ, 19. मल्लिनाथ, 20. मुनिसुव्रत, 21. नेमिनाथ, 22. अरिष्टनेमि, 23. पार्श्वनाथ और 24. महावीर स्वामी।

जैन विद्वानों के अनुसार दूसरे तीर्थङ्कर अजितनाथ का उल्लेख यजुर्वेद में तथा प्रथम तीर्थङ्कर ऋषभदेव एवं बाईसवें तीर्थङ्कर अरिष्टनेमि का उल्लेख ऋग्वेद में प्राप्त होता है। उन्नीसवें तीर्थङ्कर मल्लिनाथ के विषय में दिगम्बर एवं श्वेताम्बर जैन सम्प्रदाय में विवाद है। जहाँ दिगम्बर सम्प्रदाय उन्हें पुरुष स्वीकार करता है वहीं श्वेताम्बर सम्प्रदाय उन्हें स्त्री स्वीकार करता है। उपर्युक्त चौबीस तीर्थङ्करों में ही तेईसवें तीर्थङ्कर पार्श्वनाथ के पूर्व के सभी तीर्थङ्करों की ऐतिहासिकता सन्दिग्ध है

क्योंकि उनके विषय में समुचित जानकारी उपलब्ध नहीं है। पार्श्वनाथ के विषय में कुछ जानकारी प्राप्त होती है। वे काशी के राजा अश्वसेन के पुत्र थे। उनकी माता का नाम वामा तथा उनकी पत्नी का नाम प्रभावती था। वे महावीर से 250 वर्ष पूर्व हुए थे। 30 वर्ष की उम्र में पार्श्वनाथ ने गृह त्यागकर सम्मेद पर्वत (झारखण्ड में गोमो के निकट) पर कठिन तप किया जहाँ 84वें दिन उन्हें 'कैवल्य' (परमज्ञान) प्राप्त हुआ। सत्तर वर्ष का शेष जीवन उन्होंने धर्म प्रचार में लगाया तथा साकेत, राजगृह, अहिच्छत्र, हस्तिनापुर, कौशाम्बी, श्रावस्ती आदि नगरों का भ्रमण किया। उन्होंने वैदिक देववाद, कर्मकाण्ड, याज्ञिक हिंसा, वर्ण एवं जाति-व्यवस्था पर कठोर प्रहार किया तथा कायाक्लेश, तपश्चर्या, अहिंसा द्वारा मोक्ष-प्राप्ति का मार्ग-दर्शन किया। उन्होंने जैन धर्मानुयायियों को चार व्रतों का उपदेश दिया-1. अंहिसा, 2. सत्य, 3. अस्तेय तथा 4. अपरिग्रह। उनके अनुयायी निर्ग्रन्थ कहे जाते थे। पार्श्वनाथ ने प्रत्येक व्यक्ति को मोक्ष का अधिकारी माना तथा स्त्रियों को भी धर्म में प्रवेश दिया। महावीर के माता-पिता भी पार्श्वनाथ के अनुयायी थे। भद्रबाहु कृत 'कल्पसूत्र' के अनुसार पार्श्वनाथ की मृत्यु झारखण्ड स्थित पारसनाथ पहाड़ी के सम्मेद-शिखर पर हुई थी।

यद्यपि जैन धर्म के आदि संस्थापक एवं आदि प्रवर्तक ऋषभदेव थे किन्तु जैन धर्म के मुख्य प्रवर्तक महावीर स्वामी थे। उनके नेतृत्व में इस धर्म का अभूतपूर्व उत्कर्ष हुआ। जो जैन धर्म पार्श्वनाथ के समय केवल अंग एवं मगध तक सीमित था वह महावीर स्वामी के प्रयास से पूरे भारत में विस्तृत हो गया। महावीर का जन्म 599 ई. पू. (दूसरी मान्यता के अनुसार 540 ई.पू.) में वैशाली के निकट कुण्डग्राम में हुआ था। उनके बचपन का नाम वर्द्धमान था। उनके पिता सिद्धार्थ ज्ञातृक वंश के सरदार थे जो वज्जिसंघ का एक घटक था। उनकी माता त्रिशला लिच्छवि शासक चेटक की बहन थी। चेटक की पुत्री की शादी मगधनरेश बिम्बिसार से हुई थी। महावीर की पुत्री अणोज्जा (अथवा प्रियदर्शना) का विवाह जामालि से हुआ था जिसने प्रारम्भ में महावीर का शिष्यत्व ग्रहण किया किन्तु बाद में मतभेद होने पर संघ में प्रथम भेद उत्पन्न किया। महावीर ने 30 वर्ष तक एक सुखी गृहस्थ जीवन व्यतीत किया। माता-पिता की मृत्यु के पश्चात् अपने बड़े भाई नन्दिवर्द्धन की आज्ञा लेकर उन्होंने गृह त्याग किया तथा कुण्डग्राम को छोड़कर षण्डवन में कुछ समय तप-उपवास किया एवं फिर भिक्षु हो गये एवं 'आचारांग सूत्र' तथा 'कल्पसूत्र' उनके जीवन पर प्रकाश डालते हैं। इन ग्रन्थों के अनुसार वे 13 महीनों तक वस्त्र धारण करते हुए परिव्राजक (निर्ग्रन्थ भिक्षु) के रूप में सच्चे ज्ञान की तलाश में भटकते रहे। 13 महीनों के पश्चात् उन्होंने वस्त्र त्याग दिया तथा नग्न रहते हुए कठोर तप किया। भ्रमण करते हुए महावीर राजगृह पहुँचे जहाँ उनको बहुत सम्मान मिला। तत्पश्चात् वे नालन्दा गये जहाँ उनकी भेट मक्खलि गोशाल से हुई। दोनों साथ-साथ तपश्चर्या करते रहे किन्तु

मतभेद के कारण गोशाल ने अलग होकर 'आजीवक' सम्प्रदाय की स्थापना की। 'भगवती सूत्र' में गोशाल के साथ उनके साहचर्य एवं विरोध की अनेक सूचनाएँ मिलतीं हैं। 12 वर्षों की कठोर तपश्चर्या के पश्चात् तेरहवें वर्ष जृम्भिक ग्राम के निकट ऋजुपालिका नदी के तट पर सालवृक्ष के नीचे उन्हें 'कैवल्य' (परमज्ञान) प्राप्त हुआ। ज्ञान-प्राप्ति के पश्चात् उन्हें 'केवलिन्', 'जिन' (विजेता), अर्हत (योग्य) तथा महावीर (पराक्रमी) कहा जाने लगा। आचारांग सूत्र से उनकी तपश्चर्या, कायाक्लेश एवं भ्रमण-काल के अनेक कष्टों की विस्तृत सूचना मिलती है।

ज्ञान-प्राप्ति के पश्चात् अपने जीवन के शेष 30 वर्ष महावीर ने अपने सिद्धान्तों का प्रचार किया। उन्होंने पावा में जिन 11 ब्राह्मणों को दीक्षित किया वे उनके प्रथम अनुयायी भी बने। उनकी प्रचार-भाषा प्राकृत (मागधी) थी। वे वर्ष के आठ महीने भ्रमण करते थे तथा वर्षाकाल के चार महीने किसी नगर में विश्राम करते। चम्पा, वैशाली, राजगृह, श्रावस्ती आदि नगर उनके प्रमुख विश्राम-स्थल थे। राजपरिवार से सम्बन्ध होने के कारण उन्हें इस कार्य में लाभ हुआ तथा राजपरिवारों से उन्हें विशेष सहयोग मिला। लिच्छविनरेश चेटक, मगधनरेश बिम्बसार एवं अज्ञातशत्रु, चम्पा का शासक दधिवाहन, अवन्तिराज प्रद्योत, सिन्धु, सौवीर तथा वैशाली के गणराज्य आदि ने महावीर के धर्म को सहर्ष स्वीकार किया। चम्बानरेश दधिवाहन की पुत्री चन्दना उनकी प्रथम भिक्षुणी बनी। कुण्डनरेश ऋषभदत्त, कम्पिलिपुर के राजा सम्पति तथा काशीनरेश शंख की महावीर के प्रति गहरी आस्था थी। धीरे-धीरे महावीर के अनुयायियों की संख्या बढ़ती गयी। उनके कुछ अनुयायियों ने उनका विरोध भी किया। सर्वप्रथम उनके जामाता जामालि ने कैवल्य के 14 वर्ष पश्चात् विद्रोह किया तथा उसके दो वर्ष पश्चात् तीसगुप्त ने भी विद्रोह किया। किन्तु इससे महावीर की लोकप्रियता पर कोई प्रभाव नहीं पड़ा। इस प्रकार धर्म का प्रचार करते हुए 72 वर्ष की अवस्था में (527 ई.पू.) राजगृह के समीप पावा नामक स्थान (नालन्दा जिला) पर उन्हें निर्वाण प्राप्त हुआ तथा वे शरीर बन्धन से मुक्त हो गये।

महावीर ने अपने जीवनकाल में ही एक संघ की स्थापना की एवं धर्म का व्यापक प्रसार किया। महावीर स्वामी के प्रधान ग्यारह शिष्य थे जिन्हें गणधर कहा जाता है। ये वही 11 ब्राह्मण थे जिन्हें महावीर ने पावा में दीक्षित किया था। इनके नाम है 1. इन्द्रभूति, 2. अग्निभूति, 3. वायुभूति, 4. व्यक्त, 5. सुधर्मन, 6. मण्डित, 7. मोरिय पुत्र, 8. अकम्पित, 9. अचलभ्राता, 10. मेतार्य तथा 11. प्रभास। प्रथम तीन गणधर तो सगे भाई थे। ये सभी गणधर प्रारम्भ में ब्राह्मण धर्म के अनुयायी थे। शास्त्रार्थ में पराजित होने के पश्चात् इन्होंने महावीर की शिष्यता स्वीकार कर ली। इन्द्रभूति एवं सुधर्मन को छोड़कर अन्य सभी गणधरों की मृत्यु महावीर के जीवनकाल में ही हो गयी। महावीर की मृत्यु के पश्चात् सुधर्मन जैन संघ के प्रधान हुए।

तत्पश्चात् सुधर्मन ने अपने शिष्य जम्बू को जैन संघ का संचालन सौंपकर मोक्ष ग्रहण किया। भद्रबाहुकृत कल्पसूत्र से पता चलता है कि महावीर की मृत्यु के 20 वर्षों बाद सुधर्मन की मृत्यु हुई तथा उसके पश्चात् जम्बू 44 वर्षों तक संघ का अध्यक्ष रहा। अन्तिम नन्द शासक धनानन्द के समय सम्भूतिविजय तथा भद्रबाहु संघ के अध्यक्ष थे। ये दोनों महावीर द्वारा प्रदत्त प्राचीनतम जैन ग्रन्थों (पूर्व्वों) के विषय में जाननेवाले अन्तिम व्यक्ति थे। सम्भूतिविजय की मृत्यु चन्द्रगुप्त मौर्य के राज्यारोहण के समय (322 ई. पू.) हुई थी। उनके शिष्य स्थूलभद्र हुए। चन्द्रगुप्त मौर्य के शासनकाल में 12 वर्षों का भीषण अकाल पड़ा जिसमें भद्रबाहु अपने शिष्यों सहित कर्नाटक चले गये जबकि कुछ जैन भिक्षु स्थूलभद्र के साथ मगध में ही रुक गये। भद्रबाहु के वापस लौटने पर स्थूलभद्र से सैद्धान्तिक रूप से उनका गहरा मतभेद हो गया जिसके परिणामस्वरूप जैन संघ श्वेताम्बर (स्थूलभद्र के अनुयायी) एवं दिगम्बर (भद्रबाहु के अनुयायी) नामक सम्प्रदायों में विभाजित हो गया। भद्रबाहु जो मौलिक साहित्य के अन्तिम ज्ञाता थे नेपाल चले गये जहाँ उनकी मृत्यु हो गयी। भद्रबाहु की मृत्यु के पश्चात् पाटलिपुत्र में जैनियों की प्रथम सभा चन्द्रगुप्त मौर्य के शासनकाल के अन्तिम वर्षों में पाटलिपुत्र में स्थूलभद्र की अध्यक्षता में सम्पन्न हुई। इस सभा में दक्षिण के जैनियों (दिगम्बर) ने भाग नहीं लिया। इसी सभा में जैन धर्म का प्रथम लिखित साहित्य सामने आया जिसमें 12 अंगों में जैन सिद्धान्तों का संकलन किया गया जिसने 'पूर्व्वों' का स्थान ग्रहण किया। इसे सिर्फ श्वेताम्बरों ने स्वीकार किया। पाटलिपुत्र की प्रथम सभा के पश्चात् महावीर की मृत्यु के 840 वर्षों के बाद (312 ई.) एक सभा का आयोजन किया गया। यह सभा कुछ मतभेदों के कारण दो अलग-अलग स्थानों पर सम्पन्न हुई—मथुरा में आर्य स्कन्दिल की अध्यक्षता में तथा वल्लभी में नागार्जुन सूरि की अध्यक्षता में। इनमें जिन धर्म ग्रन्थों का संकलन किया गया उनमें मतभेद आ गया। इस विभेद के निवारण के लिए द्वितीय जैन सभा का आयोजन किया गया। जैनियों की दूसरी सभा 512 ई. में देवऋद्धिगणि (क्षमाश्रमण) की अध्यक्षता में वल्लभी (गुजरात) में सम्पन्न हुई। इस सभा में 19 अंगों के पुनः संकलन के साथ-साथ 12 उपांग एवं 84 आगमों का प्राकृत भाषा में संकलन किया गया।

मगधनरेश बिम्बसार, अजातशत्रु तथा वत्सराज उदायिन जैन धर्म के समर्थक थे। मौर्यकाल तक आते-आते जैन धर्म श्रीलंका तक फैल चुका था। स्वयं चन्द्रगुप्त मौर्य जैन धर्म के गुरु भद्रबाहु का शिष्य था। उनके साथ वह अपने जीवन के उत्तरार्द्ध में राज्य त्यागकर श्रवणवेलगोला की पहाड़ी पर तपस्या करने चला गया। सम्राट् अशोक के उत्तराधिकारी सम्प्रति ने आर्य सुहस्ति से जैन धर्म की दीक्षा लेकर उसका प्रसार किया। वह उज्जैन से शासन करता था, अतः उज्जैन जैन धर्म का प्रमुख केन्द्र बन गया। कलिंगनरेश खारवेल के हाथीगुम्फा अभिलेख से सूचना मिलती है कि

उसने जैन धर्म अपनाकर उदयगिरि पहाड़ी पर जैन भिक्षुओं के लिए एक विशाल भवन का निर्माण करवाया। इसी अभिलेख से पता चलता है कि नन्दराजा (महापद्मनन्द) कलिंग से 'जिन' की एक प्रतिमा उठा ले गया था जिससे नन्दराजा के जैन अनुयायी होने की पुष्टि होती है। कुषाणकाल में जैनियों का महत्त्वपूर्ण केन्द्र मथुरा था जहाँ से अनेक अभिलेख एवं प्रतिमाओं के साक्ष्य मिले हैं। उज्जैनाधिपति गर्दभिल्ल (प्रथम सदी ई.) तथा उसके पुत्र विक्रम ने उज्जैन को जैन धर्म का महत्त्वपूर्ण पीठ बना दिया। दक्षिण में श्रवणवेलगोला (मैसूर) जैन धर्म का प्रसिद्ध केन्द्र था। कालान्तर में राष्ट्रकूटों, गंग-कदम्बों एवं गुजरात के चालुक्य नरेशों (जयसिंह सिद्धराज एवं कुमारपाल) ने इस धर्म का व्यापक प्रचार किया। जहाँ पश्चिमी भारत में श्वेताम्बर का प्रचार हुआ वहीं दक्षिण भारत में दिगम्बर सम्प्रदाय का प्रचार अधिक हुआ। कालान्तर में आन्तरिक एवं बाह्य कारणों से जैन धर्म का प्रभाव कम होने लगा तथा धीरे-धीरे यह धर्म राजस्थान एवं गुजरात तक सीमित रह गया। हिन्दू धर्म की अनेक विसंगतियों का जैन धर्म में प्रवेश हो गया। कालान्तर में प्रविष्ट जाति-भेद, ऊँच-नीच की भावना तथा कठोर तपश्चर्या के नियमों ने इसके विकास के मार्ग में अवरोध पैदा किया। फलतः जनता का जैन धर्म के प्रति आकर्षण कम होता गया। इसी समय वैष्णव धर्म के विकास ने जैन धर्म को हिन्दू धर्म का एक अंग घोषित कर दिया।

भारतीय इतिहास एवं संस्कृति पर यद्यपि जैन धर्म का उतना व्यापक प्रभाव नहीं पड़ा जितना बौद्ध धर्म का पड़ा तथापि भारत के सांस्कृतिक जीवन को इसने अवश्य प्रभावित किया। इसने पहली बार वैदिक धर्म को सशक्त चुनौती दी, जातिप्रथा का विरोध किया, स्त्रियों को धार्मिक स्वतन्त्रता दी तथा व्यापारी वर्ग को प्रश्रय दिया। दार्शनिक क्षेत्र में जैनियों का स्यादवाद (अनेकान्तवाद) अमूल्य निधि है। जैन धर्म की विशिष्ट देन साहित्य एवं कला के क्षेत्र में रहा। इन्होने लोक भाषाओं में अपनी कृतियों की रचना की। प्राकृत, अपभ्रंश, कन्नड़, तमिल, तेलुगु, आदि भाषाओं में जैन धर्मग्रन्थों की रचना हुई। सर्वाधिक महत्त्वपूर्ण कार्य प्राकृत एवं अपभ्रंश भाषाओं में हुआ जिसमें हेमचन्द्र आदि विद्वानों ने काव्य, व्याकरण, ज्योतिष, छन्दःशास्त्र आदि विविध विषयों पर ग्रन्थ लिखकर बहुमुखी विकास किया। तमिल ग्रन्थ 'कुरल' के कुछ अंश जैनियों द्वारा रचे गये हैं। इसके अतिरिक्त संस्कृत में भी उनके कुछ ग्रन्थ मिलते हैं।

जैनियों की कलात्मक देन भी कम महत्त्वपूर्ण नहीं है। स्थापत्य एवं मूर्तिकला के विकास में जैन धर्म का महत्त्वपूर्ण योगदान है। उड़ीसा की उदयगिरि पहाड़ी पर अनेक जैन गुफाओं का निर्माण हुआ। खजुराहो में पार्श्वनाथ, आदिनाथ आदि के जैन मन्दिर हैं। राजस्थान में माउण्ट आबू पर्वत पर निर्मित जैन मन्दिर कला की दृष्टि से उत्कृष्ट है। श्रवणवेलगोला से कई जैन मन्दिर प्राप्त हुए हैं। इसके अतिरिक्त

मथुरा, उज्जैन एवं श्रवणवेलगोला से जैन तीर्थङ्करों की अनेक मूर्तियाँ प्राप्त होती हैं। श्रवणवेलगोला में बाहुबली की मूर्ति दर्शनीय है।

जैन-धर्म का तत्त्व-सिद्धान्त—महावीर ने अपना प्रथम उपदेश राजगृह के निकट विपुलचल पहाड़ी पर दिया। जैन तत्त्वज्ञान सांख्य दर्शन से मिलता-जुलता है। जैन मत दार्शनिक दृष्टि से वस्तुवादी एवं बहुसत्तावादी है। इसके अनुसार जितने द्रव्यों को हम देखते हैं वे सभी सत्य हैं। संसार में दो प्रकार के द्रव्य हैं- जीव और अजीव। जीव का स्वरूप चैतन्य है। जिस तरह सूर्य बादल से आच्छादित होने पर प्रकाश नहीं दे सकता उसी प्रकार जीव (आत्मा) कर्मजनित बन्धन के कारण ज्ञान सीमित हो जाता है। शरीर, मन एवं इन्द्रिय कर्मों के कारण ही उत्पन्न होते हैं। ज्ञान दो प्रकार के होते हैं- व्यावहारिक ज्ञान एवं पारमार्थिक ज्ञान। जैन दर्शन में तीन प्रमाणों की मान्यता है- प्रत्यक्ष, अनुमान एवं शब्द। कोई भी प्रमाण पूर्ण नहीं हो सकता। प्रत्येक ज्ञान व्यक्ति के दृष्टिकोण पर निर्भर करता है। इस जैन सिद्धान्त को स्याद्वाद (अनेकान्तवाद) के नाम से जाना जाता है। इसके अनुसार प्रत्येक प्रकार का ज्ञान सात भागों में (सप्तभंगीनय) विभाजित किया जाता है- स्यात् है, स्यात् नहीं है, स्यात् है और नहीं है, स्यात् कहा नहीं जा सकता, स्यात् है और कहा नहीं जा सकता, स्यात् नहीं है और कहा नहीं जा सकता, स्यात् है नहीं है और कहा नहीं जा सकता। अर्थात् कोई पदार्थ एकान्ततः सत् नहीं है, न वह सर्वथा सत् है और न सर्वथा असत् है। इसमें सन्देह का भाव विद्यमान है। इसी कारण जैन स्याद्वाद की तुलना पाश्चात्य सापेक्षवाद (Theory of Relativity) से भी की जाती है। इसकी तुलना ग्रीक दार्शनिक पिरो (Pyrho) के संशयवाद (Septicism) से भी की जाती है क्योंकि पिरो के अनुसार भी वाक्य से पहले 'May be' का प्रयोग आवश्यक था। जैन धर्म के अनुसार प्रत्येक वस्तु के अनेक धर्म होते हैं अतः सामान्य व्यक्ति वस्तु का आंशिक ज्ञान ही प्राप्त कर सकता है। केवल केवली (कैवल्य-प्राप्त व्यक्ति) ही किसी वस्तु को सर्वाङ्गीण रूप से जान सकता है।

जैसा ऊपर देख चुके हैं कि जैन दर्शन दो प्रकार के द्रव्यों को मानता है-जीव एवं अजीव (पुद्गल)। जीव चेतन द्रव्य है जिसे आत्मा कहते हैं। चैतन्य जीव का नित्य गुण है किन्तु भिन्न-भिन्न जीवों में इसका स्वरूप एवं इसकी मात्रा भिन्न-भिन्न होती है। इस आधार पर जैन अनेक आत्माओं में विश्वास (अनेकात्मवाद) करता है। जीव ही ज्ञान प्राप्त करता है, वही कर्म भी करता है, वही सुख-दुःख भी भोगता है किन्तु यह शरीर से भिन्न है। अपने कर्मों के कारण जीव को शरीर धारण करना पड़ता है। जैन दर्शन में अजीव (जड़ तत्त्व) को 'पुद्गल' (जिसका संयोग एवं विभाग न हो सके) कहा जाता है। पुद्गल के लघुतम भाग (जिसका विभाग न हो) को अणु कहते हैं। यह संसार, मन, प्राण, वचन, शरीर अणुओं से ही निर्मित है। पुद्गल या

अजीव के चार गुण होते हैं-स्पर्श, गन्ध, रस, वर्ण। जड़ तत्त्वों (पुद्गल) के अतिरिक्त अन्य द्रव्य भी हैं जिनके बिना उन द्रव्यों का संगठन नहीं हो सकता। वे हैं- आकाश, काल, धर्म और अधर्म। वासनाएँ ही जीव को पुद्गल की ओर आकृष्ट करती हैं। इस संयोग को बन्धन कहते हैं। जीव का पुद्गल से वियोग ही मोक्ष है। इस वियोग के तीन चरण हैं—आस्रव (कर्मों का प्रवाह होना), संवर (कर्मों का प्रवाह बन्द होना) तथा निर्जरा (पूर्व संचित कर्मों का नष्ट होना)। तत्पश्चात् मोक्ष की प्राप्ति होती है। मोक्ष-प्राप्ति के लिए जैन त्रिरत्नों का अनुपालन आवश्यक है। ये त्रिरत्न हैं- 1. सम्यक् ज्ञान (महात्माओं के उपदेश), 2. सम्यक् दर्शन या सम्यक् श्रद्धा (सत् में विश्वास) तथा सम्यक् चरित्र (सदाचार का पालन)। सम्यक चरित्र के लिए पंचमहाव्रत का पालन अनिवार्य है। ये पंचमहाव्रत हैं - सत्य (मिथ्या वचन का त्याग), अंहिसा, अस्तेय (चौर वृत्ति का त्याग), अपरिग्रह (विषयासक्ति का त्याग) एवं ब्रह्मचर्य (वासनाओं का त्याग)। गृहस्थों के लिए महाव्रतों को शिथिल कर दिया गया ताकि वे इसका पालन संसार में लिप्त होकर भी कर सकें। इन शिथिल नियमों को पंच अणुव्रत कहा जाता है।

बौद्धधर्म की भाँति जैन धर्म भी ईश्वर को नहीं मानता। अतः जैन धर्म अनीश्वरवादी है। वे तीर्थङ्करों की उपासना करते हैं। ईश्वर के समस्त गुण तीर्थङ्करों में पाये जाते हैं। जैन दर्शन के अनुसार कोई पदार्थ नष्ट नहीं होता अतः संसार नश्वर नहीं है। केवल पदार्थों का स्वरूप बदलता है जिससे संसार में परिवर्तन एवं नानात्व दिखायी देता है।

जैन आचारशास्त्र—जैन धर्म का आचारशास्त्र आत्मशुद्धि पर बल देता है। जैन धर्म के अनुसार संसार दुःखमय है अतः सच्चा सुख सांसारिक मायाजाल के त्याग एवं संन्यास से ही प्राप्त हो सकता है। अतः जैन धर्म में अहिंसा एवं तपश्चर्या पर बल दिया गया है। त्रिरत्नों, महाव्रतों, अणुव्रतों के पालन द्वारा ही आन्तरिक शुद्धि पैदा की जा सकती है। सच्चरित्रता एवं सदाचरण उसके प्रमुख आधार हैं। इसी मार्ग से कैवल्य की प्राप्ति सभव है। जैन संघ के नियम अत्यन्त कड़े थे। संघ के सदस्य चार श्रेणियों में विभाजित थे - 1. भिक्षु, 2. भिक्षुणी, 3. श्रावक तथा 4. श्रावकी। प्रथम दो वर्ग संन्यासी थे तथा अन्तिम दो वर्ग गृहस्थों के थे। महावीर के अनुसार मनुष्य तीन प्रकार के हैं— 1. अव्रती-जो माया-मोह में लिप्त रहते हैं तथा उसे त्याग करना नहीं चाहते । 2. अणुव्रती-जो आंशिक रूप से दुष्कर्मों से विलग रहते हैं तथा 3. सर्वव्रती-जो पूर्ण रूप से अनासक्त एवं सदाचारी होते है। दिगम्बर साधु को 'क्षल्लक', 'एल्लक' और 'निर्ग्रन्थ' कहा जाता था। श्वेताश्वर साधु को यति, साधु और आचार्य के नाम से जाना जाता था। 'जिनकल्पी' साधु के नियम कठोर तथा 'स्थविर कल्पी' साधु के नियम शिथिल होते थे।

जैन धर्म के सम्प्रदाय-महावीर स्वामी के पश्चात् जैन धर्म कई सम्प्रदायों में विभाजित होता गया। इनमें श्वेताम्बर एवं दिगम्बर प्रधान हैं जिनका विभाजन लगभग 300 ई. पू. चन्द्रगुप्त मौर्य के शासन के अन्तिम वर्षों में हुआ था। मगध के 12 वर्षों के भीषण अकाल के दौरान भद्रबाहु अपने अनुयायियों सहित दक्षिण चले गये जबकि स्थूलभद्र मगध में ही ठहर गये थे। अकाल की समाप्ति पर जब भद्रबाहु वापस मगध लौटे तो दोनों आचार्यों के बीच सैद्धान्तिक मतभेद गहरा हो गया और फूट पड़ गयी। भद्रबाहु के अनुयायी निर्वस्त्र तथा स्थूलभद्र के अनुयायी श्वेतवस्त्र धारण करने लगे। दोनों सम्प्रदायों का मुख्य अन्तर इस प्रकार है - 1. श्वेताम्बर श्वेत वस्त्र धारण करते हैं तथा इसे मोक्ष-प्राप्ति में बाधक नहीं मानते किन्तु दिगम्बर नग्न रहते तथा वस्त्र धारण को मोक्ष-प्राप्ति में बाधक मानते हैं। 2. श्वेताम्बर के अनुसार स्त्री के लिए मोक्ष प्राप्ति सम्भव है किन्तु दिगम्बर इसका विरोध करते है। 3. श्वेताम्बर की मान्यता थी कि ज्ञान प्राप्ति के पश्चात् भी व्यक्ति को भोजन की आवश्यकता पड़ती है किन्तु दिगम्बरों के अनुसार आदर्श साधु भोजन नहीं ग्रहण करता। 4. श्वेताम्बर का मत है कि महावीर ने विवाह किया था तथा उन्हें सन्तान भी थी किन्तु दिगम्बर के अनुसार महावीर ने विवाह नहीं किया था। 5. श्वेताम्बर के अनुसार उन्नीसवें तीर्थङ्कर मल्लिनाथ स्त्री थीं जबकि दिगम्बर उन्हें पुरुष मानते हैं। 6. श्वेताम्बर सम्प्रदाय के लोग प्राचीन जैन ग्रन्थों–12 अंग, 12 उपांग, 10 प्रकीर्ण, 6 वेदसूत्र, 4 मूलसूत्र आदि को प्रामाणिक मानकर उनमें विश्वास करते थे। किन्तु दिगम्बर इन्हें नहीं मानते थे।

इस सम्बन्ध में उल्लेखनीय है कि प्रारम्भ में मूर्तिकला के क्षेत्र में दिगम्बर मूर्तियों का अंकन ही होता था। मथुरा से प्राप्त दूसरी सदी ई.पू. तीर्थङ्करों की मूर्तियाँ नग्न हैं। बक्सर के निकट चौसा से प्राप्त काँसे की तीर्थङ्कर प्रतिमा भी नग्न है। वाराहमिहिर (छठी सदी) ने केवल दिगम्बर मूर्तियों का ही विवरण दिया है। गुप्तकाल तक आते आते श्वेताम्बर मूर्तियों का भी पूजन प्रारम्भ हो गया। वल्लभी से प्राप्त कांसे की जैन तीर्थङ्कर की मूर्तियाँ धोती पहने हुए चित्रित हैं। बडौदा के निकट अकोटा से प्राप्त ऋषभदेव की नग्न मूर्ति गुप्त शैली की धोती पहने है।

कालान्तर में श्वेताम्बर सम्प्रदाय में तीन प्रमुख उपसम्प्रदाय हो गये--**1.** पुजेरा या डेरावासी या मूर्तिपूजक-ये मूर्तियों को वस्त्राभूषणों से सज्जित करके फल-फूल और नैवेद्य अर्पित करते हैं, **2.** ढुढिया या विस्तोला या साधुमार्गी या स्थानकवासी- ये मूर्तिपूजा नहीं करते थे तथा **3.** तेरापन्थी-स्वामी भिक्खन महराज ने 1760 ई. में तेरापन्थी सम्प्रदाय चलाया।

दिगम्बर सम्प्रदाय भी कालान्तर में तीन उपसम्प्रदायों में विभाजित हो गया- 1. तीसपन्थी - इस मत के लोग मन्दिर में मूर्तियों के अतिरिक्त तीर्थङ्करों, क्षेत्रपाल, भैरव

आदि की मूर्तियाँ रखते थे तथा उन्हें फल-फूल, मिष्टान्न, आदि अर्पित करते थे। 2. तेरापन्थी - ये केवल तीर्थङ्करों की मूर्तियाँ ही अपने मन्दिरों में रखते थे एवं उनको फल-फूल नैवेद्य चढ़ाते थे। इसका उद्भव ई 1626 में भट्टारकों के अनाचार के कारण हुआ। 3. तारणपन्थी- इसे 15वीं सदी में तरणतारण स्वामी ने चलाया। ये गूर्तिपूजा में विश्वास नहीं करते। दिगम्बरों में गुमानपन्थ एवं तोतापन्थ भी उपसम्प्रदाय हैं जिसका समाज पर बहुत कम प्रभाव है।

श्वेताम्बर एवं दिगम्बर सम्प्रदायों में अनेक प्रसिद्ध आचार्य हुए। श्वेताम्बर सम्प्रदाय के प्रसिद्ध आचार्यों में भद्रबाहु प्रथम (433-357 ई.पू., भद्रबाहु संहिता) भद्रबाहु द्वितीय (प्रथम सदी, न्यायशास्त्र पर ग्रन्थ), उमास्वामी (पहली सदी-श्वेताम्बर एवं दिगम्बर दोनों के श्रद्धेय- 'तत्त्वार्थाधिगम सूत्र'), कुन्द कुन्दाचार्य (पहली सदी 'समयसार', 'प्रवचनसार', 'नियमसार' आदि ग्रन्थ), सिद्धसेन गणि (600 ई. तत्त्वार्थाधिगम सूत्र पर टीका) हरिभद्र सूरि (705-775 ई. -'न्यायावतारवृत्ति','न्यायप्रवेशसूत्र', 'षड्दर्शन समुच्चय), हेमचन्द्र (12वीं सदी- 'प्रमाणमीमांसा', 'महावीरचरित'), मल्लिषेणसूरि (1292 ई., 'स्याद्वाद मंजरी') आदि प्रसिद्ध हैं। दिगम्बर सम्प्रदाय के प्रसिद्ध आचार्यों में विद्यानन्द, माणिक्यनन्दी (9वीं सदी-'परीक्षा मुखसूत्र') अलंकदेव ('अष्टशती', 'राजावार्तिक', 'न्याय विनिश्चय'), प्रभाचन्द्र (10वीं सदी, 'प्रमेय कमल मार्तण्ड') नेमिचन्द्र (11वीं सदी 'गोम्मटसार', 'लब्धिसार', 'द्रव्यसंग्रह'), गुणरत्नसूरि (15वीं सदी), यशो विजयगणि (16वीं सदी) आदि अधिक प्रसिद्ध हैं।

सन्दर्भ सूची

यर्ली हिस्ट्री ऑफ इण्डिया - बी.ए. स्मिथ

ए हिस्ट्री ऑफ इण्डिया - बी.ए. स्मिथ

रेलिजन इन ऐन्शियेण्ट इण्डिया - लुई रेनों

ऐन्शियेण्ट इण्डिया एन इण्ट्रोडक्टरी आउटलाइन- डी.एन. झा

द इण्डियन थियोगोनी - सुकुमारी भट्टाचार्जी

ए कल्चरल हिस्ट्री ऑफ इण्डिया - ए.एल. बाशम

10
बौद्ध धर्म : उद्भव एवं विकास

छठी शताब्दी ई.पू. में धार्मिक प्रतिकिया के परिणामस्वरूप जिन नवीन धार्मिक सम्प्रदायों का उद्भव एवं विकास हुआ उनमें बौद्ध धर्म सबसे प्रमुख एवं लोकप्रिय है। जैन धर्म की भाँति बौद्ध धर्म ने भी वैदिक या ब्राह्मण धर्म को बड़ी चुनौती दी। महात्मा गौतम बुद्ध द्वारा प्रवर्तित बौद्ध धर्म कालान्तर में इतना व्यापक हुआ कि वह एक अन्तरराष्ट्रीय धर्म बन गया। बौद्ध धर्म की शिक्षाएँ एवं सिद्धान्त पालि भाषा में लिखित त्रिपिटकों (विनयपिटक, सुत्तपिटक, अभिधम्मपिटक) में पाये जाते हैं। यह पालि साहित्य वैदिक ग्रन्थों के बाद सर्वाधिक प्राचीन रचनाओं की कोटि में आता है। किन्तु पालि त्रिपिटकों में बुद्ध की सर्वाङ्गीण जीवनी कहीं उपलब्ध नहीं होती। कालान्तर में त्रिपिटकों में बिखरे बुद्धचरित सम्बन्धी अंशों को संगृहीत कर 'निदान कथा', ललित विस्तर' एवं 'महावस्तु' की रचना की गयी। इन ग्रन्थों में बुद्ध की जीवनी दी गयी है।

गौतम बुद्ध का जन्म लगभग 563 ई.पू. (अन्य मत 566 ई.पू.) शाक्यों की राजधानी कपिलवस्तु के समीप लुम्बिनी वन (आधुनिक रुम्मिनदेई-नेपाल) में हुआ था। यहाँ से सम्राट् अशोक का एक लघु स्तम्भ लेख 1895 ई. में प्राप्त हुआ जिस पर लिखा है "हिद बुधे जातेति।" उनके पिता शुद्धोधन शाक्यगण के प्रधान थे। शाक्य गणराज्य कोशल महाजनपद के अधीन था। उनकी माता का नाम महामाया था जो कोलिय गणराज्य की कन्या थीं। उनके जन्म के सातवें दिन ही उनकी माता का देहान्त हो गया। इसलिए उनका लालन-पालन उनकी मौसी महाप्रजापति गौतमी ने किया जिससे शुद्धोधन ने विवाह कर लिया था। गौतमी द्वारा पालित होने के कारण बुद्ध को गौतम भी कहा जाता है यद्यपि उनके बचपन का नाम सिद्धार्थ था। गौतम के विषय में कुछ ज्योतिषियों ने भविष्यवाणी की थी कि वे ज्ञानी अथवा चक्रवर्ती सम्राट् बनेंगे जबकि कालदेवल और कौडिन्य जैसे लोगों का मत था कि वे संसार

त्याग करेंगे। बचपन से ही बुद्ध चिन्तनशील स्वभाव के थे। वे प्रायः एकान्त में बैठकर संसार की क्षणभंगुरता, रोग, जरा, मरण आदि विषयों पर सोचा करते थे। यह देखकर राजा शुद्धोधन को गहरी चिन्ता हुई। उन्होंने गौतम को सांसारिकता से आबद्ध करने के लिए सोलह वर्ष की अल्पायु में ही उनका विवाह शाक्यवंश की कन्या यशोधरा (अन्य नाम गोपा, बिम्बा, भद्रकच्छना आदि) से कर दिया एवं उनके निवास के लिए तीनों ऋतुओं के अनुकूल अलग-अलग आवासीय महल बनवाये। किन्तु भोग-विलास का गौतम पर कोई स्थायी प्रभाव नहीं पड़ा। गौतम को राहुल नामक एक पुत्र भी पैदा हुआ किन्तु वे सांसारिक विषय-भोगों में नहीं बँध सके। गौतम ने विहार करते समय क्रम से कुछ घटनाओं (वृद्ध, रोगी, मृतक, संन्यासी) का साक्षात्कार किया जिससे उनका मन विषयगत प्रवृत्तियों से हटने लगा तथा निवृत्ति की ओर प्रेरित होने लगा। एक रात समारोह के बाद जब सारी नर्तकियाँ सो गयीं तो गौतम ने देखा कि कुछ देर पहले जो नारियाँ सुन्दर लग रही थीं वही अब बदसूरत लग रही थीं। उसी रात उन्होंने अपनी पत्नी एवं पुत्र को सोते हुए छोड़कर 29 वर्ष की आयु में अपने प्रिय अश्व कन्थक एवं सारथि छन्द को लेकर गृह त्याग कर दिया तथा काषाय वस्त्र धारण कर लिया। अपने वस्त्रों एवं आभूषणों को अपने सारथि के हाथ अपने पिता के पास भेज दिया। कहते हैं कि उनके अश्व ने स्वामी के वियोग में अपना शरीर त्याग दिया। गौतम बुद्ध द्वारा गृहत्याग की इस घटना को बौद्ध साहित्य में 'महाभिनिष्क्रमण' के नाम से जाना जाता है। इस सम्बन्ध में डॉ. डी.डी. कोसाम्बी का मत है कि गौतम बुद्ध के गृहत्याग के पीछे राजनीतिक कारण थे। शाक्यों एवं उनके पड़ोसी कोलियों के बीच सिंचाई के निमित्त रोहणी नदी के जल को लेकर बहुधा विवाद और संघर्ष हो जाया करता था। इस पर शाक्यों ने सिद्धार्थ को कोलियों के विरुद्ध शस्त्र ग्रहण करने के लिए निर्देशित किया। सिद्धार्थ व्यक्तिगत रूप से हिंसा के विरुद्ध थे तथा संघर्ष को टालना चाहते थे। परिवार एवं पिता की मर्यादा की रक्षा के लिए उन्होंने गृहत्याग कर दिया। किन्तु गृहत्याग के पीछे दिया गया उपर्युक्त मत युक्तियुक्त नहीं लगता।

गृहत्याग के पश्चात् गौतम बुद्ध 'आर्यपर्येषणा में छह वर्ष व्यतीत किये। इस अवधि में उन्होंने ज्ञान, सत्य एवं शान्ति का अनुसन्धान किया। सर्वप्रथम उन्होंने गृहत्याग के पश्चात् सात दिन अनुपिय नामक आम्र वाटिका में बिताये। तत्पश्चात् वे वैशाली के समीप अलारकलाम नामक संन्यासी के आश्रम में ठहरे जो सांख्य दर्शन का आचार्य था तथा अपनी समाधि के लिए प्रसिद्ध था। उसके 300 शिष्य थे। सिद्धार्थ ने उससे शून्य की अवस्था तक पहुँचने का ज्ञान प्राप्त किया किन्तु उससे सन्तुष्ट नहीं हुए। वस्तुतः उन्हें जिस ज्ञान की अपेक्षा थी वह नहीं मिला। तदनतर वे आगे बढ़े तथा राजगृह के समीप रुद्रक रामपुत्र नामक आचार्य के आश्रम में पहुँचे

जो योग-विद्या का ज्ञाता था। उसके 700 शिष्य थे। किन्तु गौतम को यहाँ भी आत्म-सन्तुष्टि नहीं मिली। अब वे बोधगया के समीप उरुवेला नामक स्थान के पास पहुँचे। यहाँ उनके साथ पाँच ब्राह्मण संन्यासी भी तपस्या कर रहे थे जिनके नाम थे- कौन्डिय, भद्दिय, वप्प, महानाम तथा अस्सजि। यहाँ उन्होंने कठोर तप किया जिससे उनका शरीर जर्जर हो गया। यहीं पर उन्हें काया क्लेश की निस्सारता का भास हुआ तथा उन्होंने अपेक्षाकृत सरल साधना प्रारम्भ की एवं अन्न-जल भी ग्रहण करने लगे। उरुवेला के सेनानी की पुत्री सुजाता द्वारा लाया गया भोज्य पदार्थ ग्रहण किया। इस पर उनका पाँच ब्राह्मण संन्यासियों से मतभेद हो गया और वे सब गौतम को छोड़कर ऋषिपत्तन या मृगदाव या मृगवन (सारनाथ) चले गये। तत्पश्चात् उरुवेला से गया पहुँचकर सेनापति ग्राम में निरंजना नदी के किनारे वट वृक्ष (न्यग्रोध वृक्ष) के नीचे उन्होंने सात दिन तक निर्विघ्न साधना किया। आठवें दिन वैशाख पूर्णिमा को 35 वर्ष की आयु में उन्हें सत्य एवं ज्ञान का आलोक मिला और उन्हें सम्बोधि (निर्वाण) की प्राप्ति हुई। अब वे तथागत और बुद्ध (जिसे बोधि प्राप्त हो) कहे जाने लगे। गया में ही उन्होंने तपस्सु एवं मल्लिक नामक दो निम्नजातीय बन्जारों को अपना सेवक बना लिया। गया से वे ऋषिपत्तन पहुँचे जहाँ उन्होंने अपने पाँच ब्राह्मण साथियों (जो उनका साथ उरुवेला में छोड़ चुके थे) को प्रथम उपदेश दिया जिसे 'धर्मचक्र प्रवर्तन' के नाम से जाना जाता है। इस घटना की स्मृति में सम्राट् अशोक ने वहाँ प्रस्तर स्तम्भ एवं स्तूप का निर्माण करवाया। बुद्ध का प्रथम उपदेश चार आर्य सत्यों (दुःख, दुःख समुदय या प्रतीय समुत्पाद, दुःख निरोध तथा दुःखनिरोधगामिनी प्रतिपदा या अष्टांगिक मार्ग) का उपदेश था जिसे सुनकर पाँचों ब्राह्मण बुद्ध के शिष्य बन गये। वाराणसी में यश नामक श्रेष्ठि अपने माता-पिता-पत्नी एवं अन्य पचास साथियों के साथ बुद्ध का उपासक बन गया। उसकी माँ एवं पत्नी बुद्ध की प्रथम स्त्री उपासिका बनीं। इस प्रकार भिक्षु संघ का कार्य प्रारम्भ हुआ। बुद्ध ने उन सबको बुलाकर कहा कि 'भिक्षुओ बहुजन हिताय, बहुजन सुखाय लोक में विचरण करो तथा धर्म का उपदेश करो।' भिक्षुओ को धर्म-प्रचार के लिए भेजने के पश्चात् बुद्ध पुनः सारनाथ पहुँचे। ज्ञानप्राप्ति के बाद बुद्ध ने प्रथम वर्षाकाल सारनाथ में ही व्यतीत किया। वहाँ से वे उरुवेला की ओर चल पड़े जो ब्राह्मण धर्म एवं कर्मकाण्ड का प्रधान केन्द्र था। वहाँ अग्निहोत्री जटिल ब्राह्मण रहा करते थे। मार्ग में उन्हें 30 धनी युवक मिले जिनका नेता भद्र था। अतः इन्हें भद्रवर्गीय कहा गया। ये सभी बुद्ध की शिष्यता स्वीकार कर उनके अनुयायी हो गये। इसके बाद बुद्ध राजगृह पहुँचे तथा राजा बिम्बसार तथा उसकी रानी क्षेमा को धर्म का उपदेश दिया। बिम्बसार ने भिक्षु संघ के लिए बेलुवन नामक उद्यान उपहार में दे दिया। राजगृह में ही संजय नामक तापस अपने 250 शिष्यों के साथ बौद्ध संघ में सम्मिलित हो गया। संजय के शिष्यों में दो अत्यन्त विद्वान् थे जिनके नाम है-सारिपुत्र तथा मौद्गल्यायन।

भ्रमण करते हुए बुद्ध अपनी जन्मभूमि कपिलवस्तु पहुँचे। यहाँ उन्होंने अपने पिता सहित राजपरिवार के समस्त लोगों को धर्म का उपदेश दिया। यहीं पर उन्होंने पुत्र राहुल एवं मौसेरे भाई नन्द (प्रजापति गौतमी के पुत्र) को भिक्षु संघ में शामिल कर लिया। कपिलवस्तु से राजगृह वापस लौटते हुए अनुपिय नामक स्थान पर बुद्ध ने मिलने आये शाक्य शासकों को उपदेश दिया। शाक्य शासकों के नाम हैं - भद्रिक, आनन्द, अनुरुद्ध, उपालि और देवदत्त। ये सभी बौद्ध भिक्षु बन गये। आनन्द तो बुद्ध का सबसे प्रिय शिष्य बना। बुद्ध का चचेरा भाई देवदत्त जो बुद्ध को हटाकर स्वयं भिक्षु संघ का प्रधान बनना चाहता था, बाद में विद्रोही हो गया किन्तु अपने कार्य में उसे कोई सफलता नहीं मिली। यहाँ तक कि उसने बुद्ध की हत्या कराने की भी साजिश की। किन्तु उसके द्वारा भेजे गये हत्यारे (धनुर्धारी) बुद्ध के अनुयायी बन गये। दूसरी बार हत्या के प्रयास में देवदत्त ने गृहकूट पर्वत के शिखर से एक शिलाखण्ड बुद्ध पर गिराया जिसमें बुद्ध बाल-बाल बच गये किन्तु उनके पैर के अँगूठे में गहरी चोट आयी जिसकी चिकित्सा जीवक ने बड़े मनोयोग से की थी।

दूसरा, तीसरा और चौथा वर्षाकाल राजगृह में व्यतीत करने के पश्चात् बुद्ध ने पाँचवाँ वर्षाकाल वैशाली में व्यतीत किया। वैशाली के समस्त लिच्छवि संघ ने बुद्ध को आमन्त्रित किया था। लिच्छवि संघ ने बुद्ध के निवास के लिए महावन में प्रसिद्ध कुटाग्रशाला तथा अन्य आठ उद्यान अर्पित किये। वैशाली में महावन ही बुद्ध का प्रमुख निवास-स्थान था। वे जब भी वैशाली जाते यहीं ठहरते थे। वैशाली की नगरबधू आम्रपाली उनकी शिष्या बन गयी तथा उसने भिक्षु संघ के लिए अपनी आम्रवाटिका उपहार में दे दिया। वैशाली में ही सर्वप्रथम भिक्षुणी संघ की स्थापना की गयी। कपिलवस्तु में प्रवज्या ग्रहण करने के प्रजापति गौतमी के निवेदन को बुद्ध ने ठुकरा दिया था। किन्तु शुद्धोधन की मृत्यु के पश्चात् जब गौतमी बुद्ध से मिलने वैशाली पहुँची तो यहाँ उसके द्वारा अनुनय-विनय किये जाने पर तथा आनन्द के आग्रह पर बुद्ध ने कुछ कड़ी शर्तो के साथ महिलाओं को संघ में प्रवेश करने की अनुमति प्रदान कर दी। संघ में प्रवेश पानेवाली प्रथम महिला प्रजापति गौतमी ही थी। बाद में यशोधरा, नन्दा (गौतमी की पुत्री) आदि भी संघ में शामिल हो गयीं।

बुद्ध ने छठाँ वर्षाकाल मुकुलगिरि में, सातवाँ तावेतिसं लोक में तथा आठवाँ भग्गों की राजधानी सुमसुमारगिरि में व्यतीत किया। सुमसुमारगिरि में ही बोधिकुमार उनका शिष्य बना। यहाँ से बुद्ध कौशाम्बी पहुँचे जहाँ उन्होंने नवाँ वर्षाकाल व्यतीत किया। वत्सराज उदयन पिण्डोला भारद्वाज नामक बौद्ध भिक्षु के प्रभाव से बौद्ध बन गया। उसने घोषिताराम बिहार बौद्धसंघ को प्रदान किया। वत्सराज उदयन की पत्नी सौमावती भी बौद्ध उपासिका बन गयी। यहाँ एक रोचक घटनाक्रम में एक ब्राह्मण ने अपनी पुत्री मागन्दिया का विवाह बुद्ध से करने की इच्छा प्रकट की। जब बुद्ध

ने इन्कार कर दिया तो उसने मागन्दिया का विवाह वत्सराज उदयन से कर दिया। बाद में अपने अपमान का बदला मागन्दिया ने बौद्ध उपासिका सौमावती से लिया और षड्यन्त्र करके उसे राजमहल के एक अग्निकाण्ड में जला दिया। कौशाम्बी में ही एक भिक्षु ने संघ के नियमों को मानने से इन्कार कर दिया तथा उसने इन नियमों की आलोचना की। बुद्ध इस घटना से अत्यन्त व्यथित हुए तथा भिक्षुओं को छोड़कर पारिलेय्यक वन में एकान्तवास के लिए प्रस्थान कर गये।

बुद्ध ने अपना दसवाँ वर्षाकाल पारिलेय्यक वन में, ग्यारहवाँ नालाग्राम में तथा बारहवाँ बेरंजा नामक स्थान पर व्यतीत किया। बेरंजा में बेरंज नामक ब्राह्मण बुद्ध का शिष्य बन गया। बुद्ध ने अपना तेरहवाँ वर्षाकाल चालियगिरि में तथा चौदहवाँ श्रावस्ती में व्यतीत किया। श्रावस्ती कोशल की राजधानी थी। यहाँ बुद्ध ने सर्वाधिक इक्कीस वर्षाकाल व्यतीत किये। कोशलराज प्रसेनजित् ने बुद्ध का शिष्यत्व ग्रहण किया तथा उसकी रानी मल्लिका भी बुद्ध की उपासिका बन गयी। यहाँ का प्रसिद्ध श्रेष्ठि अनाथपिण्डक (सुदत्त) राजगृह में ही बुद्ध की शिष्यता ग्रहण कर चुका था। उसने श्रावस्ती में राजकुमार जैन से उसका प्रसिद्ध उद्यान 'जेतवन' 18 करोड़ स्वर्ण मुद्राओं में खरीदकर बौद्ध संघ को प्रदान किया था। भरहुत स्तूप की एक मूर्ति पर अनाथपिण्डक द्वारा दिये गये इस दान का चित्र अंकित है। यहाँ कोशलनरेश प्रसेनजित् ने अपने परिवार के साथ बुद्ध की शिष्यता ग्रहण की। यहीं पर विशाखा नामक स्वर्णकार कन्या ने बुद्ध की शिष्यता ग्रहण की तथा संघ के लिए पुब्बाराम (पूर्वाराम) नामक विहार का निर्माण करवाया। बुद्ध कभी जेतवन में तो कभी पूर्वाराम विहार में विश्राम करते थे। श्रावस्ती में ही बुद्ध ने तिस्स नामक भिक्षु, जो त्वचा रोग से ग्रस्त था, की स्वयं परिचर्या की।

बुद्ध ने अपना पन्द्रहवाँ वर्षाकाल कपिलवस्तु के न्यग्रोधाराम विहार में व्यतीत किया। भद्दिय के भिक्षु बन जाने पर शाक्य संघ का प्रधान उत्तराधिकारी महानामान् बनाया गया। उसे बुद्ध ने धर्म का उपदेश दिया। यहाँ भद्दिय के ससुर सुप्रबुद्ध ने सुरापान करके बुद्ध का अपमान किया तथा उनकी हत्या करने का प्रयास किया किन्तु 'धम्मपद' के अनुसार ऐसा करने के पूर्व ही उसका प्राणान्त हो गया। इसके बाद बुद्ध ने अपना सोहलवाँ वर्षाकाल आलवी में, तत्रहवाँ राजगृह में, अठारहवाँ चालियगिरि में, उन्नीसवाँ पुनः राजगिरि में तथा बीसवाँ श्रावस्ती में व्यतीत किया। श्रावस्ती में अपने 20 वें वर्षाकाल के प्रवास के समय बुद्ध ने क्रूर डाकू अंगुलिमाल का हृदय परिवर्तन कर बौद्ध भिक्षु के रूप में संघ में शामिल कर लिया। इस प्रकार कोशल में सर्वाधिक प्रवास करते हुए बुद्ध ने यहाँ धर्म का सर्वाधिक प्रचार किया तथा सर्वाधिक अनुयायी बनाये।

इस प्रकार महात्मा बुद्ध पैतालीस वर्षों तक अनवरत धर्मोपदेश करते रहे। वे पूरब में चम्पा (आधुनिक भागलपुर और पश्चिम में कुरुक्षेत्र या हस्तिनापुर तक उपदेश

करते रहे। उज्जैन (अवन्ति) के लोगों ने भी बुद्ध को आने का आमन्त्रण दिया किन्तु वे वहाँ नहीं जा सके। 79 वर्ष की अवस्था में बुद्ध राजगृह में प्रवास कर रहे थे। राजगृह से अम्बलट्ठिका, नालन्दा, पाटलिग्राम होते हुए वे वैशाली पहुँचे। वहाँ वे चुन्द नामक लुहार की आम्रवाटिका 'अम्बवन' में विश्राम कर रहे थे। भोजन में बुद्ध को 'सुकरमद्दव' परोसा गया जिससे उन्हें रक्त की पेचिश शुरू हो गयी तथा भयानक पीड़ा शुरू हो गयी। इसके बाद वे गम्भीर रूप से बीमार हो गये। कुछ भाष्यकारों के अनुसार 'सुकरमद्दव' सूअर का मद्य था किन्तु अन्य विद्वान् उसे सूअरों की माँद के पास उगनेवाली वनस्पति अथवा कुकुरमुत्ता जैसा कोई पौधा मानते हैं। वेदना सहन करते हुए बुद्ध हिरण्यवती नदी पारकर कुशीनारा पहुँचे ताकि लोग चुन्द को दोष न देने लगें। वहाँ उन्होंने मल्लों के सालवन में विश्राम किया। यहाँ उन्होंने भिक्षुओं को आदेश दिया कि अब उनकी मृत्यु के पश्चात् धर्म और विनय ही उनके शास्ता होंगे (दीघनिकाय)। यहाँ कुशीनारा के श्रमण सुभद्द बुद्ध द्वारा दीक्षा प्राप्त करनेवाले अन्तिम व्यक्ति थे। यहीं पर 483 ई.पू. (एक मत 486 ई.पू.) 80 वर्ष की आयु में बुद्ध ने शरीर त्याग किया। बौद्ध ग्रन्थों में इस घटना को 'महापरिनिर्वाण' कहा गया है। मल्लों ने अत्यन्त सम्मानपूर्वक उनका दाह-संस्कार किया। बौद्ध अनुश्रुति के अनुसार उनके भस्मावशेष के आठ दावेदार हो गये। महापरिनिर्वाण सूत्र के अनुसार उनके दावेदारों के नाम इस प्रकार मिलते हैं - 1. पावा एवं कुशीनारा के मल्ल, 2. कपिलवस्तु के शाक्य, 3. वैशाली के लिच्छवि, 4. रामग्राम के कोलिय, 5. पिप्पलिवन के मोरिय, 6. अलकप्पा के बुलिगण, 7. वेट्ठदीप के ब्राह्मण, 8. मगध सम्राट् अजातशत्रु। आधुनिक पुरातात्त्विक सर्वेक्षणों से कई ऐसे स्तूपों का पता चला है जिनमें बुद्ध के भस्मावशेष रखे हुए मिले हैं। नेपाल की सीमा के समीप पिपरहवा ग्राम स्थित स्तूप (खुदाई 1898 ई.) के भीतर रखी पत्थर की बड़ी मंजूषा के अन्दर छोटी मंजूषाओं में बुद्ध की हड्डियों के अवशेष मिले हैं। यहाँ एक मंजूषा पर अंकित है कि भगवान् बुद्ध का यह सुकृति निधान शाक्यों द्वारा स्थापित किया गया है। इसी प्रकार कनिष्क द्वारा शाहजी की डेरी (पेशावर) नामक स्थान पर निर्मित एक स्तूप के भीतर स्फटिक की मंजूषा से बुद्ध की तीन छोटी अस्थियाँ प्राप्त हुई हैं। मंजूषा के ऊपर कनिष्क का नाम अंकित है। 1913-14 ई. में तक्षशिला के समीप स्थित कुछ स्तूपों की खुदाई जान मार्शल द्वारा की गयी। यहाँ के सदन स्तूप से प्राप्त सेलखड़ी की मंजूषा से राजा मोउस एवं एजस प्रथम की चार मुद्राओं के साथ एक छोटी डिब्बी में रखी अस्थि-धातु प्राप्त हुई थी जिसे मार्शल ने सिंहल के भिक्षुओं को प्रदान कर दिया था। यहीं से प्राप्त राजिक स्तूप से भी सेलखड़ी की मंजूषा के अन्दर रखी सोने की डिब्बी में बुद्ध की छोटी अस्थियाँ प्राप्त हुई हैं। इसी प्रकार नागार्जुनीकोण्डा (गुण्टूर, आन्ध्रप्रदेश) स्तूप से भी बुद्ध के अवशेष स्वर्ण डिब्बी से प्राप्त हुए हैं। अशोककालीन साँची, भरहुत एवं धमेक (सारनाथ) स्तूपों से भी बुद्ध की हड्डियों के अवशेष मिले हैं।

बुद्ध के अनुयायियों की संख्या बहुत अधिक थी किन्तु उनके विख्यात शिष्यों की संख्या सीमित थी। बुद्ध के निकट शिष्यों का संक्षिप्त परिचय निम्नलिखित है-

1. **आनन्द**-यह बुद्ध का सबसे प्रिय शिष्य था जो स्वयं उनका चचेरा भाई था। बुद्ध के अधिकांश आदेश इसी को सम्बोधित हैं। इसी के आग्रह पर बुद्ध ने स्त्रियों को संघ में प्रवेश दिया था। वह बुद्ध का निजी परिचरिक भी था।

2. **सारिपुत्र**-राजगृह में बुद्ध का शिष्य बना। वह जाति से ब्राह्मण था। इसकी मृत्यु भी बुद्ध के जीवनकाल में ही हुई थी। साँची में इसके जीवांश पर एक स्तूप का निर्माण अशोक सम्राट् द्वारा कराया गया।

3. **मौद्गल्यायन**-राजगृह निवासी था तथा सारिपुत्र के साथ ही बुद्ध का शिष्य बना। इसकी मृत्यु भी बुद्ध के जीवनकाल में ही हुई। इसके जीवांश पर भी साँची में सम्राट् अशोक द्वारा एक स्तूप निर्मित है।

4. **उपालि**-यह नापित (नाई) पुत्र था। इसका पिता शाक्यवंश में नाई का कार्य करता था। कपिलवस्तु के अनुपिय नामक स्थान पर आनन्द के साथ ही बुद्ध का शिष्यत्व स्वीकार किया।

5. **सुनीति**-जाति का भंगी था। इसने रास्ते में बुद्ध का पैर पकड़ लिया तथा शिष्य बनाने का आग्रह किया। अतः बुद्ध ने इसे संघ में शामिल कर लिया।

6. **जीवक**-बुद्ध का चिकित्सक तथा आयुर्वेद का ज्ञाता था। इसकी माता सालवती राजगृह की गणिका थी। इसके जन्म के पश्चात् सालवती ने इसे फेंक दिया था। बिम्बसार के पुत्र राजकुमार अभय ने इसका लालन-पालन किया तथा अध्ययन के लिए तक्षशिला भेज दिया जहाँ इसने आयुर्वेद का अध्ययन किया।

7. **अनाथपिण्डक**-श्रावस्ती का विख्यात श्रेष्ठि जिसने जेतवन क्रय करके बुद्ध संघ को प्रदान किया था।

8. **अनिरुद्ध**-धनाढ्य व्यापारी का पुत्र जो वैभव-ऐश्वर्य छोड़कर बुद्ध का शिष्य बना।

9. **महाकश्यप**- मगध का ब्राह्मण। बुद्ध की मृत्यु के पश्चात् होनेवाली प्रथम बौद्ध संगीति का अध्यक्ष था। यह संगीति अजातशत्रु के समय राजगृह की सप्तपर्णी गुफा में सम्पन्न हुई थी।

बुद्ध के स्त्री-अनुयायियों में प्रजापति गौतमी, यशोधरा, नन्दा (गौतमी की पुत्री), खेमा (मगधनरेश बिम्बसार की पत्नी), आम्रपाली, विशाखा (अंग जनपद के श्रेष्ठि की पुत्री-श्रावस्ती में संघ को पूर्णाराम विहार प्रदान किया) तथा मल्लिका (कोशलनरेश प्रसेनजित् की पत्नी) प्रमुख हैं।

बुद्ध की समाज में बढ़ती लोकप्रियता से कुछ लोग ईर्ष्या करने लगे। बुद्ध का प्रबल विरोधी देवदत्त (चचेरा भाई) था जो स्वयं संघ का प्रधान बनना चाहता था।

किन्तु उसका विरोध असफल रहा। देवदत्त ने मगध सम्राट् अजातशत्रु से भी बुद्ध का विरोध करवाया। अजातशत्रु ने अपने पिता बिम्बसार को बन्दीगृह में डालकर मार डाला था। इससे उसका मन अशान्त हो गया था। शान्ति की तलाश में वह आजीवक मक्खलि गोशाल एवं जैन आन्दोलन के प्रवर्तक महावीर के समीप भी गया किन्तु उसे शान्ति नहीं मिली। अन्ततः वह बुद्ध की शरण में आया जहाँ उसे आत्मिक शान्ति मिली। मगध, कोशल आदि प्रदेशों के ब्राह्मणों ने भी बुद्ध का कड़ा विरोध किया। इनमें सोमदण्ड, कूटदन्त, कसिभारद्वाज आदि ब्राह्मणों ने बुद्ध के मत का खण्डन किया तथा उनसे काफी शास्त्रार्थ किया किन्तु पराजित हुए। कसिभारद्वाज ने तो पराजित होकर बौद्ध धर्म के प्रति अपना आकर्षण दर्शित किया।

बौद्ध धर्म का सिद्धान्त एवं तत्त्वज्ञान - बुद्ध के वचनों एवं उपदेशों का संकलन उनके शिष्यों द्वारा त्रिपिटकों में किया गया। ये त्रिपिटक ही बौद्ध धार्मिक चिन्तन की बुनियाद हैं। बुद्ध का ध्येय अप्रत्यक्ष तत्त्वों का दार्शनिक विश्लेषण करना नहीं था बल्कि दुःखों का समाधान करना था। अतः वे अधिकांश अप्रत्यक्ष विषयों पर मौन धारण कर लेते थे। पोटपादसुत्र के अनुसार बुद्ध ने दस प्रश्नों का समाधान व्यावहारिक दृष्टि से असम्भव एवं व्यर्थ माना है। अतः उन्होंने इन प्रश्नों के समाधान का प्रयत्न ही नहीं किया। वे प्रश्न हैं -

1. क्या यह लोक शास्वत है ? 2. क्या यह अशाश्वत है ? 3. क्या यह शान्त है ? 4. क्या यह अनन्त है ? 5. क्या आत्मा एवं शरीर एक है ? 6. क्या आत्मा शरीर से भिन्न है? 7. क्या मृत्यु के बाद तथागत का पुनर्जन्म होता है ? 8. क्या मृत्यु के बाद उनका पुनर्जन्म नहीं होता ? 9. क्या पुनर्जन्म होता भी है और नहीं भी होता है ? 10. क्या उनका पुनर्जन्म होना और न होना दोनों बातें असत्य हैं ? बौद्ध दर्शन में इन प्रश्नों को 'अव्यक्तानि' कहते हैं। बुद्ध ने इसका विवेचन नहीं किया। इन प्रश्नों पर वे शान्त रहते थे। वस्तुतः बुद्ध की शिक्षा का सारांश उनके द्वारा प्रतिपादित चार आर्य सत्यों में निहित है। ये चार आर्य-सत्य निम्नलिखित हैं।

1. **दुःखः**-संसार दुःखमय है। मानव-जीवन में जो सुख हैं वे भी दुःखों से ही भरे हुए है क्योंकि वे आसक्ति से उत्पन्न होते हैं। आसक्तियाँ ही बन्धन एवं पुनर्जन्म का कारण होती हैं। जरा-मरण, रोग, शोक, संयोग-वियोग-नैराश्य आदि अनेक प्रकार के दुःखों से मानव-जीवन परिपूर्ण है। समस्त जीव दुःख के वशीभूत हैं।

2. **दुःखः समुदय**- समस्त दुःख किसी-न-किसी कारण से उत्पन्न होते हैं। दुःख का कारण ही दुःखः समुदय कहा जाता है। इसे प्रतीत्य समुत्पाद (एक के होने से दूसरे की उत्पत्ति) तथा द्वादश निदान भी कहते हैं। प्रतीत्य समुत्पाद के अनुसार संसार के प्रत्येक विषय का कोई न कोई कारण है अतः दुःखों का भी कारण है। दुःख

का मूल कारण अविद्या है। अविद्या से कार्य-कारण द्वारा 12 कड़ियाँ (द्वादश निदान) उत्पन्न होती हैं जो इस प्रकार हैं- 1. अविद्या, 2. संस्कार (पूवर्जन्म के कर्मों का प्रभाव) 3. विज्ञान (गर्भावस्था में चैतन्य) 4. नामरूप (गर्भस्थ भ्रूण का शरीर एवं मन), 5. षडायतन (पाँच इन्द्रियों एवं मन का समूह) 6. स्पर्श (इन्द्रियों का विषयों से सम्पर्क) 7. वेदना (इन्द्रियानुभूति) 8. तृष्णा (विषय-भोग की वासना) 9. उपादान (सांसारिक विषयों से लिपटे रहने की अभिलाषा) 10. भव (जन्मग्रहण करने की प्रवृत्ति) 11. जाति (शरीर धारण करना) 12. जरा-मरण (बुढ़ापा एवं मृत्यु)। इस प्रकार जरा-मरण का मूल कारण अविद्या है। उक्त द्वादश निदान में अविद्या एवं संस्कार पूर्व जन्म से तथा भव एवं जाति भावी जीवन से सम्बन्धित है। शेष वर्तमान जीवन से सम्बन्धित है।

3. **दुःख-निरोध** - दुःख का अन्त सम्भव है। यदि अविद्या (मूल कारण) का विनाश कर दिया जाय तो समस्त दुःख समाप्त हो जायेंगे। दुःख निरोध ही निर्वाण है और यही जीवन का चरम लक्ष्य है। इसकी प्राप्ति जीवन-काल में ही सम्भव है। अतः निर्वाण का अर्थ जीवन का अन्त न होकर दुःखों का विनाश है। किन्तु निर्वाण निष्क्रिय अवस्था नहीं है बल्कि निर्वाण के बाद दूसरों के प्रति प्रीति और बढ़ जाती है। यह पूर्णज्ञान एवं परमशक्ति की अवस्था है। यह वर्णनातीत है। इसकी प्राप्ति से पुनर्जन्म रुक जाता है तथा दुःखों का अन्त हो जाता है।

4. **दुःखनिरोधगामिनी प्रतिपदा** - निर्वाण-प्राप्ति का उपाय है जिसका अनुसरण करके इसे प्राप्त किया जा सकता है। अविद्या के विनाश के उपाय को अष्टांगिक मार्ग कहा जाता है। 'अष्टांगिक मार्ग' ही बौद्ध धर्म का सार है। यह गृहस्थ एवं संन्यासी दोनों के लिए है। ये आठ मार्ग निम्नलिखित हैं-

1. **सम्यक् दृष्टि**-वस्तुओं के पदार्थ स्वरूप का ध्यान करना।
2. **सम्यक् संकल्प**-सांसारिक विषयों के प्रति आसक्ति, दूसरों के प्रति विद्वेष तथा हिंसा के परित्याग का संकल्प करना।
3. **सम्यक् वाक्**-वचन पर नियन्त्रण करना तथा अप्रिय वचन, निन्दा, वाचालता आदि से बचना।
4. **सम्यक् कर्मान्त**-सत्य, अहिंसा, अस्तेय, दयादान, इन्द्रियसंयम आदि सत्कर्मों का अनुसरण।
5. **सम्यक् आजीव**-शुद्ध उपाय से जीविकोपार्जन करना।
6. **सम्यक् व्यायाम**-नैतिक, मानसिक एवं आध्यात्मिक उन्नति के लिए सतत प्रयत्नशील रहना।
7. **सम्यक् स्मृति**-सत् धारणा का निरन्तर स्मरण तथा असत् धारणा का त्याग।
8. **सम्यक् समाधि**-मन अथवा चित्त की एकाग्रता।

दुःखों से मुक्ति के लिए अष्टांगिक मार्ग का अनुसरण करना चाहिए। अष्टांगिक मार्ग के प्रथम तीन मार्ग (दृष्टि, संकल्प, वाक्) को प्रज्ञा स्कन्द, परवर्ती दो (कर्मान्त, आजीव) को शील स्कन्द तथा अन्तिम तीन (व्यायाम, स्मृति समाधि) को समाधि स्कन्द के अन्तर्गत रखा गया है। बुद्ध का विचार था कि सुख एवं दुःख दोनों की अतियों से बचना चाहिए। बुद्ध ने विषया शक्ति एवं कायाक्लेष दोनों के बीच के मार्ग को अपनाने का उपदेश दिया जिसे मज्झिम प्रतिपदा (मध्यम प्रतिपदा) कहते है। बौद्ध धर्म में निर्वाण प्राप्त करने के लिए नैतिक जीवन एवं सदाचार पर बल दिया गया है। इसके लिए दस शीलों का पालन आवश्यक है। ये दस शील ही नैतिक जीवन का आधार हैं। इन्हें शिक्षाप्रद भी कहा गया है। ये हैं- 1-अहिंसा, 2-सत्य, 3- अस्तेय-चोरी न करना, 4- अपरिग्रह-धन संचय न करना, 5- ब्रह्मचर्य-विषयों के प्रति संयम, 6- असमय भोजन न करना, 7- व्यभिचार न करना, 8- मद्यपान आदि नशीले पदार्थों का त्याग, 9- अरामदायक बिस्तर का त्याग तथा 10- नृत्य गीत एवं आभूषणों का त्याग।

बौद्ध दर्शन क्षणिकवाद को स्वीकार करता है। बुद्ध कहा करते थे कि सभी वस्तुएँ नाशवान् एवं परिवर्तशील हैं। प्रतीत्य समुत्पाद से भी सांसारिक वस्तुओं की अनित्यता प्रमाणित होती है। किसी भी वस्तु की उत्पत्ति कारण से होती है। अतः कारण के नष्ट हो जाने पर उस वस्तु का नाश हो जाता है। बुद्ध ने अनित्यवाद का उपदेश दिया जिसे उनके अनुयायियों ने क्षणिकवाद का रूप दे दिया। अर्थात् किसी वस्तु का अस्तित्त्व क्षणमात्र के लिए रहता है। क्षण-क्षण वस्तु का स्वरूप बदलता रहता है।

बौद्धधर्म मूलतः अनीश्वरवादी एवं अनात्मवादी है। यह ईश्वर एवं आत्मा को नहीं मानता है। किन्तु बाद में इसकी एक शाखा सामित्य ने आत्मा को माना है। अनात्मवादी होते हुए भी बुद्ध पुनर्जन्म एवं कर्मफल में विश्वास करते थे। उनका मानना था कि जीवन विभिन्न अवस्थाओं का प्रवाह है। जीवन की विभिन्न अवस्थाओं में कार्य कारण का सम्बन्ध होता है। जिस प्रकार क्षण-क्षण में दीपक की ज्योति बदलती है। किन्तु दीपक की ज्योति एकमय मालूम पड़ती है उसी प्रकार जीवन भी एकमय प्रतीत होता है। बौद्ध दर्शन के अनुसार आत्मा विज्ञान (मानसिक अवस्थाओं) का प्रवाह है। वस्तुतः मानव पाँच परिवर्तनशील तत्त्वों का एक संग्रह है। इसे पंच स्कन्ध कहते हैं। ये पंच स्कन्ध हैं-1- रूप-शरीरिक आकार, रंग आदि, 2- वेदना-सुख, दुःख, विषाद आदि का बोध, 3- संज्ञा-विभिन्न प्रकार के ज्ञान, 4- संस्कार- पूर्व कर्मों के कारण उत्पन्न प्रवृत्तियाँ तथा 5- विज्ञान-चेतना या मानसिक अवस्थाएँ। मिलिन्दपन्ह के अनुसार जिस प्रकार लहरें लहरों को जन्म देती हैं और स्वयं समाप्त हो जाती हैं उसी प्रकार कर्मफल ही पुनर्जन्म का कारण होता है। यह कर्मफल ही विज्ञानों के प्रवाह का कारक है। कर्मफल का नाश ही निर्वाण का कारक है। निर्वाण का अर्थ है बुझ जाना अर्थात् जीवन-मरण के दुश्चक्र से मुक्त हो जाना। निर्वाण के बाद भी

जीवन पूर्ववत् रहता है। किन्तु महापरिनिर्वाण मृत्यु के पश्चात् ही सम्भव है।

बौद्ध संघ- बौद्ध त्रिरत्न-बुद्ध, धर्म एवं संघ में संघ का महत्त्वपूर्ण स्थान है। बौद्ध संघ की स्थापना सर्वप्रथम सारनाथ में हुई थी जब बुद्ध ने अपना प्रथम उपदेश (धर्मचक्रप्रवर्तन) पाँच ब्राह्मणों को दिया था। बौद्ध संघ की व्यवस्था गणतन्त्रात्मक थी जिसमें सभी निर्णय बहुमत से होते थे। बहुमत से पारित प्रस्ताव को 'भूमस्सिकम' कहा जाता था जबकि प्रस्ताव के पाठ को 'अनुसावन' कहते थे। सदस्यों में मतभेद को 'अधिकरण' कहा जाता था। संघ की कार्यवाही के लिए गणपूर्ति (कम-से-कम 20 सदस्य) की व्यवस्था थी। 15 वर्ष की आयु का कोई भी व्यक्ति बौद्ध त्रिरत्नों में आस्था व्यक्त करके संघ में प्रवेश पा सकता था। विकलाग, अस्वस्थ, ऋणी, सैनिक एवं दासों का संघ में प्रवेश वर्जित था। संघ में प्रवेश को 'उपसम्पदा' कहा जाता था। प्रव्रज्या ग्रहण करनेवालों को 'श्रामणेर' कहा जाता था। प्रव्रज्या के लिए न्यूनतम 15 वर्ष तथा उपसम्पदा के लिए 20 वर्ष थी। किन्तु भिक्षुजीवन का आरम्भ प्रव्रज्या से होता था और उसकी पूर्णता उपसम्पदा की दीक्षा से होती थी। बौद्ध अनुयायी दो वर्गों में विभाजित थे—1- भिक्षु एवं भिक्षुणी जो प्रव्रज्या ग्रहण कर लेते थे तथा 2- उपासक एवं उपासिका जो गृहस्थ जीवन में रहकर बौद्ध धर्म का अनुपालन करते थे। भिक्षुओं द्वारा की जाने वाली धर्मचर्या 'उपोसथ' कहलाती थी। भिक्षुओं के आवास संघाराम कहलाते थे। उन्हें दस शील का पालन करना अनिवार्य था। भिक्षु शाकाहारी एवं मांसाहारी दोनों थे। वे 'चीवर' (तीन वस्त्र) धारण करते थे।

बौद्ध संगीतियाँ- महात्मा बुद्ध के जीवनकाल में ही बौद्ध धर्म अत्यन्त लोकप्रिय हो गया था। उन्होंने 45 वर्षों तक धर्म का प्रचार किया किन्तु उनके उपदेशों का कोई लिखित रूप नहीं था। उनके महापरिनिर्वाण के पश्चात् उनके अनुयायियों को आंशका हुई कि कहीं भगवान् के उपदेश लुप्त न हो जायँ। अतः बुद्ध की मृत्यु के तुरन्त बाद 483 ई. पू. राजगृह की सप्तपर्णी गुफा में महाकस्सप की अध्यक्षता में प्रथम बौद्ध संगीति का आयोजन हुआ। उस समय अजातशत्रु मगध का शासक था। इस सभा का मुख्य उद्देश्य था बौद्ध धर्म के सिद्धान्तों एवं धर्म के नियमों को निर्धारित कर लिपिबद्ध करना। इस सभा में भिक्षु उपालि और आनन्द भी शामिल हुए जो बुद्ध के प्रिय शिष्य थे। इस सभा ने दो पिटकों सुत्तपिटक तथा विनयपिटक का संकलन किया। सुत्तपिटक में बुद्ध के उपदेश एवं उनके विचारों का संकलन है। इसके पाँच विभाग हैं—1-दीघ निकाय, 2- मज्झिम निकाय, 3-संयुक्त निकाय, 4- अंगुत्तर निकाय तथा 5- खुद्दक निकाय। विनयपिटक में संघ के आचार-विचार, नियम एवं अनुशासन का विवरण है। इसमें बुद्ध के अनुशासनात्मक उपदेश हैं।

द्वितीय बौद्ध संगीति बुद्ध की मृत्यु के 100 वर्ष बाद 383 ई. पू. कालाशोक (शिशुनाग वंश का द्वितीय शासक) के शासनकाल में वैशाली में आयोजित की गयी थी। इसके अध्यक्ष भिक्षु सुबुकामी थे। यह सभा पूर्वी एवं पश्चिमी भिक्षुओं के मध्य

पनपे आपसी मतभेदों को दूर करने के लिए बुलायी गयी थी। किन्तु मतभेद और गहरा होता गया जिससे भिक्षुओं के दो वर्ग हो गये-स्थविर एवं महासांघिक। परम्परागत विनय में आस्थावाले स्थविर अथवा थेरवादी तथा परिवर्तन के साथ विनय को स्वीकार करनेवाले महासांघिक या सर्वास्तिवादी कहे जाने लगे। महासांघिक (पूर्वी भिक्षु या बज्जिपुत्र) का नेतृत्व वैशाली में महाकस्सप ने किया तथा स्थविर (पश्चिमी भिक्षु) का नेतृत्व उज्जैन (अवन्ति) में महाकच्चायन ने किया। कालान्तर में दोनों सम्प्रदाय 18 उपसम्प्रदायों में विभक्त हो गये।

तृतीय बौद्ध संगीति का आयोजन बुद्ध की मृत्यु के 236 वर्षों बाद 247 ई.पू. अशोक के शासनकाल में पाटलिपुत्र के अशोकाराम विहार में आयोजित की गयी। इसकी अध्यक्षता मोगलिपुत्त तिस्स ने की थी। इसमें स्थविर सम्प्रदाय का वर्चस्व था। इस संगीति में बौद्ध धर्म के आध्यात्मिक एवं दार्शनिक तत्त्वों का निरूपण किया गया। यह बौद्ध धर्म के आध्यात्मिक एवं दार्शनिक तत्त्वों का संग्रह है। इसी संगीति में मोगलिपुत्त तिस्स के कथावस्तु का संकलन किया गया जो अभिधम्मपिटक के अन्तर्गत आता है। इस सभा में संघ भेद रोकने के लिए कड़े नियम बनाये गये तथा विदेशों में धर्म-प्रचार का निर्णय किया गया।

चौथी बौद्ध संगीति बुद्ध की मृत्यु के 585 वर्ष बाद 102 ई. भें कनिष्क के शासनकाल में कश्मीर के कुण्डलवन में आयोजित की गयी। इसके अध्यक्ष वसुमित्र तथा उपाध्यक्ष अश्वघोष थे। इसमें महासांघिकों का बोलबाला था। इस संगीति में विभाषाशास्त्र (वसुमित्रकृत) की रचना हुई तथा संस्कृत को भाषा के रूप में बौद्धों ने अपना लिया। इसी समय बौद्ध धर्म स्पष्ट रूप से हीनयान एवं महायान सम्प्रदायों में विभाजित हो गया। हीनयान में स्थविर तथा महायान में महासांघिक थे।

पाँचवीं बौद्ध संगीति हर्षवर्द्धन के शासनकाल में कन्नौज में ह्वेनसांग की अध्यक्षता में सम्पन्न हुई।

बौद्ध धर्म के सम्प्रदाय- बुद्ध की मृत्यु के 100 वर्षों बाद आयोजित द्वितीय बौद्ध संगीति में बौद्ध भिक्षुओं के दो प्रधान वर्ग बन गयेः1- महासांघिक एवं 2- स्थविरवादी। महासांघिकों का मत था कि प्रत्येक व्यक्ति में बुद्धत्व प्राप्ति की स्वाभाविक शक्ति है। समय एवं संयोग से सभी को बुद्धत्व प्राप्त होता है। महासांघिकों का प्रधान केन्द्र मगध था। दूसरी तरफ स्थविरवादियों की मान्यता थी कि बुद्धत्व सबको प्राप्त नहीं हो सकता। यह तपश्चर्या एवं शील के अनुपालन की सघनता पर निर्भर करता है कि किसे निर्वाण प्राप्त हो सकता है। वस्तुतः स्थविरवादी रूढ़िवादी थे और उन्हें परम्परा में किसी प्रकार का परिवर्तन स्वीकार नहीं था। इनका प्रधान केन्द्र कश्मीर था। स्थविरवाद के मुख्यतः दो भेद थे—1-हेमवन्त एवं 2- सर्वास्तिवाद। दोनों वर्गों के बीच मतभेद क्रमशः बढता गया। महासांघिको के

अपेक्षाकृत व्यापक प्रचार-प्रसार के कारण स्थविरवादी उनका अपमान करने लगे। कनिष्क के समय आयोजित चतुर्थ बौद्ध संगीति में बौद्ध धर्म का स्पष्ट विभाजन हो गया। महासांघिक अर्थात् सुधारवादी सम्प्रदाय को महायान तथा स्थविरवादी अर्थात् रूढ़िवादी सम्प्रदाय को हीनयान कहा गया। महायान के अन्य नाम हैं। एकयान, अग्रयान, बोधिसत्त्वयान तथा बुद्धयान। इसी प्रकार हीनयान को श्रावक यान भी कहा जाता है।

हीनयान तथा महायान - हीनयान का अर्थ है निम्न मार्ग जबकि महायान का अर्थ है महान् मार्ग। हीनयान बौद्ध धर्म के प्राचीन आदर्शों को मूल रूप में बनाये रखना चाहते थे जबकि महायानी इन आदर्शों में समय के साथ परिवर्तन चाहते थे। हीनयान में बुद्ध को महापुरुष माना जाता है जबकि महायान में बुद्ध को देवता मानकर उनकी पूजा की जाती है। हीनयान जहाँ किसी तीर्थ को नहीं मानता, वहीं महायान लुम्बिनी, बोधगया, सारनाथ एवं कुशीनगर आदि को चार महातीर्थ के रूप में स्वीकार करता है। हीनयान का आदर्श है अर्हत् प्राप्त करना जबकि महायान का आदर्श है बोधिसत्त्व के रूप में जन्म लेकर दूसरे प्राणियों की मुक्ति का प्रयास करना। हीनयान मूर्तिपूजा में विश्वास नहीं करता जबकि महायानी बुद्ध मूर्तियों की पूजा करते थे। हीनयान के अनुसार प्रत्येक व्यक्ति स्वयं के प्रयासों से ही निर्वाण प्राप्त करता है। इसके अनुसार निर्वाण प्राप्ति के बाद पुनर्जन्म सम्भव नहीं है। इसके विपरीत महायान के अनुसार बोधिसत्त्व मोक्ष के पश्चात् भी दूसरे प्राणियों की मुक्ति का निरन्तर प्रयास करते हैं। अर्थात मोक्ष के बाद भी पुनर्जन्म लेकर बोधिसत्त्व समस्त मानव जाति के कल्याण का प्रयास करता है। जहाँ हीनयान व्यक्तिवादी धर्म है वहीं महायान समष्टि के कल्याण की कामना करता है तथा परोपकार पर बल देता है। हीनयान में मांसाहार को प्रतिबन्धित किया गया है जबकि महायान में ऐसा कोई प्रतिबन्ध नहीं है। हीनयान की साधना-पद्धति अत्यन्त कठोर है तथा वह भिक्षु जीवन का उपदेश करता है। जबकि महायान के सिद्धान्त एवं साधना-पद्धतियाँ सरल हैं तथा सर्वसाधारण के लिए उपलब्ध हैं। वस्तुतः महायान मुख्यतः गृहस्थ धर्म है। इसमें भिक्षुओं के साथ सामान्य उपासकों को भी महत्त्व दिया गया है। हीनयान के ग्रन्थ जहाँ पालि भाषा में हैं वहीं महायान के ग्रन्थ सामान्यतः संस्कृत भाषा में हैं। हीनयान का प्रचार दक्षिण भारत, श्रीलंका, थाईलैण्ड एवं बर्मा आदि देशों में हुआ जबकि महायान का प्रचार उत्तर भारत, चीन, तिब्बत, जापान, कोरिया आदि देशों में हुआ।

आगे चलकर उपर्युक्त दोनों सम्प्रदायों के दो-दो उपसम्प्रदाय हो गये। हीनयान के दो प्रमुख सम्पद्राय हैं- (1) वैभाषिक एवं (2) सौत्रान्तिक। महायान के दो प्रमुख सम्प्रदाय है- (1) माध्यमिक (शून्यवाद) तथा (2) योगाचार (विज्ञानवाद)।

वैभाषिक - 'विभाषाशास्त्र' पर आधारित होने के कारण इसका नाम वैभाषिक पड़ा। इसकी उत्पत्ति मुख्य रूप से कश्मीर में हुई थी। इसके दो प्रधान भेद थे—कश्मीरी वैभाषिक तथा पाश्चात्य वैभाषिक। पाश्चात्य वैभाषिक का मुख्य केन्द्र गान्धार था। इस मत के मुख्यतः चार आचार्य थे- धर्मत्रात, घोषक, वसुमित्र तथा बुद्धदेव। इस मत में जगत् का अनुभव इन्द्रियों द्वारा होता है, अर्थात् प्रत्यक्ष रो। इसमें सम्यक् ज्ञान या प्रमाण के दो आधार माने जाते हैं-प्रत्यक्ष एवं अनुमान। बाह्य जगत् का ज्ञान प्रत्यक्ष से ही सम्भव है। अतः इसे 'बाह्य प्रत्यक्षवाद' भी कहा जाता है। प्रत्येक वस्तु का निर्माण परमाणुओं से होता है जो प्रतिक्षण अपना स्थान बदलते रहते हैं। बाह्य सत्ता के साथ-साथ अन्तस् सत्ता या चित्त-सत्ता भी होती है जिसका ज्ञान अनुमान से होता है। वैभाषिक मत पर वसुबन्धु (283-363 ई.) द्वारा लिखित 'अभिधर्मकोश' अधिक प्रसिद्ध ग्रन्थ है। इस पर कालान्तर में अनेक टीकाएँ लिखी गयीं। कालान्तर में संघभद्र द्वारा लिखित 'समयप्रदीपिका' और 'न्यायानुसार' तथा धर्मकीर्ति द्वारा रचित 'न्यायबिन्दु' नामक प्रसिद्ध ग्रन्थ लिखे गये।

सौत्रान्तिक- इस मत का मुख्य आधार सुत्तपिटक है अतः इसे सौत्रान्तिक कहा जाता है। इस मत का साहित्य अत्यन्त कम मिलता है। ह्वेनसांग के अनुसार इस मत के आदि प्रवर्तक कुमारलात हैं जिनके शिष्य श्रीलाभ थे। इस मत के प्रमुख आचार्यों में यशोमित्र, धर्मजात तथा बुद्धदेव प्रमुख हैं। यशोमित्र ने 'अभिर्धकोश' की रचना की थी। किन्तु इस मत का कोई स्वतन्त्र ग्रन्थ नहीं मिलता। 'सर्व सिद्धान्त संग्रह' नामक ग्रन्थ में इस मत से सम्बन्धित कुछ जानकारी मिलती है। इस मत में चित्त तथा बाह्य सत्ता का अस्तित्त्व स्वीकार्य है किन्तु इस मतानुसार जगत् का ज्ञान प्रत्यक्ष रूप से नहीं होता। इनके मतानुसार जिस बाह्य जगत् का हम अनुभव करते हैं वह वस्तुतः हमारे मन के विकल्पमात्र हैं, वे हमारे विचारों के प्रतिरूप हैं। चित्त में बाह्य जगत् की वस्तुओं के आकार बनते हैं जो बाह्य सत्ता का अनुभव कराते हैं। अविद्या के कारण व्यक्ति जगत् की सत्ता में विश्वास करता है। किन्तु साधना की प्रक्रिया से गुजरते हुए वह बाह्य जगत् से अन्तर्जगत् की ओर लौटने लगता है तथा अन्तर्जगत् की सत्ता को समझने लगता है। निर्वाण की अवस्था में पहुँचकर साधक दुःख-सुख से ऊपर उठ जाता है। ज्ञान (प्रमाण) को स्वयं को प्रमाणित करने के लिए किसी आधार की अपेक्षा नहीं होती बल्कि दीपक की भाँति वह स्वयं-प्रकाश्य एवं स्वयं-प्रमाण होता है।

सर्वास्तिवाद-वसुबन्धु ने हीनयानी सर्वास्तिवाद दर्शन की अभिव्यंजना की थी। इस मत का उद्भव ई.पू. तीसरी सदी में हुआ तथा कनिष्क के काल में इस दर्शन का सर्वाधिक विकास एवं उत्थान हुआ। सर्वास्तिवाद को 'विभाषाशास्त्र' से बड़ी

सहायता मिली जिससे वह 'वैभाषिक नय' के नाम से विख्यात हुआ। इस मत के अनुसार बाह्य जगत् के समस्त तत्त्वों (धर्मों) की संख्या 75 है। ये 75 तत्त्व विलग रहते हुए भी कार्य-कारण से एक-दूसरे से जुड़े हैं। इनके मिलने-जुलने से वस्तुओं के स्वरूप में परिवर्तन होता है। कालान्तर में वसुबन्धु ने अपने बड़े भाई असंग के मत योगाचार (विज्ञानवाद) को स्वीकार कर लिया। इस प्रकार वे वैभाषिक, सर्वास्तिवादी एवं अन्ततः विज्ञानवादी हो गये।

महासांघिकों से ही अवान्तर परिवर्तनों के बाद महायान का आविर्भाव हुआ। इसे बोधिसत्त्वज्ञान भी कहते हैं क्योंकि इसके आदर्श बोधिसत्त्व हैं। बोधिसत्त्व वे व्यक्ति हैं जो निर्वाण प्राप्त करने के बाद अन्य लोगों की मुक्ति के लिए मानव या पशु रूप में जन्म लेते हैं। बोधिसत्त्वों के कई प्रकार हैं। 'अवलोकितेश्वर' या 'पद्मपाणि' (हाथ में कमल) सबसे प्रमुख बोधिसत्त्व हैं जिनका प्रधान गुण दया है। 'मंजुश्री' नामक बोधिसत्त्व के एक हाथ में खड्ग तथा दूसरे हाथ में किताब है जो बुद्धि को प्रखर करते हैं। 'वज्रपाणि' नामक बोधिसत्त्व के एक हाथ में वज्र है। ये पाप एवं असत्य के संहारक हैं तथा इनकी प्रकृति कठोर है। 'अमिताभ' नामक बोधिसत्त्व संसार के स्वामी हैं तथा 'क्षितिग्रह' नामक बोधिसत्त्व शुद्ध स्थानों के अभिभावक हैं। 'मैत्रेय' भावी बोधिसत्त्व हैं। इनके एक हाथ में कलश है अतः इन्हें कलशधारी बोधिसत्त्व भी कहा जाता है। हीनयान के अर्हत् के विपरीत बोधिसत्त्वों की पूजा-अर्चना का भी प्रचलन था। महायान के दो प्रमुख सम्प्रदायों का विवरण निम्नलिखित है—

माध्यमिक (शून्यवाद) - इस मत के प्रवर्तक नागार्जुन हैं। इन्होंने 'माध्यमिककारिका', 'प्रज्ञापारिमिताशास्त्र', 'युक्तिपष्ठिका' 'शून्यतासप्तति' तथा 'विग्रहव्यावर्तनी' जैसे ग्रन्थों की रचना की। 'माध्यमिककारिका' इनका सबसे प्रसिद्ध ग्रन्थ है। इसे माध्यमिकवाद, सापेक्षवाद तथा शून्यवाद जैसे नामों से जाना जाता है। नागार्जुन ने 'प्रतीत्यसमुत्पाद' को ही शून्यता कहा है। प्रतीत्यसमुत्पाद के अनुसार प्रत्येक वस्तु किसी-न-किसी कारण से उत्पन्न होती है। इसी कारण इसे सापेक्षवाद कहा जाता है। महात्मा बुद्ध द्वारा प्रतिपादित मध्यमार्गी प्रतिपदा पर आधारित होने के कारण इसे 'माध्यमिकवाद' के नाम से जाता है। नागार्जुन कनिष्क के समकालीन थे। उनका जन्म दक्षिण भारत में हुआ था किन्तु उनका अधिकांश जीवन कश्मीर में व्यतीत हुआ। अनेक विषयों के साथ वे विज्ञान में भी पारंगत थे। उनका मत है कि प्रत्येक वस्तु किसी-न-किसी कारण से बनी है अतः शून्य है। अतः वस्तुओं का अस्तित्त्व सापेक्षिक है। अतः वस्तुओं के बारे में निश्चित रूप से कुछ भी नहीं कहा जा सकता, यह 'माध्यमिक' स्थिति है। इस मत के अनुसार सत्य के दो प्रकार हैं- 1. पारमार्थिक सत्य एवं 2. व्यावहारिक (संवृत्ति) सत्य। पारमार्थिक सत्य व्यावहारिक सत्य से आवृत्त होता है जिसे 'अविद्या' कहते हैं। जिसे जगत् कहते हैं वह

व्यावहारिक सत्य है। नागार्जुन के अनुसार व्यवहार की सहायता के बिना परमार्थ का ज्ञान नहीं होता। असत्य से सत्य के मार्ग पर बढ़ते हुए समाधि की अवस्था में ही परमार्थक सत्य की अनुभूति होती है। अर्थात् समाधि में छह परिवर्तनों (दान, शील, शान्ति, वीर्य, ध्यान, प्रज्ञा) का अभ्यास एवं अनुपालन के द्वारा ही परमतत्त्व (शून्यता) की प्राप्ति होती है। समाधि के लिए 'शमथ' (चित्त की एकाग्रता) परम आवश्यक है। इस प्रकार 'शमथ' से 'प्रज्ञा', प्रज्ञा से समाधि, समाधि से शून्यता एवं तदनतर बुद्धत्व (निर्वाण) की प्राप्ति होती है। निर्वाण एक वर्णनातीत अवस्था है अतः यहाँ शून्यता का अर्थ उच्छेदवाद नहीं है अपितु परमतत्त्व या 'प्रतीत्यसमुत्पाद' है जिसका अर्थ है संसार की प्रत्येक वस्तु कार्यकारण के नियम से आबद्ध है।

नागार्जुन के अतिरिक्त इस मत के दूसरे प्रभावशाली विद्वान् आर्यदेव, शान्तिदेव बुद्धपालित, शान्तिरक्षित एवं चन्द्रकीर्ति थे। आर्यदेव रचित 'चतुःशतक' नामक ग्रन्थ अधिक प्रसिद्ध हुआ। इन विद्वानों ने अपनी रचनाओं द्वारा शून्यवाद के सिद्धान्तों का प्रतिपादन किया।

योगाचार (विज्ञानवाद)-इस मत की स्थापना ईसा की तीसरी शताब्दी में मैत्रेयनाथ ने क़ी थी। मैत्रेय के शिष्य असंग ने इस मत का विशेष प्रचार किया। असंग का जन्म चौथी सदी में पेशावर में हुआ था। असंग के अनुज वसुबन्धु भी अपने जीवन के अन्तिम काल में योगाचार के अनुयायी हो गये (पहले वे शून्यवादी थे)। मैत्रेयनाथ के ग्रन्थ-संग्रहों- 'धर्मधर्मताविभंग', 'मनुष्यानतविभंग', 'योगाचार भूमिशास्त्र' आदि से इस मत के सिद्धान्तों पर प्रकाश पड़ता है। इसी प्रकार वसुबन्धु ने भी इस मत के प्रचार के लिए 'विज्ञप्ति मात्रतासिद्धि' नामक प्रसिद्ध ग्रन्थ की रचना की। उक्त तीन आचार्यों के अतिरिक्त स्थिरमति, दिङ्नाग और धर्मकीर्ति योगाचार मत के प्रबल समर्थक थे। दिङ्नाग वसुबन्धु के शिष्य थे। उनका जन्म कांची में (5वीं सदी) हुआ था किन्तु उनका कार्यक्षेत्र नालन्दा था जहाँ उन्होंने बौद्धन्याय (न्यायशास्त्र) दर्शन का प्रचार किया। 'प्रमाण समुच्चय' उनकी प्रसिद्ध रचना है जिसमें योगाचार दर्शन का प्रतिपादन है। धर्मकीर्ति (सातवीं सदी) ने योगाचार के ज्ञान पक्ष का विशद प्रतिपादन किया। ह्वेनसांग ने भी विज्ञानवाद की व्याख्या में अनेक ग्रन्थ लिखे थे जिनमें सबसे प्रमुख ग्रन्थ है- 'सिद्धि' ।

यह मत चित्त अथवा विज्ञान को ही एकमात्र सत्ता मानता है अतः इसे विज्ञानवाद कहते हैं। योग तथा आचार पर विशेष बल देने के कारण इसे योगाचार भी कहते हैं। विज्ञानवाद में चित्त (विज्ञान) को परमतत्त्व माना जाता है। विज्ञान अथवा चित्त के अतिरिक्त संसार में किसी पदार्थ का अस्तित्त्व नहीं है। समस्त बाह्य पदार्थ चित्त की अभिव्यक्ति मात्र हैं। वस्तुतः समस्त बाह्य पदार्थ हमारे चित्त (मन या विज्ञान) के अन्तर्गत हैं। योग एवं आचार के अनुपालन से चित्त में विषयों

(पदार्थों) की उत्पत्ति को रोका जा सकता है जिससे आसक्तियों एवं भवबन्धन से छुटकारा मिल जाता है। 'चित्त' की प्रवृत्तियों (वृत्तियों) का निरोध ही निर्वाण है। इस प्रकार योगाचार में 'चित्त' की वही स्थिति है जो अन्य दर्शनों में 'आत्मा' की है। किन्तु जहाँ आत्मा नित्य है वहीं 'चित्त' विचारों का प्रवाह है।

वज्रयान- प्राचीन बौद्ध धर्म में तान्त्रिक उपासना का स्थान नहीं था किन्तु छठी शताब्दी ई. के पश्चात् बौद्ध धर्म में अनेक दोष आने लगे। उस पर तन्त्र-मन्त्र का प्रभाव पड़ने लगा जिसके फलस्वरूप वज्रयान नामक नये सम्प्रदाय का जन्म हुआ। वज्रयानी तान्त्रिकों का अभिमत है कि तथागत द्वारा एक अलग धर्मचक्र प्रवर्तन वज्रयान के लिए हुआ था (सेकोद्देशटीका)। तन्त्र-साधना का आधार है शक्ति-पूजा। तन्त्र की साधना-पद्धति में मन्त्र, बलि, मूर्तिपूजा, कामक्रिया, जादू-टोना का बड़ा महत्त्व है इस मत में तान्त्रिक-यान्त्रिक क्रियाओं द्वारा मोक्ष-प्राप्ति का विधान है। वस्तुतः वज्रयान महायान का ही विकृत रूप है क्योंकि महायान के विविध तान्त्रिक सिद्धान्त वज्रयान में समाहित है। वज्रयान का सर्वाधिक विकास आठवीं शताब्दी में हुआ। इसके सिद्धान्त 'मंजुश्रीवलकल्प' और 'गुह्यसमाज' में संगृहीत हैं। बौद्ध आचार्य असंग को तन्त्र से सम्बद्ध किया जाता है तथा उन्हें ही 'गुह्यसमाज' का रचयिता माना जाता है। अतः वज्रयानियों की क्रियाएँ शाक्त मत से प्रभावित हैं जहाँ वाममार्गी साधना (पंचमकारी साधना-मत्स्य, मुद्रा, मद्य, मांस, मैथुन) पर बल दिया जाता है। इसमें बुद्ध की अनेक पत्नियों-तारा, चक्रेश्वरी, मातंगी, दक्षिनी, योगिनी, पज्ञापारिमिता आदि की कल्पना की गयी है। वस्तुतः बौद्ध ग्रन्थों में यत्र-तत्र ऐसी क्रियाओं का उल्लेख है जो पूर्णतः तान्त्रिक हैं। मज्झिम-निकाय में कामवासना को सहज माना गया है। कथा-वस्तु में मैथुन को धर्म कहा गया है। चुल्लवग्ग में मुण्डधारी भिक्षुओं का उल्लेख है जो कपाल लेकर भिक्षाटन करते थे। मज्झिम-निकाय में ही श्मशान भूमि में भिक्षुओं के रहने का उल्लेख है। ब्रह्मजाल सूत्र में जादू के द्वारा लोगों के सौभाग्य दुर्भाग्य को निर्मित करने का उल्लेख है।

वज्रयानी वज्र को एक अलौकिक तत्त्व के रूप में मानते हैं। 'वज्र' पुरुषतत्त्व है तथा 'पद्म' स्त्रीतत्त्व है। भगवान् बुद्ध को वज्रधर या वज्राधिपति माना गया है। वज्रधर (बुद्ध) से पाँच ध्यानस्थ बुद्धों का निःसरण हुआ जो सर्वदा ध्यानस्थ रहते हैं। इनके नाम हैं-वैरोचन, रत्नसम्भव, अमिताभ, अमोघसिद्धि और अक्षोम्य। इन बुद्धों का सम्बन्ध पाँच मुद्राओं - धर्मचक्रप्रवर्तन, वरद, समाधि, भय तथा अभूमि से है। वज्रयान में तन्त्र का आधार हठयोग है। 'हठ' के 'ह' और 'ठ' अक्षर क्रमशः चन्द्र एवं सूर्य को अभिव्यक्त करते हैं। शरीर में चन्द्र एवं सूर्य के प्रतिनिधि क्रमशः इड़ा एवं पिंगला नामक नाड़ियाँ है। इन दोनों के बीच सुषुम्ना नाड़ी स्वतः उदित हो जाती है जिसमें योगी कुण्डली जाग्रत करता है एवं षट्चक्र का भदेन करता है। परमतत्त्व (वज्र) की प्राप्ति के लिए सेवा, त्याग, तप, जप आदि के सेवन पर जोर दिया गया है।

कालचक्रयान-वज्रयान के पश्चात् 9वीं-10वीं शताब्दी में 'कालचक्रयान' नामक नवीन बौद्ध सम्प्रदाय का उदय हुआ। इस सम्प्रदाय का आधार ग्रन्थ है 'कालचक्रतन्त्र' और उसकी टीका 'विमलप्रभा'। कहा जाता है कि 'विमलप्रभा' टीका के रचनाकार थे सुचन्द्र। मंजुश्री को इस सम्प्रदाय का प्रवर्तक माना जाता है। कालान्तर में नारोपा (नडपाद) ने विमलप्रभा पर अपने प्रसिद्ध टीका-ग्रन्थ 'सेकोद्‌देशटीका का प्रणयन किया। कालचक्रयान दर्शन में 'कालचक्र' को परमदेवता के रूप में माना गया है। कालचक्र अद्वैत है तथा उसे 'आदिबुद्ध' कहा गया है। इस मत में मानव-शरीर को ब्रह्माण्ड का प्रतीक माना जाता है। उसका प्रमुख उद्‌देश्य चित्त को शुद्ध करके निर्वाण प्राप्त करना है। इस मत में 'कालचक्र' को प्रज्ञा एवं करुणा से सम्पन्न बताया गया है।

सहजयान- बंगाल में इस सम्प्रदाय की स्थापना 10वीं शताब्दी में हुई। इसमें वज्रयान, कालचक्रयान आदि की रूढ़िवादिता का विरोध किया गया तथा चर्यापदों एवं भक्तिगीतों पर बल दिया गया। सहजयान में किसी प्रकार के जप, तप, नियम, स्नान, उपवास, मूर्तिपूजा आदि को उपयोगी नहीं माना गया है। किन्तु हठयोग से इनका निकट सम्बन्ध है। शरीर को ही सभी देवताओं का निवास स्वीकार किया जाता है। सहजसिद्धि ही अन्तिम उद्‌देश्य है। इसके लिए किसी प्रकार का विधि-निषेध मान्य नहीं था। सहज की रहस्यात्मक अभिव्यक्ति सिद्धों की बानियों में मिलती है। सिद्धों की संख्या 84 बतायी गयी है। सरहपाद, शबरपाद, लुइपाद आदि के गीतों एवं दोहों के द्वारा इस सम्प्रदाय के सिद्धान्त सहज रूप से जनता तक सुलभ हो गये। सरहपाद को सिद्ध परम्परा का प्रवर्तक माना जाता है। जबकि तिब्बती विद्वान् तारानाथ के अनुसार 8वीं सदी में लामा धर्म के प्रवर्तक पद्‌म सम्भव के पिता इन्द्रभूति की छोटी बहन लख्मीकरा, जो सिद्ध सन्त थीं, सहजयान की प्रवर्तक थीं। इस मत में जीवन की सहजता पर विशेष बल दिया गया है। सभी धर्म प्रतीत्यसमुत्पन्न हैं अतः कृत्रिम एवं मिथ्या हैं। सहज धर्म ही नित्य एवं सत्य है।

बौद्ध साहित्य - पालि भाषा में रचित एवं प्रथम बौद्ध संगीति में संकलित पिटकों को मूल बौद्ध साहित्य कहा जाता है। त्रिपिटकों के अन्तर्गत सुत्तपिटक, विनयपिटक एवं अभिधम्मपिटक आते हैं। इनका संक्षिप्त परिचय निम्नांकित है—

सुत्तपिटक -सुत्त का अर्थ है सूत्र या उपदेश। इस पिटक में महात्मा बुद्ध के उपदेश संगृहीत हैं। सुत्तपिटक पाँच निकायों में विभक्त है जो निम्नलिखित है -

1. दीघ निकाय—इसमें बुद्ध के दीर्घ अथवा लम्बे उपदेशों का संग्रह प्राप्त होता है। इसमें दीर्घ अनुपात के 34 सूत्रों या उपदेशों का संग्रह है। इस ग्रन्थ पर लिखी गयी महत्त्वपूर्ण टीकाएँ बुद्धघोष द्वारा लिखित 'सुमंगल विलासिनी' एवं 'सामन्तपासादिका' हैं।

2. मज्झिम निकाय-इसमें मध्यम अनुपात के 152 सूत्रों का संग्रह है।

3. संयुक्त निकाय-इसमें बुद्ध के संक्षिप्त 7762 सूत्रों या उपदेशों का संग्रह है। यह पाँच वर्गों (वग्गों) में संकलित है- सगाथवग्ग, निदानवग्ग, खन्धवग्ग, सलापतनवग्ग तथा महावग्ग। संयुक्त निकाय का ही अंश 'धम्मप्रवर्तनसूत्र' है जिसमें 'मध्यमार्गी प्रतिपदा' एवं 'अष्टांगिक मार्ग' का उल्लेख है।

4. अंगुत्तर निकाय-अनुश्रुति के अनुसार इसमें बुद्ध के अत्यन्त संक्षिप्त 9557 सूत्रों या उपदेशों का संग्रह है किन्तु केवल 2344 सूत्र उपलब्ध हैं। इसका वर्गीकरण 11 निपातों में मिलता है। इसमें सोलह महाजनपदों का उल्लेख मिलता है।

5. खुद्दक निकाय-बुद्धघोष के अनुसार उक्त चार (उपुर्यक्त) निकायों के अतिरिक्त अन्य बुद्ध वचनों का संग्रह इस निकाय में मिलता है। इसके अन्तर्गत अनेक बौद्ध ग्रन्थ आते हैं जैसे-खुद्दकपाठ, धम्मपद, उदान, सुत्तनिपात, विमानवत्थु, थेरगाथा, जातक, अपदान, बुद्धवंश आदि। इनमें कुछ ग्रन्थ संस्कृत में भी मिलते हैं। जातकों में बुद्ध के जन्मान्तरों की कथाएँ हैं तथा इसमें बुद्धकालीन राजनीतिक स्थिति की जानकारी भी मिलती है।

विनयपिटक- इसमें भिक्षु संघ के नियमों एवं दैनिक आचार-विचार के सिद्धान्तों का संग्रह है। इसके निम्नलिखित अंग हैं—

1. पातिमोक्ख (प्रतिमोक्ष)-इसमें संघ के अनुशासन सम्बन्धी विधि-निषेधों तथा उसके सम्बन्धित दण्ड एवं प्रायश्चित्त का वर्णन है।

2. सुत्त विभंग—इसमें पातिमोक्ख के अनुशासन सम्बन्धी नियमों पर टीका प्रस्तुत की गयी है। इसके दो भाग है- महाविभंग तथा भिक्खुनी विभंग। प्रथम में भिक्षुओं एवं द्वितीय में भिक्षुणियों के लिए विधि-निषेध है।

3. खन्धक-इसमें संघ के जीवन सम्बन्धी विधि-निषेधों का विस्तार से वर्णन है।

4. परिवार-विनय पिटक के अन्य भागों का सारांश प्रश्नोत्तर के रूप में प्रस्तुत किया गया है।

अभिधम्मपिटक- अभिधम्मपिटक का संकलन मोगलिपुत्ततिस्स द्वारा तृतीय बौद्ध संगीति में किया गया। इसमें बौद्ध धर्म के दार्शनिक सिद्धान्तों का वर्णन है। अभिधम्मपिटक में प्रायः उन्हीं सिद्धान्तों का विश्लेषण एवं रीतिबद्ध प्रतिपादन है जो बीजरूप में सुत्तपिटक में उपलब्ध होते हैं। इसके अन्तर्गत धम्मसंगणि, विभंग, धातुकथा, कथावस्तु, पुग्गलपंजत्ति, यमक तथा पट्ठानपकरण नामक सात ग्रन्थों को सम्मिलित किया जाता है।

हीनयान के ग्रन्थ

अट्ठकथाएँ-ये त्रिपिटकों के भाष्य के रूप में लिखी गयी हैं। महावंश के अनुसार अशोक के पुत्र श्रीलंका से अट्ठकथाएँ भी लाए थे। ये अट्ठकथाएँ सिंहली भाषा में अनेक शताब्दियों तक उपलब्ध थीं किन्तु अब लुप्त हो चुकी हैं। इनमें विनयपिटक की अट्ठकथा का नाम कुरुन्दी था, सुत्तपिटक की अट्ठकथा का नाम महाअट्ठकथा तथा अभिधम्मपिटक की अट्ठकथा महापच्चरी नाम से प्रसिद्ध थी। बुद्धघोष ने सिंहली अट्ठकथाओं के आधार पर पालि में अट्ठकथाएँ लिखी हैं।

कथावत्थु -अभिधम्मपिटक के एक अंग के रूप में इसकी रचना तीसरी बौद्ध संगीति में की गयी थी। इसमें बौद्ध धर्म के सिद्धान्तों का संग्रह है।

दीपवंश एवं महावंश-दोनों ग्रन्थ सिंहलद्वीप (श्रीलंका) में पालि भाषा में लिखे गये। इनमें श्रीलंका का इतिहास है। इन ग्रन्थों से मौर्यकालीन इतिहास की भी जानकारी मिलती है।

मिलिन्दपन्ह-पालि भाषा में लिखित बौद्ध भिक्षु नागसेन एवं यूनानी राजा मिनाण्डर के बीच वार्त्तालाप का वर्णन है। इसके रचयिता नागसेन हैं।

महावस्तु-संस्कृत भाषा में लिखित हीनयान ग्रन्थ। इसमें महात्मा बुद्ध के जीवनवृत्त का संग्रह है। इसमें महायान की भी कतिपय विशेषताएँ मिलती हैं। अतः इसे हीनयान एवं महायान के बीच का सूत्र कहा जाता है।

विशुद्धिमग्ग- बुद्धकोष द्वारा लिखित हीनयान सम्प्रदाय का यह ग्रन्थ संस्कृत में लिखा गया है।

महायान के ग्रन्थ

जातक कथाएँ-इनकी संख्या 549 है। इनमें बुद्ध के पूर्वजन्मों अर्थात् बोधिसत्त्वों की कथाएँ हैं। कथा साहित्य की दृष्टि से यह भारत का प्राचीनतम कथा साहित्य है। इनकी रचना पालि भाषा में हुई है।

निदानकथा-पालि भाषा में लिखित बुद्ध के जीवनचरित का संग्रह। बुद्ध का सम्पूर्ण जीवनचरित सर्वप्रथम निदानकथा में मिलता है। विभिन्न ग्रन्थों में बिखरे बुद्ध के जीवन-अंशों को एकत्र कर इस ग्रन्थ की रचना की गयी है। इसके तीन भाग हैं—

1. **दूर निदान**- इसमें बुद्ध के पूर्वजन्मों की कथा है।
2. **अविदूर निदान**- इसमें पुनः जन्म लेने के बोधिसत्त्वों के आग्रह की कथा है।
3. **सान्तिक निदान**- इसमें बुद्ध के सर्वप्रथम दीक्षित होने की कथा है।

ललित विस्तर-संस्कृत में लिखित बुद्ध के जीवन का सर्वांगीण वर्णन है। इसी के आधार पर 'एडविन अर्नाल्ड' ने अपना प्रसिद्ध महाकाव्य "The Light to Asia" लिखा है।

महावस्तु-यह हीनयान एवं महायान दोनों की विशेषताओं से युक्त संस्कृत में लिखित बुद्ध का जीवन चरित्र है।

महामरन सूत्र-इनकी शैली पुराणों की है। इनका रचनाकाल पहली से चौथी शताब्दी ई. के बीच है। इसमें बुद्ध एवं बोधिसत्त्वों की अलौकिक महिमा का प्रतिपादन मिलता है। इन सूत्रों की संख्या लगभग दो दर्जन है। इनमें सबसे प्रमुख है 'प्रज्ञापारिमिता सूत्र' जो महायान सूत्रों में सबसे प्राचीन है। ये पालि भाषा में लिखित हैं।

सुखावती-व्यूह -संस्कृत में लिखित इस नाम के दो ग्रन्थ उपलब्ध होते हैं– 1. वृहत सुखावती एवं संक्षिप्त सुखावती। दोनों में अमिताभ बुद्ध का गुणगान है। अमिताभ बुद्ध के साथ-साथ इनमें अवलोकितेश्वर का गुण-कीर्त्तन भी किया गया है। पालि भाषा में लिखित है।

लंकावतारसूत्र-महायान सूत्रों के अन्तर्गत एक सूत्र। यह योगाचार विज्ञानवाद का महत्त्वपूर्ण ग्रन्थ है। पालि में लिखित इस ग्रन्थ में दार्शनिक तत्त्वों का विश्लेषण है।

करण्डव्यूह -महायान सूत्रों के अन्तर्गत एक सूत्र। इसमें अवलोकितेश्वर की महानता का वर्णन है।

संस्कृत बौद्ध ग्रन्थ

बुद्धचरित -अश्वघोष द्वारा रचित इस ग्रन्थ में बुद्ध के जीवनचरित पर प्रकाश डाला गया है। इसमें बुद्ध के गर्भस्थ होने से अशोक के काल तक का विवरण प्रस्तुत किया गया है।

सौन्दरानन्द - अश्वघोष द्वारा रचित इस ग्रन्थ में बुद्ध के सौतेले भाई सौदरनन्द के बौद्ध धर्म ग्रहण करने का रोचक एवं काव्यात्मक वर्णन है। इसमें सौन्दरनन्द की पत्नी सुन्दरी की संवेदना की सुन्दर अभिव्यंजना की गयी है।

सारिपुत्र प्रकरण-अश्वघोष द्वारा रचित नाटक में सारिपुत्र द्वारा बौद्ध धर्म में दीक्षित होने का विवरण है।

वज्रसूची-अश्वघोष द्वारा रचित इस ग्रन्थ में वर्णव्यवस्था का खण्डन है। कुछ विद्वान् इसको धर्मकीर्ति की रचना मानते हैं।

विशुद्धिमग्ग- अश्वघोष द्वारा रचित हीनयान सम्प्रदाय का ग्रन्थ।

अभिधम्मकोश-इसकी रचना वसुबन्धु द्वारा की गयी है। इसे बौद्ध धर्म का विश्वकोष माना जाता है।

प्रसिद्ध बौद्ध विद्वान

1. **अश्वघोष**-कनिष्क के समकालीन प्रसिद्ध विद्वान, कवि, नाटककार, संगीतकार एवं तर्कशास्त्री। उन्होंने बुद्धचरित, सौन्दरानन्द, सारिपुत्रप्रकरण आदि प्रसिद्ध ग्रन्थों की रचना की। वीणा-वादन में सिद्धहस्त थे। उन्होने बुद्ध का यशगान करते हुए विभिन्न क्षेत्रों में बौद्ध धर्म का प्रचार किया।

2. **नागार्जुन**-ये सातवाहननरेश यज्ञश्री सातकर्णि (165-196 ई.) के समकालीन थे। ये माध्यमिक (शून्यवाद) के विद्वान् आचार्य एवं प्रवर्तक थे।

3. **असंग एवं वसुबन्धु**- दोनों भाई थे। असंग योगाचार विज्ञानवाद के आचार्य थे। वसुबन्धु हीनयानी सर्वास्तिवाद के मीमांसक थे किन्तु कालान्तर में असंग के योगाचार मत के अनुयायी हो गये। असंग ने 'अभिधम्म समुच्चय' 'महायान संग्रह' एवं 'पंचभूमि' जैसे प्रसिद्ध ग्रन्थों की रचना की। वसुबन्धु ने वैभाषिक मत पर 'अभिधर्मकोश' एवं योगाचार मत पर 'विज्ञप्तिमात्रतासिद्धि' नामक प्रसिद्ध ग्रन्थों की रचना की।

3. **बुद्धघोष**-5 वीं सदी ई. में पालि भाषा के प्रसिद्ध विद्वान् थे एवं हीनयान मत के अनुयायी थे। इनका प्रसिद्ध ग्रन्थ है 'विशुद्धिमग्ग'।

4. **दिङ्नाग**- कांची में जन्मे किन्तु मगध को कर्मक्षेत्र बनानेवाले 5वीं शताब्दी के प्रसिद्ध बौद्ध आचार्य हैं। इन्होंने बौद्ध-न्याय (तर्कशास्त्र) पर लगभग 100 ग्रन्थों की रचना की। इन्हें मध्यकालीन न्याय या तर्कशास्त्र का जनक माना जाता है। इनका प्रसिद्ध ग्रन्थ है 'प्रमाण समुच्चय'। 'न्याय प्रवेश' एवं 'आलम्बन-परीक्षा' उनके दूसरे ग्रन्थ हैं।

5. **धर्मकीर्ति**—सातवीं शताब्दी के बौद्ध विद्वान् जिन्होंने ज्ञानमीमांसा का विशद प्रतिपादन किया। वे भाषा-वैज्ञानिक भी थे।

6. **बुद्धपालित एवं भाव विवेक**- 5वीं शताब्दी में नागार्जुन द्वारा प्रतिपादित शून्यवाद के महत्त्वपूर्ण भाष्यकार थे।

विदेशों में बौद्ध धर्म के प्रचार- तृतीय बौद्ध संगीति में विदेशों में बौद्ध धर्म के प्रचार का निर्णय लिया गया। अशोक ने अपने पुत्र महेन्द्र एवं पुत्री संघमित्रा को धर्म-प्रचार के लिए श्रीलंका भेजा था। अशोक के समय ही धर्म प्रचारक मध्य-एशिया तथा दक्षिण-पूर्व-एशिया तक गये। मध्य-एशिया से ही बौद्ध धर्म यूरोप पहुँचा। इस प्रचार में व्यापारियों एवं समुद्री यात्राओं का महत्त्वपूर्ण योगदान था। मातंग काश्यप एवं धर्मरक्ष नामक बौद्ध प्रचारक चीन की राजधानी चङ्गान पहुँचे तथा वहाँ श्वेताश्व विहार का निर्माण करवाया। इसी प्रकार कुमारजीव नामक प्रचारक ने चीन में बौद्ध ज्ञान एवं दर्शन का खूब प्रचार किया। चीन से फाह्यान (399-414 ई.), सुंगयुन

(518-521 ई.), ह्वेनसांग (629-645 ई.), इत्सिंग (671-695 ई.) ऊकुंग (759 ई.), छि-ये (976 ई.) आदि यात्री भारत यात्रा पर आये एवं बौद्ध धर्म सम्बन्धी ज्ञान एवं साहित्य का संकलन कर चीन लौटे तथा वहाँ इसका प्रचार किया। चीन से ही बौद्ध धर्म कोरिया एवं जापान गया। कोरिया का भिक्षु ही-चाओ 726 से 729 ई. के बीच भारत की यात्रा पर आया था। तिब्बत में बौद्ध धर्म का प्रचार तीव्रता से हुआ जिससे वहाँ की जनता पूर्णरूप से बौद्ध हो गयी। वहाँ के प्रसिद्ध बौद्ध विद्वान् तारानाथ ने 'बौद्ध धर्म का इतिहास' लिखा। अल्बरूनी के अनुसार मुसलमान होने के पूर्व ईरान, इराक जैसे देशों के निवासी बौद्ध थे। रुमानिया के गोलदावा से 'प्रज्ञापारमिता' के दो काले पृष्ठों का प्राप्त होना, स्वीडन की राजधानी स्टाकहोम के निकट हेलगो द्वीप में कमलासन पर पालथी मारे बुद्ध की मूर्ति प्राप्त होना, बारलम और जोसाफत के आख्यानों में बुद्ध के विवरण का मिलना आदि इस बात के द्योतक हैं कि यूरोप के देशों तक बौद्ध धर्म फैल चुका था।

उत्थान-पतन के कारण- बौद्ध धर्म के प्रचार के कारणों में महत्त्वपूर्ण कारण थे- बुद्ध का आकर्षक व्यक्तित्त्व, बौद्ध धर्म की सरलता, पालि जैसी जनभाषा का प्रयोग, चारों वर्णों का समर्थन, राजकीय संरक्षण, बौद्ध संघों का योगदान तथा व्यापारियों एवं साहूकारों द्वारा उदारतापूर्वक दान। इसी प्रकार बौद्ध धर्म के ह्रास के कारणों में बौद्ध धर्म का विभिन्न सम्प्रदायों में विभाजन, परवर्ती बौद्ध धर्म द्वारा वाममार्गी कर्मकाण्डों एवं अनुष्ठानों को अपनाना, संस्कृत जैसी क्लिष्ट भाषा का माध्यम, बौद्ध विहारों में विलासिता एवं व्यभिचार फैलना, पुष्यमित्र शुंग जैसे ब्राह्मणवादी शासकों की प्रतिक्रिया तथा शंकर, रामानुज, कुमारिल जैसे हिन्दू दार्शनिकों का प्रहार एवं ब्राह्मण धर्म में सुधार, स्त्रियों का संघ में प्रवेश तथा तुर्कों का आक्रमण (1203 ई. में बख्तियार खिलजी ने नालन्दा एवं विक्रमशिला विहारों को नष्ट कर दिया) प्रमुख कारण थे।

सन्दर्भ सूची

बौद्ध धर्म के 2500 वर्ष - बनारसीदास चतुर्वेदी

प्राचीन भारत का इतिहास - डी.एन. झा

ए हिस्ट्री ऑफ इण्डिया - रोमिला थापर

ए हिस्ट्री ऑफ इण्डियन फिलासफी - एस.एन. दास गुप्ता

स्टडीज इण्टू ओरिजिन ऑफ बुद्धिज्म - जी.सी. पाण्डेय

बौद्ध धर्म के विकास का इतिहास - जी.सी. पाण्डेय

ए हिस्ट्री ऑफ प्री. बुद्धिस्ट इण्डियन फिलासफी - बी.एम. बरुआ

11

वैष्णव धर्म

भगवान् विष्णु को प्रधान इष्ट मानकर उन पर केन्द्रित रहनेवाले धर्म को वैष्णव धर्म कहते हैं। इसका विकास भागवत धर्म एवं पांचरात्र धर्म से होकर गुजरा है। भागवत धर्म के प्रधान इष्ट वासुदेव तथ पांचरात्र धर्म के इष्ट नारायण वस्तुतः विष्णु के ही विभिन्न नामकरण हैं। वास्तव में राम, कृष्ण, वासुदेव, नारायण, गोविन्द, गोपाल, हरि, जनार्दन आदि नामकरण विष्णु के लिए ही प्रयुक्त हुए हैं। भागवतपुराण के अनुसार 'जिस प्रकार न सूखनेवाले सरोवर से सहस्रों छोटी धाराएँ निःसृत होती हैं उसी प्रकार एक ही तत्त्व-निधि से असंख्य अवतारों का उद्गम होता है।' यही तत्त्व-निधि विष्णु हैं। पुराणों में विष्णु के 24 अवतारों का उल्लेख है जिसमें 10 अवतार अत्यन्त प्रसिद्ध हैं। भागवतपुराण में ये दस अवतार हैं- मत्स्य, कच्छप, वाराह, नृसिंह, वामन, परशुराम, राम, बलराम, बुद्ध एवं कल्कि। चूँकि कृष्ण स्वयं विष्णु हैं अतः कृष्ण का नाम दस अवतारों की सूची में नहीं है। किन्तु महाभारत में दी गयी दस अवतारों की सूची में बलराम की जगह कृष्ण का नाम आता है। वैष्णव धर्म के भक्ति सिद्धान्त ने जनता में प्रेम और भक्ति-भावना का विकास किया जिसके कारण यह धर्म लोकप्रियता में अन्य धर्मों की तुलना में सर्वाधिक लोकप्रिय एवं दीर्घकाल तक बना रहा।

वैष्णव धर्म प्रारम्भ में भागवत धर्म के रूप में था जिसके प्रधान इष्ट 'वासुदेव' थे। इस धर्म (भागवत) का आविर्भाव ई.पू. छठी सदी के पूर्व हो चुका था। पाणिनि की अष्टाध्यायी में (5वीं सदी ई.पू.) वासुदेव की उपासना करनेवालों को 'वासुदेवक' कहा गया है। पाणिनि ने वासुदेव को 'वासुदेव-कृष्ण' भी कहा है। भण्डारकर महोदय के अनुसार वासुदेव के 'कार्षणायन' गोत्र के कारण उन्हें कृष्ण कहा जाने लगा। कृष्ण का सर्वप्रथम उल्लेख छान्दोग्य उपनिषद् में आता है जहाँ उन्हें देवकी-पुत्र, घोर आंगिरस ऋषि का शिष्य, मथुरा निवासी तथा सात्वत (वृष्णि) वंशी बताया गया है।

घोर आंगिरस यज्ञ विरोधी थे तथा सत्कर्म को ही यज्ञ मानते थे। इसी का प्रभाव है कि गीता में कृष्ण ने 'द्रव्यमय यज्ञ' की निन्दा की है एवं कर्म के सिद्धान्त का प्रतिपादन किया है। पातंजलि के महाभाष्य (दूसरी सदी ई.पू.) में वासुदेव को विष्णु का प्रतिरूप बताया गया है तथा वासुदेव के 'चतुर्व्यूह' का उल्लेख किया गया है। चतुर्व्यूह के अन्तर्गत वासुदेव, संकर्षण (बलराम), प्रद्युम्न (वासुदेव के पुत्र) तथा अनिरुद्ध (प्रद्युम्न के पुत्र) का नाम आता है। मेगास्थनीज (चौथी सदी ई.पू.) ने मेथोरा (मथुरा) में हेराक्लीज (कृष्ण) की लोकप्रियता का उल्लेख किया है तथा मथुरा की 'सौरसेनाई' नामक जाति तथा 'जोबारेस' नामक नदी का उल्लेख किया है जो क्रमशः 'शूरसेन' और 'यमुना' शब्दों को रेखांकित करते हैं। हेलियोडोरस नामक यवन के बेसनगर (विदिशा) स्थित अंभिलेख (द्वितीय सदी ई.पू.) से ज्ञात होता है कि उसने वासुदेव के स्मरण में एक गरुड़ ध्वज स्थापित कराया था एवं स्वयं को 'वासुदेवक' घोषित किया था। मल्हार बिलासपुर, म.प्र. नामक स्थान से प्राप्त द्वितीय सदी ई. पू. की चतुर्भुज विष्णु की प्रतिमा पर ब्राह्मी लिपि में एक लेख अंकित है। सातवाहन रानी नागानिका के नानाघाट अभिलेख (पहली सदी ई.पू.) में संकर्षण (बलराम) और वासुदेव का उल्लेख है। महाभारत (भीष्मपर्व) के अनुसार वृष्णि लोग वासुदेव के अनुयायी थे जो कालान्तर में सात्वत कहलाये। वृष्णियों का उल्लेख उत्तरवैदिक साहित्य में भी आता है। वस्तुतः वृष्णि अथवा सात्वत मथुरा के आस-पास रहनेवाली जनजाति थी जो अन्धक, आभीर एवं यदुओं की शाखाएँ थीं। इन जनजातियों के लोग वासुदेव के अनुयायी थे। अतः वासुदेव को 'सात्वतर्षभ' भी कहा गया (भागवतपुराण)। वासुदेव के अनुयायी 5वीं सदी ई.पू. तक मथुरा के आसपास स्थापित हो चुके थे जैसा कि पाणिनि ने उल्लेख किया है। प्रथम सदी ई.पू. का चित्तौड़ के निकट स्थित घोसुण्डी से कण्ववंशी राजा सर्वताता के एक अभिलेख में संकर्षण एवं वासुदेव को 'भगवत' 'अनिहत' तथा 'सर्वेश्वर' कहा गया है तथा उनके लिए बनवाये गये नारायण वाटिका का उल्लेख है। महाभारत (भीष्मपर्व) के अनुसार वृष्णि लोग वासुदेव के उपासक थे। धीरे-धीरे भागवत धर्म का प्रसार मथुरा के आगे मध्य प्रदेश, महाराष्ट्र, राजस्थान, गुजरात आदि प्रदेशों तक हो गया। भागवत धर्म का प्रसार कालान्तर में उत्तर, पश्चिम, मध्य एवं दक्षिण भारत में हुआ। पूर्वी भारत में यह धर्म बाद में आया। दक्षिण भारत में पाण्ड्यों को भी वासुदेवक माना गया है। कालान्तर में कृष्ण को इन्द्र विरोधी कहा गया क्योंकि इन्द्र को समर्पित यज्ञों की परम्परा का उन्होंने खण्डन किया। भागवत धर्म को शक्तिशाली कुलीन वर्ग के लोगों का संरक्षण प्राप्त था। जिसमें सोडास जैसे शक शासक (मथुरा शाखा), हेलियोडोरस जैसे यवन राजदूत तथा वासुदेव जैसे कुषाण शासक शामिल थे।

लगभग तीसरी शताब्दी ई.पू. में पांचरात्र धर्म का आविर्भाव हुआ। पांचरात्र धर्म का प्रधान देवता 'नारायण' थे। नारायन शब्द का सर्वप्रथम उल्लेख ऋग्वेद में

आता है जहाँ पुरुष सूक्त में एक ऋषि का नाम 'नारायण' है। किन्तु सर्वशक्तिमान् देवता के रूप में उनका उल्लेख सर्वप्रथम शतपथ ब्राह्मण में मिलता है जहाँ उन्हें परम पुरुष बताया गया है तथा उन्हीं में लोक, वेद, देव और प्राण की प्रतिष्ठा की गयी। आगे बताया गया है कि नारायण ने पांचरात्र यज्ञ किया और वे सबसे शक्तिशाली देवता बन गये। समस्त ब्राह्मण ग्रन्थों में उन्हें देवताओं में सर्वोच्च स्थान प्रदान किया गया है। कालान्तर में नारायण एवं वासुदेव कृष्ण का समन्वय स्थापित किया गया। ईसा की पहली शताब्दी तक आते-आते नारायण एवं वासुदेव का समन्वय हो गया तथा इस मत में वासुदेव के परिवार के सभी सदस्यों की पूजा की जाने लगी। इसी समन्वय के कारण महाभारत के वन पर्व में जनार्दन (कृष्ण) को ही 'नारायण' कहा गया है। महाभारत के अनेक स्थलों में अर्जुन एवं कृष्ण को 'नर' एवं 'नारायण' का प्रतीक माना गया। इस मत का प्रमुख ग्रन्थ है - पांचरात्र संहिताएँ।

पांचरात्र मत में वासुदेव (नारायण) और उनके विभिन्न रूपों (व्यूह) का पूजन-आराधन किया जाता है। इस सिद्धान्त के अनुसार सकल विश्व का बीज भगवान् वासुदेव में समाहित है। उनके छह गुण हैं - ज्ञान, ऐश्वर्य, शक्ति, बल, वीर्य एवं तेज। इसमें तीन युगल गुणों से तीन व्यूहों का प्रादुर्भाव होता है। ज्ञान एवं बल के सामंजस्य से संकर्षण (वासुदेव के भाई) का, ऐश्वर्य एवं वीर्य से प्रद्युम्न (वासुदेव के पुत्र) का तथा शक्ति एवं तेज से अनिरुद्ध (वासुदेव का पौत्र) का प्रादुर्भाव होता है। इस प्रकार चतुर्व्यूह के अन्तर्गत वासुदेव, संकर्षण, प्रद्युम्न एवं अनिरुद्ध की कल्पना की गयी। चतुर्व्यूह की अवधारणा पातंजलि के समय तक (दूसरी सदी ई.पू.) स्थापित हो चुकी थी। कालान्तर में चार व्यूहों से चौबीस व्यूहों का उदय हुआ।

व्यूह के बाद 'विभव' की अवधारणा भी पांचरात्र धर्म से सम्बन्धित है किन्तु मूलतः यह अवधारणा भागवत धर्म से ली गयी है। यह दोनों धर्मों के बीच बाद में हुए सामंजस्य का भी प्रतीक है। वासुदेव द्वारा स्वयं को प्रकृति के विभिन्न रूपों में अभिव्यक्त करने की कला ही 'विभव' कहलाती है। विभव की अवधारणा ही कालान्तर में अवतारवाद के रूप में अभिव्यक्त हुई। इस प्रकार पांचरात्र धर्म का आधार 'व्यूहवाद' एवं 'विभववाद' है जिसमें वासुदव की बहन एकनाशा की पूजा भी व्यूहवाद के अन्तर्गत कालान्तर से स्वीकार कर ली गयी। 'अमरकोश' में पांचरात्र मत के सभी व्यूहों एवं उपव्यूहों का उल्लेख मिलता है। बाणभट्ट के हर्षचरित में भागवत धर्म (उपास्य-वासुदेव) तथा पांचरात्र धर्म, एकान्तिक धर्म, सात्वत धर्म एवं पाँचकालवित धर्म के अलग-अलग भेद विवृत किये गये हैं किन्तु कालान्तर में ये सभी मत वैष्णव धर्म के अन्तर्गत समाहित कर लिये गये।

वैष्णव धर्म का चरमोत्कर्ष गुप्त शासकों के काल में (319 ई.-550 ई.) में हुआ। गुप्त शासकों की मुद्राओं एवं अभिलेखों में परमभागवत की उपाधि से स्पष्ट होता है कि वे वैष्णव धर्मावलम्बी थे। विष्णु का वाहन गरुड़, गुप्त-शासकों का राजचिह्न

था। गुप्त सिक्कों के अग्रभाग पर गरुड़ तथा पृष्ठ भाग पर लक्ष्मी का अंकन उन्हें वैष्णव सिद्ध करता है। इस काल में अनेक अभिलेखों, मूर्तियों, मन्दिरों से वैष्णव धर्म सम्बन्धी संकेत मिलते हैं। चन्द्रगुप्त द्वितीय के महरौली अभिलेख से पता चलता है कि उसने विष्णुपद पर्वत पर विष्णुध्वज की स्थापना करवायी थी। स्कन्दगुप्त के भीतरी अभिलेख (गाजीपुर) से 'शार्ङ्गिन' (विष्णु) की मूर्ति स्थापित करने का उल्लेख है। स्कन्दगुप्तकालीन जूनागढ़ अभिलेख (456 ई.) से भी पता चलता है कि राज्यपाल चक्रपालित ने सुदर्शन झील के किनारे विष्णु की मूर्ति स्थापित करवायी थी। इसी अभिलेख में वामनरूपधारी विष्णु द्वारा बलि की राजलक्ष्मी को छल से हरण कर लेने का उल्लेख है। उड़ीसा के उदयगिरि नामक नामक स्थल से 400 ई. की एक चतुर्भुज विष्णु की प्रतिमा प्राप्त हुई है। उदयगिरि गुहालेख में विष्णु के वाराह अवतार का उल्लेख है। गंगधर अभिलेख (कुमारगुप्त) में विष्णु को मधुसूदन कहा गया है। बुद्धगुप्तकालीन दामोदरपुर लेख (बंगाल) से 'श्वेतवाराह स्वामिन' एवं 'कोकमुख स्वामिन' नामक देवताओं का उल्लेख है जो विष्णु के वाराह अवतार के द्योतक हैं। बुद्धगुप्तकालीन एरण अभिलेख (483 ई.) में जनार्दन (वासुदेव) के सम्मान में ध्वज-स्तम्भ स्थापित करने का उल्लेख है। गुप्तकालीन विष्णु-मन्दिरों में तिगंवा (जबलपुर), उदयगिरि (विदिशा) तथा देवगढ़ (झाँसी) के विष्णु मन्दिर उल्लेखनीय हैं। इसमें देवगढ़ का दशावतार विष्णु मन्दिर विशेष उल्लेखनीय हैं। इसमें अनन्तशायी मूर्ति में विष्णु को शेषनाग की शय्या पर दर्शाया गया है। इस मन्दिर का उल्लेखनीय पक्ष है इसका 12 मीटर ऊँचा शिखर जो शिखर-निर्माण का पहला उदाहरण है। यद्यपि अवतारवाद के संकेत ऋग्वेद (वाराह एवं वामन अवतार के संकेत) से ही मिलने लगते हैं किन्तु अवतारवाद (महाभारत, गीता) एवं त्रिमूर्ति (ब्रह्मा, विष्णु, महेश) की अवधारणा का विकास गुप्तकाल में ही हुआ। अवतारों की सूची में अधिकतम 24 तथा न्यूनतम 10 अवतारों का वर्णन आता है। पांचरात्रिक संहिताओं में मुख्य एवं गौण अवतारों की संख्या 39 बतायी गयी है। अमर सिंह के अमरकोश में विष्णु के 39 नामों का उल्लेख किया गया है। इसी समय श्रीमद्‌भागवत, हरिवंशपुराण तथा विष्णुपुराण की रचना कर कृष्णलीला का प्रचार किया गया।

गुप्तकाल के बाद भी वैष्णव धर्म का विकास होता रहा। हूण शासक तोरमाण के एरण से प्राप्त वाराहमूर्ति अभिलेख से वाराह मन्दिर के निर्माण का उल्लेख मिलता है। बाणभट्ट के 'हर्षचरित' में 'भागवत' एवं 'पांचरात्र' धर्मों का उल्लेख है। इन धर्मों के उपासकों का दिवाकर मित्र के आश्रम में निवास करने का उल्लेख है। श्री कृष्ण विषयक कथाएँ 'कादम्बरी' (बाणभट्ट कृत) में भी आती हैं। भागवत धर्म को कुछ राजवंशों ने भी स्वीकार किया। प्राग्ज्योतिषपुर (असम) के शासक भास्कर वर्मा ने भी इस धर्म को स्वीकार किया, जो हर्ष का समकालीन था। इसी समय निर्मित एलोरा के गुहामन्दिरों में भागवत धर्म के चित्र उकेरे गये हैं जिनमें 15वीं गुहा विशेष

उल्लेखनीय है। इसमें विष्णु के विभिन्न अवतारों का उल्लेख है। इन मूर्तियों में शेषशायी विष्णु की मूर्ति विशिष्ट है। राजपूत काल में वैष्णव धर्म का विकास अनवरत जारी रहा। खलीलपुर दानपत्र (नारायणपाल) से विदित होता है कि विष्णु का पूजन 'ओम् नमो नारायण' से किया जाता था। पहाड़पुर की कलाकृतियों में गोवर्द्धनधारी कृष्ण की भी आकृति मिलती है। प्रतिहार शासक भोज के अभिलेखों में विष्णु को 'हृषिकेश' कहा गया है तथा उन्हें निर्गुण एवं सगुण का प्रतीक माना गया है। सेन शासक स्वयं को 'परम वैष्णव' कहते थे। चन्देल शासकों ने खजुराहो में अनेक विष्णु मन्दिरो का निर्माण करवाया। चन्देल शासक परमर्दिदेव के अभिलेख में महालक्ष्मी उत्कीर्ण है। इसी प्रकार चेदि शासक गांगेय देव, चन्देल शासक कीर्तिवर्मा और कश्मीर की शासिका दिद्दा की मुद्राओं में भी लक्ष्मी का अंकन है। चेदि शासक लक्ष्मणराज के मन्त्री सोमेश्वर ने एक विष्णु मन्दिर का निर्माण करवाया था। परमार भोज के बेतम दानपत्र में गरुड़ध्वज फहराने का उल्लेख है। इसी के ग्वालियर अभिलेख में राम को विष्णु का अवतार कहा गया है। खलीलपुर दान-पत्र से धर्मपाल द्वारा नारायण-मन्दिर के निर्माण की सूचना मिलती है। विष्णु के अवतारों में वाराह अवतार समाज में अधिक प्रचलित था। जबकि विष्णु के वामन अवतार की मूर्तियाँ उत्तर भारत में प्रायः नहीं मिलतीं। ग्यारहवीं सदी के अरब यात्री अल्बरूनी ने स्थानेश्वर (थानेश्वर, हरियाणा) में चतुर्भुजस्वामी (विष्णु) की मूर्ति का उल्लेख किया है। गुजरात के चालुक्य शासक जयसिंह सिद्धराज ने सहस्रलिंग झील के किनारे दशावतार मन्दिर का निर्माण करवाया था। वाराणसी में गहड़वाल शासनकाल का बना आदि केशव मन्दिर आज भी वर्तमान है। इस समय समाज के वैष्णव धर्म सम्बन्धी अनेक त्योहार भी प्रचलित थे जिनका उल्लेख अल्बरूनी ने किया है। इन त्योहारों में देवशयनी एकादशी, कृष्ण जन्माष्टमी, देवोत्थानी एकादशी, रामनवमी आदि विशेष प्रसिद्ध हैं।

उत्तर भारत के समान दक्षिण भारत में भी वैष्णव धर्म का व्यापक प्रसार हुआ। संगम साहित्य से ज्ञात होता है कि प्रथम शताब्दी ईसवीं में यह तमिल प्रदेश का महत्त्वपूर्ण धर्म था। भागवतपुराण में एक भविष्यवाणी का उल्लेख है कि द्रविड़ देश में जहाँ ताम्रपर्णी, कावेरी नदियाँ प्रवाहित होती हैं वहाँ वैष्णव भक्तों की लम्बी संख्या होगी। पल्लव शासकों ने अपने शासनकाल (चौथी शताब्दी के पूर्वार्द्ध से नवीं शताब्दी के उत्तरार्द्ध तक वैष्णव धर्म को राजधर्म घोषित किया तथा अनेक विष्णु मन्दिरों एवं मूर्तियों का निर्माण कराया। सिंहविष्णु ने मामल्लपुरम् (महाबलीपुरम्) में 'आदिवाराह' मन्दिर का निर्माण करवाया था। नरसिंहवर्मन द्वितीय ने कांची में वैकुण्ठ-पेरुमाल मन्दिर का निर्माण करवाया था। दन्तिवर्मा के लेखों में उसे विष्णु का अवतार बताया गया है। पल्लव शासनकाल में ही अलवार सन्तों ने वैष्णव भक्ति का प्रचार किया। अलवार सन्त भजन, कीर्त्तन, नामोच्चारण द्वारा वैष्णव भक्ति का प्रचार करते थे। इन सन्तों की कुल संख्या 12 बतायी गयी है किन्तु पेरिय अलवार, नाम्मा अलवार (पूर्व

में डाकू था), तिरुप्पन जो हरिजन था तथा अण्डाल (स्त्री सन्त) सर्वाधिक प्रसिद्ध हैं। पल्लवों के बाद दक्षिण भारत के राजनीतिक उत्तराधिकारी (नवीं शताब्दी के मध्य से तेरहवीं शताब्दी के मध्य तक) चोल हुए जो यद्यपि शैव धर्म के उपासक थे किन्तु उनके काल में वैष्णव धर्म के प्रसिद्ध आचार्य 'नाथमुनि' तथा यमुनाचार्य ने वैष्णवदर्शन का प्रतिपादन किया। प्रसिद्ध वैष्णव आचार्य रामानुज में भी इसी समय अपने वैष्णव मत का प्रचार किया। इस समय तमिल एवं संस्कृत दोनों भाषाओं में वैष्णव मन्त्रों की रचना की गयी।

दक्कन में चालुक्य शासनकाल (छठी शताब्दी के पूर्वार्द्ध से बारहवीं शताब्दी के मध्य तक) के दौरान भी वैष्णव धर्म का विकास हुआ। गुप्तों के समान चालुक्यों का भी राजधर्म वैष्णव था तथा उनका राजचिह्न वाराह था। वातापी के कुछ चालुक्य शासकों ने 'परम भागवत' की उपाधि धारण की थी। वातापी, पत्तदक्कल तथा ऐहोल में बादामी के चालुक्य शासकों ने अनेक विष्णु मन्दिरों का निर्माण करवाया। इनमें वातापी का विष्णु-गुहामन्दिर तथा ऐहोल का विष्णु मन्दिर (अभी तक सुरक्षित हैं) प्रमुख हैं। वेंगी के चालुक्यों का राजचिह्न 'गरुड़' था (गुप्तों की तरह)। उनके लेख भी वाराह की उपासना से ही आरम्भ होते थे। वातापी के चालुक्यों के राजनीतिक उत्तराधिकारी राष्ट्रकूटों के शासनकाल (8वीं शताब्दी के पूर्वार्द्ध से 10वीं शताब्दी के उत्तरार्द्ध) में भी वैष्णव धर्म का विकास होता रहा। यद्यपि अधिकांश राष्ट्रकूट शासक जैन धर्म के अनुयायी थे किन्तु वे धर्मसहिष्णु थे। राष्ट्रकूट शासक दन्तिदुर्ग ने एलोरा में प्रसिद्ध 'दशावतार' मन्दिर का निर्माण करवाया जिसमें शेषशायी विष्णु के चरण दबाती लक्ष्मी तथा उनके नाभि से निकले कमल पर ब्रह्मा के विराजमान होने का अंकन है। राष्ट्रकूट लेखों में संस्कृत भाषा का भी उल्लेख मिलता है।

वैष्णव धर्म के सिद्धान्त - वैष्णव धर्म में ईश्वर भक्ति के द्वारा मोक्ष-प्राप्ति पर बल दिया गया है। भगवान् की प्राप्ति निःस्वार्थ भक्ति द्वारा ही सम्भव है। ईश्वर के प्रेम में निःस्वार्थ एवं अनन्य अनुरक्ति का भाव ही भक्ति कहलाता है। गीता (9. 29) के अनुसार भगवान् स्वयं कहते हैं कि 'जो भक्तिपूर्वक सेवा करते हैं मैं उनके हृदय में निवास करता हूँ और वे मेरे हृदय में निवास करते हैं।' भक्त का समस्त भार भगवान् अपने ऊपर ले लेते हैं। भगवान् की अनुकम्पा से ही मनुष्य कर्मफल से और पुनः आवागमन से मुक्त हो जाता है। मुक्त होकर जीव कभी सीधे परमधाम को जाता है (सद्योमुक्ति) और कभी अन्य लोकों से होते हुए परमधाम को जाता है (क्रममुक्ति)।

विश्व का आदि बीज एवं परम तत्त्व परमपुरुष है। उसे ही विष्णु, वासुदेव, परमात्मा, ईश्वर, महायोगेश्वर कृष्ण, प्रभु, ब्रह्म आदि नामों से जाना जाता है। उसी से सभी भूत उत्पन्न एवं नष्ट होते हैं। वह सचेत एवं गतिशील है। गति की प्रक्रिया

में उसके दो रूप दिखायी पड़ते हैं - परा एवं अपरा। परा अर्थात् चेतन त्रिगुणातीत् अपरा अर्थात् चेतन त्रिगुणयुक्त। माया उसकी दैवी शक्ति है जो त्रिगुणयुक्त होकर जगत् की सृष्टि का विधान करती है। परमात्मा अखण्ड एवं पूर्ण है। वह दृष्टिकोण की भिन्नता के कारण सगुण एवं निर्गुण रूप में परिकल्पित किया जाता है। उसे देखने के लिए 'दिव्य चक्षु' की आवश्यकता होती है जो उसी की अनुकम्पा से मिलती है। सच्चे भक्त को ही 'दिव्य-चक्षु' की प्राप्ति हो सकती है। अपने भक्तों के उद्धार के लिए ही भगवान् पृथ्वी पर अवतार लेते हैं। वैष्णव धर्म में अवतारवाद का सिद्धान्त अत्यन्त महत्त्वपूर्ण है। इसके अनुसार जब-जब पृथ्वी पर धर्म का पतन होता है और अधर्म का उत्थान होता है, तब-तब भगवान् धर्म के संरक्षण के लिए अवतार लेते हैं। गीता (4.6) में भगवान् कृष्ण कहते हैं कि 'अपनी प्रकृति का अधिष्ठान कर अपनी माया की सहायता से मैं इस संसार में अवतार लेता हूँ।'

वैष्णव साहित्य - विष्णु के अवतारों में राम एवं कृष्ण का अवतार समाज में सर्वाधिक व्यापक एवं प्रतिष्ठित हुआ। इसी आधार पर रामभक्ति शाखा एवं कृष्णभक्ति शाखा का विकास हुआ। रामभक्ति पर प्रथम विस्तृत आख्यान आदिकवि वाल्मीकि द्वारा गुप्तकाल में रचा गया। वाल्मीकि द्वारा रचित 'रामायण' में वाल्मीकि 'राम का चित्रण पुरुषोत्तम के रूप में प्रस्तुत किया गया है। कालिदासकृत रघुवंश में राम को विष्णु के अवतार के रूप में स्वीकार करते हुए रामकथा का वर्णन किया गया है।

बौद्धों ने भी राम को बोधिसत्त्व मानकर अपने ग्रन्थों 'दशरथ जातक', 'अनामकं जातक' तथा 'दशरथ कथानकम्' में रामकथा में उल्लेख किया है। बौद्धों की भाँति जैनियों ने भी अपने ग्रन्थों में रामकथा का प्रतिपादन किया। तीसरी शताब्दी ईसवी में विमलसूरि ने सर्वप्रथम प्राकृत भाषा में 'पउम चरिउ' नामक रामकाव्य का सृजन किया। सन् 660 ई. में रविषेण ने संस्कृत भाषा में 'पउमचरिउ' का रूपान्तर 'पद्मचरित' नाम से किया है। रामकथा को आधार मानकर जैनियों ने बाद में अनेक काव्यग्रन्थों की रचना किया। प्रमुख काव्यग्रन्थ हैं–

सत्यभूदेवकृत 'पउम चरित्र' (8वीं सदी ई.), गुणभद्रकृत 'उत्तर पुराण' (9वीं सदी ई.), नागचन्द्रकृत 'पद्म रामायण' (11वीं सदी ई., कन्नड़), हेमचन्द्रकृत 'जैन रामायण' (13वीं सदी ई., संस्कृत), कुमुदेन्दुकृत 'रामायण' (13वीं सदी ई.), जिनदासकृत 'रामपुराण' (15वीं सदी ई.) तथा पद्मदेव विजयगणिकृत 'रामचरित' (16वीं सदी ई.)।

राम का प्राचीनतम उल्लेख ऋग्वेद में मिलता है जहाँ उन्हें वेन, पृथ्वेन के साथ असुर की श्रेणी में रखा गया है। यह राम कालान्तर के पुरुषोत्तम राम से पृथक् है। रामकाव्य सम्बन्धी प्राचीन महाकाव्यों में वाल्मीकि रामायण के कथानक को ही आधार बनाया गया है। रामकथा पर आधारित अन्य ग्रन्थों में वाकाटक राजा प्रवरसेन द्वितीय कृत 'सेतुबन्ध' (मराठी प्राकृत 5वीं सदी ई.), भट्टिकृत 'भट्टिकाव्य' (6वीं

सदी ई.), भवभूतिकृत 'महावीर चरित्र' एवं 'उत्तर रामचरित' (8वीं सदी ई.) राजशेखरकृत 'बालरामायण' (10 वीं सदी ई.), क्षेमेन्द्रकृत 'रामायण-मंजरी' (11वीं सदी ई.), जयदेवकृत 'प्रसन्नराघव' (12वीं सदी ई.) सोमेश्वरकृत 'उल्लासराघव' (13वीं सदी ई.), सन्ध्याकार नन्दीकृत 'रामचरित' (12वीं सदी-पालशासक रामपाल के साथ भगवान् राम का चरित्र-चित्रण) तथा सुभट्टकृत 'दूतांगद' (13वीं सदी ई.) प्रसिद्ध हैं। द्रविड़ भाषाओं में प्राचीनतम प्राप्त राम-काव्य कम्बनकृत 'तमिल रामायण है (12वीं सदी ई.)। तेलगु भाषा में लिखे रामकाव्यों में रंगनाथकृत 'रंगनाथ रामायण' (12वीं सदी ई.), भास्करकृत 'भास्कर रामायण' (14वीं सदी ई.) तथा मोल्ल नामक कुम्हारिन द्वारा रचित 'मोल्ल रामायण' (16वीं सदी ई.) अत्यन्त प्रमुख हैं। मलमालम भाषा में सबसे लोकप्रिय रामकाव्य एजुत्तचनकृत 'आध्यात्म रामायण' है जो वाल्मीकि रामायण का अनुवाद है (17वीं सदी ई.)। कम्ब रामायण सबसे प्रसिद्ध कन्नड़ रामकाव्य है। इसके अतिरिक्त बाँग्ला भाषा में कृत्तिवासकृत 'कृत्तिवास रामायण' (15वीं सदी ई.) तथा अद्भुताचार्यकृत 'आश्चर्य रामायण', उड़िया भाषा में 'जगमोहन-रामायण' (कवि के नाम पर 16वीं सदी तथा 'बलरामदास रामायण' (कवि के नाम पर 14वीं सदी), असमिया में माधव कन्दलिनीकृत 'वाल्मीकि रामायण' का पद्यानुवाद, दुर्गावरकृत 'गीतिरामायण' (16वीं सदी ई.) एवं शंकरदेवकृत 'रामविजय' (सर्वाधिक प्रसिद्ध) तथा गुजराती में भालणकृत 'सीता-स्वयंबर' (15वीं सदी ई.) तथा गिरधरदासकृत 'रामायण' (19वीं सदी ई.) प्रमुख स्थानीय राम-साहित्य हैं।

उत्तर भारत में तुलसीकृत 'रामचरिचमानस' (अवधी में 16वी सदी ई.) सर्वाधिक प्रसिद्ध ग्रन्थ है। तुलसीदास ने रामकथा पर आधारित कुल 39 ग्रन्थों का सृजन किया। 'रामचरितमानस' की रचना तुलसीदास ने अयोध्या में 1574 ई. में प्रारम्भ किया था तथा उसे काशी में 1615 ई. (जहाँगीर के समय) में पूर्ण किया था। इसके अतिरिक्त तुलसीदास ने 'जानकी मंगल', 'पार्वती मंगल', 'दोहावली', 'गीतावली', 'कवितावली', 'विनयपत्रिका', 'वरवै रामायण', 'रामलला नहछू', 'रामाज्ञा प्रश्न', 'वैराग्य सन्दीपनी' की आदि ग्रन्थों का सृजन किया। अकबर के नवरत्न टोडरमल तुलसीदास के प्रिय शिष्य थे।

विदेशों में रामकथा का प्रचार बौद्धों ने किया। 'अनामक जातकम' एवं 'दशरथ जातकम' का 5वीं शताब्दी ई. में चीनी भाषा में अनुवाद हुआ। इसके बाद का प्राचीनतम विदेशी रामकाव्य 'तिब्बती रामायण' है जो 8वीं शताब्दी ई. की रचना है। पूर्वी तुर्की का 'खोतानी रामायण' 9वीं सदी की रचना है। हिन्देशिया में 'काकविन रामायण' (10वीं सदी ई.) तथा 'हिकायत सेरी राम' नामक राम-काव्य (15वीं सदी ई.) ग्रन्थ अधिक लोकप्रिय हैं। जावा, सुमात्रा, बोर्नियो, कम्बोडिया, बर्मा आदि देशों में 'हिकायत सेरी राम' पर आधारित रामकथा अत्यन्त लोकप्रिय है।

कृष्णभक्ति पर आधारित साहित्य ऋग्वेद से ही (1.116.7) मिलने लगता है। कृष्ण का प्राचीनतम उल्लेख ऋग्वेद में पाया जाता है जिसमें कृष्ण एक सूक्त के ऋषि हैं। ऋग्वेद में एक कृष्णासुर का भी उल्लेख है जिसे इन्द्र ने पराभूत किया (1.101. 1) किन्तु योगिराज, परमेश्वर कृष्ण से इसका कोई सम्बन्ध नहीं है। देवकीपुत्र कृष्ण का प्रथम उल्लेख छान्दोग्य उपनिषद् में घोर आंगिरस के शिष्य के रूप में आया है। 'घृत' एवं 'महाउग्ग' जातकों में भी कण्ह (कृष्ण) वासुदेव की कथा का संक्षिप्त उल्लेख मिलता है। महाभारत तथा गीता में कृष्ण को व्यापक फलक पर चित्रित किया गया है। हरिवंश, विष्णु, भागवत एवं ब्रह्मवैवर्त पुराणों में कृष्णलीलाओं का विस्तृत एवं सांगोपांग वर्णन है। अनेक जैन पुराणों में कृष्णकथा का उल्लेख मिलता है। हाल की 'गाथा सप्तशती' (प्रथम सदी ई. प्राकृत) तथा अश्वघोष के 'बुद्धचरित' में भी कृष्णकथा का संक्षिप्त उल्लेख मिलता है। राधा का उल्लेख भागवत आदि प्राचीन पुराणों में नहीं मिलता किन्तु पद्मपुराण तथा ब्रह्मवैवर्तपुराण में राधा-कृष्ण के प्रेम की विस्तृत कथा का प्रतिपादन किया गया है। संस्कृत में राधा-कृष्ण सम्बन्धी प्रथम काव्य रचना जयदेव (12वीं सदी) का 'गीत गोविन्द' है जो भक्ति एवं शृंगार का अनुपम गीतिकाव्य है। विद्यापति (14वीं सदी) की 'पदावली' (मैथिली बोली में) हिन्दी कृष्ण-काव्य का प्रथम ग्रन्थ माना जाता है। विद्यापति के पश्चात् वल्लभाचार्य के प्रिय शिष्य सूरदास (15वीं सदी) ने ब्रजभाषा में 'सूरसागर' गीति मुक्तक काव्य द्वारा कृष्णलीला को व्यापक विस्तार किया। कृष्णकथा का सर्वाधिक प्रिय विषय राधा-कृष्ण की प्रेमलीला ही है। अष्टछाप के कवियों में सूरदास के अतिरिक्त नन्ददास (16वी सदी) ने भी कृष्णकथा पर कुछ प्रबन्धात्मक रचनाएँ दीं-जैसे 'श्यामसगाई', 'भँवरगीत', 'रास पंचाध्यायी' तथा 'रुक्मिणी मंगल' आदि। नन्ददास के पूर्व सम्राट् अकबर के दरबारी कवि महापात्र नरहरि बन्दीजन भी 'रुक्मिणी-मंगल' लिख चुके थे। 'सुदामा चरित' के रचयिता नरोत्तमदास (16वीं सदी) ने दैन्य-भाव में कृष्णकथा का प्रतिपादन किया। तुलसीदास (16वीं सदी) ने भी 'कृष्ण गीतावली' नामक कृष्ण-काव्य का प्रणयन किया था। रीतिकालीन कवि घनानन्द एवं भिखारीदास तथा आधुनिक काल में भारतेन्दु हरीश्चन्द्र, अयोध्यासिंह उपाध्याय 'हरिऔध' तथा मैथिलीशरण गुप्त आदि रचनाकारों ने हिन्दी में राम तथा कृष्ण-काव्य का प्रणयन किया।

सन्दर्भ सूची

ओरिजिन ऐण्ड डेवलपमेण्ट ऑफ वैष्णवइज्म - सुबीरा जायसवाल

सोशल रूट्स ऑफ रेलिजन इन ऐन्शियेण्ट इण्डिया - आर.एन. नन्दी

इवोल्यूशन ऑफ हिन्दू सेक्ट्स - सुधाकर चट्टोपाध्याय

द वण्डर दैट वाज इण्डिया - ए.एल. बाशम

हिस्टारिकल इवोल्यूशन ऑफ वैष्णवइज्म- वी. रंगाचार्य

12

शैव धर्म

वह धर्म जिसके प्रधान इष्ट शिव हैं शैव धर्म कहा जाता है। शिव तथा उनसे सम्बन्धित धर्म की प्राचीनता प्रागैतिहासिक काल तक जाती है। सैन्धव सभ्यता के उत्खनन में मोहनजोदड़ो से प्राप्त एक मुद्रा पर पद्मासन में विराजमान एक योगी का चित्र (त्रिमुखी) मिला है। उसके सिर पर त्रिशूल जैसा आभूषण है तथा उसके चारों तरफ हाथी, चीता, गैण्डा एवं भैसा जैसे पशु विराजमान हैं। सर जॉन मार्शल ने इस देवता को पाशुपत शिव कहा है। सैन्धव सभ्यता के अन्य स्थलों से भी शिव के विभिन्न रूपों-धनुर्धारी रूप, नर्तक रूप, नागधारी रूप के अंकन प्राप्त होते हैं। सैन्धव अवशेषों में छोटे-छोटे अनेक लिंग भी प्राप्त होते हैं। इस आधार पर शैव धर्म विश्व का प्राचीनतम धर्म हो जाता है। किन्तु सातत्यता या तारतम्यता के अभाव में यह मत तर्कसंगत नहीं प्रतीत होता है।

ऋग्वेद में शिव के लिए 'रुद्र' शब्द का व्यवहार किया गया है जो अपनी कठोरता एवं उग्रता के लिए प्रसिद्ध हैं। क्रुद्ध होने पर वे मानव तथा पशु दोनों का संहार करते थे तथा महामारी फैला देते थे। ऋग्वेद के अनुसार उनके द्वारा फेंके गये बाण मनुष्य और गाय को हत करते हैं। अपनी उग्रता के बावजूद रुद्र आसानी से प्रसन्न भी हो जाते थे। प्रार्थना से प्रसन्न होकर रुद्र विनाश से छुटकारा प्रदान करते हैं। वे प्राणियों के रक्षक एवं संसार के स्वामी हैं। उनके पास सहस्रों ओषधियाँ थीं जिनसे रोगों से छुटकारा मिलता था। ऋग्वेद से विदित होता है कि उनकी उपाधि 'पशुय' (पशुओं का रक्षक) थी।

यद्यपि ऋग्वेद के देव मण्डल में 'रुद्र' का स्थान विशिष्ट नहीं था किन्तु उत्तर वैदिक काल में उनका उत्तरोत्तर विकास होता गया। यजुर्वेद में उन्हें अनार्यों का देवता माना गया है। अथर्ववेद से स्पष्ट होता है कि देवताओं ने महादेव को विभिन्न दिशाओं के व्रात्यों (अनार्यों) का स्वामी नियुक्त किया था। इस प्रकार इस युग में आर्य 'रुद्र'

का आर्येतर 'शिव' के साथ समीकरण स्थापित हुआ। समाज में रुद्र की महत्ता बढ़ती गयी। उन्हें 'शतरुद्रिय', शिवातनुः (कल्याणीकारी), गिरीशः (पर्वत पर शयन करनेवाला), पशुपति (पशुओं का रक्षक), कृतिवासनः (चर्म धारण करनेवाला) आदि नामों से अभिहित किया गया। प्रजापति द्वारा दिये गये उनके आठ नामों में से रुद्र, शर्व, उग्र तथा अशनि (वज्र) चार नाम विनाशकारी तथा अन्य चार नाम भव, पशुपति, महादेव एवं ईशान कल्याणकारी हैं। अथर्ववेद तथा शतपथ ब्राह्मण में उन्हें 'सहस्राक्ष' (सहस्र आँखोंवाला) कहा गया है। अथर्ववेद में उन्हें 'भूतपति' एवं 'पशुपति' भी कहा गया है। सूत्र ग्रन्थों में उनके पाँच अन्य नाम मिलते हैं- हर, मृड, शिव, भीम और शंकर। उनके साथ भवानी, रुद्राणी, शर्वाणि तथा इन्द्राणी नामक चार पत्नियाँ जोड़ दी गयीं। इसके पूर्व केन उपनिषद् में उमा का नाम अवश्य मिलता है किन्तु वह रुद्र की पत्नी नहीं है। उपनिषदों तक उनकी पत्नी का कोई उल्लेख नहीं मिलता है। यूनानी दूत मेगास्थनीज के अनुसार पर्वतों पर रहनेवाले भारतीय 'डायोनिसियस' नामक देवता की उपासना करते थे जो रोग निवारक देवता था। यह रुद्र शिव ही था जिसे उत्पादक क्रिया, लिंग और सर्पचिह्नों से युक्त बताया गया है। स्ट्रबो के अनुसार क्षुद्रक (व्यास नदी के किनारे बसा गण) तथा शिवि (झेलम एवं चिनाक के बीच बसा एक गण) के लोग पशु चर्म पहनते एवं भाले की तरह का अस्त्र धारण करते। इनका स्वरूप 'शिव' की तरह था। इससे स्पष्ट है कि दोनों गणों में शिव की उपासना प्रचलित थी। मेगास्थनीज एवं पातंजलि दोनों ने पश्चिम में बल्ख (अफगानिस्तान) तथा उत्तर में मेरुपर्वत (पामीर) तक इस धर्म के प्रसार का उल्लेख किया है। महाकाव्य में 'शिव-भागवत' शब्द का उल्लेख शुंगकाल में शैव एवं वैष्णव धर्म के बीच समन्वय का प्रतीक है।

200 ई.पू. से 200 ई. के बीच की अवधि में लिखित महाभारत में शिव का उल्लेख एक शक्तिशाली देवता के रूप में आया है। 'वनपर्व' एवं 'द्रोणपर्व' में उल्लेख है कि भगवान् शिव ने प्रसन्न होकर अर्जुन को पाशुपत अस्त्र प्रदान किया जिसके पूर्व अर्जुन को किरात वेशधारी शिव से युद्ध करना पड़ा था। 'अनुशासन पर्व' में श्रीकृष्ण ने पुत्र-प्राप्ति के लिए स्वयं शिव की उपासना की जिससे प्रसन्न होकर शिव ने पार्वती संग प्रकट होकर कृष्ण को मनोवांछित वर प्रदान किया था। इसी काल के शक शासक मोग की मुद्राओं पर त्रिशूलधारी शिव का अंकन मिलता है। पर्थियन शासक गोदोफर्निश के सिक्कों पर त्रिशूलधारी एवं जटाधारी शिव का चित्रण है। इसी प्रकार कुषाण शासक विम कडफिसस के सिक्कों के पृष्ठ भाग पर नन्दी, त्रिशूलधारी शिव तथा चर्मधारी शिव का अंकन है जबकि हुविष्क की मुद्राओं पर शिवलिंग का चित्रांकन मिलता है।

गुप्तकाल में शैव धर्म का तीव्रतर विकास हुआ। यद्यपि गुप्त शासकों ने वैष्णव धर्म को अपना राजधर्म बनाया किन्तु उनकी सहिष्णुता के कारण शैव धर्म का समाज

में व्यापक प्रसार हुआ। हरिषेण की प्रयाग-प्रशस्ति में समुद्रगुप्त की संगीत कला की समता जिस 'तुम्बरु' के साथ की गयी है उन्हें गान्धार देश में साक्षात् शिव माना जाता था। प्रयाग-प्रशस्ति में पाशुपति के जटाजूट से गंगा के निकलने का उल्लेख है। महाभारत में भी गंगाधर देश में तुम्बरु शिव का उल्लेख आया है। चन्द्रगुप्त द्वितीय का सान्धिविग्रहिक मन्त्री वीरसेन शैव मतानुयायी था। वह पाटलिपुत्र का रहनेवाला था तथा उसने उदयगिरि गुफा (उड़ीसा) में शिव मन्दिर का निर्माण करवाया था। चन्द्रगुप्त द्वितीय के मथुरा स्तम्भ लेख से ज्ञात होता है कि 'उपमितेश्वर और 'कपिलेश्वर' नामक दो शिव लिंगों की स्थापना 'गुरुवायतन (मन्दिर) में की गयी थी। कुमारगुप्त के काल का करमदण्डा अभिलेख (फैजाबाद के समीप) से ज्ञात होता है कि उसके मन्त्री बलाधिकृत पृथ्वीसेन ने शिव मन्दिर को दान दिया था। इस अभिलेख का प्रारम्भ 'नमो महादेवाय' से हुआ है जो शैव धर्म की महत्ता को स्पष्ट करता है। इसी प्रकार स्कन्दगुप्त का सामन्त हस्तिन भी शैव धर्मानुयायी था। स्कन्दगुप्त के बैल प्रकार के सिक्कों पर 'नन्दी' बैल का अंकन है जिनसे उसकी शैव धर्म के प्रति आस्था व्यक्त होती है।

गुप्तकाल में लिगों के निर्माण की लम्बी परम्परा का प्रारम्भ हुआ। अनेक स्थानों से प्राप्त शिवलिंग तत्कालीन समाज में शैव धर्म की व्यापकता के प्रमाण हैं। कुछ केवल लिंग हैं और कुछ एकमुखी, चतुर्मुखी तथा पंचमुखी लिंग हैं। खोह, भूमरा, शंकरगढ़, उदयगिरि आदि स्थानों से अनेक शिवलिंग प्राप्त हुए हैं। करमदण्डा से चर्तुमुखी शिवलिंग मिले हैं। कोसम से शिव-पार्वती की मूर्ति प्राप्त हुई है। बुद्धगुप्त के दामोदरपुर अभिलेख में उल्लिखित 'कोकमुख स्वामी' वस्तुतः शिव का ही नामकरण है। वैन्यगुप्त के गुनैधर अभिलेख से ज्ञात होता है कि उसने अपने पूर्वजों के वैष्णव धर्म को त्यागकर शैव धर्म को अपना लिया था। इस काल के अभिलेखों में शिव के अनेक नामकरण प्राप्त होते है यथा-हर, ईश, भूतपति, शूलपाणि, शम्भु, शिव, सूर्य, सर्व, कपिलेश्वर, महेश्वर, पिनाकी, स्थाणु आदि। दो गुप्त शासकों कुमारगुप्त एवं स्कन्दगुप्त के नाम कार्तिकेय (शिव-पुत्र) के नाम पर रखे गये हैं। इसी काल में 'अर्द्धनारीश्वर' के रूप में शिव की कल्पना की गयी तथा शिव और पार्वती की संयुक्त मूर्तियाँ बनायी गयीं। पार्वती को शिव की शक्ति का प्रतीक माना गया। इस काल में प्राप्त शिव एवं पार्वती की संयुक्त मूर्तियाँ शैव एवं शाक्त मत के समन्वय की प्रतीक हैं। वैशाली से प्राप्त एक मूहर पर तथा प्रतिहारों के अभिलेख पर अर्द्धनारीश्वर का अंकन उपलब्ध है। सेन अभिलेख में अर्द्धनारीश्वर को नृत्य करते चित्रित किया गया है। मथुरा से प्राप्त अर्द्धनारीश्वर की मूर्ति अत्यन्त प्रसिद्ध है। इसी काल में 'हरिहर' की कल्पना की गयी तथा शिव एवं विष्णु को एक साथ (द्विदेव) दर्शाया गया। भुण्डेश्वरी (पटना) से प्राप्त हरिहर मूर्ति प्रसिद्ध है। इसी तरह 'त्रिमूर्ति'

की भावना के अन्तर्गत ब्रह्मा, विष्णु एवं शिव की एकात्म पूजा का आरम्भ हुआ। एलिफैण्टा की त्रिमूर्ति अत्यन्त विख्यात है।

गुप्तकाल में अनेक शिवमन्दिरों का निर्माण कराया गया। प्रमुख शिवमन्दिरों में शंकरगढ़ (म.प्र.) का शिवमन्दिर, भूमरा (जबलपुर के समीप) का शिवमन्दिर, नचना कुठार (अजयगढ़, म.प्र.) का पार्वती मन्दिर, अहिच्छत्र (बरेली, उ.प्र.) का शिवमन्दिर उल्लेखनीय हैं। शिवमूर्तियों में मथुरा से प्राप्त लकुलीश की मूर्ति (मथुरा स्तम्भ पर अंकित), कौशाम्बी से प्राप्त शिव-पार्वती की मूर्ति, ग्वालियर से प्राप्त शिव-पार्वती की मूर्ति, मथुरा से प्राप्त अर्द्धनारीश्वर की मूर्ति, मुण्डेश्वरी (शाहाबाद, बिहार) से प्राप्त हरिहर की मूर्ति, उदयगिरि से प्राप्त महिषासुरमर्दिनी की मूर्ति, भूमरा से गणेश की खण्डित मूर्ति, भीतरगाँव (कानपुर) से प्राप्त क्षतिग्रस्त फलकों पर गणेश एवं दुर्गा की मूर्तियाँ शैव धर्म की व्यापकता का परिचय देती हैं। अहिच्छत्र से प्राप्त गुप्तकालीन शिवमन्दिर के फलकों पर शिव चरित्र का अंकन प्राप्त होता है।

गुप्तकालीन साहित्यिक ग्रन्थों से भी शैव धर्म के प्रसार पर प्रकाश पड़ता है। कालिदास शिव के अनन्य भक्त थे जिन्होंने 'कुमारसम्भव' नामक महाकाव्य की रचना कर शैव धर्म की व्यापक प्रतिष्ठा की। 'कुमारसम्भव' के पूर्व उन्होंने 'मेघदूत' में उज्जैन के महाकालेश्वर मन्दिर का वर्णन किया तथा उसकी स्तुति की है। उनकी अन्य कृतियाँ, रघुवंश, अभिज्ञान शाकुन्तलम् आदि भी शिव की उपासना से प्रारम्भ होती हैं। विक्रमोर्वशीयम् में अर्जुन द्वारा शिव की उपासना का उल्लेख है। इसी समय पुराणों का भी संकलन हुआ। कुछ पुराण तो शिव से ही सम्बन्धित हैं जैसे-लिंगपुराण, शिव पुराण, मार्कण्डेयपुराण, स्कन्दपुराण, वायुपुराण आदि। वायुपुराण में शिव के 28 अक्षरों का उल्लेख है। इसमें शिव को 'देवेस्तु महान् देवो महादेव' कहा गया है। शिव के उग्र रूप एवं सौम्य रूप दोनों का चित्रण इस काल के साहित्य में प्रचुर रूप में मिलता है। लिंगपूजा का स्पष्ट वर्णन मत्स्यपुराण में मिलता है जिसमें बाणासुर ने त्रिपुर के दग्ध होते समय शिवलिंग को सिर पर रखकर शिव की पूजा की है।

गुप्तकाल के समकालीन एवं उत्तरवर्ती शासकों के समय की पुरातात्त्विक उपलब्धियों से भी शैव धर्म के विकास पर प्रकाश पड़ता है। स्कन्दगुप्त के समकालीन मग शासक भीम बर्मन के समय की शिव-पार्वती प्रतिमा कौशाम्बी से प्राप्त हुई है। वल्लभी के मैत्रक शासकों के अभिलेखों में उनकी उपाधि 'परममाहेश्वर' के रूप में है। मौखरी शासक ईशानवर्मन के हरहा अभिलेख के प्रथम दो श्लोक शिव उपासना के प्रसंग में हैं। मौखरी शासक अनन्तवर्मन द्वारा बाराबर की गुफा में स्थापित शिवमूर्ति आज भी विद्यमान है। वाकाटक नरेश भी शैव थे। हूण शासक मिहिरकुल के बारे में ग्वालियर अभिलेख से उसके कट्टर शैव होने का पता चलता है। कल्हण के अनुसार उसने श्रीनगर में एक शिव मन्दिर बनवाया। कल्हण ने उसकी तुलना

'विनाश के देवता' (शिव) से की है। मिहिरकुल बौद्धों एवं जैनों का घोर शत्रु था। जैन लेखक उसे 'दुष्टों' में प्रथम मानते थे। मालवा का शासक यशोधर्मन अपने मन्दसौर अभिलेख में स्वयं को 'स्थाणु' (शिव) का उपासक कहता है। गौड़नरेश शशांक भी कट्टर शैव था। हर्षवर्द्धन भी शैव उपासक था। बाणभट्ट एवं ह्वेनसांग दोनों इसकी पुष्टि करते हैं। 'हर्षचरित' के अनुसार थानेश्वर के हर घर में शिव की पूजा होती थी। ह्वेनसांग लिखता है कि वाराणसी शैव धर्म का प्रमुख केन्द्र था जहाँ शिव के एक सौ मन्दिर थे। यहाँ शिव के दस हजार भक्त निवास करते थे। बाँसखेड़ा ताम्रपत्र में हर्ष को 'परममाहेश्वर' सम्बोधित किया गया है। हर्ष का समकालीन असम का शासक भास्करवर्मा भी शैव था। पाल शासक नारायण पाल ने बौद्ध अनुयायी होते हुए भी एक सहस्र शिव मन्दिरों का निर्माण करवाया था।

राजपूत काल (700-1200 ई.) में भी शैव धर्म अत्यन्त लोकप्रिय था। कलचूरि वंश के उदयपुर प्रशस्ति में शिव को सर्पमाल एवं गंगा से सुशोभित बताया गया है। कलचूरि के भेड़ाघाट अभिलेख में शिव को 'कल्याणपति' तथा 'भालिन्दु' जैसे विशेषण से सम्बोधित किया गया है। राजपूत राजघरानों के गहड़वाल, परमार, चौहान तथा चन्देल राजवंशों के अभिलेखों से उनके शैव मतानुयायी होने के प्रमाण मिलते हैं। उनके अभिलेखों में शिव को अनेक नामों से सम्बोधित किया गया है। चन्देलों ने खजुराहो में अनेक शिव मन्दिरों का निर्माण भी कराया जिसमें कन्दरिया महादेव मन्दिर अत्यन्त विख्यात है। चेदि एवं प्रतिहार शासक भी शैव उपासक थे। प्रतिहार शासक बाउक के ग्वालियर अभिलेख से ज्ञात होता है कि उसने सिद्धेश्वर महादेव नामक शिव-मन्दिर का निर्माण करवाया था। प्रतिहार एवं सेन अभिलेखों में अर्द्धनारीश्वर का उल्लेख आया है। चालुक्य (गुजरात) शासक भी शैव मतानुयायी थे। चालुक्य भीम प्रथम ने सोमनाथ के प्रसिद्ध शिव मन्दिर का निर्माण करवाया था जो कालान्तर में महमूद गजनवी द्वारा तोड़ दिया गया था। अल्बरूनी ने भी सोमनाथ मन्दिर का उल्लेख किया है। चालुक्य शासक जयसिंह सिद्धराज ने सहस्रलिंग झील का निर्माण कराया था। उज्जैन का महाकालेश्वर मन्दिर तथा वाराणसी का विश्वनाथ मन्दिर इसी काल की निर्मितियाँ हैं।

उत्तर भारत की भाँति दक्षिण भारत में भी शैव धर्म का व्यापक प्रसार हुआ। पल्लव काल में शैव धर्म का प्रसार-प्रसार नयनार सन्तों द्वारा किया गया। इन सन्तों की संख्या 63 बतायी जाती है जिनमें आपार, तिरुज्ञान, सम्बरर, सुन्दरमूर्ति, मणिक्क वाचगर आदि प्रसिद्ध हैं। ये भजन-कीर्त्तन द्वारा समाज में शैव धर्म का प्रचार करते थे। ये लोग जाति-पाँति के विरोधी थे एवं भक्ति को ईश्वर-प्राप्ति का एकमात्र साधन मानते थे। चोल काल में सुदूर दक्षिण में शैव धर्म का प्रचुर उत्थान हुआ। चोल शासक राजराज प्रथम शिव का अनन्य उपासक था जिसने तञ्जावुर में राजराजेश्वर

का सुप्रसिद्ध शिव मन्दिर निर्मित करवाया था। उसका पुत्र एवं उत्तराधिकारी राजेन्द्र प्रथम भी शैव था जिसने अपनी राजधानी गंगैकोण्डचोलपुरम् में 'बृहदेश्वर' शैव मन्दिर का निर्माण करवाया। उसके समय में शैव धर्म का दक्षिण में चरमोत्कर्ष हुआ। चोल शासक कुलोन्तुंग प्रथम कट्टर शैव था जिसके विषय में कहा गया है कि शिव के प्रति अतिशय श्रद्धा के कारण उसने चिदम्बरम मन्दिर में स्थापित विष्णु प्रतिमा को उखाड़कर समुद्र में फेंकवा दिया था। इस घटना से क्षुब्ध होकर वैष्णव आचार्य रामानुज को कुछ काल के लिए चोल राज्य छोड़ना पड़ा। इस काल की काँसे की बनी नटराज शिव की मूर्तियाँ मूर्तिकला का भव्य उदाहरण हैं। राष्ट्रकूट शासक कृष्ण प्रथम ने एलोरा के प्रसिद्ध कैलाश मन्दिर का निर्माण करवाया। एकाश्म चट्टान को काटकर निर्मित किये गये इस मन्दिर की दीवारों पर गंगावतरण तथा रावण द्वारा कैलाश पर्वत को उठाये जाने का भव्य चित्रण किया गया है। चालुक्य शासक यद्यपि वैष्णव धर्मानुयायी थे किन्तु वे धर्मसहिष्णु थे। वातापी शाखा के विजयादित्य (733-747 ई.) ने पट्टदकल में एक शिव मन्दिर का निर्माण कराया था। इस समय बादामी एवं पट्टदकल में त्रिमूर्ति के विशाल मन्दिरों का निर्माण हुआ। बादामी में निर्मित विजयेश्वर एवं विरूपाक्ष मन्दिर उल्लेखनीय शैव मन्दिर हैं।

इस प्रकार यह स्पष्ट है कि प्रागैतिहासिक काल से आरम्भ होकर शैव उपासना आज तक क्रमशः विकासमान है। शिव अथवा महादेव का हिन्दू धर्म में अत्यन्त महत्त्वपूर्ण स्थान प्राप्त है। उनकी गणना त्रिदेवों (ब्रह्मा, विष्णु एवं महेश) में की जाती है। शिव के व्यक्तित्त्व में हमें आर्य एवं अनार्य दोनों तत्त्वों का समन्वय देखने को मिलता है।

शैव धर्म के सिद्धान्त : यद्यपि शैवमत का उद्‌गम वेदों से माना जाता है तथापि शैवमत के मूलग्रन्थ 'शैव-आगम' कहलाते हैं। अप्पयदीक्षितकृत 'शिवकर्माणि दीपिका' में शैवागमों के दो भेद बताये गये हैं - 1. वैदिक शैवागम तथा 2. अवैदिक शैवागम। अवैदिक शैवागमों की परम्परा वेदों से भी प्राचीन मानी जाती है। अवैदिक शैवागम अधिकांशतः लुप्त हो गये। कालान्तर में आगमशास्त्र का वर्गीकरण किया गया। इसके अनुसार 64 भैरव आगम, 10 शैव आगम तथा 18 रौद्र आगम हुए। एक चौथा वर्गीकरण शाक्त आगम कहलाया। इन आगमों को क्रमशः भैरव तन्त्र, शिव तन्त्र, रुद्र तन्त्र एवं शाक्त तन्त्र के नाम से भी जाना जाता है। शैवागमों द्वारा प्रतिपादित सिद्धान्त ही शैवमत कहलाता है। मुख्य रूप से शैव आगम एवं रौद्र आगम को ही शैवमत में प्रधानता दी गयी है।

शैवमत के अनुसार जगत् के तीन रत्न हैं - शिव, शक्ति तथा बिन्दु। शिव कर्त्ता हैं, शक्ति कारक है तथा बिन्दु उपादान है। शिव की दो शक्तियाँ हैं—1. समवायिनी तथा 2. परिग्रह। समवायिनी शक्ति निर्विकार एवं चिद्रूपा है जबकि परिग्रह शक्ति

अचेतन एवं परिमाणस्वरूप है। परिग्रहरूपा शक्ति को बिन्दु कहा जाता है। यह परिग्रहरूपा शक्ति या बिन्दु ही जगत् का उपादान कारण है। शैवमत के अन्तर्गत तीन पदार्थों की मान्यता है 1. पति, 2. पशु एवं 3. पाश। पति स्वयं शिव हैं जो स्वामी हैं। शिव सर्वज्ञ, सर्वद्रष्टा, कर्त्ता एवं अन्तर्यामी हैं। उनका शरीर कर्मफल नहीं है बल्कि शक्ति रूप (मन्त्र रूप) है। उनके शरीर (मन्त्र) को पाँच भागों में विभाजित किया गया है - ईशानमन्त्र (मस्तक), तत्पुरुष मन्त्र (मुख), घोर मन्त्र (हृदय), कामदेव मन्त्र (गुह्य अंग) तथा सद्योजात (पैर)। शिव के प्रधान कार्य हैं सृष्टि, पालन, संहार, तिरोभाव (आवरण) तथा प्रसाद (अनुग्रह)। शिव की दो अवस्थाएँ हैं– 1. लयावस्था एवं 2. भोगावस्था। लयावस्था केवल स्वरूप में रहती है जबकि भोगावस्था में शक्ति बिन्दु के माध्यम से जगत् की सृष्टि करती है।

'पशु जीवात्मा है, नित्य, अनिष्क्रिय एवं सर्वव्यापी है। 'पाश' (बन्धन) के कारण वह शिव से भिन्नता की अनुभूति में होता है किन्तु 'पाश' के हटने के बाद वह शिवस्वरूप हो जाता है। अर्थात् मुक्त एवं बन्धनहींन जीवात्मा ही शिव है। कर्मों की आबद्धता के कारण जीवात्मा को बार-बार संसार में आना पड़ता है।

'पाश' का अभिप्राय बन्धन है जिससे आबद्ध जीवात्मा (पशु) में शिवत्व का ज्ञान तिरोहित हो जाता है। पाश के चार प्रकार होते हैं- मल, कर्म, माया और रोधशक्ति। वह बन्धन जो जीवात्मा के ज्ञान, क्रिया, शक्ति को तिरोहित कर दे 'मल' कहलाता है। वह बन्धन जो फल की इच्छा से धर्म-अधर्म युक्त कार्य को प्रेरित करता है 'कर्म' कहलाता है। सृष्टिकाल में जीवों की सृष्टि एवं प्रलयकाल में जीवों का उच्छेद करनेवाली शक्ति माया कहलाती है। वह बन्धन जो जीवात्मा के शिवत्व या स्वरूप लक्षण का तिरोधान करता है 'रोध' के नाम से जाना जाता है।

शैवमत के अनुसार 'पाश' से मुक्ति क्रिया द्वारा ही सम्भव है ज्ञान द्वारा नहीं। जीव वस्तुतः शिवस्वरूप है किन्तु 'पाश' के कारण वह बन्धनों से जकड़ा रहता है। अतः क्रिया द्वारा ही मुक्ति सम्भव है जो शिव की उपासना या साधना का मार्ग है। क्रिया के अन्तर्गत सन्ध्योपासन, मन्त्रसिद्धि, पूजा, जप, हवन आदि विधियाँ आती हैं। इनके अनुगमन से जीव पाश मुक्त होकर शिव हो जाता है।

शैव धर्म के सम्प्रदाय - शैव धर्म के विकास के साथ ही शैव धर्म के उप सम्प्रदायों का भी विकास हुआ। वामनपुराण में शैवों के चार मत बताये गये हैं- शैव, पाशुपत, कालदमन तथा कापालिक। वाचस्पति मिश्र ने, कालदमन को कापालिक तथा यमुनाचार्य ने इसे कालामुख स्वीकार किया है। इस प्रकार शैवमत चार प्रमुख सम्प्रदायों में विभाजित है-1. शैव, 2. पाशुपत, 3. कालामुख तथा 4. कापालिक। दार्शनिक दृष्टिकोण से उक्त चार शैवमतों में शैव एवं पाशुपत का विशेष महत्त्व है। पाशुपत सम्प्रदाय किसी समय सर्वाधिक प्रचलित था किन्तु आज वह लुप्त हो गया

है। कालान्तर में शैव धर्म के नये सम्प्रदायों के रूप में वीरशैव (लिंगायत), कश्मीरी शैव एवं नाथ सम्प्रदाय का विकास हुआ।

1. **पाशुपत सम्प्रदाय** - इस सम्प्रदाय का संस्थापक लकुलीश या लकुली (नकुनी या लकुलीश) नामक ब्रह्मचारी था। वायुपुराण एवं लिंगपुराण के अनुसार लकुलीश का जन्म भारत के कायावरोहण नामक स्थान पर हुआ था। उक्त पुराणों के अनुसार जब योगेश्वर कृष्ण भारत में अपना धर्म-प्रचार कर रहे थे उसी काल में महादेव ने श्मशान में पड़े-एक मृत शरीर में प्रवेश कर लकुलीश के रूप में अवतरण किया। वायुपुराण के अनुसार उनके चार शिष्य थे-कुशिक, गार्ग, मित्र और कौरुष्य। लकुलीश का अर्थ है 'लकुट' या लगुड़ (दण्ड) या लकुल (लँगोटी) धारण करनेवाला। पाशुपत सम्प्रदाय के लोग हाथ में लगुड़ (दण्ड) तथा लकुल (लँगोटी) धारण करते थे। कुषाण शासक हुविष्क (2 सदी ई.) की मुद्रा पर लगुड़ (दण्ड) का चित्रण है जो इस सम्प्रदाय का प्राचीनतम प्रमाण है। लकुलीश के शिष्य कुशिक हुविष्क के समकालीन थे। इससे स्पष्ट है कि लकुलीश का समय प्रथम एवं दूसरी शताब्दी ई. के बीच में रहा होगा। लकुलीश ने उत्तरी एवं पश्चिमी भारत में पाशुपत शैव धर्म का प्रचार किया। लकुलीश की आकृति का चित्रण कश्मीर के पुराणदीष्थान मन्दिर (9वीं सदी) के तोरणद्वार पर प्राप्त होता है। ह्वेनसांग के उल्लेख के अनुसार सिन्ध और अहिच्छत्र के लोग बौद्ध नहीं हैं बल्कि भस्म लगानेवाले पाशुपत मत के अनुयायी हैं। चाहमान शासक विग्रहपाल के एक अभिलेख में पाशुपत सम्प्रदाय का उल्लेख है जिसके अनुसार पाशुपत महानुयायी अल्लत ने एक शिव मन्दिर का निर्माण करवाया था। कलचुरि एवं चेदि राजवंश भी पाशुपत मतावलम्बी थे।

पाशुपत सम्प्रदाय के आचार एवं सिद्धान्त - पहली सदी ई. के समय इस सम्प्रदाय का उत्तर एवं पश्चिमी भारत में विशेष उत्कर्ष हुआ। शकों, पल्लवों, एवं कुषाणों के काल में इस सम्प्रदाय का व्यापक प्रसार हुआ। इस मत के सिद्धान्त लकुलीशकृत 'सर्वदर्शनसंग्रह, भासर्वस्यकृत (8वीं सदी) 'गणकारिका' तथा माहेश्वरकृत 'पाशुपत सूत्र' पर आधारित है। वायुपुराण में भी पाशुपत मत के सिद्धान्तों तथा उसके योग पक्ष पर विचार किया गया है। पाशुपत सूत्रों पर कौण्डिन्य ने भाष्य लिखा तथा उसने पाशुपत चर्याओं को ब्राह्मण विरोधी बताया है। पाशुपत अनुयायियों एवं ब्राह्मणों में विरोध की पुष्टि 'स्मृति-चन्द्रिका' से भी होती है। किन्तु पाशुपत मत जाति-पाँति के भेद को स्वीकार नहीं करता। इस सम्प्रदाय में भक्ति पर विशेष बल दिया गया है। इसके मतानुयायी शरीर पर भस्म लगाते, गुहावास या श्मशान में रहते थे एवं भिक्षाटन से प्राप्त अन्न द्वारा जीविका का निर्वाह करते थे। वे एक चौल (एक वस्त्र) पहनते तथा दण्ड धारण करते थे। इनके लिए मांसाहार की स्वीकृति है किन्तु पशुओं की हत्या करके प्राप्त मांस वर्जित है। इन्हें वामगार्मी क्रियाओं (पंचमकारी) की भी स्वीकृति दी गयी है। 'पाशुपत सूत्र' में निर्देश है कि इसके अनुयायी शूद्रों एवं स्त्रियों

के स्पर्श से दूर रहें क्योंकि उनके स्पर्श से छूत लगता है। यदि ऐसा छूत लगता है तो उन्हें रुद्र-गायत्री मन्त्र के उच्चारण द्वारा अपने को पवित्र कर लेना चाहिए। 'पाशुपत-मन्त्र' में दिये गये निर्देश कभी-कभी अतिवादी या कट्टरवादी हैं। सम्भवतः विदेशियों से अपने धर्म को बचाने के लिए यह कट्टरता आयी थी। किन्तु प्रारम्भिक पाशुपत अनुयायी उदार थे। पाशुपत मत द्वैतवादी है। इसके अन्तर्गत पाँच पदार्थों को स्वीकार किया गया है—

1. कार्य— जिसमें स्वतन्त्र शक्ति नहीं है उसे कार्य कहा गया है। जड़ एवं चेतन (जीव) इसी के अन्तर्गत आते हैं।

2. कारण-वह तत्त्व जो समस्त वस्तुओं की सृष्टि तथा संहार के साथ उन्हें अनुग्रह प्रदान करता है। वही परमात्मा है जिसमें असीम ज्ञान एवं शक्ति समाहित है। इसे ही 'पति' कहा गया है। वह पूर्ण स्वतन्त्र होते हुए भी ज्ञान, शक्ति एवं कर्त्तव्य से सम्पन्न है।

3. योग-वह पदार्थ जिसके माध्यम से आत्मा (जीव या पशु) का परमात्मा (पति) से सम्बन्ध स्थापित होता है। योग दो प्रकार का होता है-1. क्रियात्मक अर्थात्, जप, तप, ध्यान आदि तथा 2. अक्रियात्मक अर्थात् क्रिया की निवृत्ति, अनुभव एवं तत्त्वज्ञान।

4. विधि-जीव को माहेश्वर की प्राप्ति करानेवाले साधन को विधि कहा जाता है। मुख्य (चर्या) तथा गौड़ इसके दो भेद हैं। भस्म-स्नान, भस्म-शयन, जप, उपहार, प्रदक्षिणा आदि इसके प्रमुख अंग है।

5. दुःखान्त-इसका अभिप्राय है दुःखों से निवृत्ति। दोषों के कारण जीव बन्धन में रहता है। योग और विधि से मन को स्थिर कर एवं शिव का अनुग्रह प्राप्त कर जीव मुक्ति का अनुगमन करता है। दुःखान्त दो प्रकार का होता है- 1. अनात्मक अर्थात् दुःखों की मात्र निवृत्ति तथा 2. सात्मक- अर्थात् ज्ञान और कर्म की शक्ति से परम ऐश्वर्य या अलौकिक शक्तियों की प्राप्ति।

उपर्युक्त सिद्धान्तों के माध्यम से ही पाशुपत सम्प्रदाय का विकास हुआ। भारत एवं विश्व के कुछ भागों में आज भी पाशुपत सम्प्रदाय का प्रसार है। नेपाल के काठमाण्डू का पशुपतिनाथ मन्दिर आज भी इस मत के श्रद्धालुओं का केन्द्र है।

2. **कापालिक सम्प्रदाय** - कापालिक सम्प्रदाय के उपासक भैरव हैं जो शंकर के अवतार माने गये हैं। कापालिक मतावलम्बी तान्त्रिक भावना से प्रभावित थे। ये खोपड़ी में खाना खाते, पानी पीते, सुरा-सुन्दरी का पान करते, जटा-जूट रखते, मांस ग्रहण करते, श्मशान में सोते तथा हाथ में नरमुण्ड धारण करते थे। भैरव को प्रसन्न करने के लिए कभी-कभी वे नरबलि भी देते थे। ह्वेनसांग ने इनका प्रमुख केन्द्र 'कपिशा' बताया है जबकि 'शंकर दिग्विजय' नामक ग्रन्थ में इसका प्रमुख केन्द्र

उज्जैन को बताया गया है। इसी प्रकार भवभूतिकृत 'मालतीमाधव' श्री शैल को कापालिकों का प्रमुख केन्द्र मानता है। इस नाटक में अघोरघण्ट नामक कापालिक आचार्य नायिका मालती की बलि देने का प्रयत्न करता है। कापालिकों के अनुसार छह मुद्रिकाओं (कण्ठिका, रुचक, कुण्डल, शिखामणि, भस्म, यज्ञोपवीत) के प्रयोग से भगासन पर बैठकर परम ब्रह्म का चिन्तन करने से ही मुक्ति सम्भव है। इन मुद्रिकाओं के धारण करने से मनुष्य आवागमन से मुक्त हो जाता है।

3. **कालामुख सम्प्रदाय** - यह कापालिकों का ही वर्ग था किन्तु ये कापालिकों से अतिवादी थे। अतिमार्गी होने के कारण ही उन्हें शिवपुराण में महाव्रतधर कहा गया है। मोक्ष-प्राप्ति के लिए ये निम्न क्रियाओं को अनिवार्य मानते थे-

1. कपाल में भोजन करना।
2. श्मशान पर जले शव का भस्म अपने शरीर पर लगाना।
3. श्मशान की राख तथा घृणित पदार्थ खाना।
4. दण्ड धारण करना।
5. सुरा-पात्र सदा साथ रहना।
6. एक हाथ में नरकपाल तथा दूसरे में लोहे का दण्ड रखना।
7. सुरा एवं रक्त रंजित कपालों से भैरव की पूजा करना।
8. छह मुद्रिकाओं से भगासन पर बैठकर ध्यान लगाना।
9. सिर पर जटा-जूट एवं गले में रुद्राक्ष की माला पहनना।
10. अन्य तामसी एवं राक्षसी क्रियाएँ करना।

4. **वीरशैव या लिंगायत**- दक्षिण भारत में इस सम्प्रदाय का प्रचार हुआ। इसके प्रवर्तक अल्लभ प्रभु तथा उनके शिष्य बसव (कलचुरी शासक विजय का मन्त्री) थे। बसव ब्राह्मण जाति के थे। इसके उपासक शिवलिंग की आराधना करते थे इसी कारण उसे लिंगायात या 'जंगम' भी कहा जाता है। वीरशैव या लिंगायत के मतावलम्बी शिवलिंग को चाँदी के सम्पुट में रखकर हर समय गले में लटकाये रहते हैं। ऐसे लोगों का विश्वास है कि समय-समय पर पाँच महापुरुषों ने इस धर्म का उपदेश दिया, उनके नाम हैं— रेणुकाचार्य, दारुकाचार्य, एकोरामाचार्य, पण्डिताराध्य और विश्वाराध्य। इन आचार्यों का जन्म शिव के विभिन्न लिंगों से हुआ। इन पाँच आचार्यों ने पाँच गद्दियाँ या पीठें स्थापित कीं-रम्भापुरी (मैसूर), उज्जैन, ऊखीमठ (केदारनाथ), श्री शैल तथा काशी। इस सम्प्रदाय का अधिकांश साहित्य कन्नड़ भाषा में है। श्रीपति (1060 ई.) द्वारा रचित 'श्रीकरभाष्य' में इस सम्प्रदाय के सिद्धान्त उपनिषदों से निःसृत बताये गये हैं। यह सम्प्रदाय निष्काम कर्मफल के सिद्धान्त को स्वीकार करता है। इसलिए इस मार्ग को 'वीर धर्म' अथवा 'वीर मार्ग' भी कहा जाता

है। इसके अनुसार शिव ही परमतत्त्व हैं जिसे 'स्थल' के रूप में परिभाषित किया जाता है। शिव में ही उपास्य (लिंगस्थल) एवं उपासक (अंगस्थल) की शक्तियाँ विद्यमान हैं। अतः शिव से ही सृष्टि का जन्म होता है तथा शिव से ही तादात्म्य होता है। 'लिंग' शिव कला का तथा 'अंग' जीव भक्ति का प्रतीक है। लिंगायत मतानुयायी ब्राह्मणों के दो वर्ग हैं—आचार्य एवं पंचक। कालान्तर में लिंगायतों की चार श्रेणियाँ हो गयी हैं—जंगम, शीलवन्त, वणिक एवं पंचमशाली।

5. **कश्मीरी शैव**- कश्मीर में शैव धर्म का एक नया सम्प्रदाय विकसित हुआ जो अन्य शैव सम्प्रदायों से अधिक मानवीय एवं युक्तिसंगत है। इसे 'प्रत्यभिज्ञादर्शन', 'त्रिक्दर्शन' तथा 'माहेश्वर दर्शन' भी कहा जाता है। इस मत में 10 शैवागम, 18 रुद्रागम, 64 भैरवागम अर्थात् कुल 92 आगमों की मान्यता है। इस सम्प्रदाय का प्रवर्तक 'वसुगुप्त' को माना जाता है जिनका समय 9वीं सदी का पूर्वार्द्ध है। वसुगुप्त ने 'शिवसूत्र' तथा 'स्पन्दकारिका' नामक दो ग्रन्थों का प्रणयन किया। सोमानन्द तथा कल्लट वसुगुप्त के दो प्रमुख शिष्य थे। इसकी तीन शाखाएँ हैं-आगमशास्त्र (त्रिक्दर्शन), स्पन्दनशास्त्र तथा प्रत्यभिज्ञादर्शन। आगमशास्त्र के अन्तर्गत 'सिद्धा', 'नामक' तथा 'मालिकी' तीन तत्त्व माने जाते हैं जो क्रमशः पशु, पति एवं पाश कहे जाते हैं। इन तीन तत्त्वों के कारण इसे त्रिक् दर्शन कहा जाता है। स्पन्ददर्शन का प्रवर्तक कल्लट को माना जाता है। स्पन्ददर्शन में मोक्ष के तीन उपाय बताये गये हैं - आणव, सम्भव तथा शाक्त। इसके लिए योग एवं तप की आवश्यकता बतायी गयी है। इसके अनुसार शिव विश्व का मूल हैं जिसमें स्पन्दन है। प्रत्यभिज्ञादर्शन के प्रवर्तक सोमानन्द थे जिनकी प्रसिद्ध कृति 'शिवदृष्टि' है। सोमानन्द के प्रमुख शिष्यों में उदयाकर तथा अभिनवगुप्त (10वीं सदी ई.) प्रसिद्ध हैं। प्रत्यभिक्षा का अर्थ है-अपनी आत्मा को पहचानना। यह ज्ञानमार्ग की स्वीकृति देता है अतः इसमें योग नहीं बल्कि ज्ञान की आवश्यकता है। इसके अनुसार शिव ही परमतत्त्व हैं तथा प्रत्येक जीव स्वयं शिव है। सब-कुछ शिवमय है। आवरण के कारण अपने स्वरूप का दर्शन नहीं हो पाता। अपने शिव स्वरूप को पहचान लेना ही जीव का उद्देश्य है। मोक्ष का अन्तिम उपाय 'प्रत्यभिज्ञा' अर्थात् आत्मसाक्षात्कार है। शिव में शिव एवं शक्ति दोनों का समन्वय है। शिव को अपने प्रकाश का ज्ञान शक्ति के कारण होता है और तभी सृष्टि होती है।

6. **नाथ सम्प्रदाय**- 9वीं सदी के बाद शैव धर्म में एक नये सम्प्रदाय का विकास हुआ जिसे नाथ सम्प्रदाय या सहजयान सिद्धि कहा गया। इस सम्प्रदाय के प्रवर्तक मत्स्येन्द्रनाथ (मच्छन्दरनाथ) थे जिनका जन्म बंगाल के धीवर परिवार में हुआ था। उन्होंने दसवीं सदी के उत्तरार्द्ध में अपने सम्प्रदाय का प्रसार बंगाल में किया। मत्स्येन्द्रनाथ ने 'योगिनीकौल' नामक नये सिद्धान्त का प्रतिपादन किया। 'कौलज्ञाननिर्णय' तथा 'अकुलवीर तन्त्र' नामक ग्रन्थों में इस सिद्धान्त की विस्तृत

चर्चा है। इस सिद्धान्त में नौ नाथों को दिव्य पुरुष माना जाता है। प्रथम नाथ स्वयं शिव थे जिन्हें आदिनाथ भी कहा जाता हैं। इस सिद्धान्त में शिव को 'अकुल' के नाम से जाना जाता है तथा शिव की शक्ति को 'कुल' कहा जाता है। अकुल (शिव) तथा कुल (शक्ति) का अन्योन्याश्रित सम्बन्ध है। दोनों एक दूसरे के बिना नहीं रह सकते। इन दोनों के संयोग से ही सृष्टि की सर्जना होती है। मत्स्येन्द्रनाथ की साधना वज्रयानी बौद्धों की साधना से साम्य रखती है। अतः मत्स्येन्द्रनाथ को 'अवलोकितेश्वर' बुद्ध के अवतार के रूप में स्वीकार किया जाता है तथा तिब्बत में उन्हें सिद्ध लुईपाद के रूप में जाना जाता है। मत्स्येन्द्रनाथ ने अपने ग्रन्थ 'अकुलवीर' में शिव एवं बुद्ध के एकत्व को अभिव्यक्ति दी है। इससे प्रतीत होता है कि इस समय शिव एवं बौद्ध धर्म एक-दूसरे के करीब आये तथा तत्कालीन भारतीय सामाजिक एवं धार्मिक जीवन को गहराई से प्रभावित किया।

मत्स्येन्द्रनाथ के प्रिय शिष्य गोरखनाथ (10-11वी सदी ई.) ने नाथ सम्प्रदाय का भारत में व्यापक प्रसार-प्रचार किया। सम्भवतः रावलपिण्डी (पाकिस्तान) उनका जन्म स्थान था। उनसे सम्बन्धित अनेक स्थान आज भी पाकिस्तान में विद्यमान हैं। 'योगकार्य' तथा 'गोरक्षसिद्धान्त संग्रह' उनके प्रसिद्ध ग्रन्थ हैं जिनमें उनके सिद्धान्तों का प्रतिपादन मिलता है। उन्होंने मत्स्येन्द्रनाथ के कतिपय सिद्धान्तों का खण्डन किया तथा पूर्ण ब्रह्मचर्य पर बल दिया। वे वाममार्गी गुह्यसाधनाओं के विरोधी थे तथा योग एवं इन्द्रिय निग्रह पर बल देते थे। उन्होंने साधना-क्षेत्र में स्त्रियों के प्रवेश का विरोध किया तथा यह मत व्यक्त किया कि उनके प्रवेश से योग-साधना सम्भव नहीं है। उन्होंने सहजयोग, इन्द्रिय निग्रह, सदाचार एवं पवित्रता पर बल दिया। उनके अनुसार शिव ही परमतत्त्व है जब उसको सृष्टि की इच्छा होती है तब वह शक्ति के रूप में परिवर्तित हो जाता है। सृष्टि ब्रह्माण्ड की ही प्रतिकृति पिण्ड (शरीर) है। जब कुण्डलिनी जागरण द्वारा सुषुम्ना के मार्ग से छह चक्रों को पार करते हुए कुण्डलिनी सहस्रार चक्र तक पहुँच जाती है तब शक्ति एवं शिव का संयोग होता है तथा परमशिव की प्राप्ति होती है। गोरखनाथ ने महात्मा बुद्ध की तरह मध्यममार्ग का अनुगमन किया तथा बौद्ध एवं हिन्दू धर्म में व्याप्त अतिवादिता का विरोध किया। 'अनंगवज्र' या 'रमणवज्र' जैसे उनके बौद्ध नाम भी मिलते हैं। उन्होंने संयम एवं सदाचार पर आधारित सहज जीवन-पद्धति को अपनाने का निर्देश दिया। वस्तुतः गोरखनाथ के कारण नाथ सम्प्रदाय का तीव्र विकास हुआ। उनकी देवत्व की अनुश्रुतियाँ नेपाल, तिब्बत, महाराष्ट्र, गुजरात, राजस्थान एवं उत्तर भारत के अनेक स्थलों तक फैली हैं। उनकी शिव, ब्रह्मा एवं विष्णु जैसे देवताओं से तुलना की गयी है।

गोरखनाथ के पश्चात् उनके प्रमुख शिष्यों (चर्पटीनाथ, चौरंगीनाथ, गोपीचन्द्र आदि) ने नाथ सम्प्रदाय का प्रचार-प्रसार किया। कालान्तर में नाथ पन्थ में भी वाममार्गी साधना का प्रवेश हो गया। पंचमकारी साधना के प्रवेश से इस पन्थ में वर्ज्य एवं अवर्ज्य का भेद नहीं रह गया। इस अर्थ में नाथपन्थियों एवं वज्रयानी बौद्धों में काफी साम्य है। दोनें पन्थों के आचार्यों को सिद्ध कहा जाता है। चौरासी सिद्धों की कल्पना में कुछ नाम दोनों पन्थों के बीच साम्य रखते हैं। कभी-कभी दोनों प्रकार (नाथ एवं बौद्ध) सिद्धों में एकरूपता का भ्रम होता है। कालान्तर में नाथ सम्प्रदाय में तान्त्रिक साधना का प्रवेश हो गया। इस प्रकार ब्रजयानी एवं नाथ तान्त्रिकों में कोई भेद नहीं रह गया तथा दोनों साधनाओं ने के एक दूसरे को काफी प्रभावित किया। कालान्तर में नाथ पन्थ में हठयोग का भी प्रवेश हुआ। 'हठयोग प्रदीपिका' नामक ग्रन्थ से अनेक हठयोगों का विवरण मिलता है।

सन्दर्भ सूची

शैव कल्ट्स-विश्वम्भरशरण पाठक

पाणिनिकालीन भारत-वासुदेवशरण अग्रवाल

रेलिजस हिस्ट्री ऑफ इण्डिया - श्रीराम गोपाल

स्प्रिचुअल हेरिटेज ऑफ इण्डिया - स्वामी प्रभवानन्द

कल्चर ऐण्ड सोसाइटी इन इण्डिया - निर्मल कुमार बोस

वैष्णविज्म, शैविज्म ऐण्ड माइनर रेलिजस सेक्ट्स - आर.जी. भण्डारकर

लव ऑफ गाड एकार्डिंग टू शैव थ्योरी - एम.एस. धवमोनी

शैव कल्ट इन नार्दन इण्डिया - वी.एन. पाठक

13

शाक्त सम्प्रदाय

शक्ति की उपासना करनेवालों को शाक्त एवं उनके मत को शाक्त मत कहा जाता है। इस मत में परमेश्वर की कल्पना स्त्री रूप में की जाती है और उसे शक्ति के नाम से अभिहित किया जाता है। शक्ति की उपासना प्रायः तीन पद्धतियों से की जाती है - 1. सौम्य या शिष्ट उपासना, 2. उग्र या भयंकर उपासना तथा 3. कामप्रधान उपासना। सौम्य उपासना के अन्तर्गत लक्ष्मी, पार्वती, ब्रह्माणी, शारदा (वैष्णो देवी), उमा, कौमारी, सरस्वती आदि देवियों की उपासना की जाती है। यह सौम्य पद्धति सर्वाधिक प्रचलित है। उग्र या भयंकर उपासना के अर्न्तगत भैरवी, चामुण्डा, चण्डी, काली, कपाली आदि देवियों की पूजा-उपासना की जाती है। कापालिक एवं कालामुख जैसे घोर पन्थी सम्प्रदाय के लोग देवी के इसी उग्र रूप की पूजा करते हैं जिसमें बलि, सुरा मांस आदि का अत्यन्त बहुलता से प्रयोग होता है। इसी प्रकार कामप्रधान उपासना के अन्तर्गत आनन्दभैरवी, त्रिपुरसुन्दरी, ललिता आदि देवियों की उपासना की जाती है। शाक्त मतानुयायी इसी कामप्रधान देवी रूप की उपासना करते हैं तथा शिव को आनन्दभैरव या महाभैरव कहते हैं। असम का कामाख्या मन्दिर कामप्रधान उपासना अर्थात् शाक्तों का मुख्य पीठ है। शंकराचार्य ने 'सौन्दर्य लहरी' में त्रिपुरसुन्दरी देवी के अलौकिक रूप का वर्णन किया है। महाभैरव को देवी की आत्मा माना गया है जिनके नौ व्यूह हैं - काल, कुल, नाम, ज्ञान, अहंकार, चित्त, बुद्धि, महत् एवं मन-व्यूह। महाभैरव एवं महाभैरवी के मिलन से ही सृष्टि का निर्माण होता है। सृष्टि से पहले शिव एवं शक्ति की ही सत्ता होती है। शिव बिन्दुस्वरूप है। शक्ति के सम्पर्क से बिन्दु (शिव) नाद बन जाता है। नाद और बिन्दु सम्पृक्त होकर 'काम' उत्पन्न करते हैं तथा इसी काम से 'त्रिपुरसुन्दरी-स्वरूप' 'काम-कला' का उदय होता है जो परम तत्त्व है एवं शाक्तो का इष्ट है।

शाक्त मत के दो सम्प्रदाय हैं—1. कौलमार्गी एवं 2. समयाचारी। कौल वही है जो शक्ति (कुल) का शिव (अकुल) से मिलन में विश्वास करता है। जो योग क्रिया

द्वारा कुण्डलिनी या शक्ति (कुल) का अभ्युत्थान कर सहस्रार स्थित शिव (अकुल) से मिलन कराने में समर्थ होता है वही कौल है। कौलाचार ही कुलाचार या वामाचार है। यह आचार मीन, मुद्रा, मद्य, मांस, मैथुन इन पाँच मकारों के अनुपालन पर आधारित है। ये पंचमकार मनुष्य की आन्तरिक शक्तियाँ हैं। मीन का अभिप्राय है प्राणवायु को सुषुम्ना नाड़ी के भीतर प्राणायाम के द्वारा संचालित करना। मुद्रा का अभिप्राय है सत्संग अर्थात् असत् संग का त्याग। मद्य कोई बाहरी शराब न होकर सहस्रार से पारित सुधा है। पाप और पुण्य से ऊपर उठकर मन को ब्रह्मलीन करना ही मांसाहार है तथा सुषुम्ना एवं प्राण का सहस्रार में सहवास ही मैथुन है। इस प्रकार पंचमकारों का सम्बन्ध अन्तर्योग से है। परन्तु कालान्तर में शाक्तों ने आन्तरिक साधना को छोड़कर बहिर्साधना को स्वीकार कर लिया तथा वे पंचमकारों का भौतिक अर्थ लेने लगे। इसी कारण बाद में शाक्त निन्दनीय हो गये।

समयाचार में अन्तर्योग का प्राधान्य है। 'समय' का अर्थ है शक्ति में अवस्थित शिव। अर्थात् शिव एवं शक्ति का सामंजस्य ही 'समय' है। समयाचार में मूलाधार में सुप्त कुण्डलिनी को जाग्रत कर विभिन्न चक्रों (मूलाधार, स्वाधिष्ठान, मणिपूर, अनाहत, हृदयचक्र, विशुद्धिचक्र, आज्ञा चक्र, तथा सहस्रार चक्र) से होकर सहस्रार चक्र में अवस्थित शिव से संयोग करा देना ही प्रधान आचार है। आरम्भ में कौलमार्गी एवं समयाचारी दोनों साधनाओं में ऐक्य था किन्तु कालान्तर में कौलमार्गी बाह्य साधना की ओर मुड़ गये तथा समाज में निन्दनीय हो गये। समयाचारी लक्ष्मीधर (1268-1379) ने कौलमार्गियों की कड़ी निन्दा की है।

शाक्त मत के मूल ग्रन्थों को शाक्त आगम कहते हैं। इन ग्रन्थों में अगस्त्यकृत 'शक्तिसूत्र' एवं 'शक्तिमहिम्नस्तोत्र' सुमेधाकृत 'त्रिपुरा रहस्य', गौडपादकृत 'श्री विद्यारत्न सूत्र', शंकराचार्यकृत 'सौन्दर्य लहरी' तथा 'प्रपंचसार' अभिनवगुप्तकृत 'तन्त्रलोक' आदि ग्रन्थ समयाचारी सम्प्रदाय के हैं जबकि 'कालज्ञान', 'कालोत्तर' तथा 'महाकाल संहिता' जैसे ग्रन्थ कौलमार्ग के प्रसिद्ध ग्रन्थ हैं। शाक्त तन्त्रों का सम्बन्ध अथर्ववेद के सौभाग्य काण्ड से भी जोड़ा जाता है। शाक्त मत के उपनिषद् भी लिखे गये जैसे-कौल, त्रिपुरा, महोपनिषद, अरुणोपनिषद, कलिका, बह्मच एवं तारोपनिषद। कौल, त्रिपुरा एवं महोपनिषद पर 17वीं सदी ई. में भास्कर राय ने अपना भाष्य लिखा। इसी प्रकार त्रिपुरा एवं भावनोपनिषद पर 16वीं सदी में अप्पय दीक्षित द्वारा भाष्य लिखा गया था।

शाक्त मत का इतिहास बहुत प्राचीन है। सिन्धु सभ्यता से ही शक्ति पूजा के प्रमाण प्राप्त होने लगते हैं। ऋग्वेद के दशम मण्डल में एक पूरा सूक्त ही शक्ति की उपासना में विवृत है जिसे तान्त्रिक 'देवीसूक्त' कहते हैं। यह सूक्त 'वाक्देवी' को समर्पित है जो महर्षि अंभृण की दुहिता थी। शाक्त मत का शैव मत से गहरा सम्बन्ध रहा है। बाजसनेयी संहिता में 'अम्बिका' देवी का उल्लेख आया है जो रुद्र की बहन है। तैत्तिरीय एवं शतपथ ब्राह्मणों में भी अम्बिका को रुद्र की बहन कहा

गया है। रुद्र की पत्नी के रूप में पार्वती का उल्लेख तैत्तिरीय आरण्यक में मिलता है जबकि 'उमा' का उल्लेख केनोपनिषद में विद्यादेवी के रूप में आया है। यहाँ उमा को हेमवती (हिमालय की पुत्री) भी कहा जाता है। पार्वती, उमा, हेमवती जैसे शब्द पर्वतीय प्रदेश को इंगित करते हैं। जिस प्रकार शिव की प्रारम्भिक उपासना दस्यु, किरात, निषाद आदि जातियों में अधिक हुई उसी प्रकार शक्ति की प्रधानता भी आदिम एवं पर्वतीय जनजातियों में अधिक थी। महाभारत में भी शक्ति पूजा का उल्लेख मिलता है। कृष्ण की सलाह पर भावी युद्ध में विजय के लिए अर्जुन ने दुर्गा की आराधना की थी। विराट् पर्व में युधिष्ठिर ने देवी उपासना करते हुए उसे महिषासुरमर्दिनी, विन्ध्यनिवासिनी आदि नामों से पुकारा है। पुराणों में देवी के विविध रूपों की उपासना का उल्लेख आता है। हरिवंशपुराण में देवी द्वारा शुम्भ-निशुम्भ जैसे असुरों के संहार की कथा है। विष्णुपुराण में कंस द्वारा यशोदा-पुत्री के वध के प्रयास की कथा आती है। मार्कण्डेयपुराण में शक्ति की महत्ता का विशद प्रतिपादन मिलता है। इस पुराण में शक्ति के तीन रूपों का वर्णन किया गया है— 1. महाकाली (प्रथम अध्याय), 2. महालक्ष्मी (2 से 4 अध्याय) तथा 3. महासरस्वती (5 से 13 अध्याय)। मार्कण्डेय पुराण में ही दुर्गा से सम्बन्धित 'दुर्गासप्तशती' का अंश है जिसका पाठ नवरात्र में किया जाता है। इस पुराण में दुर्गा के अनेक रूपों की चर्चा है जैसे पार्वती के कोश से उत्पन्न कौशिकी, कृष्ण शरीरवाली काली, चण्डमुण्ड का वध करने चामुण्डा, ब्राह्मी, माहेश्वरी, कौमारी, वैष्णवी, वाराही, नारसिंही आदि। वायुपुराण एवं मत्स्यपुराण में भी देवी माहात्म्य का प्रसंग आता है। ब्रह्माणी, माहेश्वरी, कौमारी, वैष्णवी, वाराही, इन्द्राणी तथा यमी या चामुण्डा- इन सात देवियों को 'सप्तमातृका' के नाम से जाना जाता है। कुषाणकालीन स्थापत्य कला में 'सप्तमातृकाओं' के चित्रण मिलते हैं। गुप्तकालीन कोशकार अमरसिंह ने अपने 'अमरकोश' में सप्तमातृकाओं की चर्चा की है। कालिदासकृत कुमारसम्भव में इन्हें 'मातरः' कहा गया है। गुप्त शासकों के सिक्कों पर भी लक्ष्मी एवं दुर्गा के चित्र अंकित हैं।

शक्ति-पूजा का प्रथम ऐतिहासिक प्रमाण कुषाण शासक हुविष्क के सिक्कों पर अंकित देवी की प्रतिमाओं में मिलता है। इससे पता चलता है कि ईसा की प्रथम सदी तक देवी-प्रतिमाओं का निर्माण होने लगा था। गुप्तकाल में अनेक देवी प्रतिमाओं का निर्माण हुआ। इस समय नचना कुठार के पार्वती मन्दिर के अलावा गंगा, यमुना, दुर्गा आदि की बहुसंख्यक मूर्तियों का निर्माण हुआ। गंगा एवं यमुना का अंकन गुप्तकालीन मन्दिरों के चौखटों पर मिलता है। गुप्तकाल में ही देवी के सहचरी के रूप में शाकिनी, डाकिनी आदि का नाम अभिलेखों में आने लगा था। ये मध्य एशियाई तत्त्व हैं। शाकिनी शकिस्तान तथा डाकिनी डकिस्तान नामक मध्य एशियाई स्थलों से सम्बन्धित है। 'नीलतन्त्र' नामक ग्रन्थ में देवी का स्थान 'कोल' नामक झील बताया गया है जो आज भी पामीर के पास 'सर' और 'आमू' नदियों

के बीच स्थित है। इस प्रकार शाक्त सम्प्रदाय पर मध्य एशियाई प्रभाव भी पड़ने लगा। इस समय चामुण्डा की पूजा का केन्द्र दक्षिण का श्रीशैल (मद्रास) तथा कौमारी की पूजा का केन्द्र कन्याकुमारी था। ये दोनों देवियाँ द्रविड़ परिवार की देवियाँ हैं। हर्षचरित में अनेक स्थलों पर दुर्गा की उपासना का उल्लेख है। ह्वेनसांग के विवरण से पता चलता है देवी दुर्गा को प्रसन्न करने के लिए मानव बलि भी दी जाती थी। स्वयं ह्वेनसांग भी अयमुख नामक स्थान पर (अयोध्या के पास) ऐसी ही मानव बलि का शिकार होते-होते बचा था। पूर्व मध्ययुगीन साक्ष्यों से भी शक्ति-पूजा का पता चलता है। भेड़ाघाट (जबलपुर) के निकट 64 योगिनी मन्दिर है जिनका निर्माण 900-1100 ई. के मध्य हुआ था। इनमें शक्ति की 44 प्रतिमाएँ हैं जिनमें 'सप्तमातृकाओं' की प्रधानता है। इसी तरह के 64 योगिनी मन्दिर खजुराहो एवं ललितपुर (सुराड़ा, उड़ीसा) से भी प्राप्त हुए हैं। प्रतिहार शासक महेन्द्रपाल के अभिलेख में दुर्गा को विभिन्न नामों से अभिहित किया गया है। अल्बरूनी ने 11वीं सदी में शारदा (वैष्णो देवी) की लकड़ी की प्रतिमा का उल्लेख किया है। कल्हण, विल्हण तथा हेमचन्द्र ने भी शारदा देवी के मन्दिर का उल्लेख किया है। जोनराज ने अपने ग्रन्थ 'द्वितीय राजतरंगणी' में शारदा देवी की ख्याति का विशद वर्णन किया है। अबुल फजल (16वीं सदी) ने अपने ग्रन्थ 'आईने-अकबरी' में शारदा देवी के प्रस्तर मन्दिर का उल्लेख किया है। दक्षिण भारत में भी देवी के विभिन्न रूपों की पूजा का प्रचलन था। राष्ट्रकूट शासक 'अमोघवर्ष' महालक्ष्मी का अनन्य भक्त था। उसके संजन लेख से पता चलता है कि उसने एक बार अपने बायें हाथ की अँगुली काटकर देवी को चढ़ा दिया था।

सम्प्रति शक्ति-पूजा के प्रधानतः तीन केन्द्र हैं - कश्मीर, कांची एवं कामाख्या (असम)। कश्मीर एवं कांची श्रीविद्या के प्रधान पीठ हैं तथा कामाख्या कौल मत का प्रधान केन्द्र है।

शाक्त तत्त्व चिन्तन-शाक्त तत्त्व दर्शन शैव-सिद्धान्तों से प्रभावित है किन्तु यहाँ शक्ति परम तत्त्व है। शक्ति में बह्मा (सृजन), विष्णु (पालन) तथा शिव (संहार) तीनों का अंश है। अतः उन्हें जगन्माता कहा जाता है। उसे 'परा' नाम से भी सम्बोधित किया जाता है। शिव एवं शक्ति दो आद्य तत्त्व हैं। शिव शक्ति में प्रवेश करके 'बिन्दु' (पुरुषतत्त्व) का रूप ग्रहण करते हैं तथा शक्ति शिव में प्रवेश करके 'नाद' (स्त्री-तत्त्व) का रूप ग्रहण करता है। बिन्दु एवं नाद के सम्मिलन से मिश्र बिन्दु आविर्भूत होता है जो स्त्री-पुरुष शक्तियों का प्रतीक है तथा काम की संज्ञा से जाना जाता है। मूल बिन्दु समस्त जगत् का उपादान है तथा 'नाद' बिन्दु के संवर्द्धन से जन्म लेनेवाले तत्त्व का नाम है। 'श्वेत बिन्दु' पुरुष तत्त्व है तथा 'रक्त बिन्दु' स्त्री तत्त्व है। दोनों के मिलने से सृष्टि की उत्पत्ति होती है। चारो तत्त्वों (नाद, बिन्दु, श्वेत बिन्दु तथा रक्त बिन्दु) को शक्ति तत्त्व कहते हैं। इन चार तत्त्वों के सम्मिलन से कामकला का

उदय होता है जो सृष्टि का आधारपीठ है। सृष्टि कामकला का परिणाम है विवर्त नहीं। काम कला सर्वोच्च देवी है। सृष्टि करने के कारण उनकी स्थिति सर्वोच्च है। उन्हें परा, ललिता, भट्टारिका, तथा त्रिपुरसुन्दरी की भी संज्ञा दी गयी है। शिव का प्रतीक 'अ' अक्षर माना गया है तथा शक्ति का प्रतीक 'ह' अक्षर। इसलिए देवी अहं कही जाती हैं। 'अ' तथा 'ह' वर्णमाला के प्रारम्भिक एवं अन्तिम अक्षर है तथा अन्य सभी अक्षर इन्हीं दोनों के बीच हैं। सभी तत्त्वों का विकास अहं रूपी त्रिपुरसुन्दरी के माध्यम से ही होता है। इसीलिए इसे 'परा' कहा जाता है। त्रिपुसुन्दरी से तदात्म्य स्थापित करनेवाले स्वयं को भी स्त्री समझते हैं। शाक्तों के विश्वास के अनुसार ईश्वर स्त्री रूप है। जिसकी प्राप्ति स्त्री बनने से ही सम्भव है। त्रिपुरसुन्दरी ही ललिता है, श्रीविद्या है तथा आनन्द एवं सौन्दर्य का परमधाम है। सृष्टि में ही स्त्री तत्त्व की प्रधानता है।

देवी की आराधना प्रायः तीन प्रकार से की जाती है 1-महापदम् वन में शिव के अंक में बैठी हुई देवी की पूजा। 2- श्रीचक्र की पूजा, जिसे बाह्य पूजा कहा जाता है। रेशमी वस्त्र भूर्जपत्र या स्वर्णपत्र पर नौ योनियों का मण्डल एवं उसके बीच एक योनि का चित्र अंकित करके चक्र बनाया जाता है। शास्त्र इस चक्र की पूजा दो प्रकार से करते हैं—एक जीवित स्त्रीयोनि की (कौलमार्गी) तथा दूसरे योनि के काल्पनिक रूप (समयाचारी) की। 3- ज्ञान के आधार पर देवी की उपासना।

तन्त्र साहित्य में हमें शाक्त धर्म से सम्बंन्धित पूजा का विधान मिलता है। शाक्त सम्प्रदाय में देवी के कामप्रधान रूप (ललिता, त्रिपुरसुन्दरी, आनन्दभैरवी आदि) की पूजा होती है। त्रिपुरसुन्दरी का निवास स्थान कल्पवृक्ष से घिरा हुआ, अमृत सिन्धु में कदम्ब वृक्षों से घिरा हुआ एक मणिमण्डप में स्थित चिन्तामणि गृह को माना जाता है। इसी चिन्तामणि गृह में त्रिपुरसुन्दरी 'ईशानी' निवास करती है। शाक्त मत के अनुसार सभी आत्माएँ त्रिपुरसुन्दरी की रूपमात्र अथवा प्रतिबिम्ब हैं। शाक्त मतानुयायियों की आकांक्षा होती है कि वे त्रिपुरसुन्दरी से अभिन्न हो जायें। चूँकि परमतत्त्व स्त्री रूप है अतः वे भी स्त्री होने का परम उद्‌देश्य रखते हैं। शाक्त दर्शन को 'शाम्भव दर्शन' भी कहा जाता है।

सन्दर्भ सूची

शक्ति एव शाक्त-आर्थर एलवन

तान्त्रिक वाङ्मय में शाक्त दृष्टि-गोपीनाथ कविराज

तान्त्रिक साहित्य-गोपीनाथ कविराज

हिस्ट्री ऑफ धर्मशास्त्र-पी.बी. काणे

शक्ति कल्ट ऐण्ड तारा-बी.पी. सिन्हा

14

तन्त्र सम्प्रदाय

600 ई. से 1200 ई. तक का समय सारे भारतवर्ष में अनेक तान्त्रिक सम्प्रदायों के प्रचलन का काल था। अपनी समस्त विविधता के आवरण में भी इन सम्प्रदायों में एकसूत्रता यह थी कि इन सबमें तत्त्व चिन्तन की अपेक्षा साधना-पद्धति की प्रधानता थी। किसी एक देवता या शक्ति को सृष्टि का मूलतत्त्व मानना, उपासना पद्धति का प्रचुर विस्तार से व्याख्या करना, यन्त्रों का महत्त्व, देवताओं के प्रतीक बीजाक्षरों एवं वर्णों का विधान, भूतसिद्धि, कुण्डलिनी योग, रहस्यमयी साधनाएँ, वामाचारी गुह्य एवं रहस्यवादी क्रियाएँ, गुरु का महत्त्व आदि तत्त्व सभी तान्त्रिक सम्प्रदायों में एक समान हैं। उनमे इतनी अधिक समानता है कि शैवों ने उसे शैव परिभाषा दी, बौद्धों ने बौद्ध तथा शाक्तों ने शाक्त तो इससे कुछ भी अन्तर नहीं पड़ता। उन सभी का मूल स्वर एक है। तन्त्र की व्याख्या करते हुये कहा गया है कि तत्त्व-मन्त्रों से समन्वित जो विपुल अर्थो का विस्तार करता है और त्राण देता है उसे तन्त्र कहते हैं। तन्त्र शब्द मुख्यतः शैव एवं शाक्त धर्मों से सम्बन्धित है। भारतीय धार्मिक जीवन में तान्त्रिक क्रियाओं का विशेष एवं व्यापक स्थान है। ये क्रियाएँ अत्यन्त रहस्यमायी एवं जटिल हैं। इसके ज्ञाता भी अपने शिष्यों को इसका रहस्य आसानी से नहीं बताते। आज इसका ज्ञान सभ्य समाज में नहीं के बराबर है। इसके ग्रन्थों की व्याख्या भी अत्यन्त दुरूह है। एक विदेशी विद्वान् जान वुडरफ ने तन्त्र ग्रन्थों को संकलित कर समाज के सम्मुख इन क्रियाओं को प्रस्तुत करने का प्रयास किया किन्तु उन्हें वांछित सफलता नहीं मिली। इसका कारण है कि ये क्रियाएँ अत्यन्त गोपनीय हैं तथा इनके मन्त्र अटपटे एवं अस्पष्ट हैं। इसके बावजूद तान्त्रिक क्रियाएँ आज भी किसी-न-किसी रूप से समाज में जीवित हैं तथा मुख्य धारा से दूर रहनेवाली जनजातियों में प्रचलित हैं।

तन्त्र की व्युत्पत्ति 'तनु' धातु से हुई है और 'तन्यते विस्तारयते ज्ञानम् अनेन इति तन्त्रम्' के अनुसार किसी भी ज्ञान को, जो विस्तार प्रदान करता है, उसका सांगोपांग विवरण देता है उसे तन्त्र कहते हैं। इसी के अनुसार हमें न्यायतन्त्र, चिकित्सातन्त्र आदि शब्द मिलते हैं। ज्ञात होता है कि धर्म-साधनाओं में जिन नयी पूजाओं, मन्त्र-पद्धतियों, देवी-देवताओं, अनुष्ठानों, चिन्तन-पद्धतियों को एक सिद्धान्त में नियोजित कर एक नियम या अनुशासन में समन्वित करनेवाली प्रणाली का नाम ही तन्त्र है। ईशान शिवगुरुदेव ने अपने ग्रन्थ 'ईशान शिवगुरुदेव पद्धति' में इसकी व्युत्पति तन्त्री से बताया है जिसका अभिप्राय है समन्वय करना। उन्होंने इसे शैव धर्म की छह पद्धतियों (पशु, पाश, पति, शक्ति, विचार एवं क्रियाचार्य) का समन्वय बताया है। पिंगल मत के अनुसार तन्त्र का अभिप्राय है विस्तार सुरक्षा। इस मत के अनुसार तन्त्र के दो स्वरूप हैं—आगमतन्त्र एवं निगमतन्त्र। आगमतन्त्र में शिव ने पार्वती को तथा निगमतन्त्र में पार्वती ने शिव को सम्बोधित किया था। तन्त्र का एक अर्थ शास्त्र भी है जैसे कपिलतन्त्र, गौरमततन्त्र, जैमिनीतन्त्र, पूर्वतन्त्र, (पूर्वमीमांसा) तथा उत्तरतन्त्र (उत्तरमीमांसा) आदि। वर्तमान काल में इसका प्रयोग ऐसे साहित्य के लिए किया जाता है जो रहस्यमय एवं जादुई हो तथा उसका सम्बन्ध शिव अथवा मातृशक्ति रूपी देवी के साथ किया जाता हो।

एक विचारणीय प्रश्न है कि तन्त्राचार आया कहाँ से? कई विद्वान् इसे विदेशी उद्‌गम मानते हैं। हरप्रसाद शास्त्री ने तन्त्रों का भारत में आगमन शकों के मग पुरोहितों के साथ बताया है। विनयतोष भट्टाचार्य ने सम्भावना व्यक्त की है कि योगाचार विज्ञानवाद मत का प्रमुख आचार्य गन्धार निवासी असंग शायद मग पुरोहितों की तन्त्र-साधना से परिचित रहा हो। तन्त्र ग्रन्थों में भी ऐसे उल्लेख मिलते हैं कि तन्त्रों का प्रचार करने के लिए देवता बाहर से आये थे। विद्वानों का मत है कि तन्त्र की उत्पत्ति भारत के बाहर उत्तर (तिब्बत) एवं उत्तर-पूर्व में हुई जहाँ से यह भारत में सर्वत्र फैल गयी। 'साधनमाला' के अनुसार तान्त्रिक देवी तारा मूलतः भोट या तिब्बत की थी। देवीभागवत में इसकी उत्पत्ति चीन बतायी गयी है। एक ग्रन्थ के अनुसार मेरुपर्वत के पार कोलंग नामक झील प्रदेश में तारा की उत्पत्ति बतायी गयी है। ए. एच. फैंक महोदय के अनुसार तिब्बत के तार नामक गाँव से तारा देवी का सम्बन्ध रहा होगा। जबकि भारतीय उत्पत्ति का मत है कि तन्त्र का उद्‌भव एवं विकास वैदिककाल में अवैदिक लोगों अर्थात् व्रात्यों द्वारा हुआ। समाज के निम्न वर्गों से धीरे-धीरे यह समाज के उच्च वर्गों में पहुँचा जहाँ इसका दार्शनिक स्वरूप निश्चित हुआ। अथर्ववेद में मारण, मोहन, उच्चाटन, मन्त्र, रक्षा, सिद्धि, गुह्यसाधना आदि का प्रचुर उल्लेख मिलता है। प्रारम्भ में अथर्ववेद आर्य परम्परा में नहीं गिना जाता था। ऐसा विश्वास था कि अथर्ववेद की गुह्यसाधनाएँ भारत के अनार्यों (व्रात्यों) या आदिवासियों की हैं। कर्मपुराण के अनुसार तान्त्रिक सम्प्रदाय ऐसे ब्राह्मणों द्वारा

प्रवर्तित था जो रूढ़िवादी ब्राह्मणों द्वारा नीची निगाह से देखे जाते थे और जिन्होंने अपना द्विजसुलभ वेद पाठन का अधिकार खो दिया था। पुराने तन्त्रों का नाम आगम भी यह सूचित करता है कि वे वैदिक परम्परा से नहीं थे। बाणभट्ट की कादम्बरी में वर्णन आता है कि सामान्य लोग तन्त्रों का प्रयोग करते हुए मांस, मदिरा, रक्त आदि के द्वारा देवताओं का पूजन करते थे। अधिकांश भारतीय विद्वान् बंगाल को तन्त्र का उद्भव केन्द्र मानते हैं। प्रो. विण्टरनित्स के अनुसार यह बंगाल में प्रस्फुटित हुआ तथा वहीं से यह आसाम, नेपाल, तिब्बत, चीन आदि देशो में फैलता चला गया। यहीं से यह मिथिला, महाराष्ट्र, गुजरात एवं दक्षिण भारत में प्रसारित हुआ। कालतन्त्र की उत्पत्ति कामरूप या आसाम से मानी जाती है। कुछ लोग इसका सम्बन्ध हिमालय से तो कुछ लोग गुजरात से जोड़ते हैं। इसका उद्भव चाहे जहाँ से हुआ हो पर इतना तो निश्चित है कि इसका भारत में अस्तित्त्व वैदिक काल से ही रहा है।

तान्त्रिक क्रियाएँ : तन्त्र की सबसे प्रमुख क्रिया है दीक्षा। इसके द्वारा तान्त्रिक को अधिकार प्रदान किया जाता है कि वह अपने शिष्य को किसी विशिष्ट देवता की सिद्धि के लिए दीक्षित करे। गुरु दीक्षित व्यक्ति को एक मन्त्र देता है जिससे वह अपने इष्ट की आराधना कर सके। इस मन्त्र को अत्यन्त गोपनीय रखा जाता है। जब शिष्य साधना में सिद्धि प्राप्त कर लेता है तो उसका पूर्णाभिषेक किया जाता है। तान्त्रिक साधना में मन्त्र की पूजा अनेक क्रियाओं के माध्यम से की जाती है। यन्त्र आराध्य देवता का प्रतीक होता है। तान्त्रिक साधना में अनेक रहस्यमय क्रियाएँ की जाती हैं जो निम्न हैं–

1. **षटकर्म-** ये है ताबीज धारण करना, काम सम्बन्धी क्रियाएँ, मादक द्रव्यों का प्रयोग, बिना अर्थवाले मन्त्रों का प्रयोग आदि।

2. **शत्रु की मूर्ति पर आघात-** शत्रु के विनाश के लिए उसकी मूर्ति मोम, मिट्टी आदि से बनाकर उसके शरीर पर आघात किया जाता है। उसे नुकीली चीज से छेदा जाता है अथवा आग से जलाया जाता है अथवा जल में डुबाया जाता है ताकि शत्रु को उसी प्रकार का कष्ट मिले। यह क्रिया जरथुष्ट के समय ईरान में भी प्रचलित थी।

3. **ताबीज एवं यन्त्रों का प्रयोग-** ताबीज अथवा यन्त्रों का प्रयोग आनेवाले अनिष्ट एवं बाधाओं को रोकने के लिए किया जाता है।

4. **जननेन्द्रिय प्रतीकों की उपासना-** विश्व की सभी प्राचीन सभ्यताओं में इसके प्रमाण मिलते हैं। इसमें लिंग एवं योनि प्रतीकों की पूजा की जाती थी। प्राचीन मिस्र, सुमेरियन, असीरियन, सिन्धुधारी आदि सभ्यताओं में यह क्रिया प्रचलित थी।

5. **मादक द्रव्यों और मुद्राओं का प्रयोग**- विश्व की समस्त प्राचीन सभ्यताओं में मादक पदार्थों जैसे सोम, सुरा आदि तथा शारीरिक अंगों की विभिन्न मुद्राओं, आसनों आदि के द्वारा तान्त्रिक क्रियाएँ की जाती थीं।

6. **अस्पष्ट अक्षरों एवं शब्दों का उच्चारण**- तान्त्रिक क्रिया में कुछ ऐसे शब्दों एवं अक्षरों का उच्चारण किया जाता था। जिनका कोई स्पष्ट अर्थ नहीं होता था। जैसे ऐं, हें, ह्रीं क्लीं, फट, फटाक आदि शब्द। ऐसे शब्दों के प्रयोग से वे अशुभ शक्तियों के प्रकोप से बचाव करते थे तथा दूसरो पर उन शक्तियों का नकारात्मक प्रयोग करते थे।

भारत में तन्त्र की उत्पत्ति कब हुई यह विवाद का विषय है किन्तु इतना तय है कि आर्यों के आने के पूर्व तान्त्रिक क्रियाएँ भारत में विद्यमान थीं। योनि, लिंग, ताबीज आदि का प्रचलन सिन्धु सभ्यता में बहुतायत से होता था। सम्भवतः भूत-प्रेत से बचाने के लिए इनका प्रयोग होता था। द्रविड़ (अनार्य) लोगों से ही तान्त्रिक क्रियाएँ आर्यों द्वारा ग्रहण की गयीं तथा बाद में उन्हें व्यवस्थित रूप प्रदान किया गया।

वैदिक साहित्य में अनेक स्थलों पर तान्त्रिक क्रियाओं के स्पष्ट-अस्पष्ट साक्ष्य मिलते हैं। अथर्ववेद के सौभाग्य काण्ड में तन्त्र की उत्पत्ति की ओर संकेत है। अनेक तन्त्र ग्रन्थों में इसकी उत्पत्ति अथर्ववेद से बतायी गयी है। कालीकुलार्णवतन्त्र, भास्कराचार्यतन्त्र, यन्त्र चिन्तामणि आदि ग्रन्थों में अथर्ववेद का उल्लेख मिलता है। पूजा की ज्यामितीय विधि का उल्लेख तैत्तिरीय आरण्यकों में आता है। वैदिक उपासना में सोम एवं सूरा का प्रयोग, 'फट' जैसे अस्पष्ट शब्द का प्रयोग, पशुबलि, मांसाहार, षट्कर्म, शक्ति उपासना, मन्त्रों का प्रयोग आदि तत्त्व तन्त्र की उपस्थिति की ओर संकेत करते हैं। अथर्ववेद में जादू, टोना, तन्त्र, मन्त्र का उल्लेख तान्त्रिक भावना का संकेत देते हैं। अथर्ववेद में भूत, प्रेत, डाकिनी, पिशाचिनी आदि की भी चर्चा आती है।

बौद्ध ग्रन्थों से भी तन्त्र-साधना का ज्ञान प्राप्त होता है। गौतम बुद्ध ने भी पंचमकारी तन्त्र-साधना का उल्लेख किया है किन्तु उन्होंने इसे अग्राह्य कहा है। मज्झिम निकाय में कामवासना को बुरी दृष्टि से नहीं देखा गया है तथा कथावस्तु में मैथुन को धर्म की संज्ञा दी गयी है। चुल्लवग्ग जातक में मुण्डधारी भिक्षुओं का उल्लेख मिलता है जो कपाल लेकर भिक्षाटन किया करते थे। श्मशान भूमि में भिक्षुओं के रहने का उल्लेख मज्झिम निकाय में आता है। तेवीजीय सूत्र में जादुई क्रियाओं का उल्लेख है जिनके द्वारा ब्राह्मण एवं श्रमण अनेक रोगों का निदान भी करते थे। ब्रह्मजाल सूक्त के अनुसार जादू के द्वारा लोगों के सौभाग्य एवं दुर्भाग्य को बनाया जाता था एवं इन्द्रिय सुख को निर्वाण-प्राप्ति का आधार माना जाता था। ललित-

विस्तर में तन्त्र, मदिरा, मांस का, श्मशान भूमि की उपासना का, तथा भिक्षुओं द्वारा कपाल एवं खड्ग धारण करने की भी चर्चा है। अश्वघोषकृत बुद्धचरित में काली द्वारा कपाल का प्याला धारण करने एवं शराब के नशे में कामुकता एवं उत्तेजना में बोधिसत्त्व के समक्ष खड़े होने का चित्रण है। उसी प्रकार जैन प्राकृत ग्रन्थों में भी तन्त्र का उल्लेख है तथा जादू के प्रयोग की भी चर्चा है। धर्मसूत्रों, स्मृतियों, पुराणों आदि में भी तन्त्र उपासना की चर्चा की गयी है। ब्रह्मसूत्र के अनुसार शैव एवं पांचरात्र धर्म में तन्त्र का संकेत मिलता है। पातंजलिकृत योगसूक्त में भी मद्यपान कर आराधना करने से साधना-सिद्धि का वर्णन आता है। विभिन्न पुराणों में भी तन्त्र-साधना का विवरण मिलता हैं, देवीपुराण कालिकापुराण एवं लिंगपुराण में षटचक्र आदि विभिन्न तान्त्रिक क्रियाओं का विवरण प्राप्त होता है। किन्तु कुम्भपुराण में तान्त्रिक क्रियाओं की निन्दा की गयी है।

कौटिल्य के अर्थशास्त्र में सम्मोहन विधियों एवं तान्त्रिक मन्त्रों का उल्लेख है। यहाँ कृष्णपक्ष की चतुर्दशी को श्मशान भूमि में बलि देने की चर्चा की गयी है जो अमिल, किमिल, वापुजर आदि देवताओं को चढ़ायी जाती थी। वाल्मीकिकृत रामायण में वनगमन प्रसंग में सीता द्वारा गंगा की प्रार्थना में, सकुशल लौट आने पर, मांस मन्दिरा से पूजन करने का उल्लेख है। सर्वज्ञानोतन्त्र, कुब्जिकातन्त्र तथा सौरसंहिता आदि तन्त्र ग्रन्थों की लिपि गुप्तकालीन है जबकि निश्वाससंहिता की लिपि परवर्ती गुप्तकालीन लिपि है। फाह्यान ने भी बौद्ध भिक्षुणियों में तन्त्र के प्रचलन का उल्लेख किया है। ह्वेनसांग ने धारणी या विद्याधर पिटक की चर्चा की है जो तन्त्र से सम्बन्धित है। जापान में धारणी (विद्याधर) के अतिरिक्त अन्य पाँच तन्त्रों का उल्लेख एक ताड़पत्र पर प्राप्त होता है। अमोघवज्र, अदीशुदीपांकर, तारानाथ, असंग आदि विद्वानों ने अनेक तन्त्रग्रन्थों, तान्त्रिक उपासनाओं का विवेचन क्रिया हैं। इसी प्रकार सरह ने बुद्धकपालतन्त्र, लुइपा ने योग निश्चर्या, कम्बक ने हेमराजतन्त्र, कृष्णाचार्य ने सम्पुतिलक जैसे ग्रन्थों का प्रणयन किया। मत्स्येन्द्रनाथ तथा गोरखनाथ को भी कौलतन्त्र में सिद्धहस्त माना जाता है।

इस प्रकार स्पष्ट है कि तन्त्र का सम्बन्ध वैष्णव, शैव, शाक्त, बौद्ध, जैन आदि सभी धार्मिक सम्प्रदायों से रहा है। इसका प्रमुख शास्त्र आगम (शिव से सम्बन्धित है) तथा निगम (पार्वती से सम्बन्धित) है। वैष्णवतन्त्रों में विष्णु, शैवतन्त्रों, में शिव, बौद्धतन्त्रों में बुद्ध, जैनतन्त्रों में महावीर तथा शाक्ततन्त्रों में तारा या नवचक्रेश्वरी उनके प्रधान इष्ट है। दत्तात्रेय, अष्टावक्र, भारद्वाज, शरदकुमार आदि ऋषियों से भी तन्त्र का सम्बन्ध जोड़ा गया है।

वर्तमान में सभी तान्त्रिक सम्प्रदाय स्थूल रूप से दो वर्गो में विभाजित हैं—दक्षिणाचारी एवं वामाचारी। दक्षिणाचारी में प्रभात में सन्ध्या, मध्याह्न में जप, ऊन के आसनपर बैठना, दूध शर्करा का पान, रुद्राक्ष, की माला धारण करना, अपनी पत्नी

से सम्भोग करना आदि क्रियाएँ विहित हैं। वामाचार इसके प्रतिकूल है। वामाचार में नृदन्त की माला, कपाल का पात्र, छोटी कच्ची मछलियों का चर्वण, मांस भक्षण, सुरापान, परस्त्री से मैथुन जैसी क्रियाएँ विहित हैं। इसमें पंचमकारी साधना की जाती है–'मद्यैमांसैस्तथा मत्स्यैर्मुदया मैथुनैरपि'। इनके आधार पर भैरवीचक्रों की नियोजना होती थी। उन चक्रों में स्त्री साधिकाएँ तथा साधक मिलते थे और मद्यपान के उपरान्त मनोरथ सुखों की परस्पर पूर्ति होती थी। इस प्रकार चक्रों में वर्ण एवं जाति का भेद नहीं रहता था–'प्रवृत्ते भैरवीचक्रे सर्ववर्णाः द्विजातयः'। जैसे गंगा में मिलकर सभी बाहरी जल पवित्र हो जाते हैं वैसे ही भैरवीचक्र में मिलकर सभी वर्ण उच्च वर्ग के हो जाते हैं। इन चक्रों के तीन भेद हैं– राज, देव तथा वीर। राजचक्र में यामिनी, योगिनी, रजकी, श्वपची, कैवर्तकी, ये पाँच नारियाँ पंचशक्ति के रूप में व्यवहृत होती हैं। देवचक्र में राजवेश्या, गुप्तवेश्या, देववेश्या ब्राह्मवेश्या तथा नागरी (कोई भी रजस्वलास्त्री) ये पाँच शक्तियाँ सम्मिलित हैं।

आगमसार से ज्ञात होता है कि इन साधनाओं के सांकेतिक अर्थ भी थे। जैसे मदिरा से अभिप्राय लिया गया है वचन पर नियन्त्रण करना। तन्त्र सिद्धान्त को लेकर अनेक भ्रान्तियाँ आज भी विद्यमान हैं किन्तु यह स्पष्ट है कि इसकी अतिवादी क्रियाएँ मात्र इन्द्रिय सुख के लिए नहीं हैं बल्कि ये केवल उन्ही के लिए हैं जिन्होंने इन्द्रियों पर अधिकार पा लिया है। वास्तविक कौल वही है जो किसी भी दैविक, दैहिक तथा भौतिक विपत्ति से विचलित नहीं होता। यह केवल योग्य गुरु के निर्देशन में ही अनुकरणीय है। इन साधनाओं का मुख्य उद्‌देश्य है आत्मा को परमात्मा से एकाकार कराना। इसमें तन्त्र क्रियाएँ महत्त्वपूर्ण साधन हैं यद्यपि अर्थहीन एवं औचित्यहीन हैं।

यह कहना कि तन्त्र-साधना कामुकता को बढ़ावा देती है एक गलत धारणा है बल्कि यह आत्मनियन्त्रण को बल प्रदान करती है। कुछ चरित्रहीन लोगों द्वारा तान्त्रिक क्रियाओं का दुष्प्रयोग किया जाता है तथा अज्ञानतावश वे लोग तन्त्रविरोधी कार्य करते रहते हैं एवं आलोचना के पात्र बनते हैं। इस प्रकार व्यावहारिक रूप से तान्त्रिक साधना के दो रूप समाज में प्रचलित हैं–प्रामाणिक एवं अप्रामाणिक। इसका प्रामाणिक रूप निन्दनीय नहीं है।

सन्दर्भ सूची

इण्ट्रोडक्शन टू तन्त्रशास्त्र - सर जान बुड्राफ

हिस्ट्री ऑफ तान्त्रिक रेलिजन - एन.एन. भट्टाचार्य

इवोल्यूशन ऑफ द तन्त्राज - पी.सी. बागची

भारतीय संस्कृति और साधना - गोपीनाथ कविराज

बर्थ ऑफ भक्ति - कुस्मिता पाण्डेय

15
गणपति सम्प्रदाय

गणेश या गणपति को इष्ट देवता मानकर उपासना करनेवाला सम्प्रदाय गणेश सम्प्रदाय या गणपति सम्प्रदाय कहलाता है। गणेश हिन्दू स्मार्त पंचदेवों (विष्णु, शिव, शक्ति, सूर्य, गणेश) में से एक हैं। उनकी पूजा करनेवाले गाणपत्य कहलाते हैं। गणेश हिन्दूओ के आदि पूज्य देव हैं, वे विघ्नहरण, सिद्धिदाता तथा सर्वाङ्ग पूज्य हैं।

विदेशी विद्वानों के मत में गणेश अनार्य देवता हैं। मैक्समूलर ने विभिन्न हिन्दू देवी-देवताओं की खिल्ली उड़ाते हुए गणेश को लोलजिह्वा कहा है। विदेशी उत्पत्ति मत का समर्थन करते हुए कुछ भारतीय विद्वान् यह तर्क देते हैं कि दक्षिण भारत में गणेश की पूजा बहुत बाद में दसवीं शताब्दी में आरंम्भ हुई थी। किन्तु यह तर्क बलहीन है। गणेश पूर्णतः भारतीय देवता हैं जिनका उल्लेख सर्वप्रथम ऋग्वेद में प्राप्त होता है। भारत से चलकर गणेश की मूर्तियाँ विश्व के अनेक भागों में पहुँच गयीं। आक्सफोर्ड के लारण्डन प्रेस से प्रकाशित 'गणेश ए मोनोग्राफ ऑफ एलीफैण्ट फेस्ड गाड' नामक पुस्तक के अनुसार गणेश प्रतिमायें चीन, तुर्कीस्तान, तिब्बत, जापान, बर्मा, श्याम, हिन्द, चीन, जावा, बाली तथा बोनिर्यो से प्राप्त होती हैं जहाँ उनकी उपासना होती थी। आचार्य बलदेव उपध्याय ने अमेरिका में गणेश प्रतिमाओं के पाये जाने का उल्लेख किया है।

गणपति का उल्लेख सर्वप्रथम ऋग्वेद में आता है जहाँ उनका नाम 'ब्रह्मणस्पति' मिलता है। ब्रह्मणस्पति के अनेक मन्त्रों में 'गणपति' शब्द विशेष रूप से प्रयुक्त हुआ है जो कालान्तर में अधिक प्रचलित हुआ। जैसे-'गणानां त्वां गणपति हवा महे' (ऋग्वेद- 2:23:1)। शुक्ल यजुर्वेद में गणेश के लिए गणपति, प्रियपति, विधिपति जैसे विशेषण प्रयुक्त हुए हैं। अथर्ववेद में गणेश को एकदन्त कहा गया है। पुराणों की

कथानुसार गणेश का एक दन्त परशुराम ने काट लिया था। तैत्तिरीय आरण्यक में उनके हस्तितुण्ड और दन्त के ध्यान करने का उल्लेख है। कई उपनिषद, तो गणेश से ही सम्बन्धित हैं जैसे कुलतापनीयोपनिषद्, गणेशोत्तरतापनीय उपनिषद् गणपति उपनिषद्, आदि। इन उपनिषदों में गणेश के विभिन्न स्वरूपों का वर्णन है। एक में कहा गया है कि वे चतुर्भुजी हैं, उनका रंग लाल है, उनका सूँड टेढ़ा है। कहीं उन्हें विघ्नहन्ता, लम्बोदर, मूषकध्वज, सूर्पकर्ण, पाश, अंकुश, अभय एवं वरद मुद्राओंवाला बताया गया है। वेदांगों में हर-गौरी तथा उनके दो पुत्रों गणेश एवं कार्तिकेय की लीलाएँ वर्णित हैं। वेदों में उन्हें महाहस्ती, एकदन्त, वक्रतुण्ड, दन्ती आदि नामों से पुकारा गया है। गणपति का शाब्दिक अर्थ है गणों का स्वामी। इसी अर्थ में उन्हें गणेश भी कहा गया है। उन्हें विनायक (विचरनेवाली आत्मा) भी कहा गया है। 'याज्ञवल्क्यस्मृति', 'वृहत्संहिता' तथा 'मानव गृह्यसूत्र' में विनायकों की विघ्नकारी प्रवृत्तियों का परिचय मिलता है। ऐसी विघ्नकारी प्रवृत्तियों से रक्षा करने के अर्थ में उन्हें विनायक कहा गया है। विनायक का एक अर्थ सेनापति का भी है। इस अर्थ में उनके लिए 'सेनानी' विशेषण का प्रयोग भी किया गया जो बाद में देव सेनापति कार्तिकेय के लिए किया जाने लगा।

महाकाव्यों में गणेश तथा उनके उपासकों का वर्णन है तथा अन्य देवताओं के साथ गणेश्वरों और विनायकों की चर्चा है। महाभारत की रचना के सम्बन्ध में बताया गया है कि इसकी रचना गणेश जी ने ही किया था जिसकी संकल्पना वेद व्यास द्वारा की गयी। जब ब्रह्मा ने वेद व्यास को महाभारत के संकलन का आदेश दिया तो उन्होंने अपनी असमर्थता व्यक्त की तथा एक लेखक की माँग की तब गणेश को लेखक का दायित्व दिया गया। कथा है कि जब-जब वेद व्यास विराम लेते उस बीच गणेश जी अपना प्रक्षिप्त जोड़ देते। जैन एवं बौद्ध धर्मों में भी गणेश की किसी न किसी रूप में मान्यता हैं। जैनियों के संघ प्रमुख को गणधर कहते हैं तथा जैनियों के विवाह के समय विनायक मन्त्र की पूजा की जाती है। श्वेताश्वर सम्प्रदाय में पार्श्वनाथ की गजमुख प्रतिमाएँ भी निर्मित की जाती रही हैं। बौद्ध धर्म में 'गणपति हृदय' प्रमुख ग्रन्थ है। वज्रयान शाखा में मान्यता है कि श्री गणेश की स्तुति के बिना मन्त्रों की सिद्धि नहीं हो सकती।

पौराणिक काल तक गणपति सम्प्रदाय समाज में मान्यता प्राप्त कर चुका था। शिवपुराण से ज्ञात होता है कि गणेश की उत्पत्ति स्नान करती पार्वती ने अपने शरीर के मैल से किया था तथा उन्हें द्वारपाल नियुक्त किया था। प्रवेश न देने पर शिव ने उनका मस्तक काट दिया था तथा बाद में देवताओं ने हाथी का मस्तक काटकर गणेश के धड़ से जोड़कर उन्हें जीवित कर दिया। एक अन्य पुराण के अनुसार गणेश स्वयं भगवान् श्रीकृष्ण के अंश हैं। जब पार्वती के कोई पुत्र उत्पन्न नहीं हुआ तब

श्रीकृष्ण उनके घर भिखारी के रूप में आये और भीतर जाकर बालक का रूप धारण कर बिस्तर पर लेट गये। एक पुराण में वर्णन है कि एक गुफा में शंकर एवं पार्वती शयन कर रहे थे। गणेश बाहर थे, उसी समय परशुराम जी आये और अन्दर प्रवेश करने लगे। गणेश ने उन्हें रोका जिससे कुद्ध होकर परशुराम ने अपने परशु के प्रहार से उनका एक दन्त काट दिया। तभी से गणेश एकदन्ती हो गये। पुराणों के अनुसार उनकी शादी दो कन्याओं ऋद्धि (सिद्धि) एवं बुद्धि से हुई थी। ये दोनों ब्रह्मा की पुत्रियाँ हैं। इनसे गणेश को दो पुत्र हुए—ऋद्धि से क्षेम तथा बुद्धि से लाभ। गणेश के वाम भाग में ऋद्धि तथा दक्षिण भाग में बुद्धि होती है। इसके अतिरिक्त पुष्टि को भी इनकी पत्नी बताया गया है। मुद्गल पुराण से इनके आठ अवतारों कथा मिलती है। गणेश के वाहन सिंह, मयूर एवं मूषक बताये गये हैं। सत्ययुग में सिंह, त्रेता में मयूर, द्वापर में मूषक तथा कलियुग में धूमवर्ष उनके वाहन हैं। एक कथा के अनुसार गजमुखासुर दैत्य से युद्ध के समय गणेश का एक दाँत टूट गया जिससे उन्होंने गजमुखासुर पर ऐसा प्रहार किया कि वह मूषक बनकर भागने लगा तभी गणेश ने उसे पकड़ लिया। तब से वह उनका वाहन बन गया। गणेश से सम्बन्धित पुराणों में गणेशपुराण, पद्मपुराण, स्कन्दपुराण, शिवपुराण, तथा ब्रह्मवैवर्तपुराण प्रमुख हैं।

योग-साधना में भी गणेश की मान्यता को स्वीकार किया गया है। श्री गणेश को षट्चक्र साधन योग का आधार स्वीकार किया गया है। इसका सम्बन्ध मूलाधार चक्र जहाँ से कुण्डलिनी जागृत की जाती है, से बताया जाता है। गणेश योगियों के परम ध्येय हैं। वे योगशास्त्र के ज्ञाता हैं। 'योग मार्ग प्रकाशक गीता' में गणेश का वचनामृत उद्धृत है जिसे 'गणेश गीता' के नाम से जाना जाता है।

गणेश की विभिन्न स्वरूपवाली प्रतिमाएँ देश-विदेश के अनेक स्थानों से प्राप्त होती हैं। सामान्यतया उनकी मूर्तियाँ चतुर्भुजी हैं। उनके हाथ में परशु, मोदक, त्रिशूल, कमल, अंकुश, नाग, फल, अक्षमाल, स्वदन्त, आदि दर्शाये गये है। इनका लम्बा उदर, भारी शरीर, ललाट पर तीसरा नेत्र, मस्तक पर किरीट, मुकुट, सर्प का यज्ञोपवीत, व्याघ्रचर्म का वस्त्र, सूर्य की तरह कान, हाथी का मस्तक, वक्रसूँड़, मूषक की सवारी, ऋद्धि एवं बुद्धि नामक दो पत्नियों आदि का चित्रण इनकी प्रतिमाओं में पाया जाता है। गणेश की प्राचीनतम प्रतिमा 130 ई. पू. इण्डोग्रीक युग की है। यह प्रतिमा जयपुर के साँभर झील के टीले से ग्रीक शासक एण्टीमेकस निकोफर की एक मुद्रा के साथ मिली है जो द्विभुजी है। इसी समय की गणेश एवं शक्ति की पकी मिट्टी की मूर्तियाँ चौबीस परगना (प.. बंगाल) से प्राप्त हुई हैं। गणेश की प्रारम्भिक मूर्तियाँ यन्त्र, गन्धर्व एवं नागों का प्रतिरूप लगती हैं। ऐसी मूर्तियाँ मथुरा, विदिशा, पवाया, अमरावती आदि स्थानों से प्राप्त हुई हैं। गणेश की स्वतन्त्र एवं वर्तमान स्वरूपवाली

मूतिया गुप्तकाल से बननी प्रारम्भ होने लगती हैं। गुप्तकालीन मूर्तियों में मथुरा संग्रहालय की द्विभुजीमूर्ति (मोदकप्रिय गणेश) भूमरा की लम्बोदर मूर्ति, शामला (गुजरात) की गणसहित गणेश मूर्ति, उदयगिरि की मोदकप्रिय द्विभुजी गणेश मूर्ति, झाँसी, उ.प्र. देवगढ़ की चतुर्भुज गणेश मूर्ति, टिम्पोई (गुजरात) की नृत्यरत गणेश मूर्ति विशेष उल्लेखनीय हैं।

गुप्तोत्तरकालीन गणेश मूतियों में प्रतिहारकालीन राजस्थान के पाटियाला स्तम्भ लेख के ऊपरी भाग पर गणेश की चतुर्मुखी प्रतिमा विशिष्ट है। इसी समय जोधपुर के मण्डोल स्थल से रावण की खायी नामक स्थान से सप्तमातृकाओं के साथ गणेश की प्रतिमा प्राप्त हुई है। ओसिया के सूर्य मन्दिर की बाहरी दीवार पर गणेश मूर्ति का अंकन है। इसी काल में कन्नौज की चतुर्भुजी गणेश की नृत्यरत प्रतिमा उल्लेखनीय है। चौहान, तोमर, चन्देल, चेदि, हैहय आदि शासकों द्वारा गणेश की द्विभुजी, चतुर्भुजी, षट्भुजी, नृत्यरत, मूषक सवारी, मोदक प्रिय आदि विभिन्न स्वरूपवाली मूर्तियाँ निर्मित करायी गयीं जो आज भी प्राप्त हैं। खजुराहो संग्रहालय में आदमकद नृत्यरत गणेश, रायपुर संग्रहालय में गणेश की काँस्य मूर्ति, भेड़ाघाट (जबलपुर) से प्राप्त चौसठ योगिनी मन्दिर में नृत्यरत गणेश की मूर्ति अनुपम गणेश प्रतिमाएँ हैं। इसके अतिरिक्त पाल शासनकाल की पटना संग्रहालय में रखी गणेश मूर्ति, काशिराज (वाराणसी) के संग्रहालय में रखी चतुर्मुखी शिवलिंग पर अंकित गणेश मूर्ति, गोहाटी (असम) संग्रहालय की काष्ठ की गणेश मूर्ति, चालुक्यकालीन बादामी से प्राप्त गणेश मूर्ति, चोलकालीन तन्जौर से प्राप्त गणेश की चतुर्भुज मूर्ति, होयसल कालीन दसभुजी मूर्ति आदि गणेश मूर्तियाँ विशिष्ट हैं।

गणेश का जन्म किसी माता के गर्भ से नहीं हुआ। इनकी उत्पत्ति एवं स्वरूप की विविधता के कारण इन्हें विभिन्न नामों से सम्बोधित किया गया है। कर्नाटक के राजा मुम्मदि कृष्णराज आटेयर ने 32 गणपतियों के नाम रूपों का विवरण दिया है। गणपति की उपासना को लेकर समाज में छह सम्प्रदायों का प्रचलन हुआ। ये छह गणपति सम्प्रदाय हैं-

1. महागणपति सम्प्रदाय-जो गणपति को आदिदेव मानते हैं। 2. हरिदागणपति सम्प्रदाय-जो गणपति के मुख एवं दन्त को अपनी बाँहों पर लोहे से अंकित कराते हैं। इस सम्प्रदाय में पीतवस्त्र, यज्ञोपवीत, चतुर्भुज, त्रिनेत्र, पाश, कुश एवं दण्डधारी गणेश की पूजा की जाती है। 3. उच्छिष्ट गणपति सम्प्रदाय-इस सम्प्रदाय के उपासक तामसी एवं असत् कार्यों के करनेवाले होते हैं। वे मदिरा, मांस का सेवन करते हैं तथा ललाट पर लाल मुद्रा धारण करते हैं। 4. नवनीत गणपति सम्प्रदाय, 5. स्वर्णगणपति सम्प्रदाय, 6. सन्तानगणपति सम्प्रदाय। अन्तिम तीन शाखाओं के आराधक गणपति की मूर्ति की प्रतिष्ठा करके उसकी पूजा करते हैं। महाराष्ट्र में गणेश

पूजा का विशिष्ट महत्त्व है। कोई भी शुभ कार्य (श्री गणेश) गणेश पूजा से आरम्भ होता है।

गणेश के 12 नाम अत्यन्त प्रमुख हैं जिनका गणेश के अनुयायी प्रत्येक मंगलवार को उच्चारण करते हैं- 1. सुमुख (सुन्दरमुख), 2. एकदन्त, 3. कपिल (कपिल वर्ण वाले), 4. गजकर्ण, 5. लम्बोदर, 6. विकट (भयंकर), 7. विघ्ननाशक, 8. विनायक, 9. धूमकेतु (धुएँए के रंग के पताकावाले), 10. गणाध्यक्ष, 11. भालचन्द्र (ललाट पर चन्द्र धारण करनेवाले तथा 12. गजानन।

सन्दर्भ सूची

द रेलिजस ऑफ इण्डिया - ए.पी. कर्माकर

ए रेलिजस हिस्ट्री ऑफ ऐन्शियेण्ट इण्डिया - श्रीराम गोयल

एलिमेंट इन इण्डियन आर्ट ऐण्ड कल्चर - एस.के. गुप्ता

प्राचीन भारत का इतिहास - ऐमिला थापर

ए कल्चरल हिस्ट्री ऑफ इण्डिया - ए.एल. बाशम

16

स्कन्द या कार्तिकेय सम्प्रदाय

कार्तिकेय का उल्लेख सर्वप्रथम महाकाव्यों में मिलता है। रामायण में उल्लिखित कथा के अनुसार अग्नि ने गंगा का अभिषेक किया था। इस समागम से जो भ्रूण बना उसे गंगा ने हिमालय पर फेंक दिया। वहाँ उसका पालन पोषण कृत्तिकाओं ने किया। इसी से उन्हें कार्तिकेय (कृत्तिका-पुत्र) कहा जाता है। इसी प्रकार की कथा महाभारत में भी वर्णित है जहाँ इनके पिता अग्नि ही हैं किन्तु इनकी माता का नाम स्वाहा (अग्नि की पत्नी) है। चूँकि पुराणों में अग्नि को शिव का ही रूप माना गया है इसी कारण स्कन्द को शिव का पुत्र माना जाता है। कालान्तर में इन्हें शिव का ही एक रूप मान लिया गया। इनका निवास जंगल है तथा वाहन मयूर है। स्कन्द एवं विशाख को भी एक माना जाता है क्योंकि एक कथा के अनुसार जब इन्द्र ने स्कन्द पर वज्र-पहार किया तब उनके दक्षिण भाग से विशाख का जन्म हुआ था। कालान्तर में कार्तिकेय स्कन्द देवताओं के सेनापति बन गये। सेनापति के अर्थ में उन्हें महासेन भी कहा जाता है। उन्हें कुमार भी कहते हैं। पाणिनि ने शिव, स्कन्द एवं विशाख की मूर्तियों का उल्लेख किया है। कुषाण शासक कनिष्क के कतिपय सिक्कों के पृष्ठ भाग पर 'स्कन्दों', 'महासेनों' 'कुमारों' तथा 'विजागों' (विशाखा) के साथ तीन आकृतियों का अंकन है। पातंजलि ने कार्तिकेय को 'शरवणभव' तथा 'शरजन्मा' भी कहा है जो उनके शरों के वन में जन्म लेने के कारण प्रचलित हुआ। पुराणों में उन्हें षडानन भी कहते हैं इसी कारण उनकी मूर्तियों में छह मुख हैं।

पातंजलि के महाभाष्य से ज्ञात होता है कि मौर्य शासक स्वर्ण के लालच में शिव, स्कन्द और विशाख की मूर्तियाँ बेचते थे। इससे पता चलता है कि मौर्य काल में स्कन्द की पूजा का प्रचलन था। इस तथ्य से यह भी ज्ञात होता है कि प्रारम्भ में स्कन्द एवं विशाख अलग-अलग देवता थे जो कालान्तर में आपस में समाहित हो

गये। कुषाण काल में स्कन्द पूजा प्रचलित थी, इसकी जानकारी कनिष्क के सिक्कों से होती है। हुविष्क के सिक्कों से कार्तिकेय के महत्त्व का पता चलता है। कुषाण काल के कानपुर के पास 'लाह भगत' नामक स्थल से प्राप्त लाल प्रस्तर स्तम्भ के खण्डित अभिलेख में 'कमाखर' का उल्लेख कुमार की ओर संकेत करता है। शकों का प्रधान श्रीधर वर्मन स्कन्द का उपासक था इसका ज्ञान कनखेरा अभिलेख से होता है। दूसरी शताब्दी ई. पू. स्थित अनेक गणराज्यों एवं जनपदों के सिक्कों से भी कार्तिकेय की उपासना का पता चलता है। ऐसे राज्यों में औदुम्बर (सतलज रावी के बीच), यौधेय (पूर्वी पंजाब-उत्तरी राजस्थान), कुणीन्द (सतलज-व्यास के बीच), माघवंश (राजधानी कौशाम्बी), मित्रवंश (राजधानी अयोध्या) आदि प्रमुख हैं। यौधेय शासक अपना शासन कार्तिकेय को शासक मानकर उनके प्रतिनिधिस्वरूप करते थे। अयोध्या के मित्रवंशी शासक विजयमित्र के एक सिक्के से स्तम्भ-शीर्ष पर बैठे मयूर का अंकन है जो कार्तिकेय की महत्ता का द्योतक है। माघवंशी शासक गौतमी-पुत्र वृषध्वज के भीटा (कौशाम्बी के समीप) से प्राप्त मिट्टी की मुहरों पर अंकित लेख से ज्ञात होता है कि वे अपना राज्य कार्तिकेय को समर्पित कर दिये थे। कुणीन्दों के भी सिक्कों पर यौधेयों के समान कार्तिकेय का चित्र हैं। इससे प्रतीत होता है कि उन्होंने भी कार्तिकेय को अपना इष्टदेव स्वीकार किया था।

गुप्तकाल में भी इस देवता की महत्ता थी। इसके महत्त्व के कारण ही कुमारगुप्त प्रथम ने अपने पुत्र का नाम स्कन्दगुप्त रखा था। कुमारगुप्त ने कार्तिकेय प्रकार के सिक्के भी चलवाये थे जिनके पृष्ठ भाग पर मयूर पर आसीन कार्तिकेय का अंकन है। इसी समय का निर्मित बिलसद (एटा, उ.प्र.) में 'स्वामी महासेन' नामक स्कन्द का मन्दिर प्राप्त हुआ है। इसी प्रकार देवगिरि (महाराष्ट्र) में भी स्कन्द का एक मन्दिर निर्मित है। गुप्तकालीन साहित्य में भी कार्तिकेय-स्कन्द सम्प्रदाय का उल्लेख मिलता है। कालिदास ने मयूर पर आरूढ़ अनेक मूर्तियों का उल्लेख किया है। कालिदासकृत 'कुमारसम्भव' में 'कुमार' के जन्म की कथा का वर्णन है। पुराणों में भी स्कन्द के कथानक मिलते हैं। वायुपुराण में स्कन्द कार्तिकेय को 'सुरसेनापति स्कन्द', ब्रह्माण्डपुराण में 'जाह्नवीसुते' तथा 'शकरात्मज', विष्णुपुराण में 'देवसेनापति हरिः' आदि कहा गया है। ब्रह्माण्डपुराण की कथानुसार शंकर और पार्वती की रति-क्रिया में विघ्न उत्पन्न करने के लिए इन्द्र ने अग्नि को भेजा था। शिव का तेज अग्नि के लिए असह्य था अतः उन्होंने गगा में उसे स्थानान्तरित कर दिया। गंगा के लिए भी जब वह असह्य हो गया तो उन्होंने उसे शरवण में छोड़ दिया जहाँ कार्तिकेय का जन्म हुआ। इसी कारण ब्रह्माण्डपुराण में स्कन्द को 'जाह्नवीसुत' और 'शंकरात्मज' कहा गया है। मत्स्यपुराण की कथानुसार अग्नि द्वारा रति-क्रिया में बाधा पैदा करने के कारण शंकर के तेज का अर्धांश पार्वती को न मिलकर आश्रम में स्खलित हो गया

जो सरोवर बन गया। एक दिन पार्वती ने उस जल का पान कर लिया जिससे स्कन्द का जन्म हुआ। दक्षिण में स्कंद की पूजा 'सुब्रह्मण्यम' नाम से की जाती है तथा उनकी पत्नियों के रूप में देवसेना एवं बल्ली का नाम आता है।

सन्दर्भ सूची

ए रेलिजस हिस्ट्री ऑफ ऐन्शियेण्ट इण्डिया - श्रीराम गोयल

द वण्डर दैट वाज इण्डिया - ए.एल. बाशम

फाण्डेशन ऑफ इण्डियन कल्चर - जी.सी. पाण्डेय

रिलिजन्स ऑफ इण्डिया - हापकिंस

ए हिस्ट्री ऑफ साउथ इण्डिया - नीलकण्ठ शास्त्री

पाणिनि कालीन भारतवर्ष - वासुदेवशरण अग्रवाल

17
सौर सम्प्रदाय

सूर्योपासना का भारतीय धार्मिक परम्परा में प्रमुख स्थान है। सूर्य को ऋग्वेद में 'सविता' भी कहा गया है। ऋग्वेद के दस मन्त्र सूर्य की स्तुति में दिये गये हैं। ऋग्वेद का गायत्री मन्त्र (नवम मण्डल) सूर्य (सविता) को ही समर्पित है। ऋग्वैदिक मन्त्रों में सूर्य के रथ को सात घोड़ों द्वारा खींचे जाने की चर्चा है जिसके आधार पर कालान्तर में अनेक मूर्तियों का निर्माण हुआ। ऋग्वैदिक सूक्तों में इसका सम्बन्ध उषा के साथ बताया गया है किन्तु विभिन्न रूपों में कभी उषा के पति, कभी उषा के पुत्र, कभी उषा के प्रेमी के रूप में अंकन। सूर्य के अनेक नामों का उल्लेख ऋग्वेद में प्राप्त होता है जैसे- आदित्य, सविता, प्रसविता, विवस्वान् आदि। एक ऋचा में सूर्य को अग्नि का रूप बताया गया है। उन्हें संसार के जड़ एवं जंगम जीवों की आत्मा कहा गया है–'सूर्य आत्मा जगतस्य स्थुपश्च'।

शतपथ ब्राह्मण की एक कथा से विष्णु एवं सूर्य के एकीकरण का पता चलता है। इसमें वर्णन है कि एक बार विष्णु एक धनुष के सिरे पर अपना सिर रखकर विश्राम कर रहे थे कि देवताओं ने उसकी प्रत्यंचा काटने के लिए चीटियों को भेजा। प्रत्यंचा के काटने पर उसके प्रवाह से विष्णु का सर अलग होकर ऊपर उछला तथा 'घ्रिन' शब्द के साथ नीचे गिरा तब उसका स्वरूप सूर्य का था। तभी से 'घ्रिन' शब्द तान्त्रिकों द्वारा सूर्योपासना के निमित्त प्रयोग किया जाने लगा। इस विवरण से ज्ञात होता है कि उत्तरवैदिक काल में सूर्योपासना प्रचलित थी।

सिकन्दर के साथ अभियान पर आये यूनानी लेखकों ने लिखा है कि भारतवासी 'सोरोएडेसियोस' की पूजा करते थे। कर्टियस ने लिखा है कि पुरु की सेना जब आगे बढ़ने को तैयार थी तो शुभ शगुन के लिए उसके सामने 'हिरैकिल्स' की मूर्ति लायी गयी जो सूर्य के लिए संकेत है। प्लूटार्क ने झेलम तट पर सूर्य मन्दिर का उल्लेख

किया है तथा फिलासट्रेटस ने तक्षशिला में भी सूर्य मन्दिर का उल्लेख किया है। इससे स्पष्ट है कि तीसरी-चौथी सदी ई.पू. पश्चिमोत्तर भारत में सूर्योपासना प्रचलित थी

कुषाण-शुंग काल में उत्तरी एवं दक्षिणी भारत, दोनों क्षेत्रों में इस धर्म को व्यापक महत्त्व मिला। इसका प्रमाण है कि बोधगया (उत्तर भारत) एवं भाजा (दक्षिण भारत) की गुफाओं में सूर्य की आकृतियाँ उत्कीर्ण हैं। बोधगया से प्राप्त इस काल की वेष्टिनी पर सूर्य एवं उषा के चार घोड़ोंवाले रथ पर विराजमान होने का दृश्य अंकित है। इसी प्रकार भाजा की गुफा के दीवारों पर सूर्य का अंकन मिलता है। दोनों कलाओं में भारतीय प्रतिमाशास्त्र का अनुकरण किया गया है। इसके विपरीत पश्चिमोत्तर भारत में सूर्योपासना पर विदेशी प्रभाव (हेलेनिस्टिक या यूनानी) परिलक्षित होता है। इण्डोग्रीक राजाओं के अनेक सिक्के प्राप्त हुए हैं जिन पर सूर्य की आकृतियाँ उत्कीर्ण हैं। इनमें फिलाक्सेनस, टेलेफस, प्लूटो आदि शासकों के सिक्के उल्लेखनीय हैं। ईरान के शक द्वीप निवासी ब्राह्मण (मग पुरोहित) सिकन्दर के आक्रमण के पूर्व ही पश्चिमी भारत में बस गये थे तथा सूर्य पूजा का प्रसार करना शुरू कर दिये थे। भविष्यपुराण के एक विवरण से ज्ञात होता है कि साम्ब (कृष्ण जाम्बवन्ती के पुत्र) ने अपने कुष्ठ निवारण हेतु जब सिन्ध में चन्द्रभागा (झेलम) नदी के तट पर सूर्य का पहला मन्दिर बनवाया तो उसने मग पुरोहितों को मूर्ति-पूजा के निमित्त ईरान से बुलवाया था। चन्द्रभागा के तट पर मुल्तान के सूर्य मन्दिर एवं सूर्य की स्वर्ण मूर्ति का उल्लेख ह्वेनसांग ने भी किया है। इस मन्दिर का उल्लेख स्कन्द पुराण में भी मिलता है। टालमी के 'भूगोल' से ज्ञात होता है कि मग ब्राह्मण तमिल एवं पाण्ड्य देशों तक फैल चुके थे जिन्होंने भारत में सूर्य पूजा के विधान का प्रसार किया। कालान्तर में शकलद्वीपी ब्राह्मणों का एक अलग वर्ग ही बन गया। गन्धार कला की सूर्य मूर्तियाँ इन्हीं सिद्धहस्त ब्राह्मणों द्वारा निर्मित की जाती थीं। कला में सिद्धहस्तता के कारण इन्हें 'चित्रपण्डित' कहा गया है। गन्धार कला में सूर्य लम्बा ईरानी जूता पहने, चार घोड़ों द्वारा खींचे जानेवाले रथ पर विराजमान हैं जिनके दोनों तरफ दासियाँ हैं। कुषाणकालीन सूर्य की प्रतिमा कानपुर के एक गाँव से प्राप्त हुई है जिसके स्तम्भ पर मयूर की आकृति तथा एक लेख 'कुमाखे' का अंकन सूर्य की स्कन्द से समीपता दर्शाता है। भागवतपुराण से इसकी पुष्टि हो जाती है जिसके अनुसार असूरों के सूर्य पर आक्रमण के समय देवताओं ने सूर्य के एक तरफ स्कन्द तथा दूसरी तरफ अग्नि को स्थापित किया जिन्हें क्रमशः दण्डनायक एवं पिंगल के नाम से जाना जाता है। इसी काल की (प्रथम सदी ई.) एक सूर्य मूर्ति उड़ीसा की अनन्त गुफा से प्राप्त हुई है जो रथ पर विराजमान है तथा जिनके साथ दो स्त्रियाँ अंकित हैं।

गुप्तकाल में सूर्योपासना का चतुर्दिक् विकास हुआ। कालिदास ने रघुवंश में सूर्य के रथ में सात हरे अश्वों का उल्लेख किया है। वराहमिहिर ने मग ब्राह्मणों को मन्दिर

में पुरोहित बनाने की सिफारिश की है। गुप्तकाल में तीन सूर्य मन्दिरों-मन्दसौर, इन्दौर तथा ग्वालियर-का अभिलेखीय साक्ष्य मिलता है। कुमारगुप्तकालीन बन्धुवर्मा के मन्दरसौर अभिलेख से दशपुर में एक सूर्यमन्दिर निर्माण का उल्लेख है। इसी प्रकार स्कन्दगुप्तकालीन इन्दौर अभिलेख से पता लगता है कि दीपक जलाने के लिए देव विष्णु ब्राह्मण ने सूर्य मन्दिर में 'अक्षमनीवि' (धर्मार्थ धन) जमा की थी। हुणनरेश तोरमाण एवं मिहिरकुल भी सूर्य के उपासक थे। मिहिरकुल के ग्वालियर अभिलेख से पता चलता है कि मातृचेट द्वारा गोपा पर्वत (जहाँ आज ग्वालियर का किला है) पर सूर्य मन्दिर की स्थापना की गयी थी। गुप्तयुग की सूर्य की अनेक मूर्तियाँ मथुरा संग्रहालय, भारत कला भवन (काशी विश्वविद्यालय) आदि में रखी गयी हैं।

हर्षचरित से ज्ञात होता है कि आदित्यवर्द्धन, प्रभाकर वर्द्धन एवं राज्यवर्द्धन सूर्य की उपासना करते थे। हर्ष भी सूर्य की महत्ता को स्वीकार करता था। ह्वेनसांग के विवरण के अनुसार हर्ष ने प्रयाग की सभा के दूसरे दिन सूर्य की मूर्ति स्थापित कर उपासना किया। ह्वेनसांग ने मुल्तान के सूर्य मन्दिर को देखा था तथा वह कन्नौज में भी एक सूर्य मन्दिर की स्थिति का विवरण देता है। मुल्तान के सूर्य मन्दिर का उल्लेख अल्बरूनी ने भी किया है। अल्बरूनी के अनुसार वहाँ सूर्य की सर्वाधिक प्रसिद्ध मूर्ति थी जिसे 'आदित्य' कहा जाता था जो लकड़ी से निर्मित्त थी तथा लाल चमड़े से ढँकी थी। मसूदी (10वीं सदी), इस्तखरी (10वीं सदी), इब्न हौकल (10वीं सदी) आदि अनेक मुसलमान लेखकों ने मुल्तान के सूर्य मन्दिर का उल्लेख किया है। शंकराचार्य के समय दक्षिण भारत में यह सम्प्रदाय तान्त्रिक प्रभाव में आने लगा था। तान्त्रिक मतानुयायी अपने शरीर पर गर्म लोहे से सूर्य-चिह्न अंकित कराते थे। 13वीं सदी का कोणार्क का सूर्य मन्दिर अनन्तवर्मन चोड़गंग द्वारा निर्मित अत्यन्त विशाल एवं सुन्दर है। सूर्य के सहस्र नामों में से इन्द्रादित्य, लोलार्क, भास्कर, वरुणस्वामी, मार्तण्ड आदि नाम अभिलेखों में भी मिलते हैं।

सन्दर्भ सूची

सन वर्शिप इन ऐन्शियेण्ट इण्डिया - एल.पी. पाण्डेय

सन वर्शिप इन ऐन्शियेण्ट इण्डिया - बी.पी. शुक्ला

हिन्दू सिविलाइजेशन - राधाकुमुद मुकर्जी

प्राचीन भारत का सामाजिक इतिहास - जयशंकर मिश्र

इवोल्यूशन ऑफ हिन्दू सेक्ट्स - सुधाकर चट्टोपाध्याय

18

भक्ति का उद्भव एवं विकास

अपने आराध्य के प्रेम में निःस्वार्थ अनुरक्ति ही भक्ति है। जो इस अनुरक्ति में अपने को विलीन कर देता है, वह भक्त कहलाता है एवं वह मार्ग जो इष्ट की अनुरक्ति की ओर ले जाता है, भक्तिमार्ग कहलाता है। भक्ति शब्द की प्रथम अभिव्यक्ति भगवद्गीता में हुई है जहाँ इसे सर्वोच्च मार्ग बताया गया है जिसमें किसी कर्मकाण्ड की अपेक्षा नहीं होती। श्रीमद्भागवतपुराण ने भक्ति को उच्च भावभूमि प्रदान किया। बार में दक्षिण के नयनार सन्तो (5-10वीं सदी) तथा अलवार सन्तों (6वी सदी ई.) ने भक्ति के ऐसे आन्दोलन का सूत्रपात किया जो कालान्तर में पूरे भारत में व्यापक हो गया। इस आन्दोलन ने पूरे भारतीय जनमानस को अत्यन्त गहराई से प्रभावित किया।

भक्ति शब्द का उद्भव संस्कृत के 'भज्' धातु से हुआ है जिसका अर्थ है सेवा करना, पूजन करना, अनुरक्त होना तथा किसी का अंश होना या बाँटना। इसी धातु से भजन शब्द की व्युत्पत्ति भी हुई है। सेवा करना, पूजन करना अथवा अनुरक्त होने के अर्थ में भक्ति ईश्वर की आराधना है जिसमें भक्त समर्पण भाव से भक्ति करता है तथा इसे साधलभक्ति या अपराभक्ति कहा जाता है। किसी का अंश होना अथवा बाँटना के अर्थ में भक्त आध्यात्मिक रूप से स्वयं को ईश्वर का अंश अथवा हिस्सा समझता है। यह शुद्ध आनन्द की अवस्था होती है जिसे पराभक्ति या साध्यभक्ति कहा जाता है। भक्ति की संरचना त्रिकोणीय है-सैद्धान्तिक, भावात्मक तथा व्यावहारिक। सैद्धान्तिक रूप से भक्ति ईश्वर तथा भक्त के सम्बन्धों के सिद्धान्तों का निरूपण है। भावनात्मक रूप से भक्ति ईश्वर तथा मनुष्य के बीच विभिन्न सम्बन्धों (दास्य, सख्य, दाम्पत्य आदि) की अनुभूति या रसानुभूति है जबकि व्यावहारिक रूप से भक्ति आराधना की विभिन्न विधियों, कर्मकाण्डों, विभिन्न देवगणों एवं धार्मिक महापुरुषों

से सम्बन्ध रखती है। वैदिक ऋचाओं में भक्ति के उक्त तीनों तत्त्व किसी-न-किसी रूप में विद्यमान हैं।

विद्वानों द्वारा भक्ति के उद्भव के सम्बन्ध में अनेक सिद्धान्तों एवं अवधारणाओं का प्रतिपादन किया गया है। डी.सी. सरकार भक्ति की अवधारणा को अनार्य तत्त्व मानते हैं जिसे कालान्तर में आर्यों ने स्वीकार कर लिया। उनकी मान्यता है कि भक्ति का मार्ग वैदिक मार्ग से भिन्न है क्योंकि वैदिक मार्ग यज्ञ प्रधान था। उनके अनुसार कालान्तर में भक्तिमार्ग को आर्यों ने भी अपना लिया तथा इसे विष्णु से जोड़ दिया। इसी प्रकार सुवीरा जायसवाल भी भक्ति को जनजातीयता से जोडकर स्वीकार करती हैं। भक्ति का उद्भव कब हुआ इस प्रश्न का तथ्यात्मक उत्तर सम्भव नहीं है किन्तु यह बात सर्वमान्य है कि भक्ति मानव हृदय की एक स्वाभाविक अनुभूति है। इसका प्रस्फुटन आर्य-अनार्य, आदिम-अनादिम, प्राचीन-अर्वाचीन, पौर्वात्य-पाश्चात्य किसी भी देश-काल में सम्भव है।

भारतीय सन्दर्भ में भक्ति यद्यपि वैदिक ऋचाओं में स्पष्ट रूप से निरूपित नहीं है किन्तु सूक्ष्म रूप से ऋग्वेद में इसके तत्त्व विद्यमान हैं। चतुर्थ मण्डल के वरुण सूक्त तथा दशम मण्डल के पुरुष सूक्त में भक्ति की संकल्पना का आभास मिलता है। दशम मण्डल के पुरुष सुक्त में परमब्रह्म की तथा नासदीय सूक्त में निर्गुण ब्रह्म की संकल्पना में भक्ति की सूक्ष्म भावना अन्तर्निहित है। उत्तरवैदिक काल में उपनिषदों में यद्यपि ज्ञानमार्ग का प्रतिपादन किया गया है किन्तु कहीं-कहीं सांकेतिक रूप से भक्ति का भी निरूपण मिलता है। श्वेताश्वर उपनिषद् में शिव भक्ति का सूक्ष्म अंकन मिलता है। इसी प्रकार छान्दोग्य उपनिषद्, मुण्डकोगनिषद् तथा मैत्रयुपनिषद् में विष्णु, अच्युत, नारायण, रुद्र आदि को परमात्मा के रूप में व्यंजित कर उनकी उपासना का निर्देश दिया गया है। उपनिषदों में यद्यपि निर्गुण ब्रह्म की व्याख्या की गयी है किन्तु निर्गुण ब्रह्म की अनुभूति के लिए मन, आकाश, सूर्य, अग्नि, यज्ञ आदि सगुण प्रतीकों की उपासना के स्पष्ट संकेत मिलते हैं।

महाभारत, रामायण जैसे महाकाव्यों में प्रवृत्तिमय भक्ति का रूप परिलक्षित होता है। महाभारत के शान्तिपर्व में एकान्तिक धर्म की उत्पत्ति की कथा है। नर एवं नारायण नामक दो ऋषियों ने इस धर्म को सर्वप्रथम प्रारम्भ किया था। इसीलिए इसे नारायण धर्म भी कहा जाने लगा। कृष्ण के सात्वत वंश में यही धर्म प्रचलित था। अतः इसे सात्वत धर्म भी कहा जाने लगा। श्रीकृष्ण के पश्चात् इसे भागवत धर्म कहा जाने लगा। इस धर्म में कृष्ण या नारायण की उपासना की जाती है। 5वीं सदी ई. पू. पाणिनि ने अपने सूत्रों में भक्ति की कल्पना का स्पष्ट संकेत दिया है। उनके 'वासुदेवार्जुनभ्यांवुन्' में 'वुन' शब्द से संकेत मिलता है कि 5वीं सदी ई. पू. के पहले ही वासुदेव भक्ति प्रचलित हो चुकी थी। ईसा पूर्व दूसरी सदी में गन्धार एवं मथुरा

कला द्वारा बुद्ध की मूर्तियों का निर्माण एवं उनकी उपासना की जाने लगी थी। किन्तु भगवद्गीता में सर्वप्रथम भक्ति की स्पष्ट व्याख्या की गयी तथा इसमें भक्ति शब्द का सर्वप्रथम उल्लेख किया गया। गुप्तकाल में अवतारवाद की प्रतिष्ठा होने से विष्णु के अवतारों की भक्ति एवं उपासना होने लगी। इसी काल में त्रिमूर्ति के सिद्धान्त की व्याख्या की गयी तथा ब्रह्मा, विष्णु, महेश के समन्वय की संकल्पना की गयी।

भागवतपुराण (1.1.45.50) के एक उद्धरण से स्पष्ट होता है कि भक्ति की सामूहिक उपासना की आन्दोलन के रूप में उत्पत्ति द्रविड़ प्रदेश में हुई। दक्षिण भारत के नयनार शैव (5-10वीं सदी ई.) तथा अलवार वैष्णव सन्तों (6-9वीं सदी) ने भक्ति-आन्दोलन का सूत्रपात किया। उन्होंने भजन, कीर्त्तन एवं गीतों द्वारा शैव एवं वैष्णव भक्ति का व्यापक प्रचार किया। नयनार सन्तों की संख्या परम्परागत रूप से 63 मानी जाती है। प्रमुख नयनार सन्तों में सम्बरर, सुन्दरर, अप्पार, तिरूमूलर तथा मणिक्कवासगर प्रमुख हैं। इनमें अप्पार शूद्र थे। इन नयनारों में कारैककाल नामक स्त्री सन्त भी प्रसिद्ध हुई। नयनारों की रचनाएँ सन्त नम्बीअण्डार द्वारा ग्यारह पुस्तकों में संकलित की गयीं जिन्हें 'तिरूमुरई' कहा जाता है। इसी प्रकार प्रमुख अलवार सन्त है- तिरूमंगई, पेरिय अलवार, नाम्नाअलवार, अण्डाल (स्त्री), तिरूघान, कुलशेखर आदि। तिरूघान शूद्र अर्थात् निम्न जाति के थे जबकि कुलशेखर ट्रावनकोर के राजा थे। अलवारों का प्रमुख ग्रन्थ नाथमुनि'द्वारा संकलित (सभी अलवारों की पद्य रचनाएँ) 'नालायिर' (दिव्य-प्रबन्ध) है। दोनों आलवार तथा नायनार सन्तों ने जाति-कुल के भेद से ऊपर उठकर भक्ति का मार्ग सबके लिए खोल दिया। इन सन्तों ने भक्ति की धारा से पूरे दक्षिण भारत को रससिक्त कर दिया।

दक्षिण भारत में न सिर्फ भक्ति की यह धारा ही प्रवाहित हुई बल्कि भक्ति का सिद्धान्त-निरूपण भी किया गया। शंकर के अद्वैतवाद एवं मायावाद का खण्डन करते हुए चार प्रमुख आचार्यों ने अपने-अपने दृष्टिकोण से भक्तिमार्ग एवं सगुण उपासना का प्रतिपादन किया है। इन चारों आचार्यों ने अपने-अपने सम्प्रदाय भी स्थापित किये जो इस प्रकार हैं-रामानुजाचार्य द्वारा स्थापित श्री सम्प्रदाय (विशिष्टाद्वैतवाद), मध्वाचार्य द्वारा स्थापित ब्रह्म सम्प्रदाय (द्वैतवाद), निम्बार्काचार्य द्वारा स्थापित सनकानिक सम्प्रदाय (द्वैताद्वैतवाद) तथा विष्णुस्वामी द्वारा स्थापित रुद्र सम्प्रदाय। दक्षिण भारत में उत्पन्न इस भक्ति आन्दोलन का धीरे-धीरे उत्तर भारत में प्रसार हुआ। भागवतपुराण इस प्रसार का तथा उत्तर भारत में भक्ति के विकास का सुन्दर संकेत देता है जो इस प्रकार है-

उत्पन्ना द्राविडे चाहं वृद्धिं कर्णाटके गता।
क्वचित् क्वाचिन्महाराष्ट्रे गुर्जरे जीर्णतां गता।।

तत्र घोरे कल युगात् पाखण्डैः खण्डितांगका।
दुर्बलाहं चिरं माता पुत्राभ्यां सह मन्दताम्।।
वृन्दावनं पुनः प्राप्य नवीनेव सुरूपिणी।
जाताहं युवती सम्यक् श्रेष्ठरूपा तु साम्प्रतम्।। (1:48,49,50)

अर्थात् मैं द्रविड़ में उत्पन्न हुई, कर्नाटक में बढ़ी, कभी-कभी महाराष्ट्र में मेरा पोषण हुआ, गुर्जर में जीर्ण हो गयी। वहाँ घोर कलि के कारण खण्डितांग हो गयी, दुर्बलता को प्राप्त हो पुत्रों सहित धीरे-धीरे वृन्दावन में आयी जहाँ मैं सुन्दर रूप प्राप्त कर युवती हो गयी और अब उत्कृष्ट रूपवाली हूँ।

दक्षिण भारत से आनेवाली भक्ति की लहर ने समूचे उत्तर भारत को आप्लावित कर दिया। ग्रियर्सन नामक विद्वान् ने इस सम्बन्ध में टिप्पणी की है कि "यह आन्दोलन उन सब आन्दोलनों से कहीं अधिक विशाल है जिन्हें भारतवर्ष ने कभी देखा है। यहाँ तक कि बौद्ध धर्म के आन्दोलन से भी अधिक विशाल है क्योंकि इसका प्रभाव आज भी वर्तमान है। इस युग में धर्म ज्ञान का नहीं बल्कि भावावेश का विषय हो गया था।" उत्तर भारत में भक्ति का यह उन्मेष ग्रियर्सन के शब्दों में बिजली की चमक के समान अचानक हुआ था। किन्तु ऐसा नहीं है। दक्षिण से उत्तर की यात्रा में भक्ति आन्दोलन को लम्बी अवधि तय करनी पड़ी। दक्षिण से भक्ति आन्दोलन को उत्तर लाने का श्रेय रामानन्द को दिया जाता हैं। रामानन्द (14वीं 15वीं सदी) रामानुज की परम्परा में आते हैं जो उत्तर भारत में भक्ति आन्दोलन के सबसे प्रथम और सबसे अधिक शक्तिशाली नेता है। रामानन्द के साथ सहयोग करनेवाले सन्तों में महाराष्ट्र के सन्त नामदेव (13वीं-14वीं सदी) का नाम भी आता है। भक्ति आन्दोलन के अन्य सन्तों में कबीर, नानक, चैतन्य, वल्लभाचार्य, तुलसी, सूर, दादू, मलूकदास, सुन्दरदास, मीराँबाई आदि का नाम प्रमुख है।

भागवत धर्म और भक्ति के ग्रन्थों में श्रीमद्भगवद्गीता, महाभारत का शान्तिपर्व, पांचरात्र संहिता, सात्वत संहिता, शाण्डिल्य सूत्र, भागवतपुराण, हरिवंशपुराण, नारदभक्ति सूत्र, नारद पांचरात्र आदि प्रमुख हैं। श्रीमद्भागवतपुराण में नवधा अर्थात् नौ प्रकार की भक्ति का विधान मिलता है-"श्रवणं कीर्त्तनं विष्णोः स्मरणं पादसेवनम्। अर्चनं वन्दनं दास्यं सख्यमात्मनिवेदनम्।" वाल्मीकि रामायण एवं गीता में भी नवधा भक्ति का उल्लेख आता है। वृहरादण्यक उपनिषद् में चार प्रपत्तियों (भक्ति) का उल्लेख आता है। ये हैं-श्रवण, मनन, निदिध्यासन और साक्षात्कार। आध्यात्मरामायण में नवधा भक्ति का रूप श्रीमद्भागवत से किञ्चित् भिन्न है। उसके अनुसार-सत्संग, भगवतकथालाप, गीतादिवाक्यों की व्याख्या, भगवतवाक्यों की व्याख्या, गुरु की निष्कपट सेवा, पवित्र स्वभाव, मन्त्रोपासना, भक्तों के प्रति श्रद्धा का भाव एवं वैराग्य तथा तत्त्व विचार नौ प्रकार के भक्ति रूप हैं।

'नारद भक्ति-सूत्र' भक्ति का प्रतिपादन करनेवाले ग्रन्थों में सर्वश्रेष्ठ ग्रन्थ है। इस ग्रन्थ की रचना 12वीं सदी ई. में मानी जाती है। इसमें 84 सूत्र हैं जो पाँच (कहीं-कहीं नौ) अध्यायों में विभाजित है। इसमें भक्ति, आत्मसमर्पण, दैवीय प्रेम, निःस्वार्थ प्रेम, दैवीय प्रेम का अभ्यास, सत्संग, नैतिक मूल्य, परमात्मा की उपासना आदि तत्त्वों की व्याख्या की गयी है। इस ग्रन्थ में नारद ने विशुद्ध भक्ति की अवस्था को प्राप्त करने का उपाय बताया है। नारद के अनुसार धार्मिक कर्मकाण्ड एवं सामाजिक रूढ़ियाँ भक्ति के मार्ग में रोड़ा हैं। उनके अनुसार भक्ति ही भक्ति को उत्पन्न करती है, अर्थात् भक्ति का कारण स्वयं भक्ति है।

संक्षेप में भक्ति की सामाजिक भूमिका अत्यन्त व्यापक है। इसमें सामाजिक समानता की अवधारणा अन्तर्निहित है। उसके सामाजिक प्रभावों से कला एवं साहित्य के कई आयाम विकसित हुए। भक्तिमार्ग स्त्री-पुरुष की समानता की स्थापना करता है। इसकी मान्यता है कि भक्ति किसी भी व्यक्ति में अंकुरित हो सकती है। जाति, धर्म, वर्ग के वैषम्य से इसे कोई लेना-देना नहीं है। कालान्तर में मधुसूदन सरस्वती, अभिनवगुप्त, वल्लभाचार्य आदि ने भक्तिमार्ग के सिद्धान्तों का प्रतिपादन किया तथा अनेक विरोधी प्रवृत्तियों के मतभेदों में साम्य स्थापित किया।

19
भक्ति आन्दोलन

ईश्वर अथवा ब्रह्म में मानव की निःस्वार्थ अनुरक्ति भक्ति कहलाती है। मध्ययुगीन भारत की धार्मिक चेतना को भक्ति आन्दोलन ने अत्यधिक गहराई तक प्रभावित किया। इस आन्दोलन की मूल प्रेरणा हिन्दुओं की सनातन भक्ति चेतना थी। इस आन्दोलन ने न केवल भारतीय धार्मिक जीवन को गति प्रदान किया, वरन् सामाजिक एवं सांस्कृतिक वातावरण को भी गहराई से प्रभावित किया। प्राचीन भारतीय हिन्दू-दर्शन के अनुसार मुक्ति अथवा जीवन-मरण के बन्धन से छुटकारा पाना ही जीवन का अन्तिम लक्ष्य है। मुक्ति या मोक्ष को प्राप्त करने के तीन मार्ग हैं-1. ज्ञान, 2. कर्म एवं 3. भक्ति। इन तीनों में से भक्ति का पथ अत्यन्त सहज एवं सुगम है। इस काल के सन्तों ने इसी सहज भक्ति पर जोर दिया अतः इस आन्दोलन को भक्ति आन्दोलन कहा जाता है।

भक्ति आन्दोलन के उद्भव एवं विकास के कारणों के सम्बन्ध में विद्वानों में मतभेद है। कुछ विद्वान् मानते हैं कि भक्ति आन्दोलन का जन्म इस्लाम धर्म के विरुद्ध प्रतिक्रियास्वरूप हुआ। एक वर्ग का मानना है कि यह आन्दोलन ईसाई धर्म के प्रभाव से उत्पन्न हुआ। जबकि एक अन्य वर्ग इसकी उत्पत्ति हिन्दू धर्म की आन्तरिक शक्ति से मानता है।

इस्लाम के प्रभाव से भक्ति आन्दोलन का उद्भव स्वीकार करनेवाले विद्वान् इस्लाम के 'मिल्लत' (भाईचारे का सिद्धान्त) को इस आन्दोलन का आधार मानते हैं। इनकी मान्यता है कि इस्लाम के आगमन एवं सूफ़ी सन्तों के माध्यम से भाईचारा पर आधारित धर्म के शान्तिपूर्ण प्रचार के कारण हिन्दू समाज का दलित वर्ग इस्लाम की ओर आकर्षित हो रहा था। इसलिए सन्तों ने हिन्दू धर्म में व्याप्त आन्तरिक अन्धविश्वासों एवं कर्मकाण्डों पर प्रहार कर धर्म एवं समाज का परिष्कार करने का प्रयत्न किया ताकि धर्मान्तरण को रोका जा सके । इस विचारधारा की मान्यता है

कि मुस्लिम आक्रमण से हिन्दू धर्म को गहरा आघात पहुँचा, मन्दिरों को तोड़ा गया, मूर्तियों का ध्वंस हुआ, पवित्र तीर्थों को भ्रष्ट किया गया जिससे हिन्दुओं का आत्मविश्वास खण्डित हो गया। खुद को असुरक्षित एवं असहाय पाकर हिन्दू जन-मानस सर्वशक्तिमान् ईश्वर की शरण में स्वाभाविक रूप से चला गया। इन विद्वानों के अनुसार भक्ति आन्दोलन बाह्य आक्रमण की प्रतिक्रिया है। इस्लाम की आक्रामक परिस्थितियों में भक्ति का प्रभाव क्रमशः तीव्रतर होता गया। के. एम. पन्निकर के अनुसार मुस्लिम आक्रान्ताओं के अत्याचार ही भक्ति आन्दोलन के लिए उत्तरदायी हैं।

डॉ. यूसुफ हुसैन जैसे कतिपय विद्वानों की मान्यता है कि ज्ञानमार्ग एवं कर्ममार्ग की दुरूहता एवं कठोरता ही भक्तिमार्ग के उद्भव के लिए उत्तरदायी है। दार्शनिकों में अग्रगण्य शंकर ने अपने दार्शनिक चिन्तन में अद्वैतवाद पर जोर दिया। अद्वैतवाद का आधार है कि ब्रह्म सत्य है एवं जगत् मिथ्या है। आत्मा एव परमात्मा अभिन्न हैं। इस तरह शंकर ने एक जटिल दार्शनिक मार्ग का प्रचार करते हुए सगुणोपासना का अप्रत्यक्ष रूप से विरोध किया। किन्तु शंकर का निर्गुण ब्रह्म (ज्ञानवाद) जीवन में बैठी निराशा को शान्त नहीं कर सका। अतः वैष्णव सन्तों-रामानुजाचार्य (12वीं सदी, विशिष्टाद्वैतवाद), मध्वाचार्य (13वीं सदी, द्वैताद्वैतवाद) आदि ने शंकर के अद्वैत एवं ज्ञानमार्ग का विरोध किया तथा सगुण भक्ति का प्रचार किया। वैष्णवों की सगुण भक्ति का साधारण जनता पर बहुत गहरा प्रभाव पड़ा। यह आन्दोलन 13वीं सदी तक दक्षिण भारत में जड़े जमा चुका था। इसे 14वीं सदी में दक्षिण भारत से उत्तर भारत में लाने का श्रेय सन्त रामानन्द को दिया जाता है जिन्होंने भक्ति के द्वारा जन-जन को नवीन मार्ग प्रशस्त किया। उन्होंने एकेश्वरवाद पर बल देकर हिन्दू एवं मुसलमानों को समान रूप से आकर्षित किया । इस मत के विद्वानों के अनुसार भक्ति आन्दोलन की जड़े सनातन हिन्दू धर्म में थीं। भक्ति का यह प्रवाह ही वेदों, उपनिषदों, भगवद्गीता से गुजरता हुआ भक्ति आन्दोलन के रूप में प्रस्फुटित हुआ। बेबर और ग्रियर्सन जैसे पाश्चात्य विद्वानों की धारणा है कि भक्ति एवं एकेश्वरवाद का सिद्धान्त हिन्दुओं ने ईसाइयों से ग्रहण किया। इन विद्वानों के अनुसार भक्ति आन्दोलन हिन्दू धर्म से बाहर के, विशेषतः ईसाई धर्म के तत्त्वों द्वारा प्रेरित आन्दोलन है किन्तु यह मान्यता पूर्णतः असंगत है। वस्तुतः भक्ति आन्दोलन हिन्दू धर्म का आन्तरिक अंग है जैसा कि बार्थ महोदय ने भी स्वीकार किया है। इसका उद्भव हिन्दू धर्म की आन्तरिक विसंगतियों की प्रतिक्रिया के रूप में हुआ था। यह सत्य है कि इस्लाम के आक्रमण एवं आक्रान्ताओं के अत्याचार ने इसे अप्रत्यक्ष रूप से प्रभावित किया। स्पष्ट है कि भक्ति का उद्भव रहस्यावृत है। आधुनिक शोधों ने भारतीय भक्ति आन्दोलन की इस्लाम या ईसाई धर्म के प्रति कृतज्ञता को अस्वीकारा है। यथार्थतः भक्ति का स्रोत वैदिक ऋचाओं, उपनिषदों, धर्मसूत्रों, भगवद्गीता में ढूँढ़ना उचित होगा। अग्नि, वरुण, सविता, उषा आदि

देवी-देवताओं के प्रति समर्पित वैदिक ऋचाएँ भक्ति की पावन भावना से ओतप्रोत हैं। परवर्ती उपनिषदों में भक्ति के दर्शन अथवा ईश्वर के प्रति एकनिष्ठ प्रेम का स्पष्ट निरूपण हुआ है। श्वेताश्वर उपनिषद् में अनुग्रह के सिद्धान्त पर विशेष बल है तथा प्रपत्ति (शरणागति) अथवा आत्मानुदान का संकेत है। तैत्तिरीय उपनिषद् और वृहदारण्यक उपनिषद् ब्रह्म का वर्णन परम तृप्ति के प्रतीक तथा समस्त मानवीय आनन्दातिरेक के स्रोत के रूप में करते हैं। इस प्रकार भक्ति का उद्भव वेदों एवं उपनिषदों में अन्तर्निहित है। महाकाव्यों ने ब्रह्म के निराकार स्वरूप को सगुण ब्रह्म या ईश्वर में परिवर्तित कर दिया। रामानुज के आस्तिक वेदान्त 'विशिष्टाद्वैत' से भक्ति को शास्त्रीय आधार प्राप्त हो गया।

डॉ. आशीर्वादीलाल श्रीवास्तव के अनुसार भक्ति आन्दोलन के दो मुख्य उद्देश्य थे-प्रथम, हिन्दू धर्म में सुधार करना ताकि वह इस्लामी आक्रमण के प्रभाव का सामना कर सके तथा द्वितीय, हिन्दू एवं इस्लाम धर्मों के बीच समन्वय स्थापित करना। इन दोनों उद्देश्यों को प्राप्त करने में भक्ति आन्दोलन बहुत हद तक सफल भी हुआ। भक्तिमार्ग के द्वारा सुधारकों एवं सन्तों ने हिन्दू धर्म में प्रचलित अनाचारों एवं अवसादों के निराकरण का प्रयास किया। उन्होंने हिन्दू जनमानस में फैली असहिष्णुता, अन्धविश्वास, कर्मकाण्ड, छुआछूत, जातिभेद जैसी कुरीतियों पर कठोर प्रहार किया। उन्होंने पवित्रता एवं सदाचार पर बल दिया, मूर्तिपूजा का खण्डन किया और पत्थर के देवता की उपासना की तुलना में भक्ति पर अधिक बल दिया। सन्तों ने सद्गुरु के महत्त्व तथा सभी धर्मों की आधारभूत समता पर विशेष बल दिया तथा अस्पृश्यता को समाप्त कर मानव-समता का प्रचार किया।

भक्ति आन्दोलन ने भक्ति के दोनों रूपों-सगुण एवं निर्गुण को समान रूप से अपनाया। सगुण भक्तों ने राम एवं कृष्ण को अपना इष्ट मानकर उनकी भक्ति की जिससे उनकी दो शाखाएँ-रामभक्ति शाखा एवं कृष्णभक्ति शाखा बन गयी। निर्गुण भक्तों ने अपनी भक्ति का आधार ज्ञान एवं प्रेम को बनाया परिणामस्वरूप उनकी भी दो शाखाएँ-ज्ञानश्रयी एवं प्रेमाश्रयी बन गयीं।

भक्तिकाल के प्रमुख सन्त- शंकराचार्य (788-820 ई.)—भक्ति आन्दोलन का वास्तविक इतिहास महान् धर्म सुधारक एवं दार्शनिक शंकराचार्य के समय से प्रारम्भ होता है। उनका जन्म मालाबार तट पर स्थित अलवार नदी के किनारे स्थित कलादी नामक ग्राम में हुआ था। उनकी माँ का नाम आरयामा तथा पिता का नाम शिवगुरु था। उनके माता-पिता नम्बूदरी ब्राह्मण थे। शंकर के जन्मोपरान्त उनके पिता की मृत्यु हो गयी फलतः उनकी माँ ही उनकी प्रारम्भिक शिक्षक थीं। प्रारम्भिक जीवन में ही संसार के दुःखों से द्रवित होकर उन्होंने संन्यास ले लिया। उन्होंने गोविन्द योगी को अपना गुरु बनाया जिन्होंने शंकर को परमहंस की उपाधि प्रदान की। शंकर ने सम्पूर्ण भारतवर्ष का भ्रमण किया तथा अनेक धर्मगुरुओं को शास्त्रार्थ में पराजित किया जिसमें मण्डन मिश्र एवं उनकी पत्नी भारती भी शामिल थीं। उन्होंने

बौद्ध धर्म पर करारा प्रहार किया तथा अद्वैतवाद का प्रतिपादन किया। इसी क्रम में उन्होंने बादरायण के 'ब्रह्मसूत्र' का भाष्य किया। उन्होंने एकेश्वरवाद का प्रतिपादन किया तथा मात्र ब्रह्म को सत् एवं जगत् को मिथ्या माना। ज्ञान, कर्म एवं भक्ति मुक्ति के तीनों मार्गों में ज्ञानमार्ग पर बल दिया। किन्तु शंकर का मत अत्यधिक बौद्धिक था अतः जनसाधारण को प्रभावित नहीं कर सका। शीघ्र ही दक्षिण भारत में अलवार (वैष्णव) एवं नयनार (शैव) सन्तों ने शंकर के सिद्धान्तों का खण्डन करते हुए भक्ति एवं प्रेम का प्रचार करना शुरू किया। अलवार सन्तों पेरिय अलवार, आण्डाल तथा नाम्ना अलवार आदि तथा नयनार सन्तों सम्बरर, सुन्दरमूर्ति आदि ने मोक्ष के लिए भक्ति को सर्वाधिक उपयुक्त बताया। वैष्णव आचार्यों में नाथमुनि के पौत्र यमुनाचार्य ने अपने शिष्य रामानुज को बादरायण के ब्रह्मसूत्र की टीका लिखकर शंकर के मायावाद का खण्डन करने का निर्देश दिया।

रामानुजाचार्य (1017-1137 ई.)-कुछ विद्वानों का मत है कि भक्ति आन्दोलन का उद्‌भव शंकर के वेदान्त एवं मायावाद के दार्शनिक सिद्धान्तों की प्रतिक्रिया में हुआ। सामान्य जन के लिए शंकर का गूढ़ मत अग्राह्य रहा। अतः निष्ठावान् भक्तों को सहज मार्ग की तलाश थी जिसका मार्गदर्शन रामानुजाचार्य ने किया। उनका जन्म 1017 ई. में दक्षिण भारत के त्रिपुती नगर (आन्ध्र प्रद्रेश) में हुआ था। उनके पिता का नाम केशव तथा माँ का नाम कान्तिमति था। इनकी अल्पावस्था में ही पिता का स्वर्गवास हो गया। इनकी प्रारम्भिक शिक्षा कांची नामक स्थान पर हुई। इन्होंने प्रारम्भ में गृहस्थ जीवन व्यतीत किया किन्तु कालान्तर में अन्तिम लक्ष्य की प्राप्ति में बाधक मानकर गृहस्थ जीवन का त्याग कर दिया। प्रारम्भ में वे शंकर के सिद्धान्तों के अनुयायी थे। शंकर के अनुयायी यादव प्रकांश ने उनको प्रारम्भिक दीक्षा दी। तदुपरान्त उन्होंने यमुना मुनि से श्रीरंगपट्टम में शिक्षा प्राप्त किया। अपने अध्ययन एवं चिन्तन से उन्होंने शंकर के अद्वैत सिद्धान्त एवं मायावाद का खण्डन किया। संन्यास ग्रहण के पश्चात पूरे देश का भ्रमण किया। रामानुज ने वेदान्त सूत्र (बादरायणकृत) तथा भगवद्‌गीता का भाष्य किया। उन्होंने विशिष्टाद्वैतवाद के सिद्धान्त का प्रतिपादन किया एवं भक्ति को दार्शनिक आधार प्रदान किया। विशिष्टाद्वैत के अनुसार ब्रह्म चित् (जीव) एवं अचित् (जगत्) जैसी शक्तियों से विभूषित है। इस प्रकार ब्रह्म, जीव एवं जगत् में विशिष्ट है, यही विशिष्टाद्वैत है। उनके अनुसार आत्मा एवं परमात्मा एक नहीं हैं। आत्मा परमात्मा से उसकी प्रकार निकलती है जिस प्रकार अग्नि से चिनगारी। भक्ति द्वारा ही ज्ञान एवं ईश्वर की प्राप्ति हो सकती है। उनके अनुसार ब्रह्म प्रकृति एवं गुणों में वास्तव में महान् है। वह सगुण है, सर्वव्यापी है, सर्वशक्तिमान् एवं आनन्दमय है। ईश्वर दया एवं करुणा का सागर है तथा मोक्ष उसी की कृपा का फल है। वही स्रष्टा, पालक एवं संहारक है। मोक्ष के लिए अनिवार्य है कि भक्त ईश्वर के समक्ष निःस्वार्थ समर्पण कर दें। इस अवधारणा को प्रपत्ति (शरणागति) कहा जाता है। ज्ञान एवं कर्म भक्ति के

सहायक हैं। रामानुज ने विष्णु एवं लक्ष्मी की उपासना पर बल दिया तथा अवतारवाद के सिद्धान्त को स्वीकृति प्रदान की। उनके अनुसार विष्णु ही सर्वेश्वर है तथा मानव के उद्धार के लिए समय-समय पर अवतार लेते हैं।

रामानुज के अनुसार ईश्वर अथवा ब्रह्म अपने भक्तों पर अनुग्रह हेतु स्वयं को पाँच रूपों में अभिव्यक्त करता है–(1) परा, (2) व्यूह, (3) विभव, (4) अन्तर्यामी, (5) अर्चावतार। ब्रह्म के परा रूप में छह गुण सदैव विद्यमान रहते हैं- ज्ञान, शक्ति, ऐश्वर्य, बल, वीर्य एवं तेज। इस रूप में वह वैकुण्ठ में निवास करता है तथा देवगण एवं मोक्षप्राप्त आत्माएँ वहाँ उसकी सेवा करती हैं। व्यूह रूप संसार की सृष्टि, पालन एवं संहार के लिए है। यह लीलाधारी रूप है। व्यूह के तीन रूप हैं- संकर्षण, प्रद्युम्न तथा अनिरुद्ध। विभव अथवा अवतार रूप में ब्रह्म भक्तों की रक्षा एवं धर्म की स्थापना के लिए पृथ्वी पर अवतरित होता है। अन्तर्यामी रूप में ब्रह्म प्रकृति के कण-कण में स्वयं को अभिव्यक्त करता है तथा जीवों में निवास करता है। इसी रूप में वह मानव हृदय में निवास करता है। अर्चावतार के रूप में ईश्वर मूर्ति में निवास करता हैं तथा भक्त सगुण रूप में उसकी उपासना करते हैं।

रामानुज ने समता का प्रचार किया तथा यह घोषणा की कि भक्ति समस्त जाति भेदों के ऊपर है। उन्होंने परिया जाति के दलितों को मेलकोट मन्दिर में प्रवेश कराया। किन्तु विचार-स्वातन्त्र्य का अधिकार ऊपर के तीन वर्णों को देने का समर्थन किया। अर्थात् रामानुज ने उच्च वर्णों के प्राचीन विशेषाधिकारों को स्वीकार कर निम्न तथा अन्य जातियों के लिए समाज में कुछ सुविधाएँ प्रदान कीं। उन्होंने शूद्रों के लिए वर्ष में एक दिन मन्दिर प्रवेश के लिए निश्चित किया था। इस प्रकार रामानुज ने अपनी रूढ़िवादिता के बावजूद भी अपने बाद के सुधारकों के लिए मार्ग प्रशस्त किया। उनका सम्प्रदाय 'श्री सम्प्रदाय' के नाम से विख्यात हुआ।

निम्बार्काचार्य (1165 ई.)-भक्ति आन्दोलन के द्वितीय महत्त्वपूर्ण सन्त थे। ये रामानुज के समकालीन थे। उनका जन्म आधुनिक तमिलनाडु प्रान्त के बेलारी जिला के निम्बापुर नामक स्थान पर सन् 1165 ई. में हुआ था। वे तैलंग ब्राह्मण थे। यद्यपि निम्बार्क का जन्म दक्षिण में हुआ था किन्तु उन्होंने अपना अधिकांश जीवन उत्तर भारत में व्यतीत किया। वे वृन्दावन में रहे जहाँ से सम्पूर्ण उत्तर भारत में राधा-कृष्ण की भक्ति का प्रचार हुआ। राधा-कृष्ण उनके उपास्य थे। इन्हें सुदर्शन चक्र का अवतार माना जाता है तथा यह नियमानन्द, निम्बानन्द आदि नामों से भी जाने जाते हैं। रामानुज की भाँति उन्होंने भी शंकर के अद्वैत सिद्धान्त का खण्डन किया। वे मध्यममार्गी थे। उन्होंने द्वैतवाद एवं अद्वैतवाद दोनों सिद्धान्तों का समर्थन किया तथा दोनों के बीच समन्वय स्थापित किया। उनके दार्शनिक सम्प्रदाय को द्वैताद्वैत सम्प्रदाय के नाम से जाना जाता है। इसे 'भेदाभेद' भी कहा जाता है। इस सिद्धान्त के अनुसार आत्मा एवं परमात्मा में भेद होते हुए भी कोई भेद नहीं है। निम्बार्क ने भी रामानुज की भाँति तीन तत्त्व बताये हैं- चित् (आत्मा), अचित् (जगत्) एवं ईश्वर।

चित् एवं अचित् ईश्वर पर आश्रित हैं अतः अभिन्न है। किन्तु स्वरूप की दृष्टि से भिन्न हैं। इस प्रकार तीनों तत्त्वों में भेद होते हुए भी अभेद है। ब्रह्म एवं जीव (चित्) अंश एवं अंशी हैं। ब्रह्म सर्वशक्तिमान् है तथा जगतरूप में परिणित होने पर भी निर्विकार है। वह जगत् का निमित्त एवं उपादान कारक है। उसका सगुण भाव ही मुख्य है। उनके अनुसार सगुण ब्रह्म ही ईश्वर है तथा कृष्ण ही ब्रह्म के अवतार हैं। कृष्णभक्ति द्वारा ही मोक्षप्राप्ति सम्भव है। भक्ति ही मोक्ष का आधार है। गुरु द्वारा उपदिष्ट तथा उपासना द्वारा शुद्ध चित्त में भक्ति का उदय होता है। निम्बार्क का सम्प्रदाय 'सनक' या 'सनकादि' सम्प्रदाय के नाम से प्रसिद्ध हुआ। अपने मत के प्रचार के लिए उन्होंने संस्कृत भाषा को अपनाया।

मध्वाचार्य-(1199-1278 ई.)-माधव, आनन्दतीर्थ, पूर्णबोध अथवा पूर्णप्रज्ञ नाम से विख्यात मध्वाचार्य का जन्म 1199 ई. में हुआ था। बाल्यावस्था में ही वे संसार से विरक्त हो गये। उन्होंने शंकर के अद्वैतवाद तथा रामानुजाचार्य के विशिष्टाद्वैतवाद का खण्डन करते हुए अपने द्वैतवाद का प्रचार किया। इनका द्वैतवाद मूलतः भागवतपुराण पर आधारित है। उनके अनुसार ब्रह्म एवं जगत् दोनों सत्य हैं। ईश्वर सत्य है तो उसके द्वारा निर्मित जगत् भी सत्य होगा। शंकर का मत 'ब्रह्म सत्यं जगत् मिथ्या' असत्य है। विष्णु ही परमात्मा हैं तथा राम कृष्ण दोनों विष्णु के अवतार हैं। जीव ईश्वर के अधीन है। दो जीव कभी अभिन्न नहीं हो सकते। उनके मध्य ज्ञानादि के कारण हमेशा भेद विद्यमान रहता है जिसे तारतम्य भेद कहते हैं। प्रत्येक जीव का अन्तिम उद्‌देश्य मोक्ष की प्राप्ति है जो विष्णु की भक्ति द्वारा ही सम्भव है। इनका सम्प्रदाय 'ब्रह्म' अथवा 'स्वतन्त्रास्वतन्त्रवाद' के नाम से विख्यात हुआ। इस सम्प्रदाय का मत है कि आदि गुरु 'ब्रह्मा' है। मध्वाचार्य ने अनेक शिष्य बनाये तथा उदीपी में कृष्ण मन्दिर की स्थापना की। वही उनका मुख्य केन्द्र बना। उनकी मृत्यु सन् 1278 ई. में हुई।

रामानन्द (1299 ई.-1411 ई.)—उत्तर भारत के प्रथम धर्मगुरु जो उत्तर एवं दक्षिण भारत के बीच एक महत्त्वपूर्ण कड़ी थे। वह रामानुज के पश्चात् पाँचवें धर्मगुरु थे। उनका जन्म 1299 ई. में प्रयाग के कान्यकुब्ज ब्राह्मण परिवार में हुआ था। उनकी शिक्षा प्रयाग एवं काशी में सम्पन्न हुई। उन्होंने भारत के अनेक भागों में भ्रमण किया तथा भक्ति द्वारा जन-जन को नया मार्ग दिखाया। उन्होंने अन्य आचार्यों की भाति कोरी दार्शनिकता का साथ नहीं दिया बल्कि भक्ति की सुगमता व व्यापकता पर उनका बल सर्वाधिक रहा। अन्ततः काशी को इन्होंने अपना स्थायी निवास बनाया। इनकी मृत्यु सन् 1411 ई. में हुई।

रामानन्द ने विष्णु के स्थान पर राम की भक्ति पर विशेष बल दिया। किन्तु उन्होंने किसी विशिष्ट उपासना-पद्धति पर बल नहीं दिया। वे रामानुज के विशिष्टाद्वैतवाद के अनुयायी थे। उन्होंने रामानुजाचार्य की भक्ति-परम्परा को और भी क्रान्तिकारी

तरीके से आगे बढ़ाया। भक्ति आन्दोलन को उत्तर भारत में प्रचारित करने का श्रेय रामानन्द को ही दिया जाता है।

रामानन्द ने भक्ति का द्वार सभी के लिए खोल दिया। वे धार्मिक ही नहीं सामाजिक सुधारक भी थे। उन्होंने वर्णव्यवस्था को स्वीकार करते हुए भी जाति-व्यवस्था का खण्डन किया। तत्कालीन समाज में प्रचलित असमानता को नकारते हुए सभी जातियों से अपने शिष्य बनाये। उन्होंने मानव-एकता पर बल दिया। उनके बारह शिष्य थे। उच्च वर्ण के शिष्यों के अतिरिक्त निम्न जाति के शिष्यों में धन्ना (जाट), सेन (नाई), रैदास (चमार) तथा कबीर (जुलाहे) प्रमुख शिष्य थे। अन्य शिष्यों में पीपा, सुखा, नरहरी, सुरसुर, सुरसुर की पत्नी, अच्युतानन्द, भावानन्द तथा पद्मावती का नाम आता है। सेना नाई बान्धवगढ़नरेश के सेवक थे। उन्होंने सेन-पन्थ की स्थापना की। पीपा राजपूताना के निवासी थे। उन्होंने राजगद्दी त्यागकर गृहस्थ जीवन स्वीकार किया था। बाद में वे संन्यासी हो गये। सन्त रविदास या रैदास बनारस के निवासी थे। रैदास की प्रसिद्ध शिष्या मीराँबाई थीं। रामानन्द ने स्त्रियों पर लगे अनके प्रकार के धार्मिक प्रतिबन्धों का भी विरोध किया। उनके बारह शिष्यों में दो स्त्रियाँ- सुरसुर की पत्नी तथा पद्मावती थीं। इस प्रकार उन्होंने वैष्णव धर्म का द्वार बिना किसी भेदभाव के सब के लिए खोल दिया। उनका कथन था कि सभी व्यक्ति परमात्मा के सेवक हैं अतः सभी आपस में भाई-भाई हैं।

रामानन्द प्रथम वैष्णव आचार्य थे जिन्होंने हिन्दी के माध्यम से उपदेश दिया। इसके पूर्व सभी धर्मगुरुओं ने संस्कृत में उपदेश दिया। हिन्दी जैसी जन भाषा में उपदेश देने के कारण उपदेश जनसाधारण तक पहुँच गये। इनके इस कार्य का दोहरा प्रभाव पड़ा। एक तो जनसाधारण इनके उपदेशों से परिचित हुआ, दूसरे इससे हिन्दी साहित्य एवं भाषा के विकास में भी सहयोग मिला।

रामानन्द की दूसरी देन यह है कि उन्होंने भक्ति आन्दोलन को लोकवादी रूप प्रदान किया। अब हर कोई वैष्णव धर्म के उपदेश समझ सकता था। इसलिए समाज के निचले तबके में काफी जागृति आयी। रामानन्द ने धार्मिक अनुष्ठानों में अपने शिष्यों को समान बर्ताव का आश्वासन दे रखा था। रामानन्द ने प्रेम और भक्ति पर बल दिया। उन्होंने रीति-रिवाज, उत्सवधर्मिता, उपवास, धर्मयात्रा, कर्मकाण्डों पर विशेष बल नहीं दिया। इसी कारण से उनकी भक्ति धारा सर्वसुलभ बन गयी। उनके उपदेशों ने स्त्रियों का स्तर भी ऊँचा उठाया और पारिवारिक सम्बन्धों को पवित्रता भी प्रदान की।

यद्यपि रामानन्द ने पहले से चली आयी किसी बड़ी परम्परा को नहीं तोड़ा। आशीर्वादीलाल श्रीवास्तव के अनुसार 'उन्होंने जाति-व्यवस्था का विरोध नहीं किया बल्कि उसे सामाजिक संगठन की योजना के अन्तर्गत बनाये रखा। किन्तु उनके उपदेशों से जाति के बन्धन बहुत ढीले पड़ गये थे। उन्होंने एक उत्साही विरक्त दल का संगठन किया जो आज 'वैरागी' के नाम से विख्यात है।'

कबीर (1398 ई.-1510 ई.)—कहा जाता है कि कबीर विधवा ब्राह्मणी के गर्भ से पैदा हुए थे। लोक-लाज के डर से विधवा ब्राह्मणी ने नवजात शिशु को वाराणसी स्थित लहरतारा नामक तालाब के किनारे छोड़ दिया था। वहां से गुजरते हुए नीरू-नीमा नामक जुलाहा दम्पति की नज़र उस नवजात शिशु पर पड़ी। उन्होंने उसका लालन-पालन अत्यन्त प्यार से किया । यही बालक आगे चलकर रामानन्द का प्रिय शिष्य बना तथा कबीर नाम से विख्यात हुआ। कबीर का बचपन अत्यन्त विपन्नता में व्यतीत हुआ। नीरू-नीमा अपनी गरीबी के कारण कबीर की शिक्षा का प्रबन्ध नहीं कर सके। बड़े होकर उन्होंने सन्तों की संगति में बैठकर ज्ञान प्राप्त किया। उन्होंने काशी के प्रसिद्ध आचार्य स्वामी रामानन्द को अपना गुरु स्वीकार कर लिया तथा उनसे गुरु मन्त्र (राम-राम) प्राप्त कर लिया। कबीर ने अपने पालक माता-पिता (जुलाहा) का व्यवसाय अपना लिया तथा लोई नामक स्त्री से विवाह कर दाम्पत्य जीवन का निर्वाह किया।

कबीर ज्ञान पिपासु थे। ज्ञान की प्यास शान्त करने के लिए उन्होंने उत्तर भारत के अनेक स्थानों का भ्रमण किया तथा विद्वानों के साथ सत्संग किया। उनका पालन पोषण यद्यपि मुस्लिम रीति-रिवाजों के साथ हुआ किन्तु कबीर जाति-बन्धन से ऊपर थे। उन्होंने हिन्दू-मुस्लिम दोनों परम्पराओं से ज्ञान प्राप्त किया। यह भी कहा जाता है कि कबीर ने मानिकपुर के प्रसिद्ध सूफ़ी सन्त शेख तकी से भी दीक्षा ली थी। कबीर ने इस बात का स्वयं उल्लेख किया है-

मानिकपुर हि कबीर बसेरी। मदहति सुनि शेख तकि केरी।।

कबीर मूलतः भक्त थे। उन्होंने ईश्वर की प्राप्ति के लिए प्रेम एवं भक्ति पर जोर दिया। भक्ति के क्षेत्र में उन्होंने मूर्तिपूजा, बाह्याडम्बर, बहुदेववाद, अन्धविश्वास एवं सामाजिक रूढ़िवादिता का दृढ़ता के साथ निषेध किया। वे एकेश्वरवाद के प्रचारक थे। उनके अनुसार राम-रहीम एक ही ईश्वर के दो नाम हैं। कबीर के इष्ट 'राम' निराकार ब्रह्म हैं। उन्होंने वेद एवं कुरान दोनों को अस्वीकार किया तथा ब्राह्मणों एवं मुल्लाओं की श्रेष्ठता का खण्डन किया। उनकी मान्यता थी कि ईश्वर एवं मानवता के प्रति प्रेम ही धर्म का मूल आधार है। व्रत, उपवास, तप, त्याग, रोजा, नमाज, कब्रपरस्ती आदि की कबीर ने घोर निन्दा की।

कबीर का उद्देश्य था व्यक्ति का आध्यात्मिक विकास तथा सामाजिक सद्भावना की स्थापना । अतः भक्त होते हुए भी उन्होंने सामाजिक एवं वैयक्तिक सुधार के लिए भी आह्वान किया। उनके विचार अत्यन्त क्रान्तिकारी थे। उनके क्रान्तिकारी विचारों के कारण रूढ़िवादी हिन्दू एवं मुसलमान दोनों असन्तुष्ट थे। किन्तु कबीर को किसी का भय न था। उनके क्रान्तिकारी विचारों के कारण ही तत्कालीन सुल्तान सिकन्दर लोदी (1488-1517 ई.) ने उन्हें बनारस से निर्वासित कर दिया था किन्तु कबीर फिर वहीं आकर निवास करने लगे। उन्होंने समाज मे

प्रचलित जाति-प्रथा, पर्दा-प्रथा, बहुविवाह, बालविवाह, अछूत-प्रथा आदि सामाजिक कुरीतियों का व्यापक विरोध किया। उन्होंने एकता, भ्रातृत्व, समानता व साहचर्य पर बल दिया। वे साधारण गृहस्थ की तरह जीवन व्यतीत करते थे। संन्यास में तथा संसार परित्याग में उनका विश्वास नहीं था। उनके तत्कालीन विचारों से प्रभावित होकर अनेक हिन्दू एवं मुसलमान उनकी ओर आकृष्ट हुए। दोनों जातियों के लोग उनके शिष्य थे। उनके शिष्यों में सन्त ज्ञानी जी, सन्त जागूदास, सन्त भागोदास, सूरत गोपाल, धर्मदास, कमाल (पुत्र) तथा कमाली (पुत्री) का नाम प्रमुखता से आता है। कबीर की मृत्यु के पश्चात् उनके शिष्यों ने ही कबीरपन्थ की स्थापना की थी।

रामानन्द की तरह ही कबीर ने हिन्दी में उपदेश दिया। उन्होंने हिन्दी के अनेक छन्दों (साखी, सबद, रमैनी) में अपनी रचनाएँ प्रस्तुत कीं जिसे बाद में उनके शिष्यों ने संगृहीत किया। अनपढ़ होने के बावजूद कबीर ने अपने पदों में भाव-गाम्भीर्य का जो परिपाक किया है वह अद्भुत है। उनकी रचनाओं में मंगल, बसन्त, होली, रेखताल जैसे देशज गीत (पद) भी हैं। 'बीजक' उनका प्रसिद्ध संकलन है जिसे उनके प्रिय शिष्य भागोदास ने संकलित किया। कबीर की रचनाओं में उनकी भक्ति परम्परा एवं दार्शनिक परम्परा (अद्वैत वेदान्त) का सुन्दर प्रतिपादन हुआ है। उनके दोहे जनसाधारण में आज भी लोकप्रिय हैं।

कबीर क्रान्तिकारी विचारक थे। वे किसी प्रकार की रूढ़िवादिता को स्वीकार नहीं कर सकते थे। अन्तिम समय आने का आभास मिलते ही उन्होंने बनारस को छोड़कर मगहर को प्रस्थान किया तथा वही अपना शरीर त्याग किया (1510 ई.)। उनके शव को लेकर हिन्दुओं एवं मुसलमानों में विवाद पैदा हो गया। दोनों उस पर अपना अधिकार चाहते थे। यह कबीर की लोकप्रियता का सबसे बड़ा उदाहरण है। फिर भी यह कहना कठिन है कि कबीर ने अपने उद्देश्य को हासिल कर लिया। इतना अवश्य हुआ कि बाद के भक्तों एवं विद्वानों ने कबीर के विचारों को खासा सम्मान दिया।

नानक (1469-1538 ई.)- सिख धर्म के संस्थापक गुरु नानक का जन्म सन् 1469 ई. में पंजाब प्रान्त (पाकिस्तान) के तलवण्डी नामक ग्राम में हुआ था। तलवण्डी का आधुनिक नाम ननकाना है। यह लाहौर से 35 मील दक्षिणी-पश्चिमी कोण पर स्थित है। उनके पिता कालूचन्द्र खत्री जाति के थे एवं गाँव के पटवारी थे। उनकी माता का नाम तृपता था। नाना के घर में जन्म लेने के कारण उनका नाम नानक रखा गया। बचपन में नानक शान्त स्वभाव के तथा एकान्तप्रिय थे। इनकी प्रारम्भिक शिक्षा पाँच वर्ष की आयु में ग्राम की पाठशाला में प्रारम्भ हुई। उन्होंने पाठशाला में पंजाबी, संस्कृत एवं फारसी की शिक्षा प्राप्त की। सैय्यद हुसैन नामक मुसलमान शिक्षक ने उन्हें इस्लाम धर्म से सम्बन्धित बातों से परिचय कराया। किन्तु नानक का मन पुस्तकों एवं पाठशाला में नहीं लगता था। अक्सर वे एकाग्रचित्त होकर चिन्तन-मनन करते रहते थे। उनका मन सन्तों की संगति में अधिक लगता था।

इनकी प्रवृत्ति को देखते हुए उनके पिता ने उन्हें पैतृक व्यवसाय में लगाने का प्रयत्न किया किन्तु वहाँ भी उनका मन नहीं लगा। कालान्तर में नानक की बहन ने दौलत खाँ लादी के अधीन उनकी नौकरी की व्यवस्था करा दी। वहाँ नानक सुलतानपुर में दौलत खाँ लोदी के अधीन काम करनेवाले अनाज के व्यापारी जैराम की सेवा में व्यापार के तरीके सीखने लगे। 18 वर्ष की आयु में इनका विवाह मूलचन्द की पुत्री सुलखनी नामक कन्या के साथ करा दिया गया। हिसाब-किताब में मन न लगने के कारण नानक ने नौकरी छोड़ दी और साधुओं की संगति में रहने लगे। उनके परिवार में उनकी पत्नी एवं दो पुत्र-श्रीचन्द्र एवं लक्ष्मीदास थे। श्रीचन्द्र ने कालान्तर में उदासी समुदाय की स्थापना की। गृहस्थ जीवन का परित्याग न करते हुए भी नानक ने आध्यात्मिक साधना का क्रम जारी रखा। उनके अनुसार गृहस्थ जीवन एवं आध्यात्मिक उन्नति के बीच कोई विराधाभास नहीं है।

नानक ने तीस वर्ष की आयु में (1499 ई.) घर से देशाटन के लिए प्रस्थान किया। भ्रमण करते हुए वे सम्पूर्ण भारत, मध्य एशिया एवं अरब तक गये। उनकी यात्रा में कश्मीर, काबुल, मक्का, मदीना से लेकर सिंहल द्वीप आदि स्थल शामिल थे। अपने भ्रमणकाल में नानक ने अपने मतों एवं उपदेशों का प्रचार किया। इन्होंने अनेक तत्कालीन सूफ़ी सन्तों से वार्त्तालिप किया जिसमें बाबा फरीदुद्दीन गंज-शंकर (बाबा-फरीद) का नाम विशेष उल्लेखनीय है। बाबा फरीद के उपदेश आदिग्रन्थ में भी संकलित हैं। नानक की मृत्यु 69 वर्ष की आयु में 1538 ई. में करतारपुर नामक स्थल पर हुई। कहा जाता है कि उनकी मृत्यु के पश्चात् भी कबीर की तरह हिन्दू एवं मुसलमान शिष्यों के बीच मतभेद उत्पन्न हो गया। दोनों ने अपने-अपने मत के अनुसार गुरु का संस्कार किया तथा मकबरा एवं समाधि का निर्माण कराया।

कबीर के विपरीत नानक सुशिक्षित व्यक्ति थे। उन्होंने अनेक प्रेरक पदों एवं गीतों की रचना की जिसे बाद में पाँचवें गुरु अर्जुनदेव ने आदिग्रन्थ के रूप में संकलित किया। उनके मत पर समकालीन धर्मों एवं सम्प्रदायों का स्पष्ट प्रभाव पड़ा। नानक एकेश्वरवाद की विचारधारा में विश्वास रखते थे। उनकी विचारपद्धति निर्गुण परम्परा की विचारधारा थी। कबीर की भाँति वे भी वेद एवं कुरान को नहीं मानते थे। वे भी जाति-पाँति, कर्मकाण्ड, अन्धविश्वास, व्रत, आडम्बर, तीर्थ, हज एवं मूर्ति-पूजा के घोर विरोधी थे। वे हिन्दू एवं इस्लाम धर्मों में व्याप्त कुरीतियों के घोर विरोधी थे। उनका उद्देश्य था कि धर्म को पुरोहितों-मौलवियों के चंगुल से निकालकर उसका परिष्कार किया जाय। मूलतः वे भक्त एवं समाजसुधारक थे। उन्होंने धर्म का दरवाजा सभी जातियों के लिए खोल दिया तथा अछूतों को भी अपना शिष्य बनाया। वे निराकार ब्रह्म के उपासक थे। मुक्ति को मानव-जीवन का उद्देश्य समझते थे। मुक्ति की अवस्था में आत्मा एवं परमात्मा का भेद समाप्त हो जाता है। परमब्रह्म के प्रति आत्मसमर्पण ही मुक्ति का दरवाजा है। सदाचार एवं सात्विक जीवन शैली, परमात्मा में पूर्ण आस्था एवं गुरु-कृपा से व्यक्ति आध्यात्मिक विकास करते हुए

मुक्ति तक पहुँचता है। नैतिकता, सत्य, दया, दान, विनम्रता नानक के उपदेशों में प्रमुखता से स्थान पाते हैं। उनके अनुसार साधना की प्रक्रिया में साधक क्रमशः धरमखण्ड, ज्ञानखण्ड, करमखण्ड और अन्ततः सत्यखण्ड में प्रवेश करता है जहाँ उसे आध्यात्मिक पूर्णता की उपलब्धि होती है। नानक कर्म एवं पुनर्जन्म में विश्वास रखते थे।

नानक का उद्‌देश्य किसी अलग धर्म की स्थापना करना नहीं था किन्तु उनके उपदेशों ने धीरे-धीरे एक अलग सम्प्रदाय का रूप ग्रहण कर लिया। उनके जीवन में सिख (संस्कृत-शिष्य) धर्म हिन्दू धर्म की एक शाखामात्र था। उनका प्रयास था कि हिन्दू धर्म का सुधार कर इसे सहज बनाया जाय। नानक के शिष्यों ने सिख पन्थ का अलग आधार तैयार कर इसे नवीन धर्म के रूप में स्वीकार कर लिया। 16वीं सदी में नानक के शिष्यों को पंजाबी भाषा में सिख कहा जाता था। कालान्तर में अमृतसर का स्वर्ण मन्दिर एवं आदिग्रन्थ या गुरुग्रन्थ साहिब सिख पन्थ के आस्था के केन्द्र बन गये। धीरे-धीरे सिख पन्थ हिन्दू धर्म से भी अलग होता गया एवं नानक को उसका आदि संस्थापक माना गया।

वल्लभाचार्य (1479-1531 ई.)- आचार्यों एवं भक्ति कालीन सन्तों की परम्परा में वल्लभाचार्य का नाम भी विशेष उल्लेखनीय है। उनका जन्म 1479 ई. में बनारस में तेलंगाना से आये तीर्थ यात्री लक्ष्मणभट्ट के परिवार में हुआ था। वे अपने माता-पिता के द्वितीय पुत्र थे। वल्लभाचार्य बाल्यकाल से ही प्रतिभाशाली थे। कहा जाता है कि बाल्यावस्था में ही उन्होंने चारों वेद, छह शास्त्र एवं अठारह पुराणों पर अधिकार प्राप्त कर लिया। वल्लभाचार्य जब 11 वर्ष के थे तभी उनके पिता का देहान्त हो गया। पिता की मृत्यु के दूसरे ही वर्ष उनकी माता भी चल बसीं।आगे का जीवन वल्लभाचार्य ने साधना एवं भक्ति के प्रचार में व्यतीत किया। उनके व्यक्तित्त्व पर विष्णु स्वामी के 'रुद्र सम्प्रदाय' का अत्यधिक प्रभाव पड़ा। उन्होंने कई बार सम्पूर्ण भारत का भ्रमण किया। अपनी शिक्षा-दीक्षा पूर्ण हो जाने पर वे तेलंगाना लौट आये। इन्हें विजयनगर राज्य के सुप्रसिद्ध शासक कृष्णदेवराय का संरक्षण प्राप्त हो गया। वहाँ रहते हुए वल्लभाचार्य ने शंकर के अद्वैतवादी सिद्धान्तों का खण्डन करके ईश्वर भक्ति पर विशेष बल दिया एवं शैव सम्प्रदाय के कुछ विद्वानों से शास्त्रार्थ कर वैष्णव धर्म का प्रभुत्व स्थापित किया। वहाँ इन्हें 'जगद्‌गुरु महाप्रभु श्रीमदाचार्य' की उपाधि से विभूषित किया गया। उन्होंने कालान्तर में उत्तर भारत में आकर वृन्दावन को अपना आश्रम बनाया तथा अधिकांश जीवन वहीं व्यतीत किया। उन्होंने श्रीमद्‌भागवत एवं गीता पर आधारित पुष्टिमार्ग का प्रतिपादन किया तथा 1520 ई. से कृष्णभक्ति पर उपदेश देना शुरू किया। उनके उपास्य श्रीनाथ (श्री कृष्ण) थे। उन्होंने बनारस की महालक्ष्मी नामक कन्या से विवाह किया तथा गृहस्थ जीवन को आध्यात्मिक विकास में बाधक नहीं मानते थे। अन्त में 52 वर्ष की उम्र में 1531 ई. में काशी के हनुमानघाट पर गंगा में प्रविष्ट होकर उन्होंने जल समाधि ले ली। इनके अनेक शिष्य थे जिनमें 84 शिष्य लोकप्रिय हुए।

वल्लभाचार्य ने संस्कृत एवं ब्रजभाषा में अनेक ग्रन्थों की रचना की । इन ग्रन्थों में 'सुबोधिनी' (गीता का टीका), 'सिद्धान्त रहस्य' (पूर्वमीमांसा भाष्य) तथा 'अणु भाष्य' (उत्तरमीमांसा) प्रमुख हैं। अणुभाष्य को आचार्य पूर्ण न कर सके जिसे उनकी मृत्यु के पश्चात् उनके पुत्र गोसाईं विट्ठलनाथ ने पूर्ण किया।

वल्लभाचार्य के अनुसार भक्ति की ओर जीवन तभी प्रवृत्त होता है जब उस पर भगवान् का अनुग्रह होता है । इस अनुग्रह को 'पोषण' या 'पुष्टि' कहते हैं। इसी दर्शन के कारण इसे 'पुष्टिमार्ग' कहा जाता है। इनकी भक्ति प्रेम एवं वात्सल्य से ओत-प्रोत थी। उनके अनुसार भगवान् कृष्ण ही परमब्रह्म, पुरुषोत्तम एवं परमानन्द हैं। उन्होंने शंकराचार्य के 'ब्रह्म सत्यं जगन्मिथ्या' के सिद्धान्त का खण्डन किया। उनके मतानुसार जगत् ब्रह्म का परिणाम है। दोनों में कार्य (जगत्) एवं कारण (ब्रह्म) का सम्बन्ध है अतः दोनों सत्य हैं। अर्थात् ब्रह्म एवं जगत् दोनों सत्य हैं । ब्रह्म एवं जीवन में अंश (जीव) एवं अंशी (ब्रह्म) का सम्बन्ध है। अतः जीव अपने मूल स्रोत ब्रह्म की भक्ति के बिना शक्ति नहीं प्राप्त कर सकता। आवश्यक है कि व्यक्ति सांसारिक वस्तुओं का त्याग कर भगवान् कृष्ण के चरणों में आत्मसमर्पण करके उसकी भक्ति में लीन हो जाय। इस प्रकार वल्लभाचार्य ने निर्गुण के स्थान पर सगुण भक्ति पर बल दिया। उनके अनुसार भक्ति का मार्ग सभी वर्गों एवं जातियों के लिए खुला है। जाति का आधार जन्म नहीं बल्कि गुण एवं कर्म है। शूद्र को भी भक्ति का अधिकार प्राप्त है। इस प्रकार वल्लभाचार्य ने अन्य मध्यकालीन सन्तों की भाँति जाति प्रथा का भी विरोध किया।

वल्लभाचार्य के द्वितीय पुत्र विट्ठलनाथ (1516-76 ई.) ने भी कृष्णभक्ति का प्रचार किया। बादशाह अकबर ने उनके सन्त स्वभाव एवं विद्वत्ता से प्रभावित होकर मथुरा के निकट गोकुल गाँव स्थित श्रीनाथ जी के मन्दिर के खर्च के लिए गोकुल एवं जतीपुरा गाँव को कर मुक्तकर दिया था। उन्हें पूर्ण संरक्षण एवं प्रशासनिक दमन से सुरक्षा प्रदान की गयी थी ताकि वे निर्भय होकर भगवद् भजन कर सकें। बादशाह अकबर ने उनकी गायों को सरकारी भूमि में घास चराने की अनुमति प्रदान की। शाहजहाँ के काल तक इस सम्प्रदाय के धर्मगुरु इन अधिकारों का उपयोग करते रहे। किन्तु औरंगजेब के दमन के कारण श्रीनाथ मन्दिर का महन्त श्रीनाथ जी की मूर्ति को छुपाकर उदयपुर के नाथद्वारा नामक स्थान में ले आया जहाँ उसे राणा राजसिंह का संरक्षण मिल गया था। तब से नाथद्वारा पुष्टिमार्ग का प्रमुख केन्द्र बन गया। इस सम्प्रदाय के महन्त इतने ऐश्वर्यशाली हो गये कि उन्हें महाराज कहा जाने लगा। कालान्तर में पतन के परिणामस्वरूप वैष्णव सम्प्रदाय में विषयासक्ति एवं मूर्तिपूजा का प्रवेश हो गया।

चैतन्य महाप्रभु (1485-1533 ई.)- वल्लभाचार्य के समकालीन वैष्णव सन्तों में चैतन्य महाप्रभु का नाम विशेष रूप से उल्लेखनीय है। इनका जन्म 1485 ई. में बंगाल के नदिया (नवद्वीप) नामक ग्राम में हुआ था। इनका वास्तविक नाम विश्वम्भर

था। इनके पिता जगन्नाथ मिश्र धार्मिक प्रवृत्ति के विद्वान् थे तथा माता शची भी धर्मपरायण महिला थीं। चैतन्य अत्यन्त गौरवर्ण के थे अतः लोग उन्हें प्यार से 'गौर' कहते थे। बाल्यकाल में ही इनके पिता का देहावसान हो गया अतः इनका पालन पोषण इनकी माता शची ने ही किया। चैतन्य अत्यन्त प्रतिभाशाली बालक थे। इनकी प्रारम्भिक शिक्षा स्थानीय पाठशाला में हुई। उच्च शिक्षा के लिए उन्हें सुप्रसिद्ध विद्वान् पण्डित गंगादास के पास भेजा गया। कहा जाता है कि केवल 15 वर्ष की अल्पायु में ही उन्होंने संस्कृत भाषा एवं साहित्य, व्याकरण, तर्कशास्त्र एवं दर्शनशास्त्र पर अधिकार कर लिया। आजीविका चलाने के लिए एक संस्कृत विद्यालय खोल लिया तथा 18 वर्ष की उम्र में लक्ष्मी नामक कन्या से विवाह-बन्धन में बँध गये। सर्पदंश से लक्ष्मी की मृत्यु हो जाने के कारण उन्होंने दूसरा विवाह कर लिया। किन्तु अनेक भक्त सन्तों की तरह इनका मन भी गृहस्थ जीवन में नहीं लगा और घर-बार त्यागकर भारत भ्रमण के लिए निकल पड़े । गया की यात्रा के समय इनकी भेंट ईश्वरपुरी नामक सन्त से हुई जिससे चैतन्य ने दीक्षा ग्रहण किया। इस समय उनकी उम्र 22 वर्ष की थी। इस दीक्षा ग्रहण के पश्चात् चैतन्य गुरु की प्रेरणा से एकदम बदल गये। वे कृष्ण के परमभक्त बन गये। कृष्णभक्ति के आवेश में वे कभी-कभी मूर्छित तथा समाधिस्थ हो जाते थे। इस व्यवहार का कारण उनकी कृष्णभक्ति थी। 1510 ई. में वे पूर्णतः संन्यासी हो गये तथा कृष्ण चैतन्य का नाम धारण किया एवं जगत् में चैतन्य नाम से लोकप्रिय हुए। चैतन्य ने पुरी, पण्ढरपुर, सोमनाथ, द्वारका, वृन्दावन, मथुरा आदि स्थानों का भ्रमण किया। उनका अधिकांश जीवन पुरी में व्यतीत हुआ और वहीं 1533 ई. में उनका देहान्त हो गया।

चैतन्य के इष्ट कृष्ण या हरि थे। उनकी भक्ति प्रेम एवं भाव के रंग में रची वैष्णव भक्ति थी। इस भक्ति के आवेग में भक्त परमात्मा से एकाकार हो जाता है। प्रेम, भक्ति, कीर्त्तन, नृत्य, संगीत के माध्यम से भावातुर भक्त अपना अस्तित्त्व परमात्मा में विलीन कर देता है। वह सांसारिक बन्धनों से ऊपर उठ जाता है एवं परमानन्द को प्राप्त करता है। चैतन्य ने कबीर एवं नानक की भाँति गुरु की सेवा पर भी विशेष बल दिया है।

चैतन्य भक्तिकालीन अन्य सन्तों की तरह जाति-प्रथा के विरोधी थे। उन्होंने जाति एवं धर्म का भेदभाव किये बिना सभी को उपदेश दिया। उन्होंने निम्न जाति के लोगों को भी अपना शिष्य बनाया। यहाँ तक कि मुसलमानों को भी अपना शिष्य बनाया। उन्होंने ब्राह्मण व्यवस्था में व्याप्त कर्मकाण्डों एवं बाह्याडम्बरों का विरोध किया। पशुबलि एवं मदिरापान की निन्दा तथा आचरण की शुद्धता पर बल दिया। उनका प्रभाव इतना गहरा था कि उनके अनुयायी उन्हें विष्णु अथवा कृष्ण का अवतार मानने लगे। उनके शिष्यों ने उनकी मृत्यु के पश्चात् गुरु के उपदेशों को व्यवस्थित किया तथा स्वयं को एक सम्प्रदाय के रूप में संगठित किया। उनकी मृत्यु के पश्चात् उनके छह मुख्य अनुयायियों को वृन्दावन के छह गोस्वामी कहा जाता है और माना

जाता है कि इन्हीं गोस्वामियों ने ही चैतन्य सम्प्रदाय के धार्मिक सिद्धान्तों को व्यवस्थित किया। उनके नवद्वीप (नदिया) के समीप के अनुयायी उन्हें राधा और कृष्ण का संयुक्त प्रतिरूप मानने लगे एवं चैतन्य की गौरांग प्रभु के रूप में पूजा होने लगी। उनकी विचारधारा का बंगाल एवं उड़ीसा में व्यापक प्रभाव पड़ा। उन्होंने सन्तों को संगठित करने के लिए एक सन्त संगठन की स्थापना की।

नामदेव- (1270-1350 ई.)-मध्ययुग में महाराष्ट्र के सबसे महान् सन्त नामदेव थे। उनके समय के सम्बन्ध में मतभेद है। डॉ. ताराचन्द्र ने परम्परा के आधार पर इनकी जन्मतिथि 1270 ई. बतायी है। किन्तु भण्डारकर एवं अन्य विद्वानों के अनुसार इनका जन्म 14वीं शताब्दी में हुआ था। इनकी मृत्यु 1350 ई. में हुई थी। इनका जन्म एक दर्जी परिवार में हुआ था। इनके गुरु का नाम विसोवा खेचरनाथ था जो नाथपन्थी साधु थे। इनके समकालीन सन्त ज्ञानदेव जी महाराज भी प्रसिद्ध नाथपन्थी संन्यासी थे जो नामदेव को निर्गुण उपासना का उपदेश दिया करते थे। प्रारम्भ में सगुण उपासक नामदेव नाथपन्थ के प्रभाव में आकर निर्गुण उपासक बन गये। इनके प्रारम्भिक पदों की भाषा ब्रजभाषा है किन्तु निर्गुणबानी की भाषा सधुक्कड़ी या खड़ीबोली है।

नामदेव ने ईश्वर की एकता का प्रचार किया। इन्होंने समाज में प्रचलित अन्धविश्वासों, बाह्याडम्बरों का विरोध किया। हिन्दू धर्म पर ब्राह्मणों के नियन्त्रण पर कड़ा प्रहार किया। उन्होंने प्रेम और भक्ति का पवित्र उपदेश दिया और जनसाधारण के मस्तिष्क को रीति-रिवाज और जाति-पाँति के बन्धनों से मुक्त किया। उनके शिष्य सभी जातियों एवं वर्गों से आते थे। डॉ. आशीर्वादीलाल श्रीवास्तव के अनुसार उनके कुछ मुस्लिम शिष्य भी थे जो कालान्तर में हिन्दू हो गये। नामदेव गुरु के बिना ज्ञान-प्राप्ति को असम्भव मानते थे। गुरुकृपा से ही ईश्वर-भक्ति प्राप्ति होती है। गुरु की कृपा से ही जन्म सफल हो सकता है -

सुफल जन्म मोको गुरु कीना। दुःख बिसार सुख अन्तरदीना।।
ज्ञान दान मोको गुरु दीना। राम नाम बिन जीवन हीना।।

तुकाराम (1608-1650 ई.)-प्रमुख मराठा भक्त-सन्तों के क्रम में नामदेव के पश्चात् तुकाराम का ही नाम आता है। वे शिवाजी के समाकालीन थे। उन्हें मराठा राष्ट्रवाद के उन्नायक के रूप में याद किया जाता है। तेरह वर्ष की आयु में ही पिता ने उन्हें व्यापार के क्षेत्र में ढकेल दिया किन्तु पिता की अकाल मृत्यु ने उन्हें आर्थिक संकट के बीच खड़ा कर दिया। इसी आर्थिक संकट के काल में ही इनकी स्त्री का भी देहान्त हो गया। इन्हीं परिस्थितियों में वे सांसारिक जीवन से विरक्त होते गये तथा भक्तिमार्ग के प्रति खिंचते चले गये। इनके परिवार में बिठोवा की पूजा परम्परा से चली आ रही थी। अब बिठोवा के प्रति इन्होंने पूर्ण समर्पण कर दिया। शिवाजी

ने इन्हें कुछ धनराशि भेंट करनी चाही जिसे सन्त तुकाराम ने अस्वीकार कर दिया। इनकी मृत्यु सन् 1650 ई. में हुई।

तुकाराम निर्गुण ब्रह्म के उपासक थे। इनके अनुसार ब्रह्म निराकार, अनादि, अनन्त एवं सर्वशक्तिमान् है। ईश्वर के सम्बन्ध में उनके विचार कबीर की तरह ही थे एवं कबीर की तरह ही उन्होंने धार्मिक भेदभाव एवं ऊँच-नीच की भावना का विरोध किया। उन्होने विभिन्न जातियों एवं वर्गों में भेदभाव समाप्त करने का प्रयास किया। हिन्दू एवं मुस्लिम एकता का भी प्रयास किया।

रविदास या रैदास-रविदास कबीर के समकालीन थे। उनका जन्म वाराणसी के मडुआडीह क्षेत्र में हुआ था। इनका समय सन् 1388 ई. से 1518 ई. के आस-पास था। वे जाति के चमार थे। वे रामानन्द के शिष्य थे। प्रियादासकृत 'भक्तमाल की टीका' के अनुसार चित्तौड़ की झालारानी उनकी शिष्या थी जो महाराणा सांगा की पत्नी थी। इस दृष्टि से रैदास का काल 1482 ई. से 1527 ई. के मध्य सिद्ध होता है। कुछ विद्वानों का अनुमान है कि चित्तौड़ की यह रानी और कोई नहीं बल्कि मीराँबाई ही थीं जिन्होंने रैदास का शिष्यत्व ग्रहण किया। मीराँबाई ने अपने अनेक पदों में अपने गुरु रैदास का स्मरण किया है। जैसे-''गुरु रैदास मिले मोहि पूरे बरसे कलम भिड़ी। सतगुरु सैन दई जब आके, सूरज जोत रली।'' कबीर की भाँति रैदास भी अनपढ़ थे। सन्त मत के विभिन्न संग्रहों में उनकी रचनाएँ संगृहीत हैं। इनके अनेक पद गुरुग्रन्थ साहिब में भी संकलित हैं। उनके कुछ पदों पर अरबी-फारसी का प्रभाव भी दिखायी पड़ता है। उनकी मृत्यु 130 वर्ष की आयु में हुई।

रैदास की विचारधारा और सिद्धान्त सन्त मत की परम्परा में ही आते हैं। वे निर्गुण उपासक थे। उन्होंने समाज में प्रचलित जाति-पाँति का विरोध किया तथा समता एवं समरसता की स्थापना का प्रयास किया। 'सन्तनि में रविदास सन्त' कहकर कबीर ने भी उनका महत्त्व स्वीकार किया है।

दादू दयाल-(1544-1603 ई.)-निर्गुण सन्त-परम्परा में आनेवाले दादू दयाल भक्ति आन्दोलन के महत्त्वपूर्ण नाम हैं। इनका जन्म 1544 ई. में अहमदाबाद में हुआ था। इनकी जाति के सम्बन्ध में विद्वानों में मतभेद है। अकबर कालीन प्रसिद्ध इतिहासकार मुहसनफनी ने इन्हें धुनिया जाति का बताया है। विल्सन महोदय भी इन्हें धुनिया मानते हैं। स्वामी दयानन्द ने इन्हें तेली स्वीकार किया है जबकि सुधाकर द्विवेदी इन्हें मोची मानते हैं। क्षितिमोहन सेन महोदय इन्हें मुस्लिम मानते हैं। दादूपन्थ की 'जीवनलीला परची' के अनुसार अहमदाबाद के एक सौदागर लोधीराम शाह ने इन्हें सन्तों के आशीर्वादस्वरूप साबरमती नदी में तैरता हुआ पाया था। ऐसी स्थिति में इनकी जाति एवं इनके पेशे के विषय में कुछ भी नहीं कहा जा सकता।

दादू के गुरु का नाम बुड्ढन था। कुछ विद्वान् इन्हें कबीर के पुत्र कमाल का शिष्य कहते हैं। दादू ने गृहस्थ जीवन व्यतीत किया। इनके दो पुत्र थे-गरीबदास और

मिस्कीनदास तथा दो पुत्रियाँ थीं नानाबाई एवं माताबाई। कहा जाता है कि पत्नी की मृत्यु के पश्चात् वे संसार को त्यागकर कमाल के शिष्य हो गये। उन्होंने काशी, बिहार, बंगाल, अजमेर, दिल्ली, आमेर आदि अनेक स्थानों का भ्रमण किया। इनके जीवन का अधिकांश समय राजपूताना में व्यतीत हुआ। जीवन के अन्तिम समय वे साँभर क्षेत्र के नरैना नामक स्थान पर चले गये जहाँ 1603 ई. में उनकी मृत्यु हो गयी। यही दादूपथियों का 'दादूद्वारा' है। दादू ने साँभर में ही 'ब्रह्म सम्प्रदाय' की स्थापना की थी। आगे चलकर यह सम्प्रदाय 'परमब्रह्म सम्प्रदाय' कहलाने लगा तथा बाद में दादूपन्थ के नाम से विख्यात हुआ। साँभर के बाद आमेर में रहते हुए आपको अकबर से भेंट करने का अवसर मिला (1586 ई.)। दादू की शिष्य-परम्परा विशाल है। उनके शिष्यों की कुल संख्या 152 बतलायी गयी है। उनके प्रसिद्ध शिष्यों में रज्जब, गरीबदास, बखना, जनगोपाल आदि प्रमुख हैं।

दादू की बानियों का संकलन 'अनभैवाणी' है। इससे उनकी चिन्तनधारा का पता लगता है। उन्होंने ईश्वर की व्यापकता एवं गुरु की महत्ता पर विशेष बल दिया। उन्होंने कबीर की भाँति ही निर्गुण पर बल दिया एवं समाज में ऊँच-नीच की भावना तथा धार्मिक भेदभाव का विरोध किया। उन्होंने हिन्दू-मुस्लिम एकता के लिए विशेष प्रयास किया।

तुलसीदास (1497-1523 ई.)- तुलसीदास का जन्म सन् 1497 ई. (संवत 1554) में बाँदा के राजापुर नामक ग्राम में सरयूपारीण ब्राह्मण परिवार में हुआ था। एक अन्य प्रचलित मत के अनुसार उनका जन्म सन् 1532 (संवत 1589) में हुआ था। उनके पिता आत्माराम दुबे तथा माता हुलसी का देहान्त तुलसी की अल्पायु में हो गया था अतः उनका बालपन अत्यन्त कठिनाइयों में बीता। तदनतर वे भिक्षा माँगकर अपनी उदरपूर्ति करते थे। उनके भोजन की कुछ सन्तोषजनक व्यवस्था तब हुई जब उन्हें एक हनुमान मन्दिर में आश्रय मिल गया। इनका विवाह दीनबन्धु पाठक की पुत्री रत्नावली से हुआ था। विवाह के पश्चात् ये सांसारिक जीवन के प्रति आसक्त हो गये तथा रत्नावली को छोड़कर एक पल भी अलग नहीं होते थे। कालान्तर में उनकी पत्नी ने ऐसी फटकार लगायी कि उन्होंने संसार त्यागकर रामभक्ति का सहारा लिया। उनके गुरु नरहरिदास थे जिनसे दीक्षा ग्रहण करने के पश्चात् वे चित्रकूट, अयोध्या तथा बनारस की यात्रा पर निकले। उन्होंने सन् 1574 ई. में अयोध्या में रामचरितमानस की रचना का आरम्भ किया जिसे दो वर्ष सात माह में वाराणसी में पूर्ण किया। रामचरितमानस के अतिरिक्त तुलसी ने अन्य 38 छोटे-बड़े ग्रन्थों की रचना की थी जिनमें प्रमुख हैं-'कवितावली', 'गीतावली', 'दोहावली', 'कृष्णगीतावली', 'रामललानहछू', 'रामाज्ञा प्रश्न', 'जानकीमंगल', 'पार्वतीमंगल', 'विनयपत्रिका', 'बरवै रामायण', 'हनुमान बाहुक', 'वैराग्य सन्दीपनी', 'कुण्डलियाँ रामायण', 'बजरंगबाण', 'गीता भाषा', 'हनुमान चालीसा', 'सतराई' आदि। तुलसीदास ने ब्रजभाषा एवं अवधी दोनों भाषाओं में अपनी रचनाएँ की हैं। काशी में ही सन्

1623 (संवत् 1680) में तुलसी का देहावसान हुआ था। काशी में वह स्थान आज भी तुलसीघाट के नाम से प्रसिद्ध है। यहाँ तुलसीदास द्वारा स्थापित राम पंचायतन की प्रतिमा और बीसा यन्त्र पर प्रतिष्ठित हनुमानजी की प्रतिमा आज भी विद्यमान है। तुलसीदास द्वारा प्रयुक्त नाव का एक अंश, उनकी चरण पादुका और हाथ से लिखे गये मानस का अंश वहाँ आज भी सुरक्षित हैं। यहाँ, एक चित्र प्राप्त हुआ है जिसमें तुलसीदास एवं चँवर पकड़े हुए उनके शिष्य राजा टोडरमल का अंकन है। काशी का संकटमोचन मन्दिर तुलसीदास द्वारा स्थापित है।

तुलसी सगुण राम के उपासक थे। उन्होंने राम को ईश्वर का अवतार मानकर उनकी भक्ति की। वे 'सियाराम मय सब जग जानी' में विश्वास करते थे। ग्रियर्सन एवं वी.ए. स्मिथ जैसे पाश्चात्य विद्वान् 'रामचरितमानस' को हिन्दू धर्म की बाइबिल मानते हैं। इस ग्रन्थ ने हिन्दू धर्म पर अपना गहरा छाप छोड़ा । यह धार्मिक समन्वय का अनुपम कृति है। इसमें सगुण-निर्गुण, शैव-वैष्णव, ज्ञान-भक्ति-कर्म, द्वैत-अद्वैत आदि का सुन्दर समन्वय है। तुलसीदास तथा अकबर के नवरत्न अब्दुर्रहीम खानखाना के बीच मधुर संवाद स्थापित था।

सूरदास (1478 ई. -1580 ई.)-सूरदास कृष्णभक्ति शाखा के प्रमुख सन्त थे। इनके जन्म एवं मृत्यु के सम्बन्ध में अत्यधिक मतभेद है। एकमत के अनुसार उनका जन्म 1478 ई. (संवत् 1535 ई.) तथा अन्य मत के अनुसार उनका जन्म 1483 ई. (संवत् 1540 ई.) में आगरा के समीप रुनकता नामक ग्राम में हुआ था। वे सारस्वत ब्राह्मण थे। कुछ विद्वान् उन्हें भट्ट तथा चन्दबरदाई का वंशज स्वीकार करते हैं। सूरदास के विषय में आज जो कुछ भी ज्ञात है उसका आधार स्वामी गोकुलनाथ कृत 'चौरासी वैष्णवों की वार्त्ता' है जिसमें वल्लभाचार्य एवं उनके शिष्यों का विवरण उपलब्ध है। इसके अतिरिक्त दूसरा आधार पुष्टिमार्ग में प्रचलित अनुश्रुतियों पर गोस्वामी हरिराय द्वारा लिखित 'भाव प्रकाश' नामक टीका है। 'चौरासी वैष्णवों की वार्त्ता' के अनुसार सूरदास एवं बादशाह अकबर के बीच सम्पर्क था तथा अकबर ने सूरदास से आगरा जाकर भेंट की थी एवं सहायता प्रदान की थी। आईने-अकबरी तथा मुन्तखब-उत-तवारीख में भी रामदास नामक गवैये के पुत्र सूरदास का उल्लेख आता है। गोस्वामी हरिराय के अनुसार तानसेन के माध्यम से सूरदास की मुलाकात अकबर से हुई थी।

सूरदास के जीवन में उनके गुरु वल्लभाचार्य से गऊघाट नामक स्थान पर हुई मुलाकात का विशिष्ट स्थान है। यहीं पर वल्लभाचार्य ने सूरदास को पुष्टिमार्ग में दीक्षित किया था। यहीं पर सूरदास अपने गुरु के माध्यम से कृष्ण की आनन्दमयी लीला से परिचित हुए थे। इसके पूर्व वे केवल वैराग्य एवं विनय के पद गाते थे। वल्लभाचार्य की प्रेरणा से सूरदास भागवतपुराण पर आधारित कृष्ण की वात्सल्यमयी लीला का वर्णन करने लगे। गोस्वामी हरिदास के 'भावप्रकाश' के अनुसार सूरदास के गान-विद्या की ख्याति सुनकर बादशाह अकबर ने उनसे मिलने की इच्छा प्रकट

की। गोस्वामी हरिराय के अनुसार प्रसिद्ध संगीतकार तानसेन के माध्यम से अकबर एवं सूरदास की मुलाकात मथुरा में हुई। सूरदास के पदों का गान सुनकर अकबर अत्यन्त प्रसन्न हुआ। यहाँ सूरदास ने अकबर के द्रव्यदान की इच्छा को साग्रह ठुकरा दिया। गोस्वामी हरिराय के अनुसार अकबर ने सूरदास के अनेक पदों का फारसी भाषा में अनुवाद कराया।

गोस्वामी हरिराय के 'भावप्रकाश' के अनुसार सूरदास का जन्म दिल्ली के सीही नामक गाँव में एक अत्यन्त निर्धन सारस्वत ब्राह्मण परिवार में हुआ था। उनके तीन बड़े भाई थे। सूरदास जन्म से ही अन्धे थे किन्तु उनमें सगुन बताने की अद्भुत क्षमता थी। 18 वर्ष की अवस्था में उन्हें संसार से विरक्ति हो गयी और वे मथुरा के विश्रामघाट पर रहने लगे। बाद में वे आगरा एवं मथुरा के बीच स्थित गऊघाट पर निवास करने लगे जहाँ उनकी मुलाकात वल्लभाचार्य से हुई थी। अकबरकालीन अन्य ग्रन्थों 'मुशियाते-अबुलफज्ल', 'आईने-अकबरी' (अबुल-फज़ल) तथा 'मुन्तखब-उत-तवारीख' (बदायूँनी) में एक अन्य सूरदास का उल्लेख है जो काशी में रहते थे तथा जिनका सम्पर्क अबुल फज़ल से था।

सूरदास की रचनाओं में तीन कृतियाँ प्राप्त हैं- 'सूरसागर', 'सूरसारावली' एवं 'साहित्य लहरी'। कहा जाता है कि 'सूरसागर' में प्रारम्भ में 1 लाख 25 हजार पद थे किन्तु अधिकांश विद्वान् इसमें एक लाख पद स्वीकार करते हैं।

'चौरासी वैष्णवन की वार्त्ता' से विदित है कि सूरदास एवं गोसाईं विट्ठलनाथ में भी सम्पर्क रहा। गोसाईं विट्ठलनाथ अपने जीवन के उत्तरार्द्ध में गोकुल में ही रहने लगे थे। 'वार्त्ता' से सूचित होता है कि सूरदास का देहावसान गोस्वामी विट्ठलनाथ के सामने ही सन् 1582-83 ई. में हुआ था। अकबर का गोसाईं विट्ठलनाथ से भी सम्पर्क था तथा उन्हें अकबर की ओर से शाही सुविधा प्राप्त थी।

मीराँबाई (1498-1547 ई.)-भक्ति आन्दोलन के महान् सन्तों में मीराँबाई का महत्त्वपूर्ण स्थान है। मीराँबाई मेड़ता के राठौरवंशी रतन सिंह की इकलौती पुत्री थीं। मेड़ता के राव दूदाजी उनके दादा तथा जोधपुर के संस्थापक राव जोधा परदादा थे। चित्तौड़ के प्रसिद्ध युद्ध में अकबर द्वारा मारा जानेवाला वीर सरदार जयमल उनका चचेरा भाई था। मीराँबाई का जन्म सन् 1498 ई. में गाँव कुड़की (कुदकी) में हुआ था। मीराँ का जीवन दुःखों की छाया में ही व्यतीत हुआ था। वाल्यावस्था में ही उनकी माता का देहान्त हो गया। परम वैष्णव पितामह दूदाजी की छत्रच्छाया में मीराँ का लालन-पालन हुआ जिनका मीराँ पर गहरा प्रभाव पड़ा। दूदाजी की प्रेमाभक्ति का बीज मीराँ के हृदय पर बाल्यकाल में ही पड़ चुका था। दूदाजी की मृत्यु के पश्चात् उनके ज्येष्ठ पुत्र वीरमदेव ने मीराँ का ब्याह 18 वर्ष की अवस्था में (सन् 1516 ई.) में राणासांगा के ज्येष्ठ पुत्र भोजराज से कर दिया। विवाह के कुछ ही वर्षों बाद सम्भवतः 1523 ई. में मीराँ के पति भोजराज की मृत्यु हो गयी। मीराँ के जीवन में विपदाओं की झड़ी लग गयी। सन् 1527 ई. में उनके पिता रतन सिंह भी खानवा के युद्ध में

मारे गये तथा इस युद्ध में घायल श्वसुर राणासांगा भी 1528 ई. में परलोक सिधार गये। राणासांगा का द्वितीय पुत्र रतन सिंह चित्तौड़ के सिंहासन पर बैठा किन्तु वह भी सन् 1531 ई. में चल बसा। अब मेवाड़ का शासन राणासांगा के पुत्र विक्रमादित्य के हाथ में चला गया। भौतिक जीवन से निराश मीराँ का अब अपना सगा कोई नहीं था। अब उनकी भक्ति गिरधर गोपाल के प्रति बढ़ती गयी तथा उनके दिन सन्तों एवं भक्तों की सेवा में गुजरने लगे। राणा को यह सब असह्य हो गया और उन्होंने मीराँ को अनेक प्रकार से प्रताड़ित करना शुरू कर दिया। जब इसका भी मीराँ पर कोई असर नहीं हुआ तो राणा ने उन्हें विष देकर मारना चाहा। लेकिन मीराँ पर विष का भी प्रभाव न पड़ा।

अन्ततः राणा के दुर्व्यवहार से पीड़ित होकर मीराँ ने चित्तौड़ छोड़ दिया और अपने चाचा वीरमदेव तथा चचेरा भाई जयमल के पास सन् 1533 ई. में मेड़ता चली आयीं। यहाँ मीराँ के दिन भजन, कीर्त्तन एवं सत्संग में व्यतीत होने लगे। किन्तु भाग्य देवता को यह भी मंजूर नहीं था। सन् 1538 ई. में जोधपुर के राव मालदेव ने वीरमदेव से मेड़ता छीन लिया। मेड़ता के पराभूत होने के पश्चात् मीराँ के हृदय में वैराग्य चरम सीमा पर पहुँच गया। वे सब-कुछ त्यागकर वृन्दावन चली गयीं। सन् 1543 ई. में मीराँ वृन्दावन से द्वारिका चली गयीं और जीवन के अन्त तक यहीं रणछोड़दास के मन्दिर में रहीं। यहीं इनकी मृत्यु सन् 1547 ई. में हो गयी।

प्रियादासकृत 'भक्तकाल' की टीका में अकबर और तानसेन का मीराँबाई से मिलन का उल्लेख किया गया है। तानसेन अकबर के दरबार में सन् 1562 ई. में आये थे। यदि अकबर और तानसेन का मीराँ से मिलन को स्वीकार कर लिया जाये तो मीराँबाई का सन् 1562 ई. तक जीवित होना प्रमाणित हो जाता है । किन्तु अकबर एवं मीराँ की भेंट का कोई ऐतिहासिक एवं प्रामाणिक साक्ष्य उपलब्ध नहीं है।

मीराँ के दीक्षागुरु के सम्बन्ध में कई मत प्रचलित हैं। रैदासपन्थी सन्त रैदास को मीराँबाई का गुरु मानते हैं। मीराँ के कुछ पदों में भी रैदास का उल्लेख आता है। वल्लभ सम्प्रदाय के लोग गोसाईं विट्ठलनाथ को उनका गुरु स्वीकार करते हैं।

मीराँबाई के नाम से कुल सात आठ कृतियों का उल्लेख मिलता है (1) नरसी जीरो माहेरो, (2) गीत गोविन्द की टीका, (3) राग गोविन्द, (4) सोरठ के पद (5) मीराँबाई का मलार, (6) गर्वागीत (7) राग-विहाग तथा (8) फुटकर पद। मीराँ के पद गेय हैं तथा विभिन्न रागों में विभाजित हैं। मीराँ की ख्याति उनके भजनों के कारण है जो ब्रजभाषा एवं राजस्थानी में रचे गये हैं। उनके कुछ पद गुजराती भाषा में भी मिलते हैं। उनके पदों में कृष्णभक्ति का गान हैं। वे कृष्णभक्ति में तल्लीन रहती थीं तथा अपने पदों के माध्यम से कृष्ण के प्रति विरह, प्रेम एवं भक्ति की अभिव्यक्ति करती थीं। निश्चय ही मीराँबाई राजस्थान की मरुभूमि की मन्दाकिनी थीं।

भक्ति आन्दोलन का प्रभाव- भक्ति आन्दोलन अत्यन्त व्यापक आन्दोलन के रूप में प्रकट हुआ जिसने सम्पूर्ण देश को सांस्कृतिक एकता के सूत्र में बाँधने का कार्य किया। इस जन आन्दोलन ने समाज के प्रत्येक क्षेत्र को प्रभावित किया। सल्तनत काल में धार्मिक अराजकता व्याप्त थी जो इस आन्दोलन के प्रभाव में मुगलकाल तक आते-आते गंगा-जमुनी तहजीब में रूपान्तरित होने लगी। हिन्दुओं एवं मुसलमानों दोनों के बीच सांस्कृतिक आदान-प्रदान का दौर शुरू हुआ। अकबर एवं उसकी 'सुलहकुल' की नीति इसी भक्ति आन्दोलन की उपज थे। भक्ति आन्दोलन ने कई जातीय राष्ट्रीय भावनाओं को जन्म दिया। मराठा एवं सिक्ख जाति तथा उनकी सांस्कृतिक चेतना का जन्म भक्ति आन्दोलन के साथ हुआ। इसी आन्दोलन के फलस्वरूप दोनों सम्प्रदायों में स्वतन्त्रता की भावना का बीजारोपण हुआ।

भक्ति आन्दोलन के परिणामस्वरूप सदियों चली आ रही ब्राह्मणवादी व्यवस्था कमजोर होने लगी। भक्तिकालीन सन्तों ने ब्राह्मणों की प्रभुसत्ता एवं धार्मिक विशेषाधिकारों पर करारा प्रहार किया। भक्ति का द्वार उच्च वर्गों के साथ-साथ निम्न वर्गों के लिए भी खुल गया। मोक्ष-प्राप्ति का अधिकार शूद्र एवं अस्पृश्य को भी प्राप्त हो गया। ईश्वर के साथ सम्बन्ध स्थापित करने के लिए पुरोहित की मध्यस्थता की आवश्यकता नहीं रही। प्रत्येक व्यक्ति को धार्मिक स्वतन्त्रता का अधिकारी माना गया। सदाचार, नीति एवं शुद्धता पर आधारित भक्ति इष्ट से जुड़ने का माध्यम बन गयी। भक्ति आन्दोलन के सन्तों ने जनमानस के हृदय में सेवाभाव का अंकुरण किया तथा मूर्तिपूजा को सीमित कर दिया। इसने हिन्दुओं को नैतिक आत्मबल प्रदान किया।

भक्तिकालीन सन्तों का ध्यान सामाजिक कुरीतियों की ओर गया। सन्तों ने इन सामाजिक कुरीतियों को मिटाकर समाज को महज होने का मार्ग दिखाया तथा मोक्ष का मार्ग सबके लिए खोल दिया। अनेक सन्तों ने निम्न वर्णों के व्यक्तियों को अपना शिष्य बनाया। रामानन्द के शिष्यों में कबीर (जुलाहा), रविदास (चमार), धन्ना (जाट), सेन (नाई) सभी निम्न जातियों के थे।

इस आन्दोलन ने धार्मिक सहिष्णुता को जन्म दिया। अनेक मुस्लिम बादशाह एवं नवाब भी हिन्दुओं के त्योहारों को मनाते थे तथा हिन्दू समुदाय के लोग ईद एवं मुहर्रम जैसे मुस्लिम त्योहारों में भाग लेते थे। अकबर, शिराजुद्दौला एवं मीरजाफर जैसे मुस्लिम शासक होली का त्योहार मनाते थे जबकि मानसिंह एवं भगवान्दास जैसे हिन्दू शासक मुहर्रम के जुलूस में भाग लेते थे। कालान्तर में दौलतराव सिन्धिया ग्वालियर में अपने अधिकारियों सहित हरे वस्त्र पहनकर मुहर्रम के जुलूस में मातम मनाते थे। साम्प्रदायिक सामंजस्य की यह भावना भक्ति आन्दोलन के परिणामस्वरूप प्राप्त हुई।

भारतीय भाषाओं का विकास, विविधता व अनेकरूपता भक्ति आन्दोलन की महत्त्वपूर्ण साहित्यिक देन है। डॉ. आशीर्वादीलाल श्रीवास्तव के अनुसार-'भक्ति आन्दोलन ने हमारी जनभाषाओं के साहित्य के विकास में योग दिया और उन्हें अधिक सम्पन्न बनाया। अधिकांश सन्तों ने जनभाषा में लोगों को उपदेश दिया जिससे हिन्दी, बंगाली, मराठी, मैथिली, ब्रजभाषा, राजस्थानी , पंजाबी, गुजराती आदि भाषाएँ विकसित एवं समृद्ध हुईं। इस प्रकार हमारी जनभाषाओं के उत्थान की दृष्टि से भक्ति आन्दोलन स्वर्णयुग सिद्ध हुआ। जनभाषा में उपदेश देने के कारण सन्तों का सम्पर्क सीधे आम जनता से स्थापित हो गया।

कतिपय सीमाओं के बावजूद भक्ति आन्दोलन की उपलब्धियाँ विलक्षण थीं। धार्मिक पूजा-पद्धतियों का सरलीकरण, जाति व्यवस्था की जटिलताओं की समाप्ति, मोक्ष का द्वार निम्न वर्गों के लिए खोल देना, पुरोहितवाद का खण्डन, आस्था, विश्वास एवं भक्ति के माध्यम से ईश्वर का साक्षात्कार, जनभाषाओं एवं ललित कलाओं का विकास, विभिन्न धर्मों का समन्वय, पंजाब एवं महाराष्ट्र का सांस्कृतिक उद्‌भव भक्ति आन्दोलन के प्रत्यक्ष अवदान हैं। अपने प्रभाव के कारण आज भी इन सन्तों का जनता के हृदय में आदरणीय स्थान है।

सन्दर्भ-ग्रन्थ

के.ए. निजामी - स्टेट ऐण्ड कल्चर इन मेडिवल इण्डिया

ए.बी.एम. हबीबुल्ला- द फाउण्डेशन ऑफ मुस्लिम रूल इन इण्डिया

लईक अहमद - भारतीय मध्यकालीन संस्कृति

परशुराम चतुर्वेदी - उत्तर भारत की सन्त परम्परा

यूसुफ हुसैन - ग्लिम्प्सेज ऑफ मेडिवल इण्डियन कल्चर

आर.सी. मजुमदार- द हिस्ट्री ऐण्ड कल्चर ऑफ द इण्डियन पीपुल

20

भारत में सूफ़ी आन्दोलन

सूफ़ी मत इस्लामी धार्मिक जीवन की वह अवस्था है जिसमें बाहरी गतिविधियों की अपेक्षा आन्तरिक क्रियाओं पर विशेष ध्यान दिया जाता है। वस्तुतः यह इस्लामी रहस्यवाद की ओर संकेत करता है। रहस्यवाद ऐसी भावना है जो हमेशा से प्रकृति के रहस्यों को जानने के लिए मानव को प्रेरित करती रही है। इस्लाम में सूफ़ी मत का विकास धर्म के बाह्य एवं आन्तरिक तत्त्वों के बीच द्वन्द्व का परिणाम था जो बाह्याचार एवं बाह्याडम्बर के विरुद्ध इस्लामी आवाज था। यहाँ तक कि सूफ़ी मत ने कट्टरपन्थी इस्लाम के विरुद्ध भी आवाज उठायी। इब्न उल-अरबी (1240 ई.) ने वहदत-उल-वजूद (ईश्वर सर्वव्यापी है) का सिद्धान्त प्रतिपादित करके मुस्लिम शरियत को चुनौती दी तथा अपने अलग मार्ग (तरिकत) की स्वीकृति प्रदान की।

सूफ़ी शब्द की व्युत्पत्ति के सम्बन्ध में विद्वानों में मतभेद है। 'सूफ़' का एक अर्थ है पश्म या ऊन, अतः सूफ़ी का शाब्दिक अर्थ हुआ ऊन का कपड़ा पहननेवाला। प्रारम्भ में सूफ़ी लोगों (आठवीं, नवीं सदी ई.) की पहचान अरब में उनके ऊनी लिबासों से की जाती थी। कुछ विद्वान् 'सफ़ा' से सूफ़ी शब्द की व्युत्पत्ति मानते हैं! 'सफ़ा' का अर्थ है 'पवित्रता'। अल कुरैशी जैसे विद्वान् बाह्य एवं आन्तरिक जीवन की शुचिता अर्थात् पवित्रता को ही सूफ़ी धर्म का आधार मानते हैं। इस मत के अनुसार सूफ़ी वह था जो आचार-विचार से पवित्र था। कुछ विद्वानों का मत है कि सूफ़ी शब्द की व्युत्पत्ति 'सुफ्फा' से हुई है जिसका अर्थ है वे गरीब मुसलमान जो मस्जिद के कोने में अपनी बसर किया करते थे। इस सम्बन्ध में कथा है कि मुहम्मद साहब 20 जून, 622 ई. को मक्का से चलकर 24 सितम्बरश 622 ई. को मदीना पहुँचे। बीच रास्ते में उन्होंने कुबा नामक स्थान पर 14 दिन तक (20 जून-12 जून) हज़रत अली (मुहम्मद साहब के चचेरे भाई व दामाद) का इन्तजार किया। वहाँ उन्होंने एक मस्जिद बनवायी जिसे मस्जिदे-नबी कहते हैं। इसी मस्जिद के बाहर स्थित चबूतरे

पर वे मुसलमान बैठते थे जो घर-बार छोड़कर नबी का साथ दे रहे थे। इन्हीं मुसलमानों को 'असहाबे-सुफ्फ़ा' (गरीब मुसलमान) कहा जाता था। ये मुसलमान गरीब थे, धार्मिक थे, बेघर थे और संसार से विरक्त थे। कुछ विद्वान् इसे सफ़ (पंक्ति) से व्युत्पन्न बताते हैं। उनका तर्क है कि कयामत के बाद निर्णय के दिन अल्लाह के सामने जो व्यक्ति अलग पंक्ति में किये जायेंगे वे ही सूफ़ी हैं। कुछ विद्वानो के अनुसार अरबों की एक घुमन्तू जाति 'बिनू सूफ़ा' के नाम से सूफ़ी शब्द की व्युत्पत्ति हुई है क्योंकि सूफ़ी भी अपने शिष्यों के साथ स्थान परिवर्तन करते रहते थे। जो भी हो यह सच है कि 'तसव्वुफ' (हर वस्तु में खुदा का प्रकाश है) के साधक के लिए सूफ़ी शब्द का प्रयोग ईसा की 9वीं शताब्दी से किये जाने का प्रमाण मिलता है। सूफ़ी साधकों के जीवन से सम्बन्धित अपनी पुस्तक 'तजकिरातुल औलिया' में फरीद-अल-दीन (1119 ई.-1230 ई.) ने सूफ़ीमत (तवस्सुफ) की सत्तर परिभाषाओं की चर्चा की है। स्वयं कुरान में सूफ़ी मत का कोई उल्लेख नहीं मिलता है। कट्टरपन्थी मुसलमान

स फ . ी

साधना को कुरान के विधि-निषेधों के विरुद्ध पाकर क्रूर दृष्टि से देखते थे। इसी के परिणामस्वरूप मंसूर अल हल्लाज को सन् 922 ई. में प्राणदण्ड दिया गया था। मंसूर (858-922ई.) प्रथम साधक था जिसने अपने को 'अनलहक' (ब्रह्मास्मि) घोषित किया तथा परवर्ती काल में सूफ़ी साधना का प्रतीक बन गया। कुरान सूफ़ियों के विषय में मौन है। पैग़म्बर मुहम्मद के समय तथा उनके पूर्व सूफ़ी शब्द का प्रयोग व्यक्तियों के नाम के साथ होता था किन्तु नवीं सदी ई. के पूर्वार्द्ध से इसका प्रयोग सम्पूर्ण इराक के रहस्यवादी साधकों के लिए होने लगा। यद्यपि निकोल्सन का मत है कि बसरा का जाहिज (869 ई.) ही पहला व्यक्ति है जिसने अरब में सूफ़ी शब्द का प्रयोग किया।

सूफ़ीमत के बीजारोपण की पृष्ठभूमि-सूफ़ीमत की प्रवृत्तियों का परिचय प्राप्त करने के लिए हमें जाहिलियत काल की जानकारी प्राप्त करना आवश्यक है। इस्लाम अपने जन्म के पूर्व काल को जाहिलियत काल (मूर्खता का काल) कहता है। सूफ़ी मत का आदि तलाशने के लिए हमें जाहिलियत काल के अरब (शाब्दिक अर्थ रेगिस्तान) की सांस्कृतिक दशा का ज्ञान प्राप्त कर लेना चाहिए। अरब सांस्कृतिक रूप से उत्तरी एवं दक्षिणी दो भागों में विभाजित था। उत्तरी अरब के लोग खानाबदोश थे। इनका जीवन ऊँटों एवं भेड़ों के चरागाह तलाशने की प्रक्रिया में स्थान परिवर्तन के लिए विवश था। इनका जीवन लूटमार, लड़ाई-झगड़ा, क्रूरता, नृशंसता एवं खून-खराबा से भरा था। उत्तरी अरब के इन बद्दुओं में खजूर की शराब और मांसाहार का व्यापक प्रचलन था। ये ऊँट का मांस खाने तथा उसके पेट से पानी निकालकर पीने से कभी नहीं हिचके। ऊँट के अतिरिक्त तलवार इन्हें अत्यन्त प्रिय थी जिसे अपने भाई की गर्दन पर चलाते हुए इन्हें कभी संकोच नहीं हुआ। खून के बदले खून पीनेवाले बद्दुओं के गीत लूटपाट की प्रशंसा में ही गाये गये। घोड़ा इनके लिए ऐश्वर्य

का प्रतीक था तथा छापा मारने में सहायक था जिसके लिए बद्दू हमेशा बेचैन रहते थे। इसके विपरीत दक्षिणी अरबवाले समुद्र-तट के निवासी थे तथा इनका मुख्य पेशा व्यापार था। इनमें राष्ट्रीय राजनीतिक जीवन का विकास हो चुका था। पैग़म्बर मुहम्मद के पूर्व यहाँ (यमन) चार राजाओं के शासन का उल्लेख मिलता है। किन्तु प्रथम खलीफा अबूबकर (632 ई.-634 ई.) के समय इनका ऐतिहासिक महत्त्व समाप्त हो गया क्योंकि अबूबकर ने सम्पूर्ण अरब पर अपना अधिकार स्थापित कर लिया। दक्षिणी अरब का इतिहास उनकी कविताओं में ढूँढ़ा जा सकता है। यहाँ की पूर्वी हवाएँ अथवा मानसून (अरबी शब्द) अरबी कविताओं का मुख्य हिस्सा है।

इस्लाम के पूर्व दक्षिणी अरब या तो अबीसीनिया के अधिकार में रहा या ईरान के, किन्तु उत्तरी अरब पर शासन करना या बद्दू घुमक्कड़ों को एक सूत्र में बाँधना किसी विदेशी सत्ता के लिए आसान नहीं था। इसका एक अन्य प्रमुख कारण यहाँ की आर्थिक अनुर्वरता थी। इस कारण से उत्तरी अरब की भाषा एवं संस्कृति बाह्य प्रभावों से अछूती रही। कुरान की भाषा इसी उत्तरी अरब की भाषा है। इस्लाम से पूर्व दो एकेश्वरवादी धर्म यहूदी (14000 ई.पू.) तथा ईसाई अरब के पड़ोस में ही पनप चुके थे। ये तीनों धर्म (इस्लाम, ईसाई, यहूदी) सामी जातीय और एकेश्वरवादी हैं। अपने पूर्ववर्ती दोनों धर्मों का प्रभाव जाहिलियत काल के अरब निवासियों पर पड़ना अपरिहार्य था। स्वयं पैग़म्बर मुहम्मद बचपन में एक ईसाई सन्त 'बुहेरा' से प्रभावित थे तथा उसके प्रति आस्थावान् थे। जाहिलियत काल में बहुदेववाद, मूर्तिपूजा, पुरोहिती प्रथा, अन्धविश्वास, भूत-प्रेत, कर्मकाण्ड का अत्यधिक बोलबाला था। इस काल में मक्का के प्रधान देवालय काबा में 360 देवताओं की मूर्तियाँ स्थापित थीं। इस देवालय के प्रधान पुरोहित मुहम्मद साहब के गोत्र कुरैश के ही लोग थे। उक्त देव मूर्तियों में एक मूर्ति अल्लाह की भी थी। मक्का के निवासी अल्लाह को सृष्टिकर्त्ता मानते थे तथा आपत्तिकाल में उससे सहायता की याचना करते थे। इस काल में यहूदियों का अड्डा मदीना था तथा ईसाइयों का प्रभाव क्षेत्र मक्का था। स्वेच्छाचारी महन्तों, धर्माधीशों, सामन्तों का बोलबाला था। यहूदी एवं ईसाई भी भोगविलास में डूबे थे। शराब, सूदखोरी, महन्ती, अप्राकृतिक व्यभिचार, नारीदासता कन्यावध अरब में सर्वत्र व्याप्त था। यहाँ तक कि बेटे बाप के मरने के बाद उसकी पत्नियों को रखैल बना लेते थे। समलैंगिक सम्बन्ध की कुप्रथा व्याप्त थी। कुरान के अनुसार खुदा ने नूह के वंशज अब्राहम के पुत्र लूत को कौम की पुरुष समलैंगिकता को दूर करने के लिए भेजा था। कुछ विद्वान् सूफियों की अमरदपरस्ती (सुन्दर युवक के प्रति आकर्षण) को जाहिलियत काल के पुरुष प्रसंग से जोड़कर देखते हैं किन्तु यह ठीक नहीं है। वस्तुतः अमरदपरस्ती का तर्क है कि सांसारिक प्रेम (स्त्री-पुरुष का प्रेम) में स्वार्थ भावना होती है जबकि अमरदपरस्ती स्वार्थ से परे होती है। सूफ़ियों का मत है कि हेरा की एकान्त गुफा में पैग़म्बर मुहम्मद को अल्लाह का साक्षात्कार एक सुन्दर युवक के रूप में ही हुआ था। इसी कारण से सूफ़ी लोग

सुन्दर युवक में अल्लाह का दर्शन करते थे। अमरदपरस्ती का यह सिद्धान्त इससे पूर्व ग्रीक साहित्य में मिलता है। कालान्तर में फारसी कविता में यह भावना बहुतायत से मिलती है। सूफ़ियों की एक अन्य प्रवृत्ति अल्लाह को प्रियतमा या माशूका के रूप में देखने की भी है।

सूफ़ीमत का बीजारोपण-जाहिलियत काल (पैग़म्बर मुहम्मद के आगमन के पूर्व का काल) के दुराचार तथा स्वेच्छाचार को मिटाने के लिए ही पैग़म्बर मुहम्मद का आविर्भाव हुआ था। उनका जन्म 570 ई. में तथा मृत्यु 632 ई. में हुई थी। उन्होंने सन् 615 ई. से इस्लाम (शाब्दिक अर्थ-शान्ति) का प्रचार आरम्भ किया। मुहम्मद ने एकेश्वरवाद का प्रसार किया। उनके सबसे बड़े विरोधी उनके गोत्र कुरैश के ही लोग थे जो मूर्तिपूजक थे। इसके विपरीत हनीफा कहे जानेवाले लोग मूर्तिपूजा के विरोधी थे जो मुहम्मद के पूर्व एकेश्वरवाद के प्रचारक थे। हनीफ शाखा के लोग विरक्त थे। हनीफ का अर्थ ही वैरागी होता है। इस शाखा के संस्थापक अबू हनीफ (700-767 ई.) थे। इस्लाम के प्रचार की शुरुआत (615 ई.) से लेकर अब्बाखी राजवंश की स्थापना (750 ई.) तक इस्लाम धर्म का प्रचार तलवार के बल पर हुआ। इस समय क्रूरता ने नंगा नृत्य किया जिसमें किसी भी प्रकार की सूफ़ी साधना की गुंजाइश न थी। यह काल खलीफाओं अबूबक्र, उमर, उस्मान, अली आदि का था(जिनकी राजधानी कूफा इराक) थी। इस अराजकता के काल में कूफा एवं बसरा-(इराक) में वैराग्य की भावना का अंकुरण हो रहा था। इसमें प्रमुखता बसरा को ही मिली। बसरा का अल हसन अल बसही (643 ई- 728 ई.) ही सर्वप्रथम अध्यात्मवादी है जिसे सूफ़ी साधक अपने मत का सहायक मानते हैं। उसकी जन्मभूमि मदीना थी। एक मत के अनुसार उसकी माँ मुहम्मद साहब की पत्नी आयशा की नौकरानी थी तथा उसे संन्यास की दीक्षा खलीफ़ा हजरत अली ने दी थी। वह रत्नों का व्यवसायी होते हुए भी वैरागी था। वह आन्तरिक शुद्धता एवं वैराग्य पर बल देता था। उसने सांसारिक नश्वरता की ओर बार-बार संकेत किया है। उसने इन्द्रियों पर नियन्त्रण रखने की सलाह दी है। उसके अनुसार अनासक्ति की एक बूँद सहर्ष वर्षों की नमाज और रोजा से श्रेष्ठ है। उसका सबसे बड़ा विरोधी इब्न सीरीन (मृत्यु 728 ई.) था। हसन की ऊनी पोशाक को इब्न सीरीन ईसा का अनुकरण मानता था। अलहसन तीन चीजों से बचने की सलाह देता है—1- बादशाहों से सम्पर्क, 2- एकान्त में स्त्री का साथ तथा 3- किसी की बात पर कान देना। हसन के ये तीन सिद्धान्त महात्मा बुद्ध के आदेशों के समान हैं। हसन अपनी वाक् पटुता के लिए भी प्रसिद्ध था। इस काल का दूसरा वैरागी बल्ख खुरासान का राजकुमार इब्राहीम बिन अधम था (मृत्यु (777 ई.)। उसके वैराग्य की कथा महात्मा बुद्ध से मिलती जुलती है। एक दिन शिकार खेलते समय जब वह किसी खरगोश का पीछा कर रहा था उसे अदृश्य आवाज सुनायी दी कि इब्राहीम तुम इसी काम के लिए नहीं बनाये गये हो। इस आवाज को सुनकर

इब्राहीम का हृदय परिवर्तन हो गया और वह पीड़ा त्यागकर एक गड़रिये से अपनी पोशाक बदलकर विरक्त हो गया। सीरिया में माली का काम करते हुए उसे कुछ लोगों ने पहचान लिया इसलिये वह एकान्तवास के लिए रेगिस्तान में चला गया। ईसाई सन्त सीमियन से उसने साधना की कुछ पद्धतियों का अनुभव प्राप्त किया। सीमियन ने उसे 'हनीमाइट' वैरागी कहकर सम्बोधित किया था। इब्राहीम ने चिन्तन एवं मौन व्रत को अपनी साधना का आधार बनाया। उसने सांसारिक प्रलोभन से बचने तथा संन्यास एवं पवित्रता को अपनाने पर बल दिया। वह लोक परलोक से ऊपर उठकर परमात्मा की भक्ति को स्वीकार करता है। इसके शिष्यों में शकीक (मृत्यु 810 ई.) प्रमुख था जो बल्ख का ही निवासी था। शकीक अपने समकालीन स्त्री सन्त राबिया का भी प्रशंसक था। इस काल के अन्य विरक्तों में अब्द अल्लाह बिन अल मुबारक (मृत्यु 797 ई.) का नाम भी आता है जो तुर्कमेनिस्तान के मर्व नगर का निवासी था। इसकी पुस्तक किताब अल जुहद आज भी प्राप्त है। इस पुस्तक में आत्मसंयम सम्बन्धी नियमों का संग्रह है। एक अन्य वैरागी अल फुजैल बिन ईयाज (मृत्यु 803 ई.) भी खुरासान का निवासी था जो कूफा में कई वर्षों तक रहा। कहा जाता है कि वह अपने जीवन में कभी नहीं हँसा किन्तु जिस दिन उसका पुत्र अली मरा वह हँस पड़ा।

इस काल की सबसे लोकप्रिय सन्त राबिया थी जिसका जन्म 717 ई. बसरा में हुआ था। राबिया का पूरा नाम राबिया अल अदाबिया अल बसरी था। बचपन में आये एक दुर्भिक्ष ने राबिया के माता-पिता को छीन लिया। वह अनाथ हो गयी। किसी व्यक्ति ने राबिया को लालच में आकर केवल छः सिक्कों में किसी अमीर को बेच दिया। वह दिनभर मालिक का काम करती और रात्रि में परमात्मा का ध्यान करती। जब उसकी साधना की जानकारी उसके मालिक को हुई तो उसने उसे दासता से मुक्त कर दिया। स्वतन्त्र होकर वह रेगिस्तान में एकान्त जीवन व्यतीत करने चली गयी। राबिया आध्यात्मिक प्रेम की जीती-जागती प्रतिमा है। वह अपने को अल्लाह की माशूका मानती है। उसकी उपासना-पद्धति में मीराँबाई की झलक मिलती है। राबिया के कई चाहनेवालों ने उसके समक्ष विवाह का प्रस्ताव रखा किन्तु उसने यह कहकर इन्कार कर दिया कि विवाह तो अस्तित्त्ववालों के लिए है। मेरा अस्तित्त्व तो परमात्मा में विलीन हो गया है और मै निज स्व से परे हूँ। राबिया की एक बहुचर्चित प्रार्थना भी उसके इसी ढंग के भावों को व्यक्त करती है। 'ऐ खुदा मै नरक से डरूँ तो मुझे नरक में भेजना, यदि मै स्वर्ग की कामना करूँ तो स्वर्ग से बाहर निकला देना, किन्तु यदि मै तुझे पाना चाहूँ तो इसमें कोई अवरोध नहीं उत्पन्न करना।' राबिया के स्वप्न में एक बार मुहम्मद साहब ने उससे पूछा कि क्या तू मुझसे प्यार करती है। राबिया ने उत्तर दिया कि हे रसूल ऐसा कौन होगा कि तुझे प्यार न करेगा किन्तु मेरे हृदय में अल्लाह के अतिरिक्त अन्य किसी के लिए कोई स्थान नहीं है।

उम्मैया काल (732 ई.-750 ई.) के सभी सूफ़ी सन्त हसन अली बसरी तथा राबिया के दिव्य प्रकाश में खो जाते हैं। इस काल के अन्य सूफ़ी सन्तों में दाउद (मृत्यु 782 ई.), रबी बिन खैयम (मृत्यु 686 ई.), अब्दुल वाहिद (मृत्यु 793 ई.), अबू इस राइल मुलै (मृत्यु 757 ई.) का नाम प्रमुखता से लिया जा सकता है।

अब्बासी वंश का प्रथम खलीफा अबुल अब्बास (अल सफ्फाल नाम से प्रसिद्ध) ने 750 ई. से 754 ई. तक शासन किया। उसने अन्तिम उम्मैया खलीफा मारवा को बेबीलोन के जाब नदी के किनारे हराकर (750 ई.) अब्बासी खलीफा वंश की नींव रखी। अब्बासी वंश का शासनकाल (750 ई. से 1258 ई.) अरब के इतिहास का महत्त्वपूर्ण काल है। इस काल के यूनानी, ईरानी एवं हिन्दुस्तानी सभ्यताओं के आगमन से इस्लाम के अन्दर बौद्धिक जागरण हुआ। विशेष रूप से पाँचवे अब्बासी खलीफा हारुन अल रशीद (786 ई. से 809 ई.) का काल इस्लाम का स्वर्णकाल माना जाता है। अब्बासी वंश के दूसरे खलीफा अलमंसूर (754 ई. से 775 ई.) ने 762 ई. में बगदाद का निर्माण कराया और तभी से बगदाद अब्बासी खलीफाओं की राजधानी रहा, जो अपने ऐश्वर्य एवं विद्वता के लिए चर्चित रहा। अब्बासी काल में ईरान (फारस) का महत्त्व बढ़ गया क्योंकि अब्बासी वंश की नींव जमाने में ईरान के शीआ पन्थ ने पूरा हाथ बटाया। किन्तु अब्बासी शासनकाल अपनी इस्लामी कट्टरता के लिए ही जाना जाता है। ईरानी प्रभाव से अब्बासी खलीफाओं का दरबार ईरानी शराब, ईरानी नारियाँ, ईरानी गीत, ईरानी विचार के साथ-साथ विलासिता, कोमलता एवं लावण्य से ओत-प्रोत होने लगा। खलीफाओं में भोग विलास की प्रवृत्ति बढ़ने लगी। इस काल में ईरान की ज़मीन पर यहूदी, ईसाई, जोराष्ट्रीयन, बौद्ध आदि धर्म ईरान में विद्यमान थे। तथ्यों की छानबीन से पता चलता है कि सूफ़ीमत के विकास में ईरान का बड़ा हाथ था। कुछ विद्वानों के अनुसार वास्तव में ईरान ही सूफ़ीमत की जन्मभूमि है। अरबों ने ईरान की ज़मीन जीती थी और ईरान ने अरब संस्कृति पर विजय पायी थी। अरब में जहाँ इस्लामी शरीयत का जन्म हुआ वहीं ईरान में सूफ़ीमत की तरीकत का जन्म हुआ।

अब्बासी काल के ज्ञानी सन्तों में अबू सुलैमान अब्दुल रहमान बिन अतिय्या अल दरानी (मृत्यु 830 ई.), अहमद बिन आसिम अल अत्ताकी (757-830 ई.), मारूफ अल करखी, विश्र बिन अल हारिस अल हाजी (मृत्यु 841 ई.), हातिम अल असम्म (मृत्यु 852 ई.), अहमद बिन हबल (मृत्यु 855 ई. जो अहंकार का नाश के सिद्धान्त का प्रतिष्ठापक था), अलहारिस (781-837 ई.), अबू यजीद (बायजीद मृत्यु 875 ई.) महत्त्चूपर्ण है। अब यजीद ने सर्वेश्वरवाद का उग्र प्रचार किया। वह फना (स्वत्व का लय) तथा बका (परमात्मा में स्थिति) के सिद्धान्त का प्रचारक था। वह कहता है कि ज्ञानी वह नहीं जिसने कुरान रट लिया है बल्कि वह है जिसने परमात्मा के निर्देशों का पालन किया है।

बगदाद का रहनेवाला अल मुहासिबी का शिष्य अलजुनैद (मृत्यु 910 ई.) ऊपर से तो इस्लाम का चोला रखता था किन्तु प्रचार तसव्वुफ का करता था। उसे शेख की संज्ञा दी गयी थी। वह तसव्वुफ (दुनिया की हर चीज में खुदा का नूर देखना) के साथ साथ तौहीद (परमात्मा से एकत्व) या अद्वैत का प्रचार करता था। उसका शिष्य अल हज्जाज (858-922 ई.) प्रथम साधक था जिसने अपने को अनलहक (मै ही सत्य हूँ या अहंब्रह्मास्मि) घोषित किया तथा ईश्वर निन्दा के आरोप में सूली पर चढ़ा दिया गया। वह फारस का रहनेवाला था। उसका जीवन ईसा मसीह से साम्य रखता है। ईसा मसीह ने भी अपने अन्तिम समय में कहा था कि मैं सत्य का साक्षी हूँ। ईसा की तरह अल हज्जाज ने भी सूली पर चढाये जाने के पूर्व कहा था कि हे स्वामी उन्हें क्षमा कर दो और उन पर दया करो। उस समय अब्बासी खलीफा मुक्तदिर का शासन था। अलहज्जाज ने तसव्वुफ के साथ प्राणायाम की साधना को जोड़ दिया था। उसके द्वारा हुलूल (अवतारवाद) की स्थापना करने के कारण मुल्ला उससे कुपित थे। उसने लाहूत (देवलोक) तथा नासूत (मर्त्यलोक) की भी कल्पना की थी। उसने इस्लाम के दुश्मन इबलीस (शैतान) को अपना मित्र घोषित कर इस्लाम से शत्रुता मोल ली थी।

दसवीं-ग्यारहवीं शताब्दी मुस्लिम जगत् में दार्शनिक आध्यात्मिक सूफ़ी चिन्तन के लिए प्रसिद्ध है। इसी समय अलगज्जाली (1059 ई. से 1111 ई.) ने तसव्वुफ का दार्शनिक आधार खड़ा किया तथा सूफ़ीमत को मुस्लिम जगत् में एक सम्माननीय स्थान प्राप्त कराया। उसका जन्म खुरासान में हुआ था। प्रारम्भ में वह बगदाद के मदरसा में अध्यापक था किन्तु अध्यापन कार्य छोड़कर उसने 12 वर्षों तक फकीरी चोला धारण किया। इन वर्षों में उसने अनेक सन्तों से मुलाकात की तथा साधना के अनेक प्रयोग किये। अन्ततः उसने सूफ़ी तसव्वुफ साधना का मार्ग अपनाया। उसने तसव्वुफ तथा सनातनपन्थी इस्लाम में आध्यात्मिक एकता स्थापित किया। उसने सिद्ध किया कि इस्लाम में जो परमात्मा की साधना बतायी गयी है वह तसव्वुफ या एकेश्वरवाद ही है। अलगज्जाली ने अपनी आत्मकथा 'अल मुनाकिज मिन अल दलाल' में तसव्वुफ़ को अपनाने की कहानी का ब्यौरा दिया है। इस्लामी जगत् में अल गज्जाली का स्थान वही है जो भारत में व्यास का है। उसके समय से सूफ़ी साधना सूफ़ी कविता बन गयी। उसने धर्म एवं जीवन के गहरे सम्बन्धों की विस्तृत व्याख्या की तथा मानव जीवन के प्रत्येक पहलू का विवेचन किया। उसका सर्वाधिक महत्त्व इस्लाम एवं तसव्वुफ के बीच साम्य स्थापित करना था।

उमर खय्याम वह सूफ़ी कवि है जो तसव्वुफ और इस्लाम दोनों का ही किसी-न-किसी रूप में विरोध करता दिखायी पड़ता है। वह सूफ़ी साधकों की अमरदपरस्ती की जगह रमणीपरस्ती की वकालत करता है। जहाँ इस्लाम शराब को हराम करार

देता है वहीं खय्याम उसे सवाब (पुण्य) मानता है। खय्याम का जन्म खुरासान प्रान्त (फारस) के नीशापुर नामक शहर में हुआ था। उसके जन्म की तिथि अज्ञात है। उसकी ख्याति फारस में ज्योतिषी एवं गणितज्ञ के रूप में थी। किन्तु उसकी रुबाइयों में व्यक्त जीवन की रूमानी स्वच्छन्दता पश्चिम को इतनी प्रिय लगी कि उसके आगे प्रसिद्ध फारसी कवि रूमी, हाफिज आदि फीके पड़ गये। उसने अपनी रुबाइयों में कर्मकाण्डों की धज्जियाँ उड़ायीं तथा काजी, मुल्ला आदि के कृत्यों का भण्डाफोड़ किया। फारसी में लिखी उमर खय्याम की रुबाइयात की फिट्जेराल्ड द्वारा किया गया अंग्रेजी अनुवाद पश्चिम में अत्यन्त लोकप्रिय हुआ तथा खय्याम की रहस्यात्मकता से पश्चिम का परिचय हुआ। हिन्दी साहित्य में भी रुबाइयात के अनेक रूपान्तरण हुए। वस्तुतः खय्याम इस्लाम का विरोधी न होकर अन्धविश्वास का विरोधी है। व्रह इस्लाम में निर्दिष्ट उन विधि-निषेधों की हँसी उड़ाता है जो अवैज्ञानिक हैं। वह जीवन के बाह्य की अपेक्षा आन्तरिक शुद्धता पर बल देता है। उसकी मृत्यु सन् 1123 ई. में हुई थी।

भारत में सूफ़ीमत का प्रवेश के पूर्व सूफ़ीमत का स्वरूप निर्धारित हो चुका था। इसके आध्यात्मिक नैतिक सिद्धान्त निश्चित हो चुके थे। भारत में प्रवेश के पूर्व सूफ़ी मत अनेक सिलसिलों में विभाजित हो चुका था। एक मत के अनुसार सूफ़ी सम्प्रदाय 175 शाखाओं में विभक्त है। अबुल फजल ने 'आईने-अकबरी' में चौदह सूफ़ी सिलसिलों का उल्लेख किया है। ये हैं - (1) चिश्ती, (2) सुहरावर्दी, (3) हबीबी, (4) तफूरी, (5) करवी, (6) सक्ती, (7) जुनैदी, (8) काजरूनी, (9) तूसी, (10) फिरदौसी, (11) जैदी, (12) इयादी, (13) अहमदी तथा (14) हुबेरी। किन्तु भारत में चिश्ती, सुहरावर्दी, कादरी, नक्शबन्दी नामक सूफ़ी सिलसिले अत्यधिक लोकप्रिय हुए।

चिश्ती सिलसिला - आइने अकबरी के अनुसार चिश्तिया सिलसिले की स्थापना का श्रेय खुरासान निवासी अबू अब्दाल चिश्ती को जाता है किन्तु भारत में इस सम्प्रदाय की स्थापना ख्वाजा उस्मान हारून के शिष्य शेख मुइनुद्दीन चिश्ती ने की थी। इनका जन्म सीस्तान (अफगानिस्तान) में सन् 1142 ई. में हुआ था। वे सन् 1192 ई. में मुहम्मद गोरी की सेना के साथ भारत आये थे। उत्तर भारत के अनेक स्थानों पर भ्रमण करने के पश्चात् उन्होंने अजमेर में अपनी खानकाह स्थापित की जिसे आज 'ख्वाजा साहब' के नाम से जाना जाता है। अजमेर के अलावा दिल्ली तथा लाहौर में भी उन्होंने अपने सिलसिले का प्रचार किया। कहा जाता है कि पृथ्वीराज चौहान का मुख्य पुजारी इनका शिष्य हो गया था।

शेख मुइनुद्दीन चिश्ती ने हिन्दुओं के प्रति उदार दृष्टिकोण अपनाया। उनका तसव्वुफ हिन्दू अद्वैतवाद से साम्य रखता था। मानवता की सेवा ही उनके जीवन का

प्रधान ध्येय था। हिन्दुओं एवं मुसलमानों के बीच वे समान रूप से लोकप्रिय थे। उनके शिष्यों में हमीदुद्दीन नागौरी तथा कुतुबुद्दीन बख्तियार काकी अत्यधिक प्रसिद्ध हैं। शेख मुइनुद्दीन चिश्ती की मृत्यु सन 1236 ई. में अजमेर में हुई थी।

शेख मुइनुद्दीन के शिष्य शेख हमीदुद्दीन नागौरी अपने प्रारम्भिक जीवन में अत्यन्त विलासी थे किन्तु गुरु की प्रेरणा से उनमें इतना बड़ा धार्मिक-आध्यात्मिक रूपान्तरण हुआ कि उन्हें 'सुल्तान-तारीकिन' (सन्यासियों के सुल्तान) की उपाधि से विभूषित किया गया। वे अत्यन्त उदार थे तथा सादा जीवन व्यतीत करते थे। इसी प्रकार ख्वाजा के दूसरे महत्त्वपूर्ण शिष्य शेख कुतुबुद्दीन बख्तियार काकी भी हिन्दू-मुसलमान दोनों में समान रूप से लोकप्रिय थे। उनका जन्म 1186 ई. में फरगाना में हुआ था। कुछ समय तक मुल्तान में रहने के पश्चात् वे इल्तुतमिश के शासनकाल में भारत आये तथा दिल्ली में अपनी खानकाह स्थापित की। उन्होंने सुल्तान इल्तुतमिश के 'शेख-उल-इस्लाम' के पद पर कार्य करने के आग्रह को ठुकरा दिया। फलतः यह पद नज्मउद्दीन सुगरा को सौंप दिया गया जिसने शेख से ईर्ष्या भाव मोल लिया। इस ईर्ष्या के कारण शेख कुतुबुद्दीन ने दिल्ली छोड़ने का निर्णय ले लिया किन्तु ख्वाजा मुइनुद्दीन चिश्ती तथा सुल्तान इल्तुतमिश के आग्रह के कारण इन्होंने अपने निश्चय में परिवर्तन किया। इनकी मृत्यु एक संगीत सभा में ध्यानमग्न होकर मूर्च्छित होने से सन् 1235 ई. में हो गयी। यद्यपि शेख बख्तियार काकी के अनेक मुरीद थे किन्तु उन्होंने शेख फरीदुद्दीन गंजे-शिकार बाबा फरीद को अपना उत्तराधिकारी नियुक्त किया। (बाबा फरीद) का जन्म मुल्तान में हुआ था। हाँसी तथा अजोधन में इन्होंने चिश्ती सिलसिले का व्यापक प्रचार किया। अजोधन इनका प्रमुख केन्द्र था। बाबा फरीद के कारण चिश्ती सिलसिले को अखिल भारतीय स्तर पर लोकप्रियता प्राप्त हुई। अपनी पत्नी एवं बच्चों के साथ इन्होंने अत्यन्त निर्धनता में जीवन व्यतीत किया किन्तु शाही एवं सामन्ती परिवारों से सम्बन्ध स्थापित नहीं किया। बाबा फरीद का महत्त्वपूर्ण योगदान उनकी रचनाओं से है जो गुरु गंथ साहिब में सम्मिलित होकर विश्व के कोने-कोने में उनके सन्देश को प्रसारित कर रही हैं। वे हिन्दू-मुसलमान दोनों में लोकप्रिय थे। उन्होंने कर्मकाण्ड एवं आडम्बरों का त्याग, मानवता की सेवा, प्रेम एवं भाईचारा, उदारता, मधुरता तथा आध्यात्मिक भावना का सन्देश दिया। उन्होंने हर प्रकार के सांसारिक आकर्षणों एवं प्रलोभनों की निन्दा की। उनकी मृत्यु 1265 ई. में अजोधन में हुई जहाँ उनकी मज़ार पर आज भी विभिन्न धर्मों के अनुयायी अपने श्रद्धा-सुमन चढ़ाते हैं।

शेख फरीद के अनेक शिष्य थे जिनमें निजामुद्दीन औलिया सर्वाधिक प्रसिद्ध थे। शेख औलिया का जन्म 1236 ई. में बदायूँ में हुआ था। बीस वर्ष की उम्र में वे बाबा फरीद के शिष्य बन गये। उनका अधिकांश जीवन दिल्ली के गियासपुर में

व्यतीत हुआ। जहाँ आज भी उनकी दरगाह स्थित है। उन्होंने सात सुल्तानों का काल देखा था किन्तु वे दरबार से विरक्त रहे। उन्होंने जलालुद्दीन खिलजी तथा मुबारक शाह खिलजी जैसे सुल्तानों के निमन्त्रण को विनम्रतापूर्वक अस्वीकार कर दिया। सुल्तान जलालुद्दीन खिलजी ने शेख के साक्षात्कार के लिए उनके प्रिय शिष्य अमीर खुसरो का भी इस्तेमाल किया किन्तु शेख ने उसे भी इन्कार कर दिया। शेख तथा सुल्तान गयासुद्दीन तुगलक के बीच अनबन थी जिसका प्रमुख कारण शेख की उलुगखाँ (मुहम्मद तुगलक) को सुल्तान बनाने की की गयी भविष्यवाणी थी। सुल्तान गियासुद्दीन ने शेख पर वर्जित संगीत गोष्ठियों में भाग लेने का आरोप लगाकर उलेमा वर्ग को अपने पक्ष में करने की कोशिश की किन्तु इस प्रयास में असफल रहा। जब सुल्तान ने बंगाल से शेख को दिल्ली छोडने का आदेश भेजा तो शेख ने उत्तर दिया- 'हनूज दिल्ली दूर अस्त।' बंगाल से लौटते हुए सुल्तान की दिल्ली नगर के बाहर हुई दुर्घटना में मृत्यु हो गयी जिससे लोगों में यह विश्वास फैल गया कि यह दुर्घटना शेख के अभिशाप के कारण घटित हुई। 1325 ई. में शेख की मृत्यु हो गयी। उन्हें 'महबूब-ए-इलाही' (प्रभु का शिष्य) नाम से काफी लोकप्रियता मिली। उन्हें 'सुल्तान-उत-औलिया' (सन्तों का सुल्तान) भी कहा जाता है। उनके समय में चिश्ती सम्प्रदाय का भारत भर में विकास हुआ। वे मानवमात्र की एकता के सच्चे प्रतीक थे।

शेख निजामुद्दीन औलिया के प्रमुख शिष्य नासिरुद्दीन महमूद चिराग थे। उन्हें चिराग-ए-देहलवी के नाम से अत्यधिक लोकप्रियता मिली। उनका जन्म अयोध्या में हुआ था। 45 वर्ष की आयु में वे शेख औलिया के शिष्य बन गये। इनका सम्पूर्ण जीवन निर्धनता एवं कठिनाइयों में व्यतीत हुआ। कुतबुद्दीन मुबारकशाह तथा मुहम्मद तुगलक के शासनकाल में शेख को कठिनाइयों का सामना करना पड़ा। सुल्तान मुबारकशाह ने उन्हें दिल्ली की मीराँ मस्जिद में नमाज पढ़ने के लिए बाध्य किया। सुल्तान मुहम्मद तुगलक की मृत्यु के पश्चात् शेख ने फिरोज तुगलक का साथ दिया किन्तु बाद में सुल्तान की नीतियों से सन्तुष्ट नहीं हुए। उनकी मृत्यु सन् 1356 ई. में हुई। उन्होंने कट्टरपन्थी इस्लाम तथा सूफ़ी परम्परा के बीच सामंजस्य स्थापित करने का प्रयत्न किया जैसा कि पहले अलगज्जाली ने किया था। शेख अब्दुल कुद्दूस गंगोही (मृ. 1538) चिश्ती-सबीरी परम्परा के थे। उन्होंने भारत में शरीयत की स्थापना के लिए सुल्तान सिकन्दर लोदी तथा बादशाह बाबर को पत्र लिखा। किन्तु उनके कुछ अन्य पत्रों से पता चलता है कि आध्यात्मिक दृष्टि से उन्नत व्यक्तियों के लिए शरिया का पालन आवश्यक नहीं है। उन्होंने वहदत-उल--वुजूद (अद्वैतवाद) को भी मान्यता दी तथा सर्वात्मवाद (नाथपन्थ का) को भी मान्यता दी। वे 'अलख' उपनाम से कविताएँ भी लिखते थे। उनका ग्रन्थ 'रुश्दनामा' है

जिसमें खुदा एवं निरंजन को एक माना गया है। उनके अनुसार अलख निरंजन को देखा नहीं जा सकता।

चिश्ती सिलसिले के अन्तिम सर्वाधिक लोकप्रिय सन्त शेख सलीम चिश्ती थे। ये अकबर के समकालीन थे। इनकी खानकाह फतेहपुर सीकरी (आगरा) में थी। अकबर ने 1562 ई. से 1579 ई. के बीच इनके दरगाह की दस बार यात्रा की। इसका कारण था शेख के आशीर्वाद से सलीम (जहाँगीर) का जन्म। शेख विवाहित थे तथा उनकी कई सन्तानें थीं। इनकी मृत्यु अकबर के शासनकाल में ही हो गयी थी।

चिश्ती सिलसिले ने सत्रहवीं शताब्दी के अन्त एवं अठारहवीं सदी के प्रारम्भ में फिर से जोर पकड़ा। उस समय के प्रमुख सन्त शाह कलीमुल्ला जहानाबादी (मृत्यु 1729 ई.) थे जो दिल्ली निवासी थे। वे मूलतः चिश्ती परम्परा को मानते थे लेकिन साथ ही वह नक्शबन्दी, सुहरावर्दी और कादिरी परम्पराओं में भी दीक्षित थे किन्तु वे नक्शबन्दी सिलसिले की कट्टरता (शेख अहमद सरहिन्दी के विचारों) के विरुद्ध थे। वे 'वहदत-उल-वुजूद' के सिद्धान्त के अनुयायी थे तथा शरिया के अनुपालन पर जोर देते थे। वे मुगल सम्राटों के प्रति उदासीन थे किन्तु उनसे फुतूह (उपहार) स्वीकार करते थे। उनके विचार उनके पत्रों 'मक्तूबात-ए-कलीमी' में संकलित हैं। इस परम्परा को शेख निजामुद्दीन औरंगाबादी (मृत्यु 1730 ई.) तथा उनके बाद उनके पुत्र शेख फखरुद्दीन (मृत्यु 1785 ई.) ने जारी रखा।

सुहरावर्दी सिलसिला-सूफ़ी सम्प्रदायों में दूसरी प्रमुख शाखा सुहरावर्दी शाखा है जिसकी स्थापना बगदाद के शिहाबुद्दीन उमर सुहरावर्दी द्वारा की गयी थी। सुहरावर्दी का जन्म सन् 1144 ई. में तथा मृत्यु 1234 ई. में हुई थी। सुहरावर्दी के उपदेश सनातन पन्थी इस्लाम के साँचे में ढले होते थे अतः उसे खलीफाओं तथा शाहजादों का विश्वास एवं संरक्षण हासिल था। उनके शिष्यों में फारस के प्रसिद्ध कवि शेख सादी तथा मिस्र के सूफ़ी कवि उमर प्रसिद्ध थे। भारत में इस शाखा की शुरुआत पश्चिमोत्तर भारत में हुई जिसका श्रेय बहाउद्दीन जकारिया को जाता है। जकारिया का जन्म 1182 ई. में मुल्तान के समीप अरोर नामक स्थान पर हुआ था। युवावस्था में उन्होंने खुरासान, बुखारा, मदीना आदि शिक्षा-केन्द्रों की यात्रा की। बगदाद में वे शेख शिहाबुद्दीन सुहरावर्दी के शिष्य बन गये। चिश्ती सम्प्रदाय के सिद्धान्तों निर्धनता, उपवास, इच्छा दमन आदि में इनका विश्वास नहीं था। इन्होंने चिश्ती सिद्धान्तों के विरुद्ध न सिर्फ राजनीति में भाग लिया वरन् धनसंग्रह के माध्यम से आरामदायक जीवन व्यतीत किया। शेख बहाउद्दीन जकारिया की मृत्यु (1262 ई.) के पश्चात् यह सम्प्रदाय दो शाखाओं में विभक्त हो गया। उनके पुत्र शेख सद्रुद्दीन आरिफ ने मुल्तान में तथा शेख जलालुद्दीन बुखारी ने उच्छ में अपना-अपना केन्द्र बनाया। शेख सद्रुद्दीन अपने पिता के सिद्धान्तों से पूर्णतः सहमत नहीं थे। वे धन संचय को आध्यात्मिक विकास में बाधक मानते थे। उन्होंने अपने पिता से प्राप्त

धन का बड़ा भाग दान कर दिया तथा सुहरावर्दी सम्प्रदाय को सादगी की ओर प्रेरित किया। उनके पुत्र रुकनुद्दीन अबुल फथ ने शेख का स्थान प्राप्त किया। उसकी तुलना चिश्ती सन्त निजामुद्दीन औलिया से की जाती है।

शेख जलालुद्दीन सुर्ख बुखारी शेख जकारिया के प्रिय शिष्य थे। उच्छ में गुरु की गद्दी पर आसीन होने के पश्चात् इन्होंने अनेक हिन्दुओं को इस्लाम धर्म में दीक्षित किया। इन्होंने शेख बदाउद्दीन जकारिया के सिद्धान्तों का अक्षरशः पालन किया। इनका एक पौत्र सैय्यद जलालुद्दीन मखदुम-ए-जहानिया सुहरावर्दी सम्प्रदाय का प्रसिद्ध सन्त था। उसे सुल्तान मुहम्मद तुगलक ने शेख-उल-इस्लाम के पद पर नियुक्त किया था। सुल्तान फिरोज तुगलक भी उनका सम्मान करता था। कालान्तर में उन्होंने शेख-उल-इस्लाम के पद को त्यागकर मक्का की राह पकड़ ली।

सुहरावर्दी सिलसिले के अन्य महत्त्वपूर्ण सन्तों में शेख मूसा, शाह दौला दरियाई, सैय्यद सुर्खपोश, बुरहान आदि प्रसिद्ध थे। शेख मूसा अधिकांशतः स्त्री वेष में रहते थे तथा नृत्य संगीत में अत्यधिक रुचि लेते थे। शाहदौला शेख मूसा के शिष्य थे। हैदराबाद तथा बीजापुर के राज्य भी इस सिलसिले से अछूते नहीं थे। बाबा शेख फखरुद्दीन दक्षिण भारत के प्रसिद्ध सन्त थे जिन्होंने पेनकोड़ा के राज़ा को अपने मत में दीक्षित किया।

चिश्ती सिलसिले के विपरीत सुहरावर्दी सिलसिले ने वंशानुगत उत्तराधिकार की प्रथा शुरू की तथा अपने पुत्रों की शिक्षा-दीक्षा एवं पालन पोषण का विशेष ध्यान दिया। इन्होंने राजनीति में जाकर धन संचय भी किया। वहाउद्दीन जकारिया मध्यकालीन भारतीय इतिहास के सर्वाधिक धनी सन्त थे।

कादरिया सिलसिला- इस सिलसिले के प्रचारक-प्रवर्तक शेख अब्दुल कादिर जिलानी थे। इनका जन्म 1078 ई. में तथा मृत्यु सन् 1166 ई. में हुई थी। इस सम्प्रदाय के अनुयायी अनेक देशों में पाये जाते हैं। भारत में इस सिलसिले का प्रवेश सन् 1482 ई. में हुआ। सैय्यद मुहम्मद गौस ने सिन्ध में इसका प्रचार किया था। मुहम्मद गौस की मृत्यु 1574 ई. में उच में हुई थी। किन्तु कादरी सम्प्रदाय के भारत में मूल रूप से स्थापित करने का श्रेय शाह नियामतुल्लाह तथा नासिरुद्दीन महमूद जिलानी को जाता है। मुहम्मद जिलानी सिन्ध के उच प्रदेश में बस गये किन्तु उनके दो पौत्र अब्दुल कादिर एवं मूसा आगरा में आकर बस गये। अकबर ने शेख मूसा को राजकीय सहायता एवं मनसब प्रदान किया किन्तु अब्दुल कादिर ने कोई भी राजकीय पद स्वीकार नहीं किया। अकबर के साथ कुछ असहमति हो जाने के कारण अब्दुल कादिर वापस उच चले गये। पूरे भारत में इस परम्परा के प्रचार करने का श्रेय अब्दुल कादिर (मृ. 1533 ई.) को ही जाता है।

कादिरी परम्परा में अब्दुल हक मुहद्दिस देहलवी (मृ. 1642 ई.) का नाम प्रमुखता से लिया जाता है। उन्होंने इस्लाम धर्म को पुनर्जीवित करने का प्रयास किया

किन्तु शेख अहमद सरहिन्दी के विपरीत उन्होंने उदारता का मार्ग अपनाया। उन्होंने शरियत को प्रधानता भी दी तथा वहदत-उल-वुजूद का भी खण्डन नहीं किया। उनका उदारवादी दृष्टिकोण उनके संकलन 'अखबार-उल-अख्यार' में दिखायी देता है जिसमें सूफ़ी सन्तों के जीवनवृत्त का वर्णन है। उन्होंने जहाँगीर के लिए सुन्नी सिद्धान्तो पर आधारित एक ग्रन्थ 'नूरिया-ए-सुलतानिया' की रचना की। इस ग्रन्थ को लिखने का आशय यह था कि जहाँगीर अकबर की उदार नीतियों को बदल देगा। कालान्तर में शाहजहाँ से सम्बन्ध होने के कारण जहाँगीर से उनके सम्बन्ध खराब हो गये। शाहजहाँ के गद्दी पर बैठने के बाद उन्हें फिर से शाही कृपा प्राप्त हो गयी।

कादिरी परम्परा का झुकाव शरियत पर जोर देने के बावजूद, सर्वात्मवादी विचारों (Panetheistic Ideas) की ओर था। यह सिद्धान्त लाहौर के मिया मीर (मृ. 1635 ई.) तथा उनके शिष्य मुल्लाशाह (मृ. 1661 ई.) की रचनाओं में परिलक्षित होता है। शेख मुल्ला शाह दाराशिकोह तथा उसकी बहन जहाँआरा बेगम के आध्यात्मिक गुरु थे। जहाँआरा बेगम ने 'साहिबिया' शीर्षक से मुल्लाशाह का जीवन वृत्तान्त लिखा जिसमें शेख मुइनुद्दीन चिश्ती एवं उनके शिष्यों का भी वर्णन है। दाराशिकोह कादिरी परम्परा में दीक्षित था तथा आध्यात्मिक विचारों में एकता लाने के प्रयत्न में वह हिन्दू और मुसलमान रहस्यवादियों एवं ईसाई मिशनरियों से मिलता रहता था। उसके ग्रन्थ 'सफीनत-उल-औलिया' में भारतीय परम्परा के सूफियों के जीवनवृत्त का वर्णन है। उसके एक दूसरे ग्रन्थ 'हसनात-उल-आरिफीन' में विभिन्न मतों के सन्तों की वाणी का संकलन है। उसके तीसरे ग्रन्थ 'तरीकत-उल-हकीकत' में आध्यात्मिक मार्ग के विभिन्न चरणों तथा सूफ़ी प्रथाओं का वर्णन है। इन रचनाओं के अतिरिक्त उसके द्वारा रचित एक अधूरा दीवान भी है।

दाराशिकोह सर्वात्मवादी रहस्यवाद (Pantheistic Mysticism) में विश्वास करता था जो सहज ज्ञान पर आधारित था। उसकी रुचि हिन्दू धर्म में भी थी। उसने अपने ग्रन्थ मजुमा-उल-बहरैन (दो समुद्रों का मिलन) में हिन्दू एवं मुस्लिम सूफ़ी मतों का तुलनात्मक वर्णन किया है। इस ग्रन्थ में दोनों पन्थों के बीच समानताओं को दर्शाया गया है। उसकी देखरेख में भगवद्गीता एवं योगवशिष्ठ का फारसी में अनुवाद किया गया। उसने स्वयं संस्कृत में लिखे 52 उपनिषदों का फारसी में अनुवाद किया तथा इस ग्रन्थ को 'सिर-ए-अकबर' (महान् रहस्य) नाम दिया।

नक्शबन्दिया सिलसिला- ख्वाजा बहाउद्दीन तुर्किस्तानी (1317-1388 ई.) ने इस सिलसिले का प्रवर्तन किया। इस सम्प्रदाय के नामकरण में यह विशेषता है कि ख्वाजा बहाउद्दीन के पिता जरी का काम करते थे और उसी का नक्शा बनाते थे इसीलिए ख्वाजा ने अपने सम्प्रदाय का नाम नक्शबन्दिया रखा। ख्वाजा बहाउद्दीन की मृत्यु बुखारा में 1388 ई. में हुई थी। नक्शबन्दिया सम्प्रदाय भारत में सबसे बाद

में आया। इसलिए अन्य सम्प्रदायों की तुलना में यह सफलता नहीं प्राप्त कर सका। यह इस्लाम धर्म का प्रबल सुधारक, प्राणिमात्र को एकता का समर्थक तथा जटिल बुद्धिवादी दृष्टिकोणवाला था। अतः इसका प्रभाव एक छोटे वर्ग तक ही सीमित रहा।

भारत में बाबर ने इस शाखा को लोकप्रिय बनाया। वह सन्त ख्वाजा उबैदुल्ला अहरार का परम भक्त था। एक अन्य सन्त ख्वाजा रव्वान्द महमूद नक्शबन्दिया शाखा के प्रमुख सन्तों में थे जो अकबर एवं जहाँगीर के दरबार में गये थे। इन्होंने कश्मीर को अपना केन्द्र बनाया किन्तु शाहजहाँ के काल में लाहौर चले गये जहाँ 1642 ई. में उनकी मृत्यु हो गयी।

भारत में इस शाखा का सर्वाधिक प्रचार ख्वाजा बाकी बिल्लाह द्वारा हुआ जो अपने गुरु के आदेशानुसार 1600 ई. में काबुल से आये थे किन्तु 1603 ई. में उनकी मृत्यु हो गयी। ख्वाजा बाकी बिल्लाह के शिष्यों में शेख अहमद सरहिन्दी प्रमुख हैं जो 'मुजद्दिस' अर्थात् इस्लाम धर्म के सुधारक के नाम से प्रसिद्ध हैं। शेख सरहिन्दी का जन्म 1563 ई. में सरहिन्द में हुआ था। इनको तसव्वुफ की प्रेरणा अपने पिता अब्दुल अहमद से प्राप्त हुई थी। इन्होंने वहदत-उल-वजूद (एकात्मवाद अथवा ईश्वर व मानव एकता की विचारधारा जो इब्न-उल-अरबी द्वारा प्रतिपादित थी) के स्थान पर वहदत-उल-शहूद (पूजक पूज्य प्रत्यक्षवाद) के सिद्धान्त का प्रतिपादन किया। इनके पत्रों का संकलन 'मक्तुबात-ए-रब्बानी' के नाम से प्रख्यात है। इनके अनुसार मनुष्य एवं ईश्वर के बीच आशिक एवं माशूक के स्थान पर पूजक-पूज्य का सम्बन्ध है। शुहूदी वह है जो ईश्वर के अलग अस्तित्त्व का आभास करे। दैवी अस्तित्त्व के रहस्यात्मक ज्ञान के लिए शरीयत के मार्ग का अनुकरण आवश्यक है। इन्होंने अकबर के 'दीन-ए-इलाही' के द्वारा उत्पन्न गैर-इस्लामी कुरीतियों को नष्ट करने का प्रयास किया। इन्होंने शीआ सम्प्रदाय की कटु आलोचना की तथा 'रद्द-ए-खाफिज' (शीआ मत का खण्डन) नामक निबन्ध भी लिखा। इनके अनुसार शीआ मत मूर्ति-पूजकों से भी बुरा है। जहाँगीर काल में शीआ मत के बढ़ते प्रभाव को रोकने के लिए इन्होंने महाबत खाँ और खान-ए-जहाँ जैसे अमीरों को पत्र लिखा। इससे जहाँगीर का शीआ वजीर आसफ खाँ अत्यन्त नाराज हुआ। उसने शेख को सिजदे के लिए बाध्य किया किन्तु शेष ने यह कहकर इन्कार कर दिया कि वे ईश्वर के अतिरिक्त किसी अन्य के समक्ष सर नहीं झुकायेंगे। इस पर उन्हें कैद कर लिया गया किन्तु जहाँगीर ने उन्हें रिहा कर दिया। इस प्रकार शेख अहमद सरहिन्दी के समय से ही नक्शबन्दी सिलसिले का प्रभाव मुगल शासकों के दरबार में बढ़ने लगा। उनकी मृत्यु 63 वर्ष की आयु में 1625 ई. में हो गयी। इनके पुत्रों ख्वाजा मोहम्मद मासूम तथा ख्वाजा मोहम्मद सईद ने उनके विचारों का प्रचार किया। बादशाह औरंगजेब भी ख्वाजा मासूम (मृ. 1668 ई.) का शिष्य था।

इस शाखा के अन्य महत्त्वपूर्ण सन्त शाह वलीउल्ला थे। इनका जन्म औरंगजेब के शासनकाल में 1703 ई. में दिल्ली में हुआ था। उन्होंने 'वहदत-उल-वजूद' तथा 'वहदत-उल-शुहूद' दोनों सिद्धान्तों में सामंजस्य स्थापित करनें का कार्य किया। उनके अनुसार इन दोनों विचारों में कोई मौलिक अन्तर नहीं हैं। दोनों एक ही मंजिल तक ले जानेवाले दो अलग-अलग मार्ग हैं। वे उच्चकोटि के लेखक भी थे। इन्होंने तसव्वुफ पर अनेक रचनाएँ कीं जैसे-'हमत', 'फुजुल', 'हरामेन', 'अल्ताफुल कुद्स', 'फैसलतुल वहदत-उल-वजूद वश शुहूद' आदि प्रसिद्ध ग्रन्थ हैं। इनकी मृत्यु सन् 1763 ई. में हुई।

नक्शबन्दिया सम्प्रदाय के अन्तिम प्रसिद्ध सन्त शेख ख्वाजा मीर दर्द थे। वे भी वहदत-उल-वजूद के सिद्धान्त को स्वीकार नहीं करते थे। इन्होंने 'इल्मे इलाही मोहम्मदी' (पैग़म्बर के उपदेश) नामक नये सिद्धान्त का प्रचार किया। इनके अनुसार मनुष्य को मुहम्मद साहब के उपदेशों का पालन करना चाहिये। वे अपने को अल्लाह का दास कहते थे। इनका मानना था कि प्रेम ईश्वरीय देन है जिसके द्वारा मनुष्य ईश्वर तक पहुँच सकता है। उन्होंने 'तसव्वुफ' पर अनेक रचनाएँ कीं जिसमें-'इल्मुल किताब', 'नाएल-दर्द', 'आहे-सर्द', 'दर्दे-दिल', 'शम-ए-महफिल' आदि उल्लेखनीय हैं।

इस शाखा में संगीत-गोष्ठियों अर्थात् समा का आयोजन वर्जित है। नक्शबन्दिया सिलसिला के सूफ़ी सन्त कुरान के अक्षरशः पालन पर बल देते थे।

शत्तारिया शाखा- मुगल काल में सत्तारी सिलसिला भी सूफियों का एक अन्य महत्त्वपूर्ण सिलसिला था। ईरान में इसे 'इश्किया' तथा तुर्की में 'विस्तामिया' के नाम से जाना जाता था। भारत में इस सिलसिले के प्रवर्तक शाह अब्दुल्ला शत्तार थे जो शेख शहाबुद्दीन सुहरावर्दी के परिवार से सम्बन्धित थे। शाह अब्दुला को शत्तार की पदवी उनके पीर शेख मुहम्मद आरिफ से प्राप्त हुई एवं उन्हीं के आदेशानुसार ये 15वीं सदी के पूर्वार्द्ध में भारत आये। शत्तार शब्द का आशय गति से है। इसके अन्तर्गत साधक अत्यन्त कम समय में फना एवं बका (शून्य, ध्यान) की स्थिति में पहुँच जाता है। शाह अब्दुल्ला ने अन्य सूफ़ी सन्तों को चुनौती दी कि या तो वे उनको अपना शिष्य बना लें अथवा उनके शिष्य बन जायें। शत्तारी साहित्य के अनुसार किसी सूफ़ी सन्त ने उनकी चुनौती स्वीकार नहीं की। उन्होंने बंगाल पहुँचकर प्रसिद्ध सूफ़ी सन्त शेख मोहम्मद अली को तथा जौनपुर में बुद्दन शत्तारी को अपना शिष्य बना लिया। वे अन्त में माण्डू पहुँचे जहाँ सुल्तान गयासुद्दीन शाह (1469-1500 ई.) उनका शिष्य बन गया। माण्डू में ही सन् 1485 ई. में शाह अब्दुल्ला का देहान्त हो गया।

ग्वालियर के शाह मोहम्मद गौस इस शाखा के सर्वाधिक लोकप्रिय सूफ़ी सन्त थे। इन्होंने अपने समय के लगभग सभी सूफ़ी सन्तों से मुलाकात की। उन्होंने अनेक

ग्रन्थों की रचना एवं अनुवाद किया। उनकी सबसे विख्यात रचना 'जवाहिर-ए-खम्सा' है जिसमें उन्होंने अपने आध्यात्मिक विचारों को अभिव्यक्त किया। इस रचना में उन्होंने रहस्यवादी, ऐन्द्रजालिक एवं जादुई क्रियाओं का उल्लेख किया है। उन्होनें संस्कृत का अध्ययन किया तथा हठयोग की एक संस्कृत पुस्तक अमृत कुण्ड का अनुवाद 'बहर-उल-हयात' नाम से किया। उन्होंने एक ग्रन्थ 'कलीद-ए-मखाजिन' में सूफ़ी एवं हिन्दुओं के ज्योतिष ज्ञान एवं दोनो के अन्तः सम्बन्धों का विश्लेषण किया। शत्तारी क्रियाएँ मुख्यतः यौगिक क्रियाओं से ली गयी थीं जिससे हिन्दू एवं मुसलमान दोनों ही प्रभावित हुए। शाह मोहम्मद गौस के सम्बन्ध हुमायूँ से घनिष्ठ थे किन्तु बैरम खाँ तथा कुछ अमीरों से घनिष्ठता के कारण शेख के सम्बन्ध अकबर से अच्छे नहीं थे। इनका परलोकवास सन् 1562 ई. में ग्वालियर में हुआ। आज भी ग्वालियर में इनकी मज़ार विद्यमान है। ग्वालियर के अतिरिक्त माण्डू तथा बुरहानपुर शत्तार परम्परा के मुख्य केन्द्र हैं। शाहजहाँ तथा औरंगजेब के शासनकाल में भी सत्तारी सिलसिला लोकप्रिय था।

शाह मोहम्मद गौस के उत्तराधिकारी शाह वजीउद्दीन ने गुजरात को अपना केन्द्र बनाया तथा इस्लाम की शिक्षाओं का प्रचार किया। उन्होंने एक मदरसा का भी निर्माण कराया। बुरहानपुर में शेख ईसा तथा उनके शिष्य बुरहानुद्दीन प्रमुख थे। औरंगजेब ने उत्तराधिकार के युद्ध में शेख बुरहानुद्दीन से आशीर्वाद प्राप्त किया था।

कलन्दरिया सिलसिला- इस शाखा के प्रवर्तन सैय्यद खिज्र रूमी कलन्दर खपरादरी ने किया जो अब्दुल अजीज मक्की कलन्दर के शिष्य थे। खिज्र रूमी कलन्दर रूम अथवा तुर्किस्तान के निवासी थे तथा अपने पास एक खपरा रखते थे अतः उन्हें खपरादरी कहा गया। कहा जाता है वे भारत आये थे तथा कुतुबुद्दीन बख्तियार काकी से भेंट की थी। उस खपरा अथवा प्याले के द्वारा वे लोगों की आवश्यकताओं की पूर्ति किया करते थे। इस शाखा के सूफ़ी सन्त अपना सिर, दाढ़ी-मूंछ तथा भौंहें मुंड़ाते थे। ये हिन्दू नागाओं की तरह अपने हाथ, पैर, कान तथा शरीर के अन्य अंगों में लोहे के छल्ले पहनते थे। इनके क्रिया-कलाप कनफटे हिन्दू नागा सन्यासियों से मिलते हैं। कुछ कलन्दरी सन्त नशे का भी सेवन करते थे। इस शाखा के सन्तों को एक स्थल का जीवन अथवा खानकाह जीवन-पद्धति अप्रिय थी अतः वे स्थान बदलते रहते थे तथा चमत्कार (करामात) भी किया करते थे। अफ्रीकी यात्री इब्नबतूता ने कुछ कलन्दर सन्तों को अग्नि पर चलते तथा नृत्य करते देखा था। बख्तियार काकी तथा खिज्र रूमी कलन्दर की मुलाकात से 'चिश्तिया तथा कलन्दरिया' शाखाओं में निकटता आयी। इस प्रकार चिश्तिया शाखा में चिश्तिया-कलन्दरिया उपशाखा तथा कलंदरिया शाखा में 'कलन्दरिया-चिश्तिया' उपशाखा का जन्म हुआ।

भारत में कलन्दरिया शाखा का प्रचार सैय्यद नज्मुद्दीन कलन्दर ने किया। प्रारम्भ में वे शेख निजामुद्दीन औलिया के शिष्य थे और उन्हीं के आदेशानुसार रूम गये और वहाँ वे खिज्र रूमी के शिष्य हो गये। रूम से वापस आकर उन्होंने कलन्दरिया शाखा का प्रचार आरम्भ किया। कहा जाता है कि उन्होंने दो बार इंग्लैण्ड तथा चीन की तथा बयालीस बार मक्का की यात्राएँ की इन्होंने एक बार चालीस साल का उपवास किया तथा तीस साल तक समाधि लगाए रहे। यह भी कहा जाता है कि इनके हृदय से 'हूँ' की ध्वनि सुनाई पड़ती थी। इनकी मृत्यु 1432 ई. में दो सौ वर्ष की अवस्था में हुई। इनकी मज़ार माण्डू में स्थित है।

सैय्यद नज्मुद्दीन कलन्दर के पश्चात् कुतुबुद्दीन कलन्दर उनके उत्तराधिकारी हुए। इनको 'सरन्दाज' की उपाधि दी गयी थी क्योंकि इनका 'सिर' 'ज़िक्र' (संस्मरण) की अवस्था में गर्दन से अलग हो जाता था। ये आखिरी कलंदरी सूफ़ी सन्त थे जो सौ वर्ष से अधिक जीवित थे। इनकी मृत्यु सन् 1518 ई. में हुई। शरीफुद्दीन बू अली इस शाखा के अन्य सन्त थे जिनकी ख्याति उत्तर भारत में थी। इनकी मृत्यु के पश्चात् इन्हें पहले करनाल में और बाद में पानीपत में दफनाया गया।

मदारिया शाखा-इस शाखा के संस्थापक शेख बदीउद्दीन शाह मदार थे। इनकी प्रारम्भिक ज़िन्दगी कष्टपूर्ण थी क्योंकि बचपन में ही इनके माता-पिता का स्वर्गवास हो गया था। ये बड़े होकर शेख मोहम्मद तैफूर बिस्ताकी के मुरीद (शिष्य) हो गये एवं उन्हीं के आदेशानुसार मक्का चले गये। वहाँ रहकर इन्होंने अनेक धार्मिक ग्रन्थों का अध्ययन किया। मक्का में पूर्ण शान्ति न मिलने तथा एक दिन दैविक आदेश प्राप्त होने के पश्चात् ये मदीना पहुँचे जहाँ पैग़म्बर मोहम्मद साहब की वाणी सुनायी दी- ''तुमको शान्ति मिलेगी, तुमको शीघ्र लक्ष्य-प्राप्ति होगी, ईश्वरीय इच्छा है।''

मदीना से मदार भारत आये एवं सर्वप्रथम अजमेर गये जहाँ ख्वाजा मुइनुद्दीन चिश्ती की आत्मा द्वारा भावी निर्देश प्राप्त हुए। तत्पश्चात् ये कानपुर (उ.प्र.) के निकट मकनपुर नामक स्थान पर अपनी 'खानकाह' स्थापित कर रहने लगे जहाँ सोमवार को इनके दर्शनार्थ भीड़ एकत्र हो जाती थी। शेख सभी को आशीर्वाद देकर वापस करते थे। 1485 ई. में मकनपुर में ही शेख का स्वर्गवास हो गया। आज भी शेख की मज़ार पर प्रतिवर्ष लोग हजारों की संख्या में तीर्थयात्रा के लिए आते हैं।

महदवी आन्दोलन- मुस्लिम मसीहा को 'महदी' कहा जाता है। इस्लाम में महदी विचारधारा ईसाई एवं यहूदी धर्म से आयी है। पैग़म्बर मोहम्मद की मृत्यु के पश्चात् इस्लाम में महदी अर्थात् मसीही आन्दोलन शुरू हुए। सुन्नी परम्परा प्रथम चार खलीफा को महदी मानती है। उनके पश्चात् अनेक सुन्नी धार्मिकों ने स्वयं को महदी घोषित किया। सुल्तान फिरोजशाह तुगलक के शासनकाल में रुक्न नामक एक व्यक्ति ने स्वयं को महदी घोषित किया था जिसे मृत्युदण्ड दे दिया गया।

शर्की काल में सैय्यद मोहम्मद ने महदवी आन्दोलन को पुनर्जीवित किया। उनका जन्म 1443 ई. में सुल्तान महमूद शाह शर्की के राज्यकाल में हुआ। मोहम्मद

ने अपने 360 साथियों के साथ मक्का की तीर्थयात्रा (1489 ई.) की एवं तत्पश्चात् भारत आकर अहमदाबाद को अपना केन्द्र बनाया। उन्होंने स्वयं को महदी घोषित किया जिसकी वजह से मुसलमान उनके विरोधी हो गये। उन्होंने अनेक शासकों को स्वयं को महदी स्वीकार करने के लिए पत्र लिखा किन्तु उलेमाओं के विरोध के कारण उन्हें गुजरात से निष्कासित कर दिया गया। वे गुजरात से थट्टा तत्पश्चात् अफगानिस्तान चले गये। वहीं उनकी मृत्यु 1505 ई. में हो गयी।

सैय्यद मोहम्मद ने घोषणा किया कि अल्लाह ने उन्हें इस्लाम को पुनः स्थापित करने के लिए धरती पर भेजा है। उन्होंने अपने अनुयायियों को अल्लाह के प्रति समर्पण के लिए प्रेरित किया। वे गैर महदवियों को विधर्मी मानते थे। राजनीति में उन्हें कोई रुचि नहीं थी। महदवी समुदाय में शरीयत के नियमों का पालन अनिवार्य था। उनकी आजीविका ऐसे दान से चलती थी जिसे माँगा न गया हो। वे अपनी बस्तियों में रहते थे जिसे 'दायरा' कहा जाता था। दायरा में पुरुषों के समुदाय-कक्ष को जमातखाना कहते थे। दायरे के सदस्यों को अपने गैर महदवी रिश्तेदारों से मिलना-जुलना मना था। कोई नया सदस्य समुदाय के पुराने सदस्य की पुत्री से विवाह करने से पूर्व एक वर्ष की परीक्षा-अवधि व्यतीत करता था। विवाह के पूर्व उसे यह भी वचन देना होता था कि दायरा छोड़ते समय अपनी पत्नी को वहीं छोड़ देगा। प्रत्येक सप्ताहान्त दायरे के सदस्य अपने-अपने अपराधों को स्वीकार करते थे एवं दायरे का प्रधान शरीयत के अनुसार दण्डित करता था। महदवी लोग अस्त्र भी रखते थे जिसके द्वारा वे बलपूर्वक गैर-शरीयत के कार्यो को रोकते थे।

महदवी आन्दोलन का प्रभाव गुजरात, सिन्ध, राजस्थान एवं दक्षिण भारत में व्याप्त था। इस्लामशाह सूर के काल में शेख अलाई नामक महदी को इतना प्रताड़ित किया गया कि 1550 में उसकी मृत्यु हो गयी। गुजरात-विजय के पश्चात् अकबर ने भी महदी आन्दोलन को कुचलने का वचन दिया किन्तु उनके खिलाफ कोई कार्यवाही नहीं किया क्योंकि अकबर धार्मिक दृष्टि से उदार था।

उपर्युक्त सूफ़ी सम्प्रदायों के अतिरिक्त अन्य सूफ़ी सम्प्रदायों में शाद बिलिया शाखा, नियामतुल्लादिया शाखा, रिफाई शाखा, तेजानिया शाखा आदि के सूफ़ी सन्त भी लोकप्रिय थे किन्तु इनका प्रभाव भारत से बाहर ही रहा।

रूढ़िवादी, गैर रूढ़िवादी एवं मध्यमार्गी सूफ़ी सन्त-भारत में तीन तरह की सूफ़ी धाराओं की पहचान की जा सकती है। एक ओर वे सूफ़ी सन्त थे जो वहदत-उल-वुजूद (जीव-ब्रह्म की एकता) का प्रतिपादन करते थे और शरिया का उल्लंघन करते थे। दूसरी ओर ऐसे सूफ़ी सन्त थे जो वुजूदी विचारों का खण्डन करते थे, इसके विरुद्ध ये वहदत-उल-शुहूद (पूजक-पूज्य प्रत्यक्षवाद) के सिद्धान्त का प्रतिपादन करते थे एवं शरीयत का सख्ती से पालन करते थे। इन दो प्रकार के सूफ़ियों के अतिरिक्त तीसरे प्रकार के सूफ़ी सन्त वे थे जो वुहूदी एवं शुहूदी विचार-

धाराओं में कोई अन्तर नहीं समझते थे। अधिकांश सूफ़ी सन्त इसी मध्यमार्ग का अनुसरण करते थे तथा दोनों अतिवादों से दूर रहते थे।

शरीयत की पूर्ण उपेक्षा करनेवाले (वुजूदी) सूफ़ी सन्तों को अक्सर 'मजजूब' (हर्षोन्मादी) कहा जाता था। 16वीं सदी में शेख सादुल्ला बनी इजराइल ऐसे ही सूफ़ी सन्त थे जो प्रारम्भ में कट्टर थे किन्तु बाद में उन्होंनें शरीयत द्वारा निषिद्ध अनेक कार्य किये। वे एक वेश्या से प्रेम करते थे, उसके साथ बैठकर शराब पीते थे तथा उस पर धन लुटाते थे। अन्त में उन्होंने अध्ययन में अपना जीवन लगा दिया।

सूफ़ीवाद का दर्शन एवं सैद्धान्तिक पक्ष-सूफ़ी सन्तों ने अपने सिद्धान्त पक्ष में कुरान से आशय ग्रहण करते हुए भी देश-काल के अनुरूप सर्वथा मौलिक सिद्धान्त प्रणाली का निर्माण किया। सूफियों की मान्यता है कि समूचा दृश्य जगत् प्रियतम (अल्लाह) की ही अभिव्यक्ति है। सूफ़ी ईश्वर के अनुराग में निःस्वार्थ रूप से इस सीमा तक अनुरक्त होते हैं कि उन्हें सांसारिक वस्तुओं के प्रति मोह नहीं होता है। सांसारिक प्रवृत्तियों के विनाश की अवस्था 'फना' कहलाती है। फना के पश्चात् सूफ़ी अन्तिम अवस्था में प्रवेश करता है जब जीव (प्रेमी) एवं परमात्मा (प्रियतमा) का मिलन होता है। इसी अवस्था को मंसूर अल हल्लाज ने इस रूप में अभिव्यक्त किया है कि 'मै वह हूँ जिसको मैं प्रेम करता हूँ और जिसको मैं प्रेम करता हूँ वह मैं हूँ।' मैं ईश्वर हूँ-('अनलहक') । इस अवस्था का कभी अन्त नहीं होता। जैसा कि प्रसिद्ध सूफ़ी कवि हाफिज ने कहा कि "जिसके हृदय में ईश्वर प्रेम समा गया है वह कभी नहीं मरता।" फना एवं बका की अवस्था में पहुँचने के लिए सालिक (साधक) को कई अवस्थाओं से गुजरना पड़ता है। इनमें उबूदियत, शरीयत, तरीकत, मारिफत एवं हकीकत जैसी अवस्थाएँ है। उबूदियत वह अवस्था है जिसमें साधक में सभी मानवीय गुण एवं अवगुण विद्यमान होते हैं इसलिए वह सांसारिक बन्धनों में जकड़ा रहता है। अतः साधक के लिए आवश्यक है कि वह इस स्थिति से बाहर निकले। इसके लिए आवश्यक है कि वह इस्लाम के नियमों अर्थात् शरीयत के अनुसार अपने को अनुशासित करे एवं सभी गुनाहों से तौबा (पश्चात्ताप) करे। उसे शरीयत के अनुसार नमाज, रोजा, कलमा, हज एवं जकात का पालन करना चाहिए। शरीयत से अनुशासित साधक अगली अवस्था अर्थात् तरीकत में प्रवेश करता है। इसके अन्तर्गत उसे पीर या शेख (गुरु) की आवश्यकता होती है। एक सच्चे शिष्य की तरह उसे अपने पीर की आज्ञा का पालन करना चाहिए। गुरु अथवा पीर के आज्ञापालन करने से ईश्वरीय ज्ञान की प्राप्ति होती है जिसे 'मारिफत' कहा जाता है। इस अवस्था में तर्क एवं बुद्धि की जगह ईश्वरीय ज्ञान का उद्भव हो जाता है। मारिफत की अवस्था में गुजरे हुए साधक को सात्त्विक ज्ञान की प्राप्ति होती है। इस अवस्था को 'हकीकत' कहा जाता है। इस अवस्था में साधक ईश्वर की भक्ति में लीन रहता है। ईश्वर की भक्ति में लीन साधक फना एवं पुनः अपने बका की अवस्था पहुँच जाता है जो सूफ़ीवाद का अन्तिम उद्देश्य है।

सूफ़ीवाद का रहस्यवाद से गहरा सम्बन्ध है। रहस्यवाद का अभिप्राय है आत्मा परमात्मा के बीच सम्बन्ध की सच्ची अभिव्यक्ति। इस्लामी रहस्यवाद को ही दूसरे शब्दों में सूफ़ीवाद कहा जाता है। इस रहस्यवाद का जन्म वहदत-उल-वुजूद अथवा आत्मा परमात्मा की एकता से हुआ है। सूफियों की यह धारणा है कि शरीर धारण करने से पूर्व आत्मा-परमात्मा से अभिन्न थी। इसलिए परमात्मा को जानने के पूर्व अपने-आपको जानना आवश्यक है। सूफ़ी सांसारिक आत्मा के दो भेद करते हैं-नफ़्स और रूह। नफ़्स निम्न स्तर की आत्मा है जो बुरी प्रवृत्तियों का उद्गम स्थल है जबकि रूह सद्प्रवृत्तियों की जननी है।

सूफ़ी ईश्वर प्रेम में इस सीमा तक डूब जाते हैं कि उन्हें एक क्षण के लिए सांसारिक वस्तुओं के प्रति मोह नहीं होता। सूफ़ी सन्त राबिया कहती है कि ''मैं इस सीमा तक ईश्वर की अनुरक्ति में निमग्न हूँ कि किसी भी वस्तु के प्रति मेरे मन में घृणा अथवा प्रेम नहीं होता है।''

सूफ़ी सन्त प्राणिमात्र की ईश्वर से एकता में विश्वास करता है। वह ध्यान, भजन, नृत्य, गीत द्वारा ईश्वर साक्षात्कार करके मोक्ष का प्रयास करता है। सांसारिक प्रलोभन से दूर रहकर हृदय की शुद्धता बनाये रखता है। प्रार्थना, उपवास एवं दान आदि करता है। शारीरिक यातनाओं के द्वारा आत्मा को शुद्ध करता है। गुरु को विशेष आदर प्रदान करता है। सूफ़ी सन्तों के दो मुख्य उद्देश्य थे-(1) स्वयं का आध्यात्मिक विकास एवं (2) इस्लाम एवं मानवता की सेवा। उन्होंने अपने निवास के लिए हिन्दू पद्धति के अनुसार आश्रम स्थापित कराये जिन्हें खानकाह कहा जाता था। ये खानकाह हिन्दू बस्तियों के करीब बनाये जाते थे ताकि निम्नवर्ग के हिन्दू उनकी तरफ आकर्षित हों। सूफ़ी सन्त अपने परिवार के साथ इन खानकाहों में निवास करते थे। सामान्यतया इनकी आजीविका भिक्षावृत्ति से होती थी किन्तु सुहरावर्दी सम्प्रदाय के सूफ़ी राज्य की भेंट भी स्वीकार करते थे।

भारतीय समाज पर सूफ़ीवाद का प्रभाव- सूफ़ीवाद ने सम्पूर्ण भारतीय समाज को प्रभावित किया। उन्होंने भारतीय समाज में व्याप्त कर्मकाण्डों एवं अन्धविश्वासों का विरोध किया तथा निम्नवर्ग को भी मोक्ष के लिए प्रेरित किया। उन्होंने छुआछूत एवं भेदभाव का खण्डन किया तथा समानता एवं भ्रातृत्व का प्रचार किया। हिन्दू एवं मुसलमान दोनों वर्ग के लोग इन सन्तों की तरफ आकर्षित हुए। अनेक हिन्दू उनके शिष्य बन गये तथा मज़ारों पर श्रद्धा-सुमन अर्पित करने लगे। विशेष रूप से निम्न-वर्गीय हिन्दू जातियाँ बड़ी संख्या में सूफ़ी सन्तो की आकर्षित हुईं। सूफ़ी सन्तों के उदार दृष्टिकोण के कारण जहाँ समाज में छुआछूत की भावना में कमी आयी वहीं हिन्दू-मुस्लिम संस्कृतियों के बीच सामंजस्य में वृद्धि हुई। सूफ़ी सन्तों ने भक्ति पर बल देकर भक्ति आन्दोलनों को और बल प्रदान किया। भक्ति में आशिक (प्रियतम) माशूक़ा (प्रियतमा) का सम्बन्ध सूफियों के माध्यम से हिन्दू धर्म में आया। सूफियों का दृष्टिकोण महिलाओं के प्रति भी उदार था। उनके मुरीदों में महिलाएँ भी थीं।

महिला सूफियों में सबसे प्रसिद्ध बसरा की राबिया थी। भारत की महिला सूफ़ी सन्तों में बीबी जुलेखा (शेख निजामुद्दीन औलिया की माता), बीबी औलिया, बीबी सारा, बीबी जम्मल (शेख मुइनुद्दीन चिश्ती की पुत्री), बीबी करसूम मासूमा (बाबा फरीद की माता), बीबी फातिमा आदि प्रमुख हैं।

सूफियों ने बोलचाल के लिए हिन्दी भाषा का सहारा लिया एवं अपने मत के प्रचार के लिए क्षेत्रीय देशज भाषाओं का प्रयोग किया। प्रसिद्ध सूफ़ी कवि अमीर खुसरो ने हिन्दवी में अपनी रचनाएँ कीं। उर्दू गद्य शैली का विकास सूफ़ी सन्तों द्वारा ही हुआ। मुगलकाल में सूफ़ीवाद ने क्षेत्रीय भाषाओं के विकास में योगदान दिया। रोशनिया परम्परा के संस्थापक बयाजिद अन्सारी (मृ.1585 ई.) के ग्रन्थ 'खैर उल बयान' से पश्तो साहित्य का विकास हुआ। कहा जाता है कि पंजाबी साहित्य का विकास भी एक सूफ़ी शेख इब्राहीम फरीद (मृ.1575 ई.) की रचनाओं से हुआ जिनके अंश आदि ग्रन्थ में भी सम्मिलित हैं। शेख बाहू (मृ.1691 ई.) , बुल्लेशाह (मृ.1758 ई.) एवं वारिस शाह पंजाब के मशहूर सूफ़ी कवि थे। वारिस शाह का 'हीर-रांझा' अत्यन्त प्रसिद्ध प्रेमग्रन्थ है। सूफ़ी सन्त शाह अब्दुल लतीफ (मृ.1748 ई.) के द्वारा रचित 'शाहजू रिसालो' द्वारा सिन्धी साहित्य अपने चरमोत्कर्ष पर पहुँचा। उर्दू के आरम्भिक विकास में ख्वाजा मीर दर्द एवं मिर्जा मजहर (दोनों 18वीं सदी) का महत्त्वपूर्ण योगदान है। हिन्दी के विकास में जायसी (मृ. 1542 ई.) का 'पद्मावत' मील का पत्थर है।

अठारहवीं सदी के अन्त तक आते-आते सूफ़ीवाद का पतन शुरू हो गया। अनेक खानकाह अभी भी फल-फूल रहे थे किन्तु उनकी आध्यात्मिक शक्ति क्षीण होने लगी। अब शेख एवं फकीर अपनी आध्यात्मिक शक्ति के लिए नहीं बल्कि अपने जादुई ज्ञान एवं ताबीज-गण्डे आदि के लिए जाने जाते थे। अनेक सूफ़ी प्रथाओं एवं परम्पराओं का पतन हो गया। सूफ़ीवाद के पतन के पीछे तत्कालीन परिस्थितियाँ थीं। सम्भवतः सूफ़ीवाद नयी चुनौतियों का सामना नहीं कर सका। औद्योगिकीकरण एवं इस्लाम के आधुनिकीकरण से सूफ़ीवाद को गहरा आघात पहुँचा। धीरे-धीरे मुगल साम्राज्य के पतन के साथ-साथ सूफ़ीवाद भी पतनशील होता गया।

सन्दर्भ ग्रन्थ

एम. मुजीब - इनफ्लुएन्स ऑफ इस्लाम आन इण्डियन कल्चर

एस.ए.ए. रिजवी - ए हिस्ट्री ऑफ सूफ़ीज्म इन इण्डियन

ए.जे.अरबेरी - सूफ़ीज्म

राम पूजन तिवारी - सूफ़ीमत, साधना और साहित्य

चन्द्रबली पाण्डेय - तवव्वुफ़ अथवा सूफ़ीमत

ताराचन्द -द इण्डियन मुस्लिम

21

सिख आन्दोलन

सिख आन्दोलन की ज़मीन पंजाब है। मध्य में नमक के पहाड़ों को छोड पंजाब का शेष इलाका उत्तर और पश्चिम में पहाड़ों से तथा दक्षिण में मरुस्थल से घिरा एक विस्तृत मैदानी क्षेत्र है। इस भूभाग में छह नदियाँ-सिन्धु, झेलम, चेनाब, रावी, व्यास और सतलज अनवरत बहती हैं। इस भूभाग की भाषा पंजाबी है। जब आर्य भारत में आये तब पंजाब में सात नदियाँ बहती थीं। अतः उन्होंने इसे 'सप्त सैन्धव' नाम दिया जिसे फारसी लोगों ने 'हफ़्त हिन्द' कहना शुरू किया। कालान्तर में सरस्वती नदी के सूख जाने के बाद लोगों ने सिन्धु नदी को गिनती से बाहर करते हुए इस भूभाग को 'पंजाब' (पंज+आब) कहना शुरू किया। इस भूभाग में सर्दियाँ अत्यधिक ठण्डी होती हैं तथा गर्मियों में चिलचिलाती गर्मी पड़ती है। पंजाब में ही वैदिक सभ्यता का आविर्भाव हुआ तथा वेदों की रचना हुई।

इस भूभाग में प्रागैतिहासिक काल के अनेक स्थलों से सभ्यताओं के अवशेष मिलते हैं। इन स्थलों में सरायखोला, जलीलपुर, हड़प्पा, रोपड़, संघोल जैसे स्थल विशेष उल्लेखनीय हैं। आर्यों के पश्चात समय-समय पर अनेक विदेशी आक्रमणों से पंजाब की भूमि आक्रान्त हुई। डेरियस (521-485 ई.पू.) के नेतृत्व में फारसियों ने उत्तरी पंजाब पर विजय हासिल की और सौ वर्षों तक उसके उत्तराधिकारी पेशावर, तक्षशिला और रावलपिण्डी पर शासन करते रहे। 326 ई.पू. में सिकन्दर के नेतृत्व में यूनानी आक्रमणकारी व्यास के तट तक बढ़ आये। यद्यपि सिकन्दर के उत्तराधिकारियों को चन्द्रगुप्त मौर्य ने वहाँ से बाहर कर इस भूभाग पर अधिकार कर लिया। मौर्यों के पश्चात इण्डोग्रीक, शक तथा हूणों ने क्रमशः इस भूभाग पर अधिकार किया। कालान्तर में महमूद गजनवी, मुहम्मद गोरी, मंगोलों (तैमूर) तथा मुगलों (बाबर) के आक्रमण का सिलसिला चलता रहा।

इस प्रकार यहाँ अनेक विजेता नस्लों का रक्त मिश्रित हो गया और अरबी, फारसी, पश्तो तथा तुर्की भाषाओं का भी मिश्रण होता रहा। रक्त और बोलियों के मिश्रण से पंजाबी लोगों तथा पंजाबी भाषा का जन्म हुआ। यहीं पर हिन्दू एवं इस्लाम धर्म के संश्लेषण से सिख धर्म पैदा हुआ। अपने जन्म के पश्चात सिख धर्म ने अपना विशिष्ट व्यक्तित्त्व विकसित किया। यह समय पंजाब में सामाजिक-राजनैतिक अराजकता का था। 1398 ई. में तैमूर के आक्रमण ने पंजाब में सुनियोजित प्रशासन को ध्वस्त कर दिया था। दिल्ली सुल्तानों का नियन्त्रण निष्प्रभावी हो गया था। स्थानीय सूबेदार स्वतन्त्र शासक की भाँति शासन करने लगे। गुरु नानक ने इस समय का वर्णन अपनी अनेक रचनाओं में किया है। वह एक जगह कहते हैं कि "समय चाकू की तरह हो गया है। शासक कसाई बन गये हैं। धर्म के पंख लग गये हैं और वह उड़ रहा है। फरेब की इस अँधेरी रात में मुझे कुछ दिखायी नहीं दे रहा कि सच का चाँद कहाँ उग रहा है। शिष्टाचार और धर्म गायब हो गये हैं। क्योंकि झूठ और फरेब का राज चल रहा है। मुस्लिम मुल्लों और हिन्दू पण्डितों ने अपने कर्त्तव्यों से तौबा कर ली है और शैतान शादियाँ करवा रहे हैं। कत्ल की प्रशंसा में गीत गाये जा रहे हैं और लोग तिलक की जगह खून पोत रहे हैं।"

1. गुरु नानक (1469-1539 ई.) : गुरु नानक का जन्म एक छोटे हिन्दू किसान तथा गाँव के पटवारी मेहता कालूचन्द या कल्याण राय के घर, लाहौर के समीप तलवण्डी (अब पाकिस्तान में) नामक स्थान पर हुआ था। तलवण्डी बाद में ननकाना साहब के नाम से प्रसिद्ध हुआ। बचपन से नानक चिन्तनशील प्रकृति के थे। सात साल की उम्र में उन्हें एक पण्डित के पास अक्षर ज्ञान एवं अंकगणित तथा दो साल बाद एक मौलवी के पास फारसी और अरबी पढ़ने के लिए भेजा गया। किन्तु उन्हें पढ़ने-लिखने में अधिक रुचि नहीं थी। अपना अधिकांश समय सत्संग में बिताते तथा ब्रह्मचिन्तन में लीन रहते थे। अठारह वर्ष की आयु में उनका विवाह मूलचन्द की पुत्री सुलखनी से हो गया। उनके दो पुत्र थे-श्रीचन्द जिसने संन्यास धारण कर लिया तथा उदासी सम्प्रदाय की नींव डाली एवं लखमीदास जिसने कालान्तर में विवाह किया तथा जिसकी सन्तति नानक वंशज होने के कारण सिखों में सम्मान से बेदी के नाम से पुकारी जाती है।

विवाह के कुछ वर्ष बाद ही नानक का मन पारिवारिक जीवन से विरक्त हो गया। वे दर-दर भटकने लगे तथा साधुओं-संन्यासियों की संगत में रमने लगे। यह देखकर उनकी बहन नानकी उन्हें अपने साथ सुल्तानपुर (कपूरथला जिला) ले गयी और अपने पति के प्रभाव से उनकी नौकरी दौलत खाँ लोधी (दिल्ली सुल्तान के रिश्तेदार) के अधीन सरकारी गोदाम में भण्डारी के रूप में लगवा दिया। नानक ने बेमन से यह नौकरी करना स्वीकार किया। यहीं सुल्तानपुर में नानक को बेई नदी में स्नान करते समय प्रथम बार रहस्यमय अनुभव हुआ तथा वे तल्लीन अवस्था में

पहुँच गये। 'जन्मसाखी' (सिख गुरुओं की जीवनी) में इसे ईश्वर के साथ आध्यात्मिक संवाद कहा गया है। सुल्तानपुर में ही एक मुस्लिम युवक मरदाना नानक का शिष्य बन गया। दोनों जगह-जगह 'शबद' का आयोजन करने लगे।

ज्ञान-प्राप्ति के पश्चात नानक का पहला उद्‌गार था 'न कोई हिन्दू है, न मुसलमान।' नानक अब घूम-घूमकर उपदेश देने लगे। उन्होंने भारत के दूरवर्ती भू-भागों की लम्बी यात्राएँ कीं। इन यात्राओं को उदासियाँ कहा जाता है। सर्वप्रथम वे हिन्दू धर्मस्थलों यथा कुरुक्षेत्र, हरिद्वार, बनारस होते हुए उड़ीसा, बंगाल और आसाम पहुँचे। अगली यात्रा दक्षिण की ओर तमिल प्रदेश तथा श्रीलंका तक थी। मालाबार, कोंकण, बम्बई, राजस्थान होते हुए वे वापस लौटे। तीसरी यात्रा हिमालय की ओर लद्‌दाख तक थी। गुरु की आखिरी लम्बी यात्रा मुस्लिम तीर्थों मक्का एवं मदीना की थी। वहाँ से वे बगदाद गये तथा लौटते समय सईदपुर से होकर गुजरे जब बाबर उस शहर को लूट रहा था। वापसी के बाद नानक पंजाब में घूम-घूमकर उपदेश देने लगे तथा अन्त में रावी नदी के किनारे करतारपुर नामक नये स्थान को बसाकर सपरिवार वहीं रहने लगे।

नानक की शिक्षाओं का आधारभूत सिद्धान्त है एकेश्वरवाद तथा सर्वात्मवाद (ईश्वर की सर्वव्यापकता)। समर्पण, निष्ठा एवं भक्ति उनकी आध्यात्मिक प्रक्रिया के मुख्य अंग हैं। उनके आध्यात्मिक उत्थान के साधनों में-श्रवण, मनन, ध्यान, मानव सेवा, करुणा, अहं का विसर्जन, सदाचार तथा सर्वधर्म समभाव पर विशेष बल दिया गया है। अहं का विसर्जन, आवागमन-पुनर्जन्म को प्रार्थना एवं सेवा से समाप्त करना, प्रलोभनों से मुक्त रहना तथा सभी की मुक्ति में सहभागी बनना, नानक इन बातों पर बल देते थे। उनके अनुसार दुनिया बुरी नहीं बल्कि धर्मशाला या धर्माचरण का केन्द्र है। उन्होंने एकाकी जीवन की अपर्याप्तता की ओर संकेत किया तथा बोधिसत्त्वों की तरह लोगों के बीच जाने तथा उनका पथ-प्रदर्शन करने की सलाह दी।

गुरु नानक ने परमब्रह्म को अनेक नामों से पुकारा जैसे-अकाल, सतनाम, ओंकार, निरंजन, करतार, सच, धारा आदि। वे पक्के अद्वैतवादी थे। उनके अनुसार परमब्रह्म निर्गुण, निराकार, असीम एवं अनन्त है। उन्होंने मूर्तिपूजा का खण्डन किया। उन्होंने कहा कि गुरु के बिना मोक्ष सम्भव नहीं है। गुरु सच्चा प्रथप्रदर्शक है किन्तु उसकी पूजा करने की आवश्यकता नहीं है। गुरु सलाहकार है, ईश्वर के मार्ग का पथ प्रदर्शक है अतः उसे सम्मान देना चाहिए। गुरु का उद्‌देश्य है शिष्य के अन्दर छुपे खजाने से उसको परिचित करा देना।

नानक को जाति-पाँति में विश्वास नहीं था। उनके अनुसार न कोई छोटा है, न कोई बड़ा है। छुआछूत तथा निम्नजाति के तिरस्कार को वे पाप मानते थे। उन्होंने

जाति-प्रथा को तोड़ने के लिए व्यावहारिक कदम भी उठाये तथा 'गुरु का लंगर' की शुरुआत की जहाँ लोग जाति-पाँति भूलकर खाना खाते थे। उनकी शिक्षा सर्वधर्म समभाव पर आधारित थी। सभी धर्मों की आन्तरिक एकता पर उनका विश्वास था। उन्होंने कर्मकाण्ड, रूढ़ियों, अन्धविश्वासों, बाह्याडम्बरों की कड़ी भर्त्सना की। नारी के प्रति उनके मन में सम्मान का भाव था। वे कहते हैं 'तुम उस नारी का तिरस्कार क्यों करते हो जिसने पृथ्वी के महान् सपूतों को जन्म दिया।' उनकी नैतिक सीख थी कि आराम की जिन्दगी तबाही की ओर ले जाती है। नाम जपने से आदमी बुरी -से-बुरी बातों पर विजय प्राप्त कर लेता है। उनका मानना है कि मानव की इच्छाशक्ति भाग्य से ज्यादा ताकतवर है। उन्होंने अपने उपदेशों को सरल भाषा में प्रचारित किया। उनके तीन मुख्य आदर्श थे-'किर्त करो, नाम जपो, वाण्ड चखो' अर्थात् कर्म करो, स्तुति करो और दान करो। वे सत्संग पर जोर देते थे। सत्तर वर्ष की आयु में 1539 ई. में उनकी करतारपुर में मृत्यु हो गयी।

अपने तिरोधान के पूर्व नानक ने अपना उत्तराधिकारी निष्ठावान् शिष्य लहना को चुना तथा उसे अंगद नाम दिया। गुरु नानक के आत्म उद्गार से एक नये धर्म-सिख धर्म की नींव पड़ी जिसने भावी इतिहास को गहराई तक प्रभावित किया। उनका सन्देश एक दिव्यरूप का सन्देश था जिसने लाखों-करोड़ों लोगों को प्रभावित किया तथा एक नैतिक समाज की स्थापना किया। वे पंजाब के पहले लोकप्रिय नायक हैं जिसने पंजाबी राष्ट्रीयता को जन्म दिया।

2. गुरु अंगद (1504-52 ई.) गुरु अंगद का पूर्ववर्ती नाम लहना था। वे गुरु नानक से प्रभावित होकर करतारपुर में गुरु के शिष्य बन गये। अपने मृत्यु के पूर्व एक अन्य शिष्य भाई बुद्धा के द्वारा अंगद के माथे पर केसर का तिलक लगाकर नानक ने उसे अपना उत्तराधिकारी बना लिया। अंगद तेरह वर्षों तक (1539-52 ई.) गुरु बने रहे तथा गुरु नानक के अधूरे कार्यों को पूरा किया।

उन्होंने लंगर-प्रथा को विस्तार दिया तथा कई स्थानों पर केन्द्र (गुरुद्वारे) बनाये। उन्होंने गुरुमुखी लिपि को जन्म देकर, उसमें गुरुनानक के सबदो की प्रतियाँ बनवाकर सभी केन्द्रों पर भेजनी शुरू कीं। यह संकलन उन्होंने गुरु नानक के प्रिय शिष्य भाई बाला की मदद से किया। उन्होंने पुनर्जन्म एवं अवतारवाद को माननेवालों को पन्थ से बाहर का रास्ता दिखाया एवं पन्थ को अनुशासित किया। वे शारीरिक स्वास्थ्य के पक्षधर थे तथा वर्जिस के लिए अपने केन्द्रों में अखाड़े शुरू किये। अपनी मृत्यु (1552 ई.) के पूर्व भल्ला उपजाति के खत्री, तिहत्तर वर्षीय अमरदास को अपना उत्तराधिकारी चुना।

3. गुरु अमरदास (1479-1574 ई.)-गुरु अमरदास ने गोइन्दवाल को अपना केन्द्र बनाया। उन्होंने 'लंगर' को व्यापक बनाया तथा सभी आगन्तुकों, अतिथियों को लंगर का प्रसाद अनिवार्य कर दिया। सिख पन्थ को व्यवस्थित करने के लिए

उसे बाईस आध्यात्मिक इकाइयों में विभाजित किया तथा उसे योग्य 22 मन्त्रियों के अधीन रखा। इसे 'मनजी पद्धति' कहा गया। उन्होंने जन्म, विवाह, मृत्यु के समय पढ़े जानेवाले हिन्दू मन्त्रों के स्थान पर सबद गायन की व्यवस्था की तथा हिन्दू कर्मकाण्डों एवं रीतियों को बदल दिया। इससे सिख पन्थ एवं हिन्दू धर्म में स्पष्ट विभाजन हो गया। उन्होंने पर्दा-प्रथा एवं सती-प्रथा को प्रतिबन्धित कर दिया तथा अन्तर्जातीय विवाहों, विधवा-विवाह तथा एकपत्नीत्व को प्रोत्साहन दिया।

उनके कृत्यों से कट्टरपन्थी हिन्दू पण्डितों ने नाराजगी जतायी तथा बादशाह अकबर से उनकी शिकायत भी कर दी। किन्तु बादशाह ने इस पर कोई ध्यान नहीं दिया। बल्कि अकबर गोइन्दवाल गया तथा गुरु से प्रभावित होकर आस-पास कई गाँवों का लगान गुरु की बेटी भानी के नाम कर दिया। यह उपहार गुरु की बेटी के विवाह पर दिया गया। भेंटस्वरूप शाही संरक्षण से सिख आन्दोलन को और भी बल मिला। जब अकबर ने गुरु के खिलाफ कार्यवाही करने से इन्कार कर दिया तब कट्टरपन्थी हिन्दुओं ने स्थानीय अधिकारियों को मिलाकर सिखों का शोषण करना शुरू किया जिससे सिखों में हिन्दुओं के प्रति अलगाव पैदा हुआ। अमरदास का गुरु के रूप में बाइस वर्षों का काल सिख पन्थ के निर्माण का काल था।

गुरु अमरदास पंचानबे वर्ष तक जीवित रहे। उन्होंने अपने पुत्रों की बजाय अपने जामाई रामदास को गुरु के पद का उत्तराधिकारी चुना।

4. गुरु रामदास : (1534-81 ई.)-गुरु रामदास सोढी उपजाति के खत्री थे और अपने श्वसुर गुरु अमरदास के साथ कुछ सालों से रह रहे थे। उस समय उनकी उम्र चालीस वर्ष की थी। वे बादशाह अकबर के दरबार में गुरु अमरदास के प्रतिनिधि के रूप में उपस्थित हो चुके थे। बादशाह अकबर द्वारा अपनी पत्नी भानी को दी गयी ज़मीन पर उन्होंने एक तालाब का निर्माण कराया तथा इसे ही अपना केन्द्र बनाया। धीरे-धीरे वहाँ शहर बसने लगा तथा वह सिखों की धार्मिक राजधानी बन गया जिसे 'रामदास पुरा' या 'चक रामदास' कहा जाने लगा। यही तालाब अमृतसर कहलाया। उन्होंने एक अन्य तालाब 'सन्तोखसर' का निर्माण भी करवाया। उन्होंने 52 व्यापारियों को रामदास पुरा में बसाया जिससे उनकी आर्थिक स्थिति समृद्ध हुई तथा उनकी धार्मिक गतिविधियों को प्रचार का अवसर मिला।

गुरु ने 'मसन्द पद्धति' की शुरुआत की। उनके द्वारा नियुक्त मसन्द पंजाब के भिन्न-भिन्न हिस्सों में जाते थे तथा अमृतसर के निर्माण के लिए धनराशि एकत्र करते थे। इस पद्धति ने सिख पन्थ के प्रचार-प्रसार में महत्त्वपूर्ण योगदान दिया। आगे चलकर पाँचवें गुरु अर्जुनदेव ने इस मसन्द पद्धति को सुव्यवस्थित किया था।

मुगल बादशाह अकबर गुरु के प्रति सम्मान प्रदर्शित करने तथा उनके दर्शन करने 'रामदास पुरा' गया तथा गुरु के कहने पर उसने गरीब किसानों का भू राजस्व एक वर्ष के लिए माफ कर दिया। गुरु ने अनेक 'सबदों' की रचना की जिसे गुरुग्रन्थ

साहब में संकलित किया गया है। गुरु ने अपने तीन पुत्रों में सबसे छोटे अर्जुन मल को, भाई बुद्धा के समर्थन से अपना उत्तराधिकारी बनाया जिससे उनका सबसे बड़ा पुत्र पृथ्वीचन्द नाराज हो गया। किन्तु गुरु का अर्जुनमल के पक्ष में निर्णय अन्तिम था।

5. गुरु अर्जुनदेव (1563-1606 ई.)-सिख पन्थ के इतिहास में गुरु अर्जुनदेव का काल अत्यन्त महत्त्वपूर्ण है। उन्होंने रामदासपुर के हरमन्दिर का निर्माण करवाया जिसका शिलान्यास लाहौर के सूफ़ी सन्त मियाँ मीर ने किया तथा बताया कि हर मन्दिर का दर्शन 68 हिन्दू तीर्थों के दर्शन के बराबर है। उन्होंने सन्तोखसर तथा अमृतसर का निर्माण पूरा कराया जिसे चौथे गुरु रामदास ने शुरू किया था। उनका एक महत्त्वपूर्ण कार्य था 'आदि ग्रन्थ' का संकलन जिसमें पूर्व के गुरुओं तथा कबीर, फरीद, रैदास आदि सूफ़ी फकीरों एवं सन्तों की बानियों को समाहित किया गया। इस संकलन के लिए बादशाह अकबर ने 51 स्वर्ण मोहरें दान दी थीं। 1604 ई. में आदिग्रन्थ का संकलन तैयार हुआ तथा उसे अमृतसर के स्वर्ण मन्दिर में प्रतिष्ठित किया गया एवं भाई बुद्धा को गुरुग्रन्थ साहब का प्रथम ग्रन्थी नियुक्त किया गया। गुरु ने गुरु रामदास द्वारा शुरू किये गये मसन्द पद्धति को सुसंगठित किया तथा घोषित किया कि प्रत्येक सिख अपनी आय का दसवाँ हिस्सा (दसवान्ध) अपने क्षेत्र के मसन्द को देगा तथा मसन्द बैसाखी के दिन इसे अमृतसर के केन्द्रीय कोष में जमा करेंगे। इससे विभिन्न निर्माण कार्यों के लिए नियमित आय होने लगी। अर्जुनदेव ने तरनतारन, करतारपुर, गोविन्दपुर तथा छहराता नामक नये नगरों का निर्माण करवाया। लाहौर में भी गुरु ने एक 'बावली' का निर्माण करवाया जो सिखों का अन्य महत्त्वपूर्ण स्थान बना गया।

गुरु के साथ बादशाह अकबर के सम्बन्ध अच्छे थे। बादशाह स्वयं गुरु अर्जुनदेव से मिलने गोइन्दवाल पहुँचे थे। किन्तु अकबर की मृत्यु के पश्चात मुगलों की नीति सिखों के प्रति कठोर हो गयी। बादशाह जहाँगीर उनकी लोकप्रियता से ईर्ष्या करने लगा। धार्मिक असहिष्णुता के कारण उसकी ईर्ष्या बढ़ती गयी। तभी उसे गुरु को दण्ड देने का अवसर भी मिल गया। जहाँगीर के सबसे बड़े पुत्र खुसरो ने 1606 ई. में विद्रोह कर दिया। गुरु ने खुसरो को आशीर्वाद दिया किन्तु कोई अन्य मदद नहीं की। किन्तु क्रोधित जहाँगीर ने गुरु को गिरफ्तार कर न सिर्फ भारी जुर्माना लगाया बल्कि तड़पा-तड़पाकर मार डालने की सजा सुना दी। गुरु को लाहौर ले जाया गया तथा क्रूरतम यातनाएँ दी गयीं। लाहौर के सूफ़ीसन्त मिया मीर ने मध्यस्थता कर गुरु को छुड़ाने की कोशिश की किन्तु असफल रहे। इसी समय गुरु ने अपने ग्यारह साल के बेटे हरगोविन्द को खबर भिजवायी कि भाई बुद्धा की मदद से छठे गुरु का स्थान ग्रहण करे और अपनी जिम्मेदारियाँ निभाना शुरू करे। 30 मई, 1606 को गुरु की मृत्यु हो गयी।

गुरु की शहादत ने सिख पन्थ में नयी जान फूँक दी। यहीं से सिखों में सैनिक भावना का उद्भव हुआ जिसे गुरु हरगोविन्द ने नया धरातल दिया। गुरु अर्जुनदेव एक असाधारण कवि भी थे। उनकी कविता संगीतात्मकता से भरी है। उनकी कविताओं का संकलन 'सुखमणि' में मिलता है। उनकी मान्यता थी कि मूर्तिपूजा करने अथवा नमाज पढ़ने की बजाय भला काम करना परमात्मा की सबसे बड़ी स्तुति है।

6. गुरु हरगोविन्द (1595-1645 ई.)—बालक हरगोविन्द ने दो तलवारें लटकाकर गुरु का स्थान ग्रहण किया। एक तलवार आध्यात्मिक शक्ति (पीरी) का प्रतीक थी तथा दूसरी तलवार भौतिक शक्ति (मीरी) का प्रतीक थी। उन्होंने अमृतसर में लौहगढ़ नामक किला बनवाया तथा अपनी शक्ति को एकत्र करना शुरू किया। वे राजत्व के प्रतीक के रूप में छत्र और कलगी (पगड़ी में) धारण करने लगे। हरमन्दिर के दूसरी तरफ उन्होंने गुरु की गद्दी के लिए अकालतख्त का निर्माण करवाया जहाँ शान्ति के लिए भजन गायन के स्थान पर वीररस के गीत सुनाये जाते थे। उन्होंने नियमित सैन्य गतिविधियाँ शुरू कीं तथा तीन सौ घुड़सवारों एवं साठ सशस्त्र सैनिकों का गठन किया। उनके अस्तबल में आठ सौ घोड़े थे।

गुरु की सैनिक गतिविधियों की सूचना से बादशाह जहाँगीर अत्यन्त क्रुद्ध हुआ तथा उन्हें गिरफ्तार करने का हुक्म दिया। गुरु को कैद कर लिया गया तथा ग्वालियर के किले में रखा गया। कहा जाता है कि सिख अनुयायी ग्वालियर आते और किले की दीवार के पास सिर नवाते। यह समाचार पाकर जहाँगीर ने गुरु को मुक्त कर दिया। मुक्त होने के पश्चात हरगोविन्द ने कश्मीर से पश्चिमी उत्तर प्रदेश के क्षेत्रों की यात्राएँ कीं तथा अनेक गुरुद्वारों का निर्माण कराया। हिमालय की निचली घाटी में उन्होंने नया शहर कीरतपुर बसाया।

जहाँगीर की मृत्यु के पश्चात शाहजहाँ के गद्दी पर बैठने से गुरु की मुश्किलें बढ़नी शुरू हो गयीं। इस काल में सिखों एवं मुगलों के बीच तीन मुठभेड़ें हुईं, 1628 ई. में अमृतसर के पास, 1631 में लाहिड़ा में तथा 1634 ई. में करतारपुर में। तीनों युद्धों में सिख फौज ने मुगलों को पराजित किया। गुरु ने महसूस किया कि खुले मैदानों में वे मुगलों का मुकाबला नहीं कर सकते, फलस्वरूप 1634 ई. में उन्होंने अपना मुख्यालय कीरतपुर में स्थानान्तरित कर लिया।

गुरु के आखिरी दिन पारिवारिक त्रासदियों में बीते। कुछ ही वर्षों में उनके तीन बेटों सहित परिवार के पाँच लोग काल के ग्रास बन गये। इनमें सबसे तकलीफदेह मृत्यु थी उनके पुत्र गुरुदित्ता की जिसे गुरु का उत्तराधिकारी माना जा रहा था। गुरु के दो बेटे सूरजमल तथा तेगबहादुर जीवित थे किन्तु दोनों को सिखों के मामलों में खास रूचि नहीं थी। अतः गुरु ने गुरुदित्ता के दूसरे पुत्र 14 वर्षीय हरराय को सातवें गुरु के रूप में अपना उत्तराधिकारी बनाया। गुरु हरगोविन्द की मृत्यु 1944 ई. में कीरतपुर में हुई।

7. गुरु हरराय (1630-61 ई.)-1644 में गद्दी पर बैठते ही गुरु हरराय एक साल के अन्दर ही अपने सेवकों सहित कीरतपुर छोड़कर सिरमूर राज्य (हिमाचल प्रदेश का हिस्सा) में एक छोटे से गाँव में रहने लगे। उन्हें डर था कि बिलासपुर के राजा, जिसके राज्य में कीरतपुर आता था, पर कारवाई के समय मुगल प्रशासक सिखों पर धावा न बोल दें। सिखों के मुख्य केन्द्रों से गुरु की अनुपस्थिति से सिख समुदाय की उन्नति खटाई में पड़ गयी।

13 वर्ष के पश्चात गुरु हरराय 1658 के अन्त में कीरतपुर लौट आये। शाहजहाँ के पुत्र दाराशिकोह के साथ उनकी मित्रता हो गयी। उत्तराधिकार के युद्ध में उन्होंने औरंगजेब के विरुद्ध दाराशिकोह का साथ दिया। क्रुद्ध औरंगजेब ने सत्ता में आने के बाद गुरु को अपना पक्ष रखने के लिए दिल्ली बुलवाया। गुरु ने अपने प्रतिनिधि के रूप में अपने बड़े बेटे रामराय को दिल्ली दरबार भेजा जो औरंगजेब का विश्वास जीतने में सफल हो गया। औरंगजेब ने रामराय को दिल्ली में ही रोक लिया ताकि जब वह उत्तराधिकारी के रूप में गुरु की गद्दी पर बैठेगा तब औरंगजेब स्वयं सिखों की किस्मत का निर्णायक बन जायेगा। औरंगजेब ने रामराय को देहरादून के समीप सामुदायिक केन्द्र बनाने के लिए जमीन भी प्रदान किया। किन्तु रामराय की औरंगजेब की खुशामदी गुरु हरराय को पसन्द नहीं आयी और उन्होंने रामराय की बजाय अपने पाँच वर्षीय छोटे पुत्र हरिकृशन को उत्तराधिकारी घोषित कर किया।

8. गुरु हरिकृशन (1656-64 ई.)-गुरु हरिकृशन के गद्दी पर बैठने से रामराय खुश नहीं था किन्तु सिख समुदाय हरिकृशन के पक्ष में था। अतः रामराय ने दिल्ली जाकर औरंगजेब से मदद की अपील की। औरंगजेब ने गुरु की पदवी के दावे पर फैसला करने के लिए गुरु हरिकृशन को दिल्ली बुलाया तथा मिर्जा राजा जयसिंह के महल में रखा। अन्ततः पाँच वर्षीय गुरु की प्रतिभा से प्रभावित होकर उसे सिखों का गुरु रहने दिया गया। आठ दर्ष की उम्र में गुरु हरिकृशन को चेचक निकल आयी जिससे उसकी मृत्यु हो गयी। मरने के पहले गुरु ने अपने बड़े भाइयों रामराय तथा धीरमल के स्थान पर अपने चाचा तेगबहादुर को, जो बकाला गाँव में रहते थे, नौवें गुरु के रूप में चुना।

9. गुरु तेगबहादुर (1621-75 ई.)-गुरु की गद्दी पर बैठने के साथ ही गुरु तेगबहादुर को अपने प्रतिद्वन्द्वियों का सामना करना पड़ा। उनके प्रमुख प्रतिद्वन्द्वी धीरमल और रामराय ही थे। गुरु हरिकृशन की मृत्यु के समय 'बाबा बकाले' शब्द निकले थे इससे तेगबहादुर के अतिरिक्त बकाला गाँव में रहनेवाले अन्य कई लोग गुरु की पदवी के दावे करने लगे। धीरमल ने तेगबहादुर को मरवाने की भी कोशिश की। अपने प्रतिद्वन्द्वियों के घात-प्रतिघात से क्षुब्ध गुरु ने बकाला छोड़कर अमृतसर का रुख किया। वहाँ मसन्दों ने हरिमन्दिर साहिब के दरवाजे गुरु के लिए बन्द कर दिये। अतः गुरु कीरतपुर से पाँच मील उत्तर में आनन्दपुर गाँव बसाकर, उसे अपना निवास बनाया। किन्तु वहाँ भी प्रतिद्वन्द्वियों ने गुरु का पीछा नहीं छोड़ा।

गुरु अपनी माता एवं पत्नी को साथ लेकर आगरा, इलाहाबाद, बनारस होते हुए पटना पहुँचे। पटना में ही उनके पुत्र गोविन्द सिंह का जन्म हुआ। पत्नी एवं माँ को छोड़कर गुरु तेगबहादुर चिटगाँव, सोनदीप, ढाका होते हुए असम गये। इसी यात्रा के दौरान उन्हें सूचना मिली कि पंजाब के लोगों को मुगलों द्वारा धार्मिक आधार पर सताया जा रहा है। अतः गुरु परिवार को पटना में ही छोड़कर पंजाब लौट गये। उन्होंने पंजाब की विशद यात्रा की और पाया कि औरंगजेब के अत्याचारों, बलात् मुसलमान बनाये जाने, मन्दिरों को तोड़े जाने, तीर्थ यात्राओं पर कर लगाने आदि कारणों से लोग त्रस्त हैं। लोग गुरु की तरफ देख रहे थे। गुरु की बढ़ती लोकप्रियता से औरंगजेब ने उन्हें दिल्ली दरबार में हाजिर होने का हुक्म दिया किन्तु गुरु ने इस फरमान पर बहुत ध्यान नहीं दिया तथा विभिन्न स्थानों पर घूमते रहे। अतः मुगल प्रशासन ने उन्हें फरार घोषित करते हुए गिरफ्तारी का फरमान जारी कर दिया। गुरु आगरा में अपने भक्तों के बीच पकड़ लिये गये। काजी ने गुरु को आध्यात्मिक शक्ति का प्रदर्शन करने या मुसलमान बनने में से एक को चुनने का हुक्म दिया। गुरु द्वारा दोनों अस्वीकार करने पर उन्हें 11 नवम्बर, 1675 ई. को मृत्युदण्ड दिया गया। गुरु ने एक पत्र पर कुछ लिखकर अपने गले में बाँध दिया। गुरु का शीश काट दिया गया तथा उनके शरीर के चार टुकड़े कर दिये गये। जब कागज को खोलकर पढ़ा गया तो उस पर लिखा था कि "शीश दिया पर सिर ना दिया"। उनके शरीर के टुकड़े जनता के प्रदर्शन के लिए रखे गये जिसे किसी भक्त ने रात के अँधेरे में उठाकर एक स्थान पर अन्त्येष्टि कर दी जिसे आज गुरुद्वारा रकाबगंज कहा जाता है। उनका शीश आनन्दपुर लाया गया जहाँ पुत्र गोविन्द सिंह ने उनकी अन्त्येष्टि की।

10. गुरु गोविन्द सिंह (1666-1708 ई.)-गुरु गोविन्द सिंह का काल सिखों के इतिहास में महत्त्वपूर्ण स्थान रखता है। इनका जन्म दिसम्बर, 1666 ई. में पटना में हुआ। 9 वर्ष की उम्र में उन्होंने आनन्दपुर में अपने पिता के कटे शीश का अन्तिम संस्कार किया। औरंगजेब के खतरे से बचाने के लिए उनके परिचरों ने आनन्दपुर से हटाकर भीतर पहाड़ियों में पाऊटा नामक स्थान पर (यमुना के किनारे) उनका लालन-पालन किया। वहाँ उन्होंने हिन्दी, पंजाबी, संस्कृत तथा फारसी भाषाओं का अध्ययन किया तथा घुड़सवारी और निशानेबाजी भी सीखी। धीरे-धीरे उन्होंने चारों भाषाओं में कविता करना भी सीख लिया। गुरु ने अपनी सैनिक शक्ति बढ़ाना शुरू किया तथा गुरु हरगोविन्द की तरह लोगों से घोड़ों एवं शस्त्रों की भेंट स्वीकार करना शुरू किया।

गुरु की शक्ति एवं बढ़ती लोकप्रियता से बिलासपुर का राजा (जिसके राज्य में आनन्दपुर आता था) भीमचन्द उनके खिलाफ हो गया। उसने अन्य पड़ोसी राजाओं को मिलाकर गुरु पर आक्रमण कर दिया। 1686 ई. में भंगानी नामक स्थान पर हुए युद्ध में गुरु की फौज विजयी रही। कुछ समय बाद 1687 ई. में नादौन नामक स्थान पर दूसरी लड़ाई हुई जिसमें गुरु की पुनः जीत हुई। इस जीत के बाद पहाड़ी राजाओं

और गुरु में समझौता हो गया किन्तु मुगलों को यह समझौता पसन्द नहीं आया। अतः औरंगजेब ने शाहजादा मुअज्जम (बाद में बादशाह बहादुरशाह प्रथम) तथा मिर्जाबिग के नेतृत्व में मुगल सेना को पंजाब भेजा। मुगल सेना ने पहाड़ी राजाओं को अपने अधीन कर लिया। किन्तु फारसी भाषा के एक सिख शायर नन्दलाल 'गोया' की मेहरबानी से शाहजादा मुअज्जम ने गुरु गोविन्द को कोई हानि नहीं पहुँचायी। इस समय गुरु ने आनन्दपुर के किले की किलेबन्दी की तथा आस-पास आनन्दगढ़, केशगढ़, लौहगढ़ एवं फतेहगढ़ नामक नये किले बनवाये।

गुरु ने आनन्दपुर में बारह साल बुद्धिजीवी कार्यकलापों में बिताये। अपने पाँच चुने हुए शिष्यों को संस्कृत वेद-शास्त्रों का अध्ययन करने बनारस भेजा ताकि हिन्दू दार्शनिकता से भरी गुरुओं की रचनाओं की बेहतर व्याख्या कर सकें। इन पाँचों सिखों ने हिन्दुओं की पारम्परिक ब्रह्मचर्य की शैली को अपनाया तथा 'निर्मला' नामक पीठ शुरू की। इसी काल में भारत के अनेक भूभागों से कविगण गुरु गोविन्द का संरक्षण प्राप्त करने आनन्दपुर आये। स्वयं गुरु भी प्रतिभाशाली कवि थे। आनन्दपुर वीररस की कविताओं का केन्द्र बन गया।

गुरु ने महसूस किया कि पुरानी कर प्रणाली या मसन्द व्यवस्था समुदाय में फूट का कारण बन गयी है। कई मसन्द कर वसूलने का कार्य करते हुए गरीब किसानों का शोषण करते थे तथा कई स्वयं गुरु की उपाधि धारण कर रहे थे और अपने उत्तराधिकारियों को भी गुरु नामांकित करने लगे थे। अतः अपने एक ही आदेश से गुरु ने मसन्द पद्धति को समाप्त घोषित कर दिया।

गुरु ने सिख पन्थ को पुनर्गठित करने के लिए ठोस कदम उठाये। सन् 1699 ई. में उन्होंने आनन्दपुर में एक वृहद आयोजन किया जिसमें अपने अनुयायियों को भारी संख्या में आमन्त्रित किया। लगभग 80,000 लोग आयोजन में एकत्र हुए। गुरु मंच पर उपस्थित हुए तथा म्यान से तलवार निकालकर पाँच पुरुषों को बलि के लिए आह्वान किया। बारी-बारी से दयाराम, धरमदास, मोहनचन्द, साहिबचन्द तथा हिम्मतराय सामने आये। गुरु ने उन्हें पंच-प्यारे की संज्ञा दी तथा अमृतपान कराया। इसी समय गुरु ने 'खालसा' की घोषणा की। खालसा में जाति-पाँति का भेदभाव नहीं था। सभी को सिंह की उपाधि धारण करना था। गुरु गोविन्द राय ने अपना नाम भी गोविन्द सिंह रख लिया। खालसा के पाँच निशान बताये गये-कड़ा, कच्छा, कंघा, केश तथा कृपाण। सिखों के लिए पाँचों चिह्न धारण करना अनिवार्य बनाये गये। इसके अतिरिक्त धूम्रपान न करना, तम्बाकू का सेवन न करना, मद्यपान न करना, औरतों से छेड़खानी न करना तथा हलाल मांस न खाना आदि निषेधों का पालन करना सिखों के कर्त्तव्य बताये गये। गोविन्द सिंह ने गुरु को भी खालसा में तिरोहित कर दिया तथा बाह्मण, क्षत्रिय, वैश्य, शूद्र, अस्पृश्य सभी को सिख धर्म में दीक्षित होने का आह्वान किया। उन्होंने आदिग्रन्थ को ही गुरु घोषित कर दिया तथा गुरु के उत्तराधिकार की प्रथा को समाप्त कर दिया।

गुरु गोविन्द सिंह ने गुरु नानक के आध्यात्मिक मार्ग के दूसरे पहलू को भी उजागर किया। नानक ने जहाँ अच्छाई की वकालत की, गुरु गोविन्द सिंह ने बुराई की भर्त्सना की। नानक ने प्रेम का पाठ पढ़ाया तो गोविन्द सिंह ने मर्यादा का उल्लंघन करनेवालों को दण्ड का विधान किया। नानक का ईश्वर सच्चे जन को प्रेम करता था, गोविन्द सिंह का ईश्वर दुर्जनों और शत्रुओं का नाश करता था। गुरु गोविन्द सिंह के आह्वान का प्रभाव यह पड़ा कि सिख समुदाय में जोश भर गया। उत्तर भारत के अनेक स्थानों पर अमृत संचार समारोहों की लहर दौड़ पड़ी।

सिखों के आक्रामक समुदाय के उदय तथा सिखों की संख्या में गुणोत्तर वृद्धि ने पहाड़ी रजवाड़ों में खलबली मचा थी। बिलासपुर के राजा के नेतृत्व में पहाड़ी रजवाड़ों की फौज ने गुरु को आनन्दपुर में घेर लिया तथा उनकी रसद रोक दी। रसद की कठिनाई के कारण गुरु कीरतपुर के समीप निरमोह गाँव में जा बसे। बिलासपुर के राजा ने वहाँ भी हमला किया किन्तु उनकी हार हुई। अन्ततः रजवाड़ों ने सरहिन्द और लाहौर की मुगल फौजों से मदद माँगी। मुगल फौजों ने निरमोह में गुरु को घेर लिया किन्तु मुगलों की सारी चाल असफल रही। गुरु आनन्दपुर वापस लौट आये। कुछ समय बाद रजवाड़ों की शिकायत पर औरंगजेब ने सरहिन्द और लाहौर के सूबेदारों को गुरु को समाप्त करने भेजा। मुगलों ने गुरु को चारों ओर से घेर लिया। चमकोर कीं जंग में उनके दो बड़े बेटे अजीत सिंह और जुझार सिंह लड़ते लड़ते शहीद हो गये। दो पठानों ने गुरु को पालकी में बिठाकर वहाँ से निकाल लिया। बाद में गुरु को सूचना मिली कि उनके दोनों छोटे पुत्रों-नौ वर्ष के जोरावर सिंह तथा सात वर्ष के फतह सिंह को सरहिन्द के सूबेदार वजीर खान ने पकड़कर दीवार में जिन्दा चुनवा दिया। इस नीचतापूर्ण हत्या की खबर पाकर सिख स्वयंसेवक दूर दूर से आकर गुरु के पास एकत्र होने लगे जिससे गुरु के पास एक बड़ी फौज खड़ी हो गयी। मुक्तसर गाँव (खिदराना) में गुरु की फौज ने वजीर खान की फौज को इतना पछाड़ा की वह तितर-बितर हो गयी।

मुक्तसर से गुरु तलवण्डी गये जहाँ अपने शिष्य मणिसिंह के साथ मिलकर गुरुग्रन्थ साहब का निश्चित संस्करण तैयार किया। वहीं पर अपनी रचनाओं का संकलन 'दशम ग्रन्थ' या 'दशम पादशाह ग्रन्थ' के नाम से तैयार करवाया। तलवण्डी से गुरु ने औरंगजेब को एक मार्मिक पत्र (ज़फ़रनामा) लिखकर सरहिन्द के सूबेदार के कुकृत्यों के बारे में बताया। खत का मजमून पढ़कर औरंगजेब ने फरमान जारी किया कि गुरु को तंग न किया जाय। किन्तु बादशाह ने वजीर खान को दण्डित नहीं किया। गुरु तलवण्डी (दमदमा साहब) से स्वयं औरंगजेब से मिलने चल दिये किन्तु राजपूताने में उन्हें सूचना मिली कि अहमदनगर में औरंगजेब की मृत्यु (2 मार्च, 1707) हो चुकी है।

पहाड़ी रजवाड़ों से हुई लड़ाइयों में शाहजादा मुअज्जम ने गुरु के पक्ष में कार्य किया था। अतः उत्तराधिकार के युद्ध में गुरु ने शाहजादा मुअज्जम का पक्ष लिया तथा सिख घुड़सवारों की एक टुकड़ी भेजी। अन्ततः मुअज्जम की जीत हुई तथा वह बहादुरशाह के नाम से आगरा में गद्दी पर बैठा। गुरु औपचारिक मुलाकात के लिए आगरा गये तथा चार माह तक वहाँ रूके। तत्पश्चात् राजपूताना की ओर निकल गये। जब बहादुरशाह अपने भाई कामबख्श के विद्रोह को दबाने दक्षिण गया उस समय गुरु भी दक्षिण पहुँचे तथा नान्देड़ (गोदावरी नदी के किनारे) में डेरा डाला। वहीं दो युवा पठानों ने तम्बू में गुरु को छूरा घोंप दिया जिससे गुरु की मृत्यु (1707 ई.) हो गयी।

गुरु नानक के नये धर्म (1499 ई.) तथा गुरु गोविन्द सिंह के खालसा पन्थ (1699 ई.) के बीच दो सौ साल को दो बराबर भागों में विश्लेषित किया जा सकता है। पहले सौ वर्ष में पाँच गुरुओं ने एकेश्वरवाद-मूर्तिपूजा का खण्डन, निराकार की उपासना, कर्मकाण्डों का निषेध, छुआछूत का अन्त, जाति पाँति का खण्डन आदि पर बल देकर समाज का आदर्श स्वरूप खड़ा किया। वहीं दूसरे सौ वर्ष में गुरु हरगोविन्द एवं गुरु गोविन्द सिंह ने शक्ति एवं समृद्धि जैसी भौतिक ताकतों की वकालत की। हरगोविन्द ने जहाँ पहली बार शस्त्र उठाने को कहा वहीं गुरु गोविन्द ने फौज की स्थापना की। गुरु ने एक तरफ ऐसी व्यवस्था की जो आध्यात्मिक ऊँचाइयों से लैस थी वहीं दूसरी ओर भौतिक शक्ति-संचय की प्रतीक थी।

सिखों का धार्मिक चिन्तन-गुरु नानक की अवधारणा थी कि ईश्वर एक है, असीम है, निराकार है, अन्तर्यामी है, अतः सिख चिन्तन एकेश्वरवाद को स्वीकार करता है। एक ओंकार (13) सतनाम का प्रतीक प्रत्येक गुरुद्वारे पर अंकित मिलता है। ईश्वर बुद्धि का नहीं भावना या अनुभूति का विषय है ईश्वर की अनुभूति में गुरु की महत्त्वपूर्ण भूमिका होती है। मनुष्य इच्छाओं का दास है। इच्छाओं के कारण ही वह जन्म-मरण या आवागमन के चक्र में फँसा रहता है (आदिग्रन्थ-152)। अनेक योनियों में मानव-जीवन सर्वश्रेष्ठ है(आदि ग्रन्थ 176)। गुरु, शबद और ईश्वरीय कृपा से मनुष्य मुक्ति का वरण करता है।

सिख पन्थ की अवधारणा है कि जगत् ईश्वर की कृति है अतः सत्य है। भौतिकता में आसक्ति ही माया है। अखिल ब्रह्माण्ड ईश्वर की कृति है। अतः यह जड़ न होकर ईश्वरीय अनुभूति से युक्त है। इस प्रकार सिख पन्थ ब्रह्माण्ड की जड़वादी व्याख्या को नहीं मानता। ईश्वरीय कृति होने के कारण ब्रह्माण्ड उतना ही सत्य है जितना कि ईश्वर।

सिख पन्थ माया के सम्बन्ध में व्यापक दृष्टि रखता है। ईश्वर की कृति जगत् है और जगत् की वस्तुओं से लगाव अथवा आसक्ति ही माया है। ऐसी वस्तुओं जिनके बिना जीवन की कल्पना ही नहीं की जा सकती, से आसक्ति अस्तित्त्व के लिए भी

आवश्यक है। अतः सिख पन्थ में माया की सकारात्मक व्याख्या मिलती है। ईश्वर भी माया के अस्तित्त्व के लिए उत्तरदायी है क्योंकि वह सृष्टि का निर्माता है। माया अथवा आसक्ति के कारण ही ज्ञाता एवं ज्ञेय में अर्थात् व्यक्ति और ईश्वर के बीच एक अवरोध पैदा हो जाता है। काम, क्रोध, लोभ, मोह एवं अहंकार ये माया के पाँच लक्षण हैं। जैसी आसक्तियाँ होंगी वैसी ही इन्सान की प्रकृति होगी। जैसी सोच होगी वैसी ही इन्सान की प्रकृति होगी। जैसी सोच होगी वैसा ही नजरिया होगा। जैसा व्यक्ति का कार्य होगा वैसा ही संगीत उसके अंदर फूटेगा। सिख पन्थ में माया अद्वैतवाद के माया की तरह भ्रम या अध्यास नहीं है बल्कि यह सत्य की भौतिकवादी व्याख्या है। सिख पन्थ में माया का अभिप्राय भौतिक आसक्तियों से है जिसमें उलझकर व्यक्ति ईश्वर को महसूस नहीं कर पाता। आसक्तियों के वशीभूत होकर व्यक्ति बार-बार जन्म लेने के लिए बाध्य होता है।

जन्म-मरण के भवचक्र से छुटकारा पाना ही मुक्ति है। मुक्ति की अवस्था में व्यक्ति ईश्वर में विलीन हो जाता है। सबद, नाम और सद्गुरु मुक्ति तक पहुँचा सकते हैं। गुरु नानक ने मुक्ति की अवस्था के लिए 'सहज' शब्द का प्रयोग किया है। सभी सिख गुरुओं ने मुक्ति अथवा सहज तक पहुँचाने में सत्गुरु की भूमिका को सर्वाधिक महत्त्वपूर्ण माना है। सत्गुरु ईश्वर का देवदूत होता है। सतगुरु की कृपा से ही शिष्य ईश्वरत्व की अनुभूति कर सकता है। सिख पन्थ में अरदास या प्रार्थना का भी बहुत अधिक महत्त्व है।

अरदास के रूप में गुरुबानी (आदिग्रन्थ) के शब्दों की संगीतात्मक प्रस्तुत की जाती है। आदिग्रन्थ में सिख गुरुओं के पद संगृहीत हैं। इनमें सर्वाधिक पद गुरु अर्जुनदेव के हैं जबकि गुरु हरगोविन्द, गुरु हरराय तथा गुरु हरकृशन, गोविन्द सिंह के कोई पद सम्मिलित नहीं हैं। इसके अतिरिक्त कबीर, फरीद, नामदेव तथा रविदास के पद भी आदिग्रन्थ संगृहीत है।

सन्दर्भ सूची

सिखों का इतिहास - खुशवन्त सिंह

द वण्डर दैट वाज इण्डिया - ए.एल. वाशम

द पंजाब पास्ट ऐण्ड प्रेजेण्ट - जी.सी. चटर्जी

द टेन गुरुज ऐण्ड देयर टीचिंग्स - छज्जू सिंह

रेलीजन ऑफ दि सिख्स - डाराथी फील्ड

द सिख्स - जे.एच. गार्डन

22

इस्लाम धर्म

'इस्लाम' का शाब्दिक अर्थ है 'पूर्ण समर्पण'। इस्लाम का जन्म आज से लगभग 1440 वर्ष पूर्व अरब प्रायद्वीप में हुआ था। 'अरब' का शाब्दिक अर्थ रेगिस्तान है। भूमध्य सागर, लाल सागर, अरब सागर और फारस की खाड़ी इस प्रायद्वीप को तीन तरफ से घेरे हुए हैं। कुछ तटवर्ती क्षेत्रों के अलावा सम्पूर्ण प्रायद्वीप रेगिस्तानी है। यहाँ बहुत कम वर्षा होती है। कृषि कार्य का थोड़ा बहुत हिस्सा दक्षिणी समुद्रतटीय इलाके के पास है। इस प्रकार अरब प्रायद्वीप आर्थिक एवं सांस्कृतिक रूप से उत्तरी एवं दक्षिणी भागों में विभाजित था। उत्तरी अरब के लोग खानाबदोश थे। इनका जीवन ऊँटों एवं भेंड़ों के चरागाह तलाशने एवं स्थान परिवर्तन के लिए विवश था। इनका जीवन लूटमार लड़ाई-झगड़ा, क्रूरता, नृशंसता एवं खून खराबा से भरा था। उत्तरी अरब के इन बद्दुओं में खजूर की शराब तथा मांसाहार का व्यापक प्रचलन था। ये ऊँट का मांस खाने तथा उसके पेट से पानी निकालकर पीने से नहीं हिचकते थे। ऊँट के अतिरिक्त तलवार उन्हें अधिक प्रिय थी जिसे अपने भाई की गर्दन पर चलाते हुए इन्हें कभी संकोच नहीं होता था। खून के बदले खून पीनेवाले बद्दुओं के गीत लूटमार की प्रशंसा से भरे थे। ये सभ्यता के दौड़ में बहुत पीछे थे तथा यहाँ राजनीतिक जीवन अभी शुरू नहीं हुआ था।

इसके विपरीत दक्षिणी अरब के लोग समुद्रतट के निवासी थे तथा इनका मुख्य पेशा व्यापार था। इनमें राजनीतिक जीवन का विकास हो चुका था। पैग़म्बर मुहम्मद के पूर्व यहाँ (यमन) चार राजाओं के शासन का उल्लेख मिलता है। दक्षिणी अरब का इतिहास उनकी कविताओं में खोजा जा सकता है। इस्लाम के पूर्व दक्षिणी अरब या तो अबीसीनिया के अधिकार में रहा या ईरान के। किन्तु उत्तरी अरब पर विजय करना तथा बद्दुओं को एक सूत्र में बाँधना किसी विदेशी सत्ता के लिए आसान नहीं

था। इस कारण से उत्तर अरब की संस्कृति एवं भाषा बाह्य प्रभावों से अछूती रही। कुरान की भाषा इसी उत्तरी अरब की भाषा है। मक्का एवं मदीना इसी उत्तरी प्रायद्वीप में स्थित है।

इस्लाम के पूर्ववर्ती दो धर्म यहूदी एवं इसाई (जो इस्लाम की तरह ही सामी जाति के हैं) अरब के पड़ोस में पनप चुके थे। अपने पूर्ववर्ती धर्मों का प्रभाव इस्लाम पर भी पड़ा। कहा जाता है कि स्वयं पैग़म्बर मुहम्मद बचपन में एक ईसाई सन्त बुहेरा से प्रभावित थे।

इस्लाम के पूर्व अरब प्रायद्वीप में बहुदेववाद, मूर्तिपूजा, पुरोहिती प्रथा, अन्धविश्वास, भूत-प्रेत, कर्मकाण्ड का अत्यधिक बोलबाला था। इस काल में मक्का के प्रधान देवालय काबा में 360 देवताओं की मूतियाँ स्थापित थीं। इस देवालय के प्रधान पुरोहित मुहम्मद साहब के गोत्र कुरैश के ही लोग थे। इस देवालय की मूर्तियों में एक मूर्ति अल्लाह की भी थी। मक्का के निवासी अल्लाह को सृष्टिकर्त्ता मानते थे तथा आपदा के समय उनसे सहायता की याचना करते थे। इस्लाम के पूर्व यहूदियों का अड्डा मदीना था तथा ईसाइयों का प्रभाव-क्षेत्र मक्का था। स्वेच्छाचारी यहूदी एवं ईसाई सन्त भी भोग-विलास में डूबे थे। महन्तों, धर्माधीशों तथा सामन्तों का बोलबाला था। शराबखोरी, सूदखोरी, अप्राकृतिक व्यभिचार, नारीदासता, कन्यावध तथा भूत-प्रेत की भावना सर्वत्र व्याप्त थी। यहाँ तक कि बेटे बाप के मरने के पश्चात उसकी पत्नियों को भी रखैल बना लेते थे। समलैंगिकता की प्रथा का प्रचलन था। कुरान के अनुसार खुदा ने नूह के वंशज अब्राहम के पुत्र लूत को कौम की पुरुष समलैंगिकता को दूर करने के लिए भेजा था। समाज कबीलों में विभाजित था। प्रत्येक कबीले का अपना नेता (शेख), अपना नियम, रहन-सहन तथा रीति-रिवाज था। कबीलों में आपसी संघर्ष भी होते थे। इन्हीं परिस्थितियों में अरब प्रायद्वीप में इस्लाम का उदय हुआ एवं इस अराजकता को मिटाने के लिए ही पैग़म्बर मुहम्मद का आविर्भाव हुआ था।

मुहम्मद साहब का जन्म 570 ई. में मक्का में हुआ था। उनके पिता का नाम अब्दुल्ला तथा माता का नाम बीबी अमीना था। जब वे माँ के गर्भ में थे तभी पिता का देहान्त हो गया तथा 6 वर्ष की उम्र में माँ भी चल बसी। तब वे अपने चाचा अबू तालिब के साथ रहने लगे तथा भेंड़ों को चराने का काम करने लगे। युवावस्था से ही वे चिन्तन-मनन में लीन होने लगे तथा सृष्टि के रहस्यों को समझने की कोशिश में लग गये। ईश्वर एवं उसकी सत्ता पर विचार करने लगे। बड़े होने पर ऊँट हाँकने तथा व्यापारिक काफिलों के साथ यात्राएँ करने लगे। एक धनी विधवा बीबी खदीजा ने उन्हें अपने व्यापारिक कार्य की जिम्मेदारी सौंप दी तथा कुछ समय बाद उनके गुणों एवं ईमानदारी से प्रभावित होकर विवाह का प्रस्ताव रख दिया जिसे

उन्होंने स्वीकार कर लिया। उस समय पैग़म्बर की उम्र 25 वर्ष तथा बीबी खदीजा की उम्र 40 वर्ष थी। विवाह के कुछ वर्षों बाद ही उनकी आध्यात्मिक जिज्ञासा बढ़ती गयी तथा हेरा की पहाड़ी गुफा में जाकर अक्सर एकान्तवास एवं ध्यान करने लगे। इस समय उन्हें कई ईश्वरीय चमत्कारों की अनुभूति हुई। कुरान के अनुसार 610 ई. में रमजान के महीने में उन्हें (जिब्रील द्वारा) प्रथम ईश्वरीय सन्देश प्राप्त हुआ। 612 ई. में उन्होंने अपने को खुदा का रसूल घोषित किया तथा इसके तीन वर्ष पश्चात उपदेश देना शुरू किया। इसी समय आपने कहा कि 'ईश्वर एक है तथा मैं उसका पैग़म्बर हूँ (ला इलाह इलाल्लाह, मुहम्मदुर्रसूलल्लाह)।' आपने एकेश्वरवाद का उपदेश दिया तथा मूर्तिपूजा, अन्धविश्वास एवं धार्मिक आडम्बरों की निन्दा शुरू कर दी। मक्का के महन्तों एवं पुजारियों को आपकी बात पसन्द नहीं आयी तथा उन्होंने आपके विरुद्ध षडयन्त्र रचने तथा हत्या करने के प्रयास शुरू कर दिये। परिणामस्वरूप आपको अपना मूल स्थान छोड़कर 20 जून, 622 ई. को मदीना प्रस्थान करना पड़ा। यह घटना 'हिजरत' कहलाती है तथा इसी समय से हिजरी संवत् का प्रचलन स्वीकार किया जाता है। मदीना के लोगों ने आपका स्वागत किया तथा अनेक लोग आपके अनुयायी बन गये जो अन्सार कहलाये। 8 वर्षों में शक्ति एकत्र कर आपने मक्का पर आक्रमण किया तथा मक्कावासियों ने आत्मसमर्पण कर दिया। धीरे-धीरे लोगों ने आपके धार्मिक विश्वासों को स्वीकार करना शुरू कर दिया तथा मक्का इस्लाम का प्रमुख तीर्थ बन गया। आपकी वफात (स्वर्गारोहण) मदीना में 62 वर्ष की उम्र में 8 जून, 632 ई. में हुई। आपको मदीना में दफनाया गया जहाँ आज हरा गुम्बद है। आपके तीन पुत्र तथा पाँच पुत्रियाँ थीं।

पैग़म्बर मुहम्मद की मृत्यु तक लगभग पूरा अरब प्रायद्वीप इस्लाम स्वीकार कर चुका था। उनके उपदेश कुरान शरीफ में संकलित हैं जिसे 'कलामे-पाक' भी कहा जाता है। यह स्वयं अल्लाह का कलाम है। यह स्वयं अल्लाह द्वारा हजरत मुहम्मद पर नाजिर किया (उतारा) गया है। नाजिर होने के पश्चात हजरत मुहम्मद उसे लिपिकारों से लिखवा देते थे। जो लोग हजरत के पास रहते थे उनमें से कुछ लोगों ने इसे कण्ठस्थ कर लिया था जिन्हें 'सहाबी' कहा जाता था। कुरान शरीफ में 114 सूरतें (अध्याय), 6237 आयतें तथा 322670 शब्द हैं। कुरान के बारे में स्वयं हजरत ने कहा था-"कुरान तुम्हारे प्रथ-प्रदर्शक का कार्य करेगा। वही करो जो यह आदेश देता है। जो यह मना करता है उससे अलग रहो।" कुरान के अनुसार इस्लाम धर्म के पाँच प्रमुख आधार हैं 1. कलमा, 2. नमाज, 3. रोजा, 4. जकात तथा 5. हज। कलमा है "ला इलाह इल्लाल्लाह मोहम्मदुर्रसूलल्लाह"। इसका अर्थ है कि अल्लाह के सिवाय कोई माबूद (आराध्य) नहीं है तथा मुहम्मद अल्लाह के रसूल हैं। इस्लाम के अनुसार हजरत मुहम्मद आखिरी पैग़म्बर हैं। नमाज स्त्री-पुरुष दोनों के लिए

अनिवार्य है। नाबालिग बच्चों तथा पागलों पर नमाज फर्ज नहीं है। रोजा रमजान के महीने भर रखना होता है। सुबह सादिक (उषाकाल) से सायंकाल (मगरिब) की नमाज तक खाना पीना निषिद्ध होता है। 'जकात' का अर्थ है पवित्र करना। अपनी वार्षिक आय का 40वाँ हिस्सा जकात के रूप में देना प्रत्येक मुसलमान का दायित्व है। हज की यात्रा अर्थात् काबा (मक्का में) की यात्रा का अभिप्राय है जिलहज माह की नवीं तारीख को मक्को के अरफात नामक मैदान में हाजिर होना। अपने जीवन में एक बार हज करना हर मुसलमान का फर्ज है।

इस्लाम में कुरान को केन्द्रीय स्थान प्राप्त है। इसके अतिरिक्त सुन्नाह नामक ग्रन्थ अर्थात् हदीथ, फिक्ह, शरियत आदि ग्रन्थ आते हैं। हदीथ अर्थात् उपदेश, मुहम्मद साहब के उपदेशों का संग्रह है जो 8वीं-9वीं सदी में संकलित किये गये। इस्लामी कानूनों की व्याख्या हदीथ के प्रकाश में की जाती है। फिक्ह इस्लामी कर्मकाण्डों एवं व्यवहारों का संग्रह है। ये व्यवहार सुन्नी के अन्तर्गत चार भागों में विभाजित है-हनफी, मलिकी, शाफी, हनबली तथा शीआओं के लिए 2 भागों में विभाजित हैं। इस्लामी कानून शरियत कहलाते हैं जिनका प्रधान स्रोत कुरान है।

हजरत मुहम्मद की शिक्षाएँ दार्शनिक गुत्थियों में उलझने की बजाय व्यावहारिकता पर जोर देती हैं। इस धर्म में पुरोहित की आवश्यकता नहीं होती। प्रत्येक मुसलमान सीधे अल्लाह से जुड़ा होता है। इस्लाम निराकार ईश्वर को मानता है तथा बहुदेववाद एवं बुतपरस्ती (मूर्तिपूजा) का निषेध करता है। यह आत्मा की अमरता तथा कर्म एवं भाग्य को स्वीकार करता है। कयामत के दिन अल्लाह के समक्ष अपने कर्मों के लिए प्रत्येक मुसलमान उत्तरदायी है। इस सिद्धान्त से परोक्ष रूप में कर्म की प्रेरणा मिलती है। स्वर्ग (जन्नत) एवं नरक (दोज़ख) की विचारधारा भी अच्छे कर्म की ओर प्रवृत्त करती है। इस्लाम आचरण की शुद्धता एवं भाईचारे पर बल देता है। हजरत ने कहा है 'ऐ लोगों! मेरी बात सुनो और उसे समझो। समझ लो कि प्रत्येक मुसलमान एक-दूसरे का आपस में भाई है। तुम सब आपस में समान हो। उनके उपदेशों में गरीब और दुःखियों पर विशेष ध्यान दिया गया है। उन्होंने गुलामों के प्रति दयालुता का व्यवहार करने का उपदेश दिया। बच्चों को मारना गुनाह बताया। औरतों के साथ अच्छे व्यवहार की शिक्षा दी तथा नियम बनाया कि एक पुरुष चार से अधिक स्त्रियों से विवाह नहीं कर सकता।'

मुहम्मद की शिक्षाओं पर यहूदी एवं ईसाई धर्म का स्पष्ट प्रभाव दिखायी देता है। अरबों की पुरानी परम्पराओं को स्वीकार करते हुए मक्का और मदीना का महत्त्व स्वीकार किया। विद्वानों ने स्वीकार किया है कि हजरत मुहम्मद धर्म एवं समाज सुधारक थे जिन्होंने अरब प्रायद्वीप की अराजक धार्मिक एवं सामाजिक व्यवस्था में क्रान्तिकारी परिवर्तन किया।

मुहम्मद साहब की मृत्यु के पश्चात इस्लामी शक्ति को नयी चुनौतियों का सामना करना पड़ा। उन्होंने उत्तराधिकार का निश्चित नियम नहीं बनाया और न ही अपना उत्तराधिकारी मनोनीत किया। जब वे अपनी मृत्यु-शय्या पर थे उन्होंने अबूबक्र को प्रार्थना कराने के सारे अधिकार सौंप दिये। मुहम्मद साहब की मृत्यु के पश्चात जब उनके उत्तराधिकारी के चयन का प्रश्न उठा तो भरी सभा में अबूबक्र (632-634 ई.) को सर्वसम्मति से अपना नेता चुना गया ताकि इस्लाम को विभाजित होने से बचाया जा सके। सर्वसाधारण ने अबूबक्र के प्रति वफादार रहने की कसम खायी। निर्वाचित अबूबक्र को खलीफा (प्रतिनिधि) कहकर सम्बोधित किया जाने लगा। खलीफा बनने के पश्चात ही बिद्दिन जातियों ने अबूबक्र के खिलाफ विद्रोह किया तथा जकात देने से मना कर दिया। अबूबक्र ने इसे इस्लाम-विरोधी माना तथा उनके विद्रोह को शक्ति के बल पर कुचल दिया। अब खलीफा को ही मुसलमानों का नेता समझा जाने लगा। उसे मुसलमानों का शासक तथा सेनानायक माना गया। उसके अधिकार शरियत (इस्लामी कानून) द्वारा नियन्त्रित थे। वह शरियत का उल्लंघन नहीं कर सकता था किन्तु उसके द्वारा शरियत की व्याख्या ही अन्तिम व्याख्या होती थी। अबूबक्र के समय से ही इस्लाम का विजय अभियान शुरू हो गया तथा यह अभियान उसके उत्तराधिकारियों ने भी जारी रखा।

अबूबक्र ने उमर (634-644 ई.) को अपना उत्तराधिकारी नियुक्ति किया जिसने इस्लाम का विजय अभियान जारी रखा। उस्मान (644-656 ई.) तीसरे खलीफा बने। इस समय मुसलमानों में पक्षपात और विरोध का आरम्भ हुआ तथा चौथे खलीफा तथा हजरत मुहम्मद के दामाद हजरत अली (656-661 ई.) के समय साम्राज्य का बँटवारा हो गया। हजरत अली के विरुद्ध मुबयिया ने विरोध किया तथा उनका वध कर दिया। मुबयिया ने अली की मृत्यु के पश्चात उनके पुत्र हसन को खलीफा की गद्दी से हटाकर (662 ई.) उमय्या खलीफा की नींव डाली तथा मदीना से परिवर्तित कर दमिश्क को राजधानी बनाया। उसने अपने बेटे याजिद (680-683 ई.) को अपना उत्तराधिकारी घोषित किया। इसी समय से खलीफा के उत्तराधिकार की प्रथा शुरू हुई। मुबयिया (661-80 ई.) ने उमय्या वंश को राजनीतिक कौम के रूप में संगठित किया तथा इस्लाम को धार्मिक स्वरूप की जगह उसे राजनीतिक रूप दिया। उसे इतिहास में पहला पादशाह या शासक माना जाता है। इस वंश के शासक राजनीति में विश्वास करते थे न कि धार्मिक मामलों में। उमय्या वंश के काल में (661-748 ई.) साम्राज्य का विस्तार हुआ तथा यह पूर्व में बलूचिस्तान तक पहुँच गया। इसी समय खलीफा अलवाहिद-प्रथम (705-715 ई.) के गवर्नर हज्जाज के सेनापति मुहम्मद बिन कासिम ने दाहर को पराजित कर 712 ई. में सिन्ध पर विजय प्राप्त किया। आठवीं सदी के मध्य में खुरासान में आन्दोलन शुरू हुआ जिससे उमय्या वंश का पतन (748 ई.) हो गया तथा बगदाद में अब्बासी वंश की स्थापना हुई।

अब्बासी वंश कट्टर मुसलमान था। उन्होंने धार्मिक आधार पर राजनीतिक सत्ता की स्थापना की। अब्बासी हजरत मुहम्मद के चाचा अब्बास के वंशज थे तथा ईरानियों एवं शीआओं के सहयोग से सत्ता प्राप्त किया था। अतः धार्मिक रूप से कट्टर होते हुए भी व्यावहारिक रूप से ईरानियों, यहूदियों तथा ईसाइयों को भी प्रशासन में स्थान दिया। खलीफा मामून हारून अल रशीद तथा मंसूर इस युग के महान् खलीफा हुए। खलीफा हारून के शासनकाल में राजकीय वैभव इतना अधिक था कि उसके राजदरबार में कोने कोने से अनेक विद्वान, कवि और कलाकार बगदाद आये। नवी सदी के अन्त में अब्बासी वंश का पतन प्रारम्भ हो गया तथा अनेक छोटे-छोटे राजवंशों ने अपनी स्वतन्त्र सत्ता स्थापित कर ली। इसी समय गजनी में अलप्तगीन ने गजनी वंश की स्थापना की। उसके पुत्र सुबुक्तगीन ने 986 ई. में पंजाब के शासक जयपाल के विरुद्ध सेना भेजी जिसमें जयपाल को अपमानजनक सन्धि करनी पड़ी। सुबुक्तगीन के पुत्र महमूद गजनवी ने प्रथम बार सुल्तान की उपाधि धारण किया। यह समय इस्लाम के इतिहास में तुर्की प्रभुत्व का काल है। सन् 1000 ई. से 1026 ई. के मध्य महमूद ने भारत पर सत्रह आक्रमण किये जिसका मुख्य उद्देश्य धन की लूट था। बाद में गोर में गोरीवंश की स्थापना हुई जिसका सुल्तान मुहम्मद गोरी ने 1192 ई. में पृथ्वीराज चौहान को पराजित कर दिल्ली पर अधिकार कर लिया। यहीं से भारत में इस्लाम का राजनीतिक प्रभुत्व स्थापित हुआ तथा इस्लाम धर्म का व्यापक प्रचार शुरू हुआ।

23

धार्मिक चेतना और मन्दिर निर्माण

मन्दिर एवं हिन्दू धर्म का अन्योन्याश्रित सम्बन्ध है। पहले पूजा फिर मूर्तिपूजा तथा उसके पश्चात् मन्दिरों की स्थापना का आरम्भ हुआ। पूजा एवं मूर्तिपूजा के साक्ष्य सिन्धु सभ्यता से ही मिलने लगते हैं किन्तु प्रत्यक्ष रूप से मन्दिरों की स्थापना का प्रयास गुप्तकाल में दिखायी देने लगता है। यद्यपि ईसवी सन् के पूर्व मन्दिर के आकार के सम्बन्ध में सूचना प्राप्त होने लगती है। औदुम्बर सिक्कों (प्रथम सदी ई. पू.) पर शिखरों की आकृति मिलती है। इसी प्रकार हेलियोडोरस के बेसनगर लेख (दूसरी सदी ई. पू.) में गरुड़ध्वज की स्थापना का उल्लेख आता है। बेसनगर के एक अन्य अभिलेख (दूसरी सदी ई. पू.) से गौतमी पुत्र द्वारा भागवत मन्दिर के समक्ष गरुड़ध्वज स्थापित करने का विवरण मिलता है। शकक्षत्रप षोडाश के काल में (प्रथम सदी ई. पू.) मोरा कूप लेख से पंचवीरों की मूर्तियों एवं उनके प्रासाद का स्पष्ट संकेत मिलता है।

मन्दिर शब्द का प्रयोग बहुत बाद में लगभग 7वीं सदी ई. में शिल्पहारों (मयमत, मानसार) में प्राप्त होता है। इससे पूर्व के ग्रन्थों में इसके लिए देवालय, देवगृह, देवकुल, देवायतन आदि शब्द प्रचलित हैं। गुप्त अभिलेखों एवं वास्तुशास्त्रों में मन्दिर के लिए 'प्रासाद' शब्द प्रयुक्त हुआ है। दक्षिण भारत में इसे 'विमान', 'हर्म्य' तथा 'प्रासाद' शब्दों से सम्बोधित किया गया है। महाभाष्य में मन्दिर को प्रासाद तथा उसके ऊर्ध्व खण्डों को 'भूमि' कहा गया है।

मन्दिर निर्माण कला का जन्म गुप्तकाल में हुआ था किन्तु इसका पूर्ण विकास कालान्तर में हुआ। इस काल के मन्दिरों की छतें अधिकांशतः सपाट होती थीं किन्तु शिखर निर्माण की शुरुआत हो चुकी थी। मंदसौर लेख (472 ई.) के उल्लेख से जानकारी मिलती है कि दशपुर के मन्दिर में अनेक आकर्षक शिखर थे। मुख्य शिखर

के साथ गौड़ शिखरों (अंगशिखरों) का निर्माण भी शुरू हो चुका था। मन्दिर चबूतरे (अधिष्ठान) पर बने होते थे जिस पर पहुँचने के लिए सीढ़ियाँ बनी होती थीं। मन्दिर के गर्भगृह की दीवारों का भाग सादा होता था जबकि बाहरी भाग पर अलंकरण किया जाता था। द्वारों पर गंगा-यमुना की प्रतिमाएँ बनायी जाती थीं। गुप्तकाल का सर्वश्रेष्ठ मन्दिर झाँसी जिले में देवगढ़ का दशावतार मन्दिर है। इस मन्दिर में 12 फीट ऊँचा एक शिखर है जो भारत में मन्दिर निर्माण में शिखर का सम्भवतः प्रथम उदाहरण है। इस मन्दिर में गर्भगृह के चारों ओर मण्डप अर्थात् चार मण्डप मिलते हैं। इस मन्दिर में विष्णु के अवतारों से सम्बन्धित मूर्तियाँ मिलती हैं। यह मन्दिर प्रस्तर निर्मित है। गुप्तकाल में पक्की ईंटों से बने दो मन्दिर प्राप्त होते हैं प्रथम भीतरगाँव (कानपुर) का विष्णु मन्दिर तथा सिरपुर का लक्ष्मण मन्दिर। भीतरगाँव के मन्दिर की छत गुम्बद की तरह उभरी हुई है। सिरपुर के लक्ष्मण मन्दिर का केवल गर्भगृह बचा है जिसकी छत भीतरगाँव के मन्दिर की छत की तरह है। गुप्तकालीन अन्य मन्दिरों में प्रमुख हैं- तिगवाँ(जबलपुर) का विष्णु मन्दिर, भूमरा का शिव मन्दिर, नचना कुठार का पार्वती मन्दिर, खोह का शिव मन्दिर, लाड़खान का मन्दिर, दर्श का मन्दिर, विदिशा के समीप उदयगिरि का विष्णु मन्दिर।

मन्दिरों के उद्भव के सम्बन्ध में विद्वानों ने विभिन्न मत व्यक्त किये हैं। कुछ विद्वानों के अनुसार यह विदेशी मन्दिरों से प्रभावित हैं। हेवेल के अनुसार आठवीं सदी ई. पू. के मेसोपोटामिया के मन्दिरों से यह परम्परा आयी है। किन्तु यह मत तर्कहीन है क्योंकि दोनों समयावधियों में एक लम्बा अन्तराल है। कुछ विद्वानों के अनुसार स्तूप, चैत्य, विहार आदि बौद्ध प्रतीकों से मन्दिर के निर्माण को प्रेरणा मिली होगी किन्तु यह मत एकांगी है। कुछ विद्वानों के अनुसार दक्षिण भारतीय रथों से मन्दिर-निर्माण की प्रेरणा मिली होगी। इस सम्बन्ध में 'समरांगणसूत्रधार' में एक कथा भी आती है कि ब्रह्मा ने आकाशमार्ग में भ्रमण करने के लिए पाँच विमानो (रथों) अथवा प्रासादों का निर्माण कराया। इस विवरण के अनुसार ब्रह्मा के लिए वैराज रथ, शिव के लिए कैलाश रथ, कुबेर के लिए पुष्पक रथ, वरुण के लिए माणिक रथ तथा इन्द्र के लिए त्रिविष्टप विमान का निर्माण कराया गया। उत्तर भारत के मन्दिरों को प्रासाद अथवा देवालय तथा दक्षिण भारतीय मन्दिरों को रथ अथवा विमान कहा जाता है।

मन्दिर निर्माण की शैलियाँ- मोटे तौर पर भौगोलिक आधार पर शास्त्रकारों ने मन्दिर निर्माण की तीन शैलियों को स्वीकार किया है-

1- नागर शैली- हिमालय से विन्ध्याचल के बीच

2- बेसर शैली- विन्ध्याचल से कृष्णा घाटी के बीच

3- द्रविड़ शैली- कृष्णा घाटी से कुमारी अन्तरीप के बीच

1-नागर शैली

नागर शैली के मन्दिर ऊँचे चबूतरे पर बने होते हैं जिसे अधिष्ठान या जगती कहा जाता है। गर्भगृह समान्यतः वर्गाकार होते हैं। गर्भगृह के चारों ओर प्रदक्षिणापथ होता था जो प्रायः खुला एवं अधिष्ठान पर होता है। ढका प्रदक्षिणापथ भी कतिपय मन्दिरों में प्रयुक्त होता है। गर्भगृह के समक्ष अन्तराल, मण्डप तथा अर्द्धमण्डप होते हैं। एक दूसरे से संलग्न इन भागों का एक ही अक्ष पर निर्माण किया जाता था। प्रायः सभी नागर मन्दिर वर्गाकार होते हैं। गर्भगृह के ऊपर शिखर होता है। इन शिखरों पर छोटे-छोटे संलग्न शिखर भी होते हैं जिन्हे 'उरुशृंग' या अंग शिखर कहा जाता है। शिखर के शीर्ष भाग पर लघु आमलक बनाये जाते हैं। नागर मन्दिरों के प्रवेशद्वार अधिकांशतः आयताकार होते हैं जिसके ऊपर गजलक्ष्मी तथा दोनों किनारे गंगा-यमुना की मूर्तियाँ बनी होती हैं। प्रवेशद्वार अलंकरणप्रधान होता है। नागर मन्दिरों के बाह्य दीवारों पर विभिन्न तरह के अलंकरण पाये जाते हैं जिन पर देवताओं, मनुष्यों, गन्धर्वों आदि की आकृतियाँ उत्कीर्ण होती हैं। उड़ीसा के मन्दिर, खजुराहो के मन्दिर, राजस्थान के मन्दिर, गुजरात के मन्दिर नागर शैली के अन्तर्गत निर्मित हुए हैं।

उड़ीसा के मन्दिर - ये मन्दिर 7वीं से 13वीं शताब्दी के बीच बनाये गये हैं। शासकीय संरक्षण में निर्मित ये मन्दिर मन्दिर-वास्तु के गौरवपूर्ण अध्याय हैं। उड़ीसा के मन्दिरों का प्रमुख केन्द्र भुवनेश्वर से सुदूर दक्षिण मुखलिंगम नामक स्थान है। पर्सी ब्राउन के अनुसार सर्वप्रथम मुखलिंगम नगर में नागर शैली का उद्भव हुआ जहाँ से उड़ीसा के उत्तरी क्षेत्र में इसका विस्तार हुआ। मुखलिंगम गंग शासकों का प्रमुख राजनीतिक केन्द्र था।

उड़ीसा के वास्तुकारों ने मन्दिर के विभिन्न अंगों को भिन्न नामावली प्रदान की है। मन्दिर को 'देउल' या 'देवल' कहते हैं। मन्दिर के गर्भगृह को 'श्रीमन्दिर' अथवा 'देवल' उसके समक्ष मण्डप को 'जगमोहन' कहा जाता है। श्रीमन्दिर (गर्भगृह) के ऊपर शिखर को 'रेखा देउल' तथा जगमोहन के शिखर को 'भद्र' या 'पीढ़ा देउल' कहा जाता है। जगमोहन (मुख्य मण्डप) के समक्ष दो अन्य मण्डप भी बनाये गये जिन्हें 'नाट मन्दिर' तथा 'भोग मन्दिर' कहते हैं। नाट मन्दिर में नृत्यगान होता है तथा भोग मन्दिर में देवता को भोग अथवा उपहार चढाये जाते हैं। चबूतरा या अधिष्ठान को 'पिष्ट' कहते हैं। पिष्ट (अधिष्ठान) के ऊपर दीवार को 'बाढ़' तथा शिखर को 'गण्डी' कहा जाता है। गण्डी (शिखर) के ऊपर आमलक, कलश तथा रेखा कलश होते हैं।

उड़ीसा के मन्दिरों का प्रमुख केन्द्र भुवनेश्वर है जहाँ शताधिक मन्दिरों का निर्माण हुआ। यहाँ तीस से अधिक मन्दिर आज भी अपने मूल रूप में विद्यमान हैं। इस शैली के मन्दिरों का आदि केन्द्र भुवनेश्वर से सुदूर दक्षिण स्थित मुखलिंगम नामक स्थान है । पर्सी ब्राउन के अनुसार सर्वप्रथम इसी नगर में नागर शैली का

उद्भव हुआ। यह मुखलिंगम नगर गंग शासकों का प्रमुख राजनीतिक केन्द्र है। इस शैली के विकसित मन्दिर पुरी एवं कोणार्क से प्राप्त होते हैं। मुखलिंगम का मुखलिंगमेश्वर मन्दिर पंचायतन है जो 7वीं शताब्दी ई. में निर्मित हुआ। यहाँ के मन्दिरों का जीर्णोद्धार होता रहा अतः इनका मूल स्वरूप विनष्ट हो गया है।

भुवनेश्वर के मन्दिरों में परशुरामेश्वर मन्दिर, मुक्तेश्वर मन्दिर तथा लिंगराज मन्दिर उल्लेखनीय हैं। परशुरामेश्वर मन्दिर के वास्तु को उड़ीसा के मन्दिर का प्राचीनतम विद्यमान उदाहरण माना जाता है क्योंकि शत्रुघ्नेश्वर मन्दिर प्राचीनतर होते हुए भी नष्टप्राय है। परशुरामेश्वर मन्दिर को 5वीं-6वीं शताब्दी की कृति माना जाता है। परशुरामेश्वर मन्दिर के समीप ही सिद्धारण्य में स्थित मुक्तेश्वर मन्दिर से उड़ीसा मन्दिर वास्तु का द्वितीय चरण प्रारम्भ होता है। भुवनेश्वर का लिंगराज मन्दिर (शैव मन्दिर) पूर्व विकसित आर्य नागर शैली का सर्वोत्तम उदाहरण माना जाता है। इसका निर्माण 11वीं शताब्दी के सोमवंशी राजा जजाति केशरी ने कराया था। उसने अपनी राजधानी जाजपुर से भुवनेश्वर स्थानान्तरित किया था। इस मन्दिर में परशुरामेश्वर एवं मुक्तेश्वर मन्दिरों की सरलता की जगह वैविध्य दिखायी देता है। इसके श्रीमन्दिर (गर्भगृह) एवं जगमोहन (मण्डप) के अतिरिक्त उसी अक्ष पर दो अन्य मण्डपों का निर्माण किया गया है जिन्हें नाट मण्डप एवं भोग मण्डप कहा जाता है। इनका निर्माण भी जगमोहन शैली में किया गया है । पंचरथ योजना पर निर्मित **लिंगराज मन्दिर** का शिखर अत्यन्त उत्कृष्ट है जिसकी ऊँचाई 160 फीट है। शिखर के शीर्ष पर आमलक, कलश एवं त्रिशूल हैं। सभा मण्डप (नाटमण्डप) तथा जगमोहन की छत पिरामिड के आकार की है। इस मन्दिर की ऊँचाई, सुन्दरता एवं भव्यता पूरे मन्दिर को आकर्षक एवं प्रभावपूर्ण बनाते हैं। इसे मल्कान मन्दिर के नाम से सम्बोधित किया गया है। यह मन्दिर निर्माण कला का अनुपम उदाहरण है। इस मन्दिर के प्रांगण में अनेक लघु मन्दिरों का समूह है जिसे पर्सी ब्राउन ने बौद्ध स्तूपों के चतुर्दिक् निर्मित बौद्ध चैत्यगृहों का अनुकरण कहा है। इस विशाल आयताकार (520×465 फीट) के चारों ओर स्थूलकाय चहारदीवारों पर सुन्दर अलंकरण तथा चारों ओर सुन्दर तोरण (प्रवेशद्वार) बनाये गये हैं।

पुरी का जगन्नाथ मन्दिर-(वैष्णव मन्दिर) लिंगराज की तुलना में विशालतर है। इस मन्दिर का निर्माण कलिंग के गंगवंशी शासक अनन्तवर्मन चोडगंग (1978-1148 ई.) ने करवाया था। यह मन्दिर भारत के चार धामों -बदरिकाश्रम, रामेश्वरम्, द्वारका तथा जगन्नाथपुरी में से एक है। इस मन्दिर का वास्तु भी लिंगराज मन्दिर के वास्तु की तरह है। इसमें भी श्रीमन्दिर (गर्भगृह), जगमोहन, नाट मण्डप, भोग मण्डप एक ही अक्ष पर बने हैं। इसका शिखर धरातल से 200 फीट ऊँचा है। इसका सम्पूर्ण वास्तु लिंगराज मन्दिर का अनुकरण है किन्तु इसका वस्तुविन्यास इतना प्रभावशाली नहीं है जितना कि लिंगराज मन्दिर का है। वस्तुतः समुद्री लहरों से उसके मूल स्वरूप में अनेक परिवर्तन होते रहे अतः इसका मौलिक सौन्दर्य विनष्टप्राय है। यह चैतन्य

महाप्रभु के गौड़ीय वैष्णव सम्प्रदाय का मुख्य केन्द्र है तथा कृष्ण, बलराम एवं सुभद्रा की रथ-यात्रा के लिए प्रसिद्ध है।

पुरी से लगभग 32 किमी. उत्तर-पूर्व स्थित कोणार्क मन्दिर प्रसिद्ध सूर्यमन्दिर है। इसे काला पैगोडा भी कहा जाता है, क्योंकि यह मन्दिर काली ग्रेनाइट चट्टानों से बना है। इसका निर्माण गंग शासक नरसिंहवर्मन देव (1236-1264 ई.) द्वारा किया गया था। मन्दिर को रथ का रूप दिया गया है। एक चबूतरे पर श्रीमन्दिर तथा जगमोहन का निर्माण किया गया है। चबूतरे के सामने की सीढ़ियों को सात अश्वों का रूप दिया गया है। इसके चारों ओर बारह पहिये लगाये गये हैं। शिखर की ऊँचाई 225 फीट रही होगी। गर्भगृह (देवल अथवा श्रीमन्दिर) अब भग्नावस्था में है। जगमोहन का शिखर पिरामिड की तरह है। नाट मण्डप तथा भोग मण्डप पृथक् अधिष्ठान पर निर्मित किया गया है। भोग मण्डप तो अब नष्टप्राय है। मन्दिर की बाहरी दीवारों पर कामसूत्र के चित्रों का अंकन इसकी विशेषता है। कुछ विद्वानों के अनुसार तान्त्रिक पद्धति सम्बन्धी क्रियाओं को दीवारों पर उकेरा गया है।

भुवनेश्वर स्थित बिन्दु सरोवर जलाशय के पश्चिमी तट पर स्थित वैताल देउल मन्दिर अपवादस्वरूप स्थानीय शैली में बना हुआ है जिसे खाखरा शैली के नाम से जाना जाता है। इस विजातीय शैली में द्रविड़ विशेषताओं का आधिक्य है। इसका गर्भगृह दो मंजिला है तथा उसके ऊपर शिखर है। उसके खण्डों में निर्मित चैत्यमुख गापुरम् की याद दिलाते हैं। नीचेवाले चैत्य में सूर्य एवं ऊषा का चित्रांकन तथा ऊपरी चैत्य में नटराज का नृत्यरत चित्रांकन आकर्षक लगता है। बेताल देउल के बाहरी दीवारों पर शक्ति (दुर्गा या पार्वती) की मूर्तियों का चित्रांकन बहुतायत है। कहा जाता है कि यह मन्दिर शाक्त-तान्त्रिक मत का केन्द्र था। यह बात बाहरी दीवार पर दुर्गा अथवा चामुण्डा की विभिन्न मुद्राओं के अंकन से भी अभिव्यक्त होती है। यह मन्दिर भी उड़ीसा के अन्य मन्दिरों की तरह पंचायतन मन्दिर है जिसका निचला भाग नागर शैली में तथा ऊपरी भाग द्रविड़ शैली में है।

11वीं सदी का भुवनेश्वर का **राजारानी मन्दिर** ब्रह्मा को समर्पित है। यह मन्दिर अपनी लघुता के बावजूद अत्यन्त कलात्मक एवं सुन्दर है। इसकी मूल योजना उड़ीसा के अन्य मन्दिरों की तरह है किन्तु इसका अलंकरण विशिष्ट है। इसमें अंगशिखरों का अधिक्य है तथा दीवारों पर बाह्य अलंकरण कलात्मक है। इसके अंगशिखरों में दोहरे आमलक निर्मित किये गये हैं।

मध्य भारत :-मध्य भारत नागर शैली के मन्दिरों के लिए सर्वाधिक समृद्ध क्षेत्र है। यहाँ गुप्त युग से ही मन्दिरों का विकास दृष्टिगत होता है। यहाँ के मन्दिरों में वैविध्य दिखायी पड़ता है। गुप्तकालीन सिरपुर का लक्ष्मण मन्दिर, झाँसी का दशावतार मन्दिर, नचना कुठार का पार्वती मन्दिर आदि मन्दिरों से विकसित होकर इस क्षेत्र के मन्दिरों ने निरन्तर विकास किया । उड़ीसा के अधिकांश मन्दिर पंचरथ या पंचांग

हैं किन्तु मध्य भारत के अधिकांश मन्दिर सप्तरथ एवं सप्तांग हैं। यहाँ अंग शिखरों के आधिक्य से शिखर को आकर्षक बनाने का प्रयास किया गया है। कभी-कभी अंगशिखरों को भी दोहरे आमलक से अलंकृत किया गया है। मध्यप्रान्त के गर्भगृह, अन्तराल, मण्डप, अर्द्धमण्डप उड़ीसा के मन्दिरों के श्रीमन्दिर, जगमोहन, नाट मण्डप एवं भोग मण्डप की तरह एक ही अक्ष पर बने हैं। किन्तु इनकी संरचना अलग है। उड़ीसा के मन्दिरों की छतें पिरामिडाकार हैं जबकि मध्यप्रान्त के मन्दिरों की छत गुम्बदाकार है। उड़ीसा के विपरीत मध्यप्रान्त के मन्दिरों की छतों के आन्तरिक भाग को भी अलंकृत किया गया है। उड़ीसा एवं मध्यप्रान्त के मन्दिरों का मिलन बिन्दु रींवा स्थित मारीबाग के विश्वनाथ मन्दिर में द्रष्टव्य है। यह पंचरथ शैली का मन्दिर है। यह 9वीं या 10वीं सदी का मन्दिर है। इसके विकास-क्रम में यहीं निर्मित केशवनारायण एवं मच्छेन्द्रनाथ मन्दिर भी पंचांग शैली में निर्मित हैं। इस विकास के अग्रिम चरण में रींवा के सोहागपुर का विराटेश्वर मन्दिर आता है जो सप्तरथ शैली में निर्मित है। इसके शिखर पर तिहरे आमलक का निर्माण है। इसी विकास क्रम में खजुराहो के मन्दिर आते हैं।

खजुराहो के मन्दिर :- मध्य प्रदेश के छतरपुर जिले में खजुराहो नामक स्थान पर लगभग 30 मन्दिर उपलब्ध हुए हैं। ये मन्दिर चन्देल राजाओं ने 950 ई. से 1050 ई. के बीच निर्मित कराये हैं। यहाँ से वैष्णव, शैव एवं जैन तीनों धर्मों के मन्दिर प्राप्त होते हैं जो चन्देल राजाओं के धार्मिक सहिष्णुता के द्योतक हैं। चन्देलों की धार्मिक राजधानी खजुराहो पर्वतों के मध्य होने के कारण सुरक्षित भी रही।

खजुराहो के मन्दिर न किसी प्रांगण में हैं न तो विशालता पर ध्यान दिया गया है किन्तु अपने सौन्दर्य में अद्वितीय हैं। उच्च अधिष्ठान पर स्थित ये मन्दिर गर्भगृह, अन्तराल, मण्डप एवं अर्द्धमण्डप से युक्त हैं। सभी भागों की छतें पृथक् हैं। गर्भगृह के शिखर के अतिरिक्त अन्य भागों की छतें गुम्बदाकार हैं। गर्भगृह के चारों ओर प्रदक्षिणापथ है। वास्तुकला की मुख्य विशेषता शिखर हैं जिन पर छोटे-छोटे अंगशिखर अर्थात् 'उरुशृंग' संलग्न हैं। कुछ शिखर अंगशिखर से युक्त हैं जबकि कुछ शिखर अंगशिखरविहीन हैं। प्रदक्षिणापथ के आधार पर इन मन्दिरों के दो वर्ग हैं-सान्धार मन्दिर अर्थात् प्रदक्षिणापथयुक्त तथा निरन्धार मन्दिर अर्थात् प्रदक्षिणापथरहित मन्दिर। सान्धार मन्दिरों में कन्दरिया महादेव तथा चतुर्भुजमन्दिर प्रमुख हैं। इसी प्रकार निरन्धार मन्दिरों में देवी जगदम्बा तथा कुंवरमठ मन्दिर प्रमुख हैं। आदिनाथ तथा वामन मन्दिर अंगशिखरविहीन मन्दिर हैं। विकास-क्रम में निरन्धार तथा अंगशिखरविहीन मन्दिर पूर्ववर्ती प्रतीत होते हैं।

खजुराहो के मन्दिरों की प्रमुख विशेषता है- दीवारों के मध्यभाग का अलंकरण। दीवारों के चारों ओर दो या तीन चित्र वल्लरी हैं जिन पर उभरी हुई आकृतियाँ हैं जो सजीव एवं अत्याकर्षक हैं। कुछ आकृतियाँ देवताओं की हैं तथा कुछ मनुष्यों की।

मन्दिर के अन्दर का हिस्सा, द्वार के ऊपर की कड़ियाँ, मण्डपों के स्तम्भ शीर्ष आदि सभी उत्कीर्ण आकृतियों से सुशोभित हैं। खजुराहो का वामन मन्दिर सप्तरथ योजना पर निर्मित है किन्तु इसके शिखर पर अंगशिखरों का अभाव है। आदिनाथ मन्दिर अत्यन्त लघु किन्तु सुन्दर है। यह भी सप्तरथ योजना पर बना हुआ है। इसमें भी अंगशिखरों का अभाव है। देवी जगदम्बा एवं कुँवरमठ मन्दिर में एक निश्चित ऊँचाई तक अंगशिखरों का निर्माण हुआ है। इन दोनों मन्दिरों का निर्माण सप्तरथ योजना पर हुआ है किन्तु इनमें प्रदक्षिणा पथ का अभाव है। चतुर्भुज मन्दिर उड़ीसा के मन्दिरों के अनुकरण पर पंचांग शैली में निर्मित है। इसका शिखर उड़ीसा के अनुकरण पर पिरामिडाकार रूप में है तथा इसमें प्रदक्षिणापथ भी आवृत्त है। इसमें उड़ीसा मन्दिरों के अनुकरण पर किया गया विविधता का नवीन प्रयोग सफल नहीं हो सका। पार्श्वनाथ मन्दिर लघुतम आकार किन्तु महत्तम सौन्दर्य का द्योतक है। इसमें मूर्तियों का आधिक्य है। इसकी योजना सप्तरथ शैली में है तथा प्रदक्षिणापथ भी निर्मित है।

खजुराहो के मन्दिरों में कन्दरिया महादेव मन्दिर विशालतम एवं सर्वोत्तम है। यह मन्दिर एक अधिष्ठान पर स्थित है जिस पर गर्भगृह, अन्तराल, महामण्डप, मण्डप, अर्द्धमण्डप तथा प्रदक्षिणापथ एक ही क्षैतिज में स्थित हैं। मन्दिर का गर्भगृह सप्तरथ है। बाढ़ (मुख्य दीवार) को सात भागों में विभाजित किया गया है। इसका शिखर 116 फीट ऊँचा है एवं सुन्दर है। इसके अंगशिखर प्रमुख शिखर के ही छोटे प्रतिरूप हैं। सभी अंगशिखर शनैः-शनैः ऊपर उठते हुए इस प्रकार मुख्य शिखर में विलीन हो गये हैं। मुख्य शिखर एवं अंगशिखरों के ऊपर बने आमलक एवं कलश अनुपात में होने के कारण अत्यन्त आकर्षक लगते हैं। अन्तराल, मण्डप, अर्द्धमण्डप के ऊपर भी पृथक्-पृथक् कोणिक शिखर बने हैं। बाह्य दीवारों पर स्थित चित्र बल्लरियों पर उभरी हुई कलाकृतियाँ अत्यन्त सुन्दर हैं। इनमें कामसूत्र पर आधारित मिथुन आकृतियाँ विशेष उल्लेखनीय हैं।

खजुराहो के मन्दिर नागर शैली के प्रमुख उदाहरण हैं किन्तु इस क्षेत्र में कुछ ऐसे मन्दिर भी उपलब्ध होते हैं जिनकी शैली अलग है। खजुराहो के ब्रह्मा एवं मृतंग महादेव मन्दिर चारों ओर से खुले हैं। रींवा के गुर्गो मसोन तथा चन्द्रेह मन्दिर वृत्ताकार योजना पर बने हैं। जबलपुर के समीप भेड़ाघाट के चौंसठ योगिनी मन्दिरों में वृत्ताकार गर्भगृह के चतुर्दिक् अनेक लघु गर्भगृह बने हैं। खजुराहो का चौसठ योगिनी मन्दिर आयताकार है।

राजस्थान-राजस्थान जहाँ एक ओर अपनी वीरता एवं शौर्य की गाथा के लिए प्रसिद्ध है वहीं दूसरी ओर अपनी कलात्मक अभिरुचि के लिए भी अविस्मरणीय है। गुप्तोत्तर काल में राजपूताना में अनेक मन्दिरों का निर्माण हुआ। यद्यपि इस क्षेत्र में 8वीं सदी के पूर्व के मन्दिर पूर्णतः विनष्ट हो गये हैं किन्तु इस्लामिक वास्तुकृतियों में इस क्षेत्र के मन्दिरों के अवशेष स्पष्ट रूप से परिलक्षित होते हैं। कहा जाता है 26 मन्दिरों को विनष्ट कर उनके लगभग 240 स्तम्भों से दिल्ली की कुव्वत-उल-इस्लाम

मस्जिद का तथा लगभग 50 मन्दिरों को विनष्ट कर उनके प्रस्तरखण्डों से अजमेर के 'ढाई दिन का झोपड़ा' का निर्माण हुआ। इससे यह कल्पना की जा सकती है कि मुस्लिम आक्रमणों ने कितने मन्दिरों का विनाश किया होगा। मात्र वही मन्दिर अपने को बचा सके जो दुर्गम पहाड़ियों में स्थित होने के कारण आक्रान्ताओं की नजर से बच सके। इस काल के अवशेष जोधपुर में ओसिया नामक ग्राम में तथा माउण्ट आबू पर्वत पर मौलिक रूप में उपलब्ध हैं।

जोधपुर से 52 किमी. उत्तर-पश्चिम स्थित ओसिया ग्राम से 104 हिन्दू और जैन मन्दिर प्राप्त हुए हैं। इनमें 99 एक स्थान पर हैं और शुरू के हैं जबकि पाँच बाद के बने हैं। ये मन्दिर आकार में छोटे हैं किन्तु वास्तुकला की दृष्टि से अत्यन्त आकर्षक हैं। नागर शैली के इन पंचायतन मन्दिरों की विशिष्टता यह है कि किसी भी मन्दिर के अलंकरण एवं आकार दूसरे मन्दिर में नहीं मिलते हैं। प्रत्येक मन्दिर अपनी मौलिकता के लिए प्रख्यात है। सभी मन्दिर उच्च अधिष्ठान पर निर्मित हैं। इन मन्दिरों में कुछ बाद का बना सूर्य मन्दिर सर्वोत्तम कृति है। इस सूर्य मन्दिर का प्रवेशद्वार या मण्डप अत्यन्त आकर्षक है। इसके स्तम्भ के चारों ओर छोटे मन्दिर हैं जो एक गलियारे से एक दूसरे से मिले हैं और एक बाड़े का काम करते हैं। यह मन्दिर भी पंचायतन प्रकार का है। इसके शिखर का अलंकरण अत्यन्त सराहनीय है। ओसिया के एक मन्दिर की छत (मन्दिर संख्या-3) ढोलाकार है जो भुवनेश्वर के बेताल देउल तथा ग्वालियर के तेली मन्दिर का स्मरण दिलाता है।

ओसिथा का जैन महावीर मन्दिर पूर्ण विकसित मन्दिर है। मन्दिर के खण्डित लेखों से ज्ञात होता है कि यह मन्दिर आठवीं सदी में प्रतिहार शासक वत्सराज के काल में निर्मित हुआ था जिसमें 10वीं एवं 11वीं सदी में परिवर्तन एवं परिवर्द्धन किया गया था। यहाँ अर्द्धमण्डप को नल मण्डप कहा गया है क्योंकि इसका निर्माण नल (सोपानों) पर किया गया है। खजुराहो की तरह यह मन्दिर भी अंगशिखरों से युक्त है। इस मन्दिर की खास विशेषता है प्रतीकों एवं लोककथाओं का इसके स्तम्भों एवं दीवारों पर अलंकरण। यहाँ का पीपला देवी मन्दिर (विकसित मन्दिर) तथा सचिया माता मन्दिर भी उल्लेखनीय है। राजस्थान का कुम्भरिया स्थित नेमिनाथ के मन्दिर में दोहरे आमलक का प्रयोग हुआ है। कुम्भरिया के समीप स्थित पार्श्वनाथ मन्दिर में मकराना के संगमरमर का प्रयोग वैविध्य का संकेत करता है। माउण्ट आबू पर संगमरमर से निर्मित दिलवाड़ा के जैन मन्दिर राजपूताना शैली के द्वितीय चरण के उत्कृष्ट उदाहरण हैं। दिलवाड़ा में एक ही प्रांगण में पाँच मन्दिर विद्यमान हैं जो संगमरमर के प्रयोग तथा अलंकरणाधिक्य के लिए प्रसिद्ध हैं। ये पाँच मन्दिर हैं 1- विमल वसही, जो प्रथम तीर्थङ्कर आदिनाथ को समर्पित है, 2-लूना वसही, जो 22वें तीर्थङ्कर नेमिनाथ को समर्पित है, 3- पिथलहार मन्दिर, जो प्रथम तीर्थङ्कर आदिनाथ या ऋषभदेव को समर्पित है, 4- करतार वसही जो 23वें तीर्थङ्कर पार्श्वनाथ को समर्पित है तथा 5- महावीर स्वामी मन्दिर जो अन्तिम तीर्थङ्कर महावीर स्वामी को समर्पित है।

इन मन्दिरों में सर्वाधिक महत्त्वपूर्ण विमल वसही तथा लूना बसही हैं। विमल वसही मन्दिर का निर्माण 1021 ई. में चालुक्यनरेश भीमदेव I के मन्त्री विमलशाह द्वारा कराया गया था जबकि लूना बसही मन्दिर का निर्माण 1230 ई. में वास्तुपाल तथा तेजपाल नामक दो मंत्रिबन्धुओं (बघेल नरेश विधवाल के मन्त्री) द्वारा किया गया था। दिलवाड़ा के सभी मन्दिरों के गर्भगृह (मूलगम्भारो), मण्डप (गूढ़मण्डप), सभामण्डप तथा देव कुलिका एक ही अक्ष पर स्थित हैं। ये सभी जैन मन्दिर माउण्ट आबू की 4000 फीट ऊँची पहाड़ी पर निर्मित हैं। इन मन्दिरों में गुम्बदाकार मण्डप सर्वाधिक आकर्षक है। अष्टकोणिक आकार के आठ कोणों पर स्थित स्तम्भों के शीर्ष पर तोरण बने हैं जिन पर गुम्बद निर्मित हैं। मन्दिरों में मूर्तियों की संख्या बहुत अधिक है एवं इनका अलंकरण अत्यन्त आकर्षक है। इन मूर्तियों को स्वप्न का सौन्दर्य कहा है।

गुजरात के मन्दिर- पश्चिमी भारत के अधिकांश मन्दिर भग्नावस्था में हैं। इस क्षेत्र के अधिकांश मन्दिर सोलंकी राजाओं के काल में बने हैं। इस क्षेत्र का सर्वाधिक प्रसिद्ध मन्दिर मोढेरा का सूर्य मन्दिर है जो सुनहले बलुआ पत्थर से बना है। यह मन्दिर सन् 1026 ई. में गुजरात के चालुक्य-सोलंकी राजा भीमदेव द्वारा निर्मित है। इस मन्दिर का उच्च शिखर खण्डित है तथा इसके स्तम्भयुक्त मण्डप की छत भी विकृत हो गयी है फिर भी इसका सौन्दर्य अद्वितीय है। यह मन्दिर एक उच्च अधिष्ठान पर निर्मित है। गर्भगृह, मण्डप तथा सभामण्डप एक ही अक्ष पर स्थित हैं। इसका सभामण्डप अलंकृत स्तंभों पर स्थित है। इसके चारों दिशाओं में अलंकृत तोरण द्वार अत्यन्त आकर्षक हैं। इसका शिखर पिरामिडाकार है जिस पर उरुशृंग भी है। मन्दिर का अन्तः अलंकरण अत्यन्त सुरुचिपूर्ण है। गुजरात के धुमली तथा सेजाकपुर के नवलखा मन्दिरों का निर्माण भी 11वीं सदी ई. में किया गया है। सेजाकपुर का नवलखा मन्दिर एक केन्द्र पर वर्ग की आवृत्ति के सिद्धान्त पर बना है जबकि धुमली में मण्डप दो मंजिला है। ऐसे ही दो मंजिले मण्डप ग्वालियर के सास-बहु मन्दिर में तथा सिद्धपुर स्थित रुद्रमाला के खण्डित मन्दिर में भी प्राप्त होते है। प्रभास क्षेत्र के सोमपत्तन का सोमनाथ इस क्षेत्र का सर्वाधिक प्रसिद्ध मन्दिर है। यह मन्दिर देश के प्रसिद्ध 12 ज्योतिर्लिङ्गों में से एक है। कहा जाता है कि यह मन्दिर छह बार विनष्ट किया गया तथा छह बार इसका पुनर्निर्माण किया गया। कहा जाता है। कि पहला सोमनाथ मन्दिर ईसवी सन् के प्रारम्भ के भी पूर्व मौजूद था। दूसरा मन्दिर वल्लभी के यादवों द्वारा निर्मित किया गया। 725 ई. में सिन्ध के तत्कालीन राज्यपाल ने इस दूसरे मन्दिर को ध्वस्त करा दिया। तब गुर्जर प्रतिहार राजा नागभट्ट ने 815 ई. में तीसरे मन्दिर का लाल बलुआ पत्थरों से निर्माण कराया। महमूद गजनवी ने 1025 ई. में तृतीय मन्दिर को धवस्त कर दिया जिसका पुनरुद्धार सोलंकी चालुक्यनरेश भीम I ने करवाया। बाद में चालुक्यसोलंकी नरेश कुमारपाल (1143-72 ई.) ने इस मन्दिर को लकड़ी की जगह पत्थरों से निर्मित करवाया। 1296 ई. में यह मन्दिर अलाउद्दीन खिलजी द्वारा क्षतिग्रस्त किया गया जिसे सौराष्ट्र के राजा महीपाल

देव ने 1308 ई. में पुनर्निर्मित कराया। पुनः 1375 ई. में मुजफ्फरशाह I ने तथा 1451 ई. में महमूद बेगड़ा ने इसे क्षतिग्रस्त किया। अन्तिम बार सन् 1701 ई. में औरगंजेब ने इस मन्दिर को ध्वस्त किया तथा वहाँ मस्जिद का निर्माण कराया। इन्दौर की रानी अहिल्याबाई होल्कर ने सन् 1783 ई. में मस्जिद के पास ही एक भव्य मन्दिर का निर्माण कराया। अन्तिम रूप से आजादी के पश्चात् सरदार वल्लभ भाई पटेल ने नवम्बर, 1947 ई. में इसका पुनरुद्धार किया। मन्दिर की वर्तमान संरचना 1951 में पुनर्निर्मित हुई है।

2. द्राविड़ शैली के मन्दिर-प्रायद्वीपीय भारत में कृष्णा नदी के दक्षिण का भूभाग प्राचीन काल में द्रविड़ देश कहा जाता था। इसी भूभाग में पल्लव शासकों द्वारा मन्दिर निर्माण की द्राविड़ शैली का उद्‌भव हुआ। मुस्लिम आक्रान्ताओं से सुरक्षित रहने के कारण इस क्षेत्र के मन्दिर आज भी अतीत के धरोधर को सँजोये हुए हैं। पल्लवों से चोलों तक जिन राजवंशों ने मन्दिर निर्माण की द्राविड़ शैली को प्रश्रय प्रदान किया उसके आधार या सुदूर दक्षिण भारतीय मन्दिर निर्माण का विकास-क्रम इस प्रकार निर्धारित किया जा सकता है-

पल्लवयुगीन मन्दिर (600-900 ई.)
राष्ट्रकूटयुगीन मन्दिर (750-950 ई.)
चोलयुगीन मन्दिर (900-1150 ई.)

7वीं से 10वीं शताब्दी तक पल्लवों ने आधुनिक तमिलनाडु के अधिकांश भू-भाग पर शासन किया था। उनकी राजधानी कांची (काजीवरम) थी जहाँ से वास्तुकला की अधिसंख्य कलाकृतियाँ प्राप्त होती हैं। द्राविड़ शैली की स्थापना इन्हीं पल्लवों द्वारा की गयी थी। कांची के अतिरिक्त पल्लवकालीन वास्तुकला के उदाहरण महाबलीपुरम, तंजावुर (तंजौर) तथा पुड्डकोटाई से भी पाये जाते हैं। प्रारम्भ में काष्ठकला एवं कन्दराकला से प्रारम्भ होकर पल्लव वास्तुकला अपना मुक्त विकास करने लगती है। पल्लव वास्तुकला को चार मुख्य शैलियों में विभाजित किया जाता है-

1. **महेन्द्रवर्मन शैली (600-640 ई.)**- इस काल में पहाड़ियों को काटकर गुहा-निर्माण की परम्परा विकसित हुई। इस शैली के मन्दिरों को मण्डप कहा जाता है। इस शैली में स्तम्भयुक्त बरामदा (मण्डप) तथा उसके पीछे एक या दो कक्ष निर्मित किये जाते थे। स्तम्भ वर्गाकार हैं जिनकी ऊँचाई 7 फीट मण्डप या अर्द्धमण्डप के अलंकरण पर कोई ध्यान नहीं दिया गया है। मण्डप के बाहर बने मुख्य द्वार पर निर्मित द्वारपालों की मूर्तियाँ कलात्मक हैं। कालान्तर में इस शैली के मण्डपों में मण्डगपट्टु का त्रिमूर्तिमण्डप, पल्लवरम का पंचपाण्डव मण्डप, महेन्द्रवाडी का महेन्द्रविष्णु मण्डप, मामण्डूर का विष्णुमण्डप, त्रिचनापल्ली का ललितांकुर पल्लवेश्वर मण्डप आदि विशेष उल्लेखनीय हैं।

2. मामल्ल शैली (640-674 ई.)- इस शैली का विकास नरसिंहवर्मन I के काल में हुआ। उसकी उपाधि मामल्ल थी अतः इस शैली को मामल्ल शैली भी कहा जाता है। इस शैली का मुख्य केन्द्र नरसिंहवर्मन द्वारा स्थापित मामल्लपुरम् नगर था। इस शैली में दो प्रकार के मन्दिर आते हैं-मण्डप तथा रथ। इस शैली के मण्डप महेन्द्रवर्मन शैली के मण्डपों से अधिक विकसित एवं अलंकृत हैं। इस शैली के मण्डप मामल्लपुरम् में स्थित हैं। यहाँ मुख्य पर्वत पर बने इन मण्डपों को विविध प्रकार से अलंकृत किया गया है। मण्डप आकार में छोटे हैं किन्तु इनका अलंकरण इनकी विकसित अवस्था का द्योतक है। स्तभ अपेक्षाकृत पतले तथा लम्बे हैं। स्तम्भों पर पद्म, कुम्भ, फलक आदि अलंकरण बने हुए हैं जिनके शीर्ष पर सिंह निर्मित हैं। मामल्लपुर में निर्मित दस मण्डपों में आदिवाराह मण्डप, महिषमर्दिनी मण्डप, पंचपाण्डव मण्डप, रामानुज मण्डप विशेष प्रसिद्ध हैं। इनमें उत्कीर्ण महिषमर्दिनी, अनन्तशायी विष्णु, त्रिविक्रम, ब्रह्म, गजलक्ष्मी, हरिहर आदि की मूतियाँ कलात्मक दृष्टि से उत्कृष्ट हैं। आदि वाराह मण्डप में राजपरिवार के दो दृश्यों का अंकन मिलता है। पंचपाण्डव मण्डप में गोवर्द्धनधारी कृष्ण का सुन्दर अलंकरण है।

इस शैली के रथों का निर्माण एक ही शिलाखण्ड को काट एवं तराशकर किया गया है। इसलिए इन रथों को एकाश्म मन्दिर (Monolithic temple) भी कहा जाता है। ये रथ मन्दिर अपेक्षाकृत आकार में छोटे हैं। ये अधिकतम 42 फुट लम्बे, 35 फुट चौड़े तथा 40 फुट ऊँचे हैं। मामल्लपुरम् से ऐसे 8 मन्दिर प्राप्त हुए हैं जिनमें सात विशेष उल्लेखनीय हैं। इन्हें सप्तरथ अथवा सप्त पैगोडा कहा जाता है। ये हैं- धर्मराज रथ, भीम रथ, अर्जुन रथ, नकुल सहदेव रथ, द्रौपदी रथ, गणेश रथ, पिण्डारी रथ तथा बलैंयनकुट्‌ट रथ। ये सभी शैव मन्दिर प्रतीत होते हैं। इनमें धर्मराज रथ सर्वाधिक प्रसिद्ध है एवं आकार में सबसे बड़ा है। इसके ऊपर पिरामिडाकर शिखर है तथा नीचे वर्गाकार भाग जो चतुर्दिक् स्तम्भयुक्त बरामदे से अलंकृत है। द्रौपदी रथ लघुतम है। भीम, सहदेव तथा गणेश रथों का निर्माण चैत्यगृहों जैसा है तथा इनमें दो या अधिक मंजिलें हैं। सहदेव रथ अर्द्धवृत्त के आकार का है। इन रथ मन्दिरों में अनेक देवी-देवताओं की मूर्तियाँ उत्कीर्ण हैं जैसे-दुर्गा, इन्द्र, शिव, गंगा, पार्वती, ब्रह्म, स्कंद आदि। इन रथों से शनैः-शनैः द्राविड़ मन्दिर की वास्तुकला विकसित होती रही। रथ मन्दिरों के गोपुरम, पंचरम, स्पुतिका, कुडु, गोल छज्जे आदि सभी द्राविड़ वास्तुकला के अभिन्न अंग बने।

राजसिंह शैली (674-800 ई.)- पल्लवनरेश नरसिंहवर्मन I 'राजसिंह' के शासनकाल में इन स्वतन्त्र मन्दिरों का निर्माण हुआ। इसके अन्तर्गत गुहा मन्दिरों के स्थान पर पाषाण, ईंट आदि की सहायता से इमारती मन्दिरों का निर्माण किया गया। इस शैली के मन्दिर महाबलीपुरमू, उत्तरी अर्काट तथा कांची से प्राप्त होते हैं। ये हैं- शोर मन्दिर (समुद्रतटीय शिव मन्दिर), ईश्वर मन्दिर तथा मुकुन्द मन्दिर। इनमें शोर मन्दिर विशिष्ट है। इसका गर्भगृह पूरब की ओर अर्थात् समुद्र की ओर है जबकि

इसका प्रवेशद्वार पश्चिम की ओर है। इसके चारों ओर प्रदक्षिणापथ है। कालान्तर में पश्चिमी भाग अर्थात् प्रवेशद्वार की ओर दो अन्य छोटे मन्दिर जोड़ दिये गये हैं। इन मन्दिरों के कारण शोर मन्दिर दोहरे शिखर का रूप धारण करता है। शोर मन्दिर का शिखर सीढ़ीदार है तथा उसके शीर्ष पर स्पुतिका बनी हुई है। दीवारों पर गणेश, स्कन्द, गज, शार्दूल आदि की मूर्तियाँ उत्कीर्ण मिलती हैं। मन्दिर के पूरब अर्थात् समुद्र-तट की ओर एक उच्च स्तम्भ स्थापित है जिस पर दीप जलाया जाता था। यह प्रकाश-स्तम्भ के रूप में नाविकों को दिशा ज्ञान कराने के लिए प्रयोग किया जाता था। बाहर से शोर मन्दिर धर्मराज रथ से काफी मिलता है। इसका वर्गाकार गर्भगृह, पिरामिडाकार शिखर, स्पुतिका सभी धर्मराज रथ की भाँति हैं।

कांची का कैलाश मन्दिर एवं वैकुण्ठ पेरूमाल मन्दिर तथा उत्तरी अर्काट का पनमलाई मन्दिर भी गजसिंह शैली के उदाहरण हैं। कांची का कैलाश मन्दिर इस शैली का चरम उत्कर्ष है। आयताकार प्रांगण, वर्गाकार गर्भगृह, पिरामिडाकार शिखर, सभामण्डप, गर्भगृह एवं सभामण्डप के बीच अन्तराल, प्रांगण की ऊँची चहारदीवारी, सिंह स्तम्भ, गोपुरम् इस मन्दिर को विशिष्टता प्रदान करते हैं। मन्दिर का शिखर 60 फीट ऊँचा है जो इसकी भव्यता को बढ़ाता है। कैलाश मन्दिर का निर्माण राजसिंह के कार्यकाल में प्रारम्भ हुआ तथा उसके पुत्र एवं उत्तराधिकारी महेन्द्र वर्मन I के काल में पूर्ण हुआ।

कैलाश मन्दिर के लगभग एक दशक बाद निर्मित वैकुण्ठ पेरूमाल मन्दिर अपेक्षाकुत विशालतर है। यह विष्णु मन्दिर है। इसका गर्भगृह, प्रदक्षिणापथ, मण्डप, चार मंजिला विमान (गर्भगृह के ऊपर), प्रांगण, चहारदीवारी, भीतरी दीवारों पर उत्कीर्ण विविध चित्र इस मन्दिर के विशिष्ट अंग हैं। इसका निर्माण परमेश्वरवर्मन I के समय में हुआ था। यद्यपि यह मन्दिर कैलाश मन्दिर की भाँति बाहर से उतना आकर्षक नहीं है किन्तु अन्तःवास्तु की दृष्टि से कैलाश मन्दिर के दोषों से पूर्णतः मुक्त है।

नन्दिवर्मन शैली (800-900 ई.)-इस काल के प्रस्तरखण्डों से निर्मित स्वतन्त्र मन्दिर शैली के अन्तर्गत अत्यन्त छोटे मन्दिरों का निर्माण हुआ। ऐसे मन्दिर नन्दिवर्मन एवं उसके उत्तराधिकारियों के काल में निर्मित हुए। इन मन्दिरों में कोई नवीनता नहीं है। ये मन्दिर पल्लव शासनकाल के अन्तिम एवं क्षीण अवस्था के प्रतीक हैं। इनमें ओज का अभाव है। दसवीं सदी के अन्त तक इन मन्दिरों का निर्माण बन्द हो गया। इस शैली के उदाहरण हैं-कांची के मुक्तेश्वर एवं मातंगेश्वर मन्दिर, गुडीमल्लम का परशुरामेश्वर मन्दिर, ओरगडम का वडमल्लिश्वर मन्दिर, तिरूतैन का वीरूट्टानेश्वर मन्दिर आदि।

राष्ट्रकूटयुगीन मन्दिर (750-950 ई.)- राष्ट्रकूटों के काल में एक अद्वितीय मन्दिर का निर्माण हुआ जिसे शैलोत्जनित वास्तुकला का चरम उदाहरण स्वीकार किया गया है। महाराष्ट्र प्रान्त में एलोरा(औरंगाबाद) की पहाड़ी पर निर्मित कैलाश

मन्दिर तथा अनेक गुहामन्दिर राष्ट्रकूट शासनकाल में ही निर्मित किये गये। एलोरा की पहाड़ी को काटकर एवं तराशकर बनाया गया कैलाशनाथ का एकाश्म मन्दिर राष्ट्रकूटकालीन द्राविड़ वास्तु का अनुपम दृष्टान्त है एवं विश्व-प्रसिद्ध है। एलोरा के इस कैलाश मन्दिर का निर्माण राष्ट्रकूटनरेश दन्तिदुर्ग (744-756 ई.) के शासनकाल में प्रारम्भ हुआ तथा कृष्ण प्रथम (756-783 ई.) ने अत्यधिक धन व्यय करके इसे पूर्ण कराया। पूर्ण विकसित रूप में यह मन्दिर 300 फीट × 200 फीट के आयताकार प्रांगण में निर्मित है। इसके विमान, मण्डप, अन्तराल, नन्दिमण्डप तथा गोपुरम् एक ही अक्ष पर निर्मित हैं।

यह मन्दिर 25 फीट ऊँचे अधिष्ठान पर स्थित है जो इसे भव्यता प्रदान करता है। गर्भगृह के ऊपर चार मंजिल विमान एवं शिखर इस मन्दिर का सर्वाधिक मोहक अंग है। आधार एवं स्तुपिका सहित शिखर की ऊँचाई 95 फीट है। मण्डप 16 स्तम्भों पर टिका है। मण्डप के सामने स्थित नन्दिमण्डप में नन्दि की विशाल मूर्ति है। मन्दिर के विशाल प्रांगण में पश्चिम की ओर दो मंजिला प्रवेशद्वार अर्थात् गोपुरम् है। मन्दिर की दीवारें एवं छत मूर्तियों के अलंकरण से भरी हुई हैं। मन्दिर की वीथियों में भी देवी-देवताओं की अनेक मूर्तियाँ उत्कीर्ण हैं। इन मूर्तियों में गोवर्द्धनधारी कृष्ण, विष्णु, विविध रूपों में शिव, महिषासुर का मर्दन करती दुर्गा, कैलाश पर्वत उठाये रावण, सीता का रावण द्वारा हरण तथा जटायु से युद्ध आदि मूर्तियाँ अत्यन्त आकर्षक हैं। मन्दिर के समीप ही पाषाण काटकर एक कतार में हाथियों की कई मूर्तियाँ बना दी गयी हैं जो अत्यन्त आकर्षक हैं। यह मन्दिर कांची के कैलाशनाथ मन्दिर तथा पट्टदकल के विरूपाक्ष मन्दिर की योजना के अनुकरण पर बना है। यह मन्दिर कलाकार की उस कल्पना को साकार करता है कि शिव कैलाश पर्वत पर निवास करते हैं। यह विश्व की अनुपम पाषाण-काव्य है।

एलोरा स्थित राष्ट्रकूटकालीन अन्य मन्दिरों में दशावतार मन्दिर, रामेश्वर मन्दिर, नीलकण्ठ मन्दिर, रावण की खांईं, देववाड़ा मन्दिर, लम्बेश्वर मन्दिर आदि विशिष्ट हैं। तक्षण एवं स्थापत्यकला की दृष्टि से भी ये मन्दिर उत्कृष्ट हैं।

चोलयुगीन मन्दिर (900-1150 ई.)—मन्दिर के क्षेत्र में पल्लवों ने जिस द्राविड़ शैली का आरम्भ किया था उसका सर्वाधिक विकास चोल राजाओं के शासनकाल में हुआ। जैसे-जैसे चोल साम्राज्य का विस्तार एवं उत्कर्ष होता गया वैसे-वैसे मन्दिर निर्माण के क्षेत्र में भी विकास होता रहा। 11वीं सदी के पूर्वार्द्ध में राजराज I एवं राजेन्द्र चोल के राज्यकाल में चोल साम्राज्य चरमोत्कर्ष पर था। उस समय चोलों ने अपनी शक्ति एवं ऐश्वर्य के अनुरूप भव्य, विशाल एवं उत्तुंग मन्दिरों का निर्माण करवाया। चोलों के प्रारम्भिक मन्दिर पुडुक्कोट्टै जिले से प्राप्त होते हैं। इनमें चोल वंश के प्रथम प्रमुख शासक विजयालय (850-871 ई.) द्वारा नार्तामलाई में बनवाया गया चोलेश्वर मन्दिर सर्वाधिक प्रसिद्ध है। विजयालय ने अपनी विजयों की स्मृति में इस मन्दिर का निर्माण कराया था। इसे प्रथम चोल मन्दिर माना गया है। इस मन्दिर का गर्भगृह

वृत्ताकार है जिसके चतुर्दिक् प्रदक्षिणापथ है। इसके मण्डप, पिरामिडाकार शिखर, स्तुपिका, चार मंजिलविमान, भित्ति चित्र सभी पल्लव वास्तु-परम्परा के अनुरूप हैं। इसी प्रकार आदित्य प्रथम (871-907 ई.) के समय निर्मित कन्ननूर का बालसुब्रह्मण्यम मन्दिर, कुम्भकोनम का नागेश्वर मन्दिर तथा तिरूक्कटट्टलै के सुन्दरेश्वर मन्दिरों का निर्माण द्राविड़ शैली में हुआ। परान्तक प्रथम (907-949 ई.)- इस वंश का प्रथम शासक था जिसने चोल साम्राज्य को प्रतिष्ठा प्रदान किया। उसका काल चोल मन्दिर स्थापत्य के द्वितीय चरण को व्यक्त करता है। उसने जिस मन्दिर परम्परा को आरम्भ किया वह पल्लवों की अपेक्षा बादमी एवं पट्टदकल के चालुक्यों के मन्दिर परम्परा की अनुवर्तिनी है। उसके द्वारा निर्मित श्री निवासनल्लूर का कोरंगनाथ मन्दिर इसका अनुपम उदाहरण है। इसका गर्भगृह (विमान, मण्डप तथा अन्तराल तीन मुख्य अंग हैं। विमान एवं शिखर की ऊँचाई 50 फीट है। इसकी दीवारों में स्थापित लक्ष्मी, दुर्गा तथा सरस्वती की मूर्तियाँ अत्यन्त आकर्षक हैं।

चोल स्थापत्य का चरमोत्कर्ष त्रिचनापल्ली जिले में निर्मित दो मन्दिरों-तंजौर का वृहदीश्वर मन्दिर तथा गंगैकोण्डचोलपुरम का मन्दिर-के निर्माण में परिलक्षित होता है। मद्रास से लगभग 320 किमी. दक्षिण-पश्चिम में स्थित चोलों के प्रमुख राजनीतिक केन्द्र तंजौर में राजराज प्रथम ने (985-1014 ई.) वृहदेश्वर मन्दिर अथवा राजराजेश्वर मन्दिर का निर्माण कराया था। सौन्दर्य एवं कल्पना दोनों दृष्टियों से यह मन्दिर द्राविड़ शैली का महत्त्वपूर्ण उदाहरण है। यह मन्दिर 1003 ई. में प्रारम्भ हुआ तथा 1010 ई. में पूर्ण हुआ। ग्रेनाइट पत्थरों से निर्मित यह मन्दिर 500×250 फीट के आयताकार प्रांगण में स्थित है। इसके गर्भगृह, महामण्डप, स्तम्भयुक्त अर्द्धमण्डप तथा नन्दिमण्डप आदि सभी अंग वास्तुकला की दृष्टि से उल्लेखनीय हैं। इसका सर्वाधिक आकर्षक अंग विमान है जो 190 फीट ऊँचा है। यह विमान पिरामिडाकार शिखर के रूप में घटते हुए 13 खण्डों या मंजिलों में विभक्त है। पर्सी ब्राउन के शब्दों में इसका विमान न केवल द्राविड़ शैली की सर्वोत्तम रचना है अपितु इसे समस्त भारतीय स्थापत्य की कसौटी कहा जा सकता है। मंन्दिर का गर्भगृह 44 वर्गफीट का है जिसके चारों ओर 9 फीट ऊँचा प्रदक्षिणापथ है। प्रदक्षिणापथ की आन्तरिक दीवारों में अत्यन्त सुन्दर भित्तिचित्र बने हुए हैं। गर्भगृह के भीतर स्थित विशाल शिवलिंग को 'वृहदेश्वर' कहा जाता है। मन्दिर के ताखों में बनी मूर्तियों, बहिर्भाग में नन्दि की एकाश्म मूर्ति तथा प्रवेशद्वार के दोनों तरफ के ताखों में बनी द्वारपालों की मूर्तियाँ सौन्दर्य की दृष्टि से अनुपम हैं। इसकी स्तुपिका गुम्बदाकार है जो वर्गाकार खण्ड पर अवस्थित है। इस प्रकार भव्यता एवं कलात्मक सौन्दर्य की दृष्टि से यह मन्दिर दक्षिण भारत का सर्वश्रेष्ठ हिन्दू स्मारक कहा जा सकता है।

गंगैकोण्डचोलपुरम के मन्दिर का निर्माण राजराज I के पुत्र राजेन्द्र I (1014-1044 ई.) द्वारा गंगा-विजय के रूप में किया गया। तंजौर से लगभग 60 किमी. गंगैकोण्डचोलपुरम नामक नगर स्थापित कर उसने इसे अपनी राजधानी घोषित किया

तथा इस विशाल मन्दिर का निर्माण किया जो द्राविड़-वास्तु का अनुपम उदाहरण है। यह मन्दिर आयताकार(340 × 110 फीट) भूखण्ड के मध्य स्थित है जो चारों ओर से ऊँची चहारदीवारी से घिरा है। इसमें 150 स्तम्भ हैं जो चार फीट ऊँचे अधिष्ठान पर स्थित हैं। इसका गर्भगृह, मण्डप, विमान तथा शिखर सभी आकर्षक हैं। गर्भगृह एवं मण्डप को जोड़ता हुआ अन्तराल है। मण्डप एवं अन्तराल की छत सपाट है। मन्दिर का विमान आठ मंजिला है जिसकी ऊँचाई 86 फीट है। यह विमान 100 × 100 फीट के वर्गाकार आधार पर निर्मित है। इसका शिखर पिरामिडाकार है। इस मन्दिर की कुल ऊँचाई 160 फीट है। शिखर के ऊपर स्थित स्तुपिका अत्यन्त आकर्षक है। इसलिए पर्सी ब्राउन ने जहाँ वृहदेश्वर मन्दिर को महाकाव्य कहा है वहीं गंगैकोण्डचोलपुरम के मन्दिर को ऐसे गीत की संज्ञा दी है जो अपनी संवेदनशीलता से हृदय को आकर्षित कर लेता है।

इस प्रकार राजराज I तथा राजेन्द्र I के काल में द्रविड़ मन्दिर वास्तुकला अपने उत्कृष्टतम अवस्था को प्राप्त करती है। उनके उत्तराधिकारियों के समय राजनीतिक अवनीति का प्रभाव मन्दिर-वास्तु पर भी पड़ा। इस समय कई छोटे-छोटे मन्दिरों का निर्माण हुआ। राजराज I तथा कुलोत्तुंग तृतीय द्वारा निर्मित क्रमशः दारासुरम् का ऐरावतेश्वर मन्दिर तथा त्रिभुवनम् का कम्पहरेश्वर (या त्रिभुवनेश्वर) मन्दिर अत्यन्त भव्य एवं आकर्षक हैं। ऐरावतेश्वर मन्दिर में अग्रमण्डप पहियेदार रथ की भाँति है जिसे हाथी खींच रहे हैं। कालान्तर में इसका प्रभाव कोणार्क के सूर्य मन्दिर पर दिखायी देता है। इस समय द्रविड़ मन्दिर वास्तु में कोई उल्लेखनीय परिवर्द्धन न हो सका।

पाण्डययुगीन द्राविड़ मन्दिर-चोलों के पश्चात् तमिल प्रदेशपाण्ड्यों का शासन स्थापित हुआ। इस समय भी द्रविड़ शैली पनपती रही किन्तु कोई महत्त्वपूर्ण मन्दिर नहीं बने। इस काल में शिल्प कौशल मन्दिर के बहिर्वर्ती भागों पर केन्द्रित किया गया। अब मन्दिर छोटे होते थे किन्तु उनकी प्राचीर में निर्मित प्रवेशद्वार जिन्हें गोपुरम् कहा जाता था भव्य, विशाल एवं अत्यधिक अलंकृत होते थे। ये गोपुरम अनेक मंजिलवाले होते थे, जिनके ऊपर शिखर निर्मित होते थे। इस तरह पाण्ड्यकालीन वास्तुकला की विशेषता मन्दिर नहीं बल्कि गोपुरम् ही हैं। तिरुमलाई मन्दिर, चिदम्बरम मन्दिर, कुम्भकोणम मन्दिर इस काल के प्रमुख मन्दिर हैं।

3-बेसर शैली-नागर तथा द्रविड़ शैलियों के सम्मिश्रण से मन्दिर का जो स्वरूप विकसित हुआ उसे बेसर शैली कहा जाता है। यह शैली मध्य भारत अर्थात् विन्ध्य पर्वत एवं कृष्णा नदी के बीच के भूभाग में प्रचलित रही। विशेष रूप से यह शैली कन्नड़ क्षेत्र में अत्यन्त लोकप्रिय थी। बेसर शैली का स्वरूप मुख्यतः चालुक्यों द्वारा निर्धारित हुआ था अतः इसे चालुक्य शैली भी कहते हैं। बेसर शैली ऐहौल, बदामी तथा पट्टदकल के मन्दिरों में अभिव्यक्त होती है। इन मन्दिरों में गर्भगृह, मण्डप, अर्द्धमण्डप तथा विमान के साथ ही नागर शैली में निर्मित शिखर भी प्राप्त होते हैं।

इनमें ढके प्रदक्षिणापथ का अभाव है। होयसलों के काल में वर्गाकार के स्थान पर ताराकार गर्भगृह का निर्माण होने लगा। होयसलों ने मन्दिर के अलंकरण पर भी विशिष्ट ध्यान दिया।

हैदराबाद के समीप कुक्कनूर के कल्लेश्वर मन्दिर में बेसर शैली का प्रारम्भिक रूप देखा जा सकता है। इसका कुछ विकसित रूप धारवाड़ जिले के लोककुण्डी या लोक्कगण्डि के जैन मन्दिर में प्राप्त होता है। धारवाड़ जिले में ही चौहदमपुर के मुक्तेश्वर मन्दिर का निर्माण भी बेसर शैली में हुआ है।

बेसर या चालुक्य शैली 12वीं शताब्दी में अपने परिपक्व रूप में प्राप्त होती है। इस कालावधि में चालुक्य क्षेत्र में अनेक मन्दिरों का निर्माण हुआ। लोककुण्डि के काशी विश्वेश्वर मन्दिर में चालुक्य शैली की समस्त विकसित विशेषताएँ दर्शनीय हैं। इसमें दो गर्भगृह हैं जो एक ही अक्ष पर बने हैं। पिरामिडाकार शिखर मूर्ति अलंकरणों से परिपूर्ण हैं। इसका प्रवेशद्वार बेसर शैली का अभूतपूर्व उदाहरण है।

हैदराबाद क्षेत्र में 1112 ई. में निर्मित इत्तगि का महादेव मन्दिर काशी विश्वेश्वर मन्दिर के समान ही महत्त्वपूर्ण है। यह मन्दिर एक उच्च अधिष्ठान पर स्थित है। इसके गर्भगृह, अन्तराल, मण्डप तथा अर्द्धमण्डप एक ही अक्ष पर निर्मित हैं। इसका प्रवेशद्वार मूर्तियों से सुसज्जित है। इसका विमान एवं शिखर दोनों अतिशय अलंकृत हैं। इस मन्दिर के एक लेख में इसे सत्य ही मन्दिरों में चक्रवर्ती की संज्ञा प्रदान की गयी है। बेलारी जिले में कुरूवत्ति का मल्लिकार्जुन मन्दिर इत्तगि के महादेव मन्दिर का अनुकरण प्रतीत होता है। दोद्दवासप्प मन्दिर(धारवाड़) का गर्भगृह ताराकार है।

मैसूर क्षेत्र में द्वारसमुद्र के होयसलों ने चालुक्य शैली को चरम रूप प्रदान किया। होयसल साम्राज्य सीमा में लगभग 80 मन्दिर उपलब्ध हैं जो चालुक्य शैली के ही विकसित रूप हैं। चालुक्यों ने जिस दोहरे गर्भगृह का निर्माण किया उसे होयसलों ने विकसित करते हुए नया आयाम दिया। मण्डप के चारों ओर अनेक गर्भगृहों का निर्माण किया जाने लगा। प्रायः सभी गर्भगृह चालुक्य दोद्दवासप्प मन्दिर की भाँति ताराकार हैं। ये मन्दिर उच्च अधिष्ठान पर स्थित हैं जिसका बाहरी अवशिष्ट भाग प्रदक्षिणापथ के रूप में प्रयोग किया जाता है। इन मन्दिरो में मूर्तिकला का अलंकरण अधिक है। मैसूर क्षेत्र में सोमनाथपुर के केशव मन्दिर (1268 ई.) में तिहरे गर्भगृह का निर्माण किया गया है। इन तीनों गर्भगृहों पर निर्मित शिखर भी ताराकार हैं जो लगभग 30 फीट ऊँचे हैं।

मन्दिर की प्रतीकात्मकता- ऋग्वेद के दसवें मण्डल में पुरुष सूक्त के एक उल्लेख के अनुसार समस्त स्थानों में विराट् पुरुष व्याप्त है। उसका 1/4 धरती में तथा 3/4 गोचरातीत है। अर्थात् एक ही सत्य जगत् में अन्तर्भूत भी है तथा अनुभवातीत भी है। मन्दिर भी इसी कथ्य की अभिव्यक्ति है। मन्दिर का द्वार उसका मुँह, शिखर का ऊपरी भाग स्कन्ध, भद्र उसके बाहु तथा निचले भाग उसके पाद एवं

जंघा हैं। मन्दिर के निर्माण से धार्मिक एवं आध्यात्मिक जीवन में लोकतंत्र का उदय हुआ। जो जन बड़े-बड़े धार्मिक यज्ञ एवं अनुष्ठान नहीं कर सकते थे वे मन्दिर में सहजता से पत्र-पुष्प अर्पित कर सकते थे। इससे आध्यात्मिक जीवन में पुरोहितों का एकाधिकार खतम हो गया। मन्दिरों में कथा-प्रवचन आदि से सामूहिकता की भावना विकसित हुई। मन्दिरों को धन-दान से धन का सदुपयोग होने लगा। इस प्रकार मन्दिर सांस्कृतिक केन्द्र के रूप में उभरते गये। दक्षिण भारत में नृत्य कला का अभूतपूर्व विकास मन्दिरों में ही हुआ। कालान्तर में मन्दिर विद्यालय एवं शिक्षा-केन्द्र की भूमिका भी अदा करने लगे। यहाँ रामायण, महाभारत, वेद-वेदांग, धर्मशास्त्र आदि विषयों का अध्ययन-अध्यापन होता था। अकाल विपत्ति के काल में मन्दिरों द्वारा ग्रामवासियों की सहायता की जाती थी। मन्दिर की प्रशासनिक समिति 'गोष्ठी' तथा इसके सदस्य गोष्ठिक कहलाते थे। मन्दिरों द्वारा अनेक जनसेवा के कार्य किये जाते थे।

सन्दर्भ सूची

इवोल्यूशन ऑफ हिन्दू टेम्पल ऐण्ड अदर एसेन्स - वी.एल. अग्रवाल

रेलिजन इन आर्ट ऐण्ड आर्कियालाजी - जे.एन. बनर्जी

द हिन्दू टेम्पल - स्टेला क्रेमरिश

जियोग्राफिकल फैक्ट्स इन इण्डियन हिस्ट्री - के.एम. पन्निकर

द वण्डर दैट वाज इण्डिया - ए.एल. बाशम

प्राचीन भारत का सामाजिक इतिहास - जयशंकर मिश्र

24

भारत में मस्जिद निर्माण

इस्लाम का शाब्दिक अर्थ है सुख, शान्ति या समृद्धि। इस्लाम सादगी और सहजता सम्पन्न धर्म है! उसमें अनुष्ठानों एवं कर्मकाण्डों की बहुलता का अभाव है। कुरान इस्लाम धर्म का मूल स्रोत है। कुरान में वर्णित समस्त सिद्धान्त, विधि तथा आदेश इस्लाम धर्म के मूलाधार हैं। उनकी व्याख्या एवं संज्ञान में ही इस्लाम धर्म का आध्यात्मिक रहस्य छिपा हुआ है।[1] इस्लाम का मूल सिद्धान्त है-अल्लाह एक है, इसके अतिरिक्त कोई दूसरा सर्वशक्तिमान् नहीं है। पैगम्बर मुहम्मद ने अल्लाह की उपासना के तीन मार्ग बताये है-1. हकीकत (ज्ञानमार्ग), 2. तरीकत (भक्तिमार्ग) तथा 3. शरीयत (कर्ममार्ग)। इस्लाम धर्म के पाँच मौलिक सिद्धान्त हैं- तौहीद (एकात्मवाद), अदल (न्यायवाद), रिसालत (देवदूतवाद), इमामत (नेतृत्ववाद) तथा अखिरत (प्रलयवाद)। तौहीद का अर्थ है ईश्वर एक है। अदल का अर्थ है न्याय अर्थात अल्लाह ही सबसे बड़ा आदिल (न्यायवादी) है। रिसालत की व्युत्पत्ति रसूल से है, जिसका अर्थ है सन्देशवाहक या पैग़म्बर। पैगम्बर के आदेशों को ही शरियत (दैवीविधान) कहा जाता है। इमामत की व्युत्पत्ति इमाम से है जिसका अर्थ है धर्मगुरु। रिसालत और इमामत कभी कभी एक व्यक्ति में निहित हो सकती है कभी अलग अलग व्यक्तियों में। इस्लाम में इमामों की संख्या बारह बतायी गयी है। पहले इमाम हजरत अली हैं। अखिरत का अर्थ है अन्त या कयामत। कयामत के दिन सभी प्राणियों के अच्छे-बुरे कर्मो का लेखा-जोखा अल्लाह की अदालत में होता है।

इस्लाम को माननेवालों के लिए पाँच अंगों (रूक्नों) का पालन करना आवश्यक है। ये पाँच अंग हैं-कलमा, नमाज, जकात, हज और रोजा। इसमें नमाज अर्थात् प्रार्थना या इबादत पर जोर दिया गया है। मुसलमान का सर केवल अल्लाह के सामने ही झुक सकता है और किसी के सामने नहीं। प्रत्येक मुसलमान के लिए आवश्यक है कि वह पाँच नमाजों फजिर (प्रातः) जुहर (मध्याह्न), अत्र (दोपहर के बाद), मगरिब (सूर्यास्त के समय) तथा एंशा (रात्रि के समय) का पालन करे। इस्लाम के प्रार्थना सम्बन्धी इसी सिद्धान्त ने प्रार्थनागृह अर्थात् मस्जिद के महत्त्व को स्थापित किया।

मस्जिद अरबी भाषा का शब्द है जिसका अर्थ है वह स्थान जहाँ खुदा के समक्ष नतमस्तक हुआ जाय। इस्लाम के अनुसार चूँकि अल्लाह हर जगह विद्यमान है तथा सभी स्थान उसके लिए एक समान है अतः नमाज किसी भी स्थान पर अदा की जा सकती है। मदीना में वह स्थान जहाँ पैग़म्बर मुहम्मद साहब नमाज अदा करते थे, जहाँ अपने अनुयायियों को प्रवचन देते थे वह पवित्र स्थान बन गया तथा यहाँ पर स्थापित पैग़म्बर की मस्जिद तीर्थ स्थान बन गयी। मदीना की इसी महान् एवं ऐतिहासिक मस्जिद के अनुरूप ही बाद की मस्जिदों का स्वरूप निर्धारित हुआ। जैसे-जैसे इस्लाम का प्रसार हुआ, नवविजित स्थानों पर मदीना की मस्जिद के आधार पर ही मस्जिदों का निर्माण हुआ यद्यपि स्थान एवं काल के अनुसार मस्जिदों में थोड़ा-बहुत परिवर्तन भी हुए। मस्जिद का महत्त्व केवल आनुष्ठानिक नहीं था बल्कि यह सामान्य प्रशासन का केन्द्र भी था। वह इस्लाम के अनुयायियों का सामाजिक मिलन-स्थल तथा उनके जीवन-दर्शन का केन्द्र है। इस्लाम भाईचारे पर बल देता है और सामाजिक रूप से अदा की गयी नमाज व्यक्तिगत प्रार्शना से अच्छी मानी जाती है।

मस्जिद में पाँचों नमाजों के समय समुदाय के लोग एकत्र होते हैं तथा इमाम के निर्देशों का पालन करते हैं। नमाज के समय सभी लोग बिना किसी भेदभाव के कन्धे से कन्धा मिलाकर पंक्तिबद्ध होते हैं तथा इमाम का अनुसरण करते हैं। इससे उनके अन्दर अनुशासन तथा जिम्मेदारी की भावना पैदा होती है। इससे सामूहिक एकता एवं भाईचारे की भावना भी पैदा होती है। मस्जिद में जाति, धर्म, देश और रंग सम्बन्धी सभी भेदभाव समाप्त हो जाते हैं। बड़ा, छोटा, ऊँच-नीच के भेदभाव को समाप्त करने में मस्जिद ने बहुत बड़ी भूमिका अदा की है। मस्जिद ने मुसलमानों के शैक्षिक जीवन में भी बड़ी भूमिका अदा की। कुरान का अध्ययन एवं उसे कण्ठस्थ करना, इस्लामी सिद्धान्तों का अध्ययन क़रना, इस्लामी परम्पराओं को सीखना और समझना आदि शैक्षिक कार्य मस्जिद में ही किये जाते थे। इस तरह जहाँ मदरसे नहीं थे वहाँ इस्लाम की पूरी शिक्षा मस्जिदों में ही दी जाती थी।

मस्जिद का अन्तिम भाग उस दिशा (किबला) की ओर संकेत करता है जिस ओर नमाज पढ़ते समय मुड़ना प्रत्येक मुसलमान के लिए अनिवार्य है। चाहे दुनिया के किसी भी कोने में आप हों, आपका मुँह मक्का स्थित काबा की ओर होना आवश्यक है। अतः मस्जिद का मेहराब ठीक मक्का की दिशा में होना चाहिए। इसी से संसार की मस्जिदों की दिशा में अन्तर आ जाता है। प्रारम्भ में पश्चिम एशियाई देशों में इस्लाम के प्रसार के बाद, वहाँ उष्ण कटिबन्धीय जलवायु के कारण, मस्जिदों में आँगन (सहन) अनिवार्य था। सहन के तीन तरफ छतदार स्तम्भावली या आपस में जुड़े हुए छायादार कमरे (रिवाक) तथा किबला की ओर (काबा की ओर) बड़ा और गहरा खम्भेदार हाल (लीवान) होता है। इसी हाल की पिछली दीवार में एक चापाकर मेहराब रखा जाता है जिसकी तरफ सभी नमाजियों को मुँह करके नमाज पढ़नी होती

है। इमाम इसी मेहराबदार हाल में खड़ा होता है और उसकी दाहिनी ओर भीमवार होता है जो उपदेश या प्रवचन के लिए उपयोग किया जाता है यहाँ खड़ा होकर इमाम ईद या जुम्मा (शुक्रवार) की नमाज का खुत्बा पढ़ता है जो नमाज अदायगी का अनिवार्य अंग बन चुका है। कालान्तर में मस्जिद के साथ या अलग से मीनार बनायी जाने लगी ताकि उस पर से दी गयी अज़ान दूर तक जा सके। कुछ विद्वानों के अनुसार मीनार की कल्पना सीरियाई चर्च से ली गयी है। सहन के बीचोबीच वजू (हाथ-मुँह धोने) करने के लिए एक हौज या फौव्वारा भी होता है। सभी इस्लामी देशों में आमतौर पर थोड़े-बहुत फेरबदल के साथ मस्जिद का यही स्वरूप है। मदीना की मस्जिद से शुरू होकर लगभग तीन पीढ़ियों के बाद (90 वर्ष) मस्जिद का पूर्ण परिमार्जित स्वरूप दमिश्क की ऐतिहासिक मस्जिद के रूप में सामने आया। जबकि मुहम्मद साहब द्वारा निर्मित मदीना से पाँच किमी-दूरी पर स्थित पहली मस्जिद में न कोई सभागार था, न मीनार था, न ही बाद की मजिस्दों में पाये जानेवाले खम्भेदार गलियारे थे। सहन में खजूर के वृक्ष के तने गाड़कर खजूर के पत्तों, टहनियों, मिट्टी के लेप से बनी छत के नीचे नमाज अदा की जाती थी। किन्तु आज मस्जिद निर्माण की स्थापत्य कला काफी ऊँचाई पर पहुँच चुकी है।

मस्जिद की परिकल्पना में पहला महत्त्वपूर्ण परिवर्तन उमैय्यद खलीफा अलवलीद (705-715 ई.) के काल में आया जिसने मक्का तथा मदीना की मस्जिदों के स्वरूप में आमूल परिवर्तन किये और जिसका दूसरी मस्जिदों की परिकल्पना पर भी प्रभाव पड़ा। वलीद ने मदीना की ऐतिहासिक मस्जिद का और विस्तार किया और पड़ोसी देशों से, जहाँ वास्तुकला काफी उन्नत थी, कुशल वास्तुशिल्पियों की सहायता से मस्जिद को खम्भेदार सभागार का रूप दे दिया। विस्तार कार्य में अच्छे स्तर के इमारती सामान का भी उपयोग किया गया। इसके परिणामस्वरूप मस्जिद का सर्वप्रतिष्ठित स्वरूप यानी खुला सहन और चारों तरफ खम्भेदार हाल, पहली बार स्पष्ट रूप से उजागर हुआ। लगभग इसी दौरान सहन के बीचोबीच एक फौव्वारा भी लगाया गया। इसी तरह मस्जिद के पास ही या मस्जिद के प्रांगण में ही एक मीनार भी बनायी जाने लगी यद्यपि मीनारों की बहुतायत होने में कुछ समय लगा। स्पष्ट है कि मेहराब जो आज मस्जिद का अभिन्न अंग समझा जाता है उस समय तक मस्जिद के आदि स्वरूप में कहीं नहीं था। शोधकर्त्ताओं ने मेहराब को मस्जिद का अंग बनने का समय 8वीं सदी माना है। परन्तु मीमवार (प्रवचन मंच) मोहम्मद साहब के समय से ही मस्जिद का अभिन्न अंग था।[2]

भारत में मस्जिद निर्माण

भारत में पहला मुस्लिम आक्रमण 712 ई. में मुहम्मद बिन कासिम के नेतृत्व में सिन्ध पर हुआ। दूसरा मुस्लिम आक्रमण महमूद गजनवी के नेतृत्व में 997 ई. से 1008 ई. तक हुआ जिसका उद्देश्य था आर्थिक लूट तथा इस्लाम का प्रसार।

महमूद गजनवी के उत्तराधिकारियों ने अविभाजित पंजाब के कुछ भागों पर 11वीं-12वीं सदी में राज्य भी किया। किन्तु उस समय की कोई मुस्लिम इमारत आज विद्यमान नहीं है। भारत में पहली मस्जिद मुहम्मद गोरी के आक्रमण के बाद 1196 ई. में निर्मित हुई। यह मस्जिद है दिल्ली की कुव्वत उल इस्लाम मस्जिद जिसका निर्माण गोरी के सिपहसालार कुतुबुद्दीन ऐबक ने कराया था। उसने पृथ्वीराज चौहान के किले के समीप एक मन्दिर के ऊपरी भाग को तोड़कर कुव्वत उल इस्लाम मस्जिद का निर्माण करवाया था। अतः मन्दिर के चतूबरे में किसी तरह का परिवर्तन नहीं है। कहा जाता है कि इसके निर्माण में 26 मन्दिरों को तोड़कर उसकी सामग्री का उपयोग किया गया। इस मस्जिद में आयाताकार सहन, तीन तरफ स्तम्भोंवाले बरामदे, तीन ओर प्रवेशद्वार तथा सुन्दर मेहराब हैं जिस पर कुरान की आयतें खुदी हुई हैं। बाद में इल्तुतमिश तथा अलाउद्दीन खिलजी ने इस मस्जिद में परिष्कार एवं विस्तार किया। इस पर हिन्दू प्रभाव स्पष्ट है।

2. अढ़ाई दिन का झोपड़ा, अजमेर-कुतुबुद्दीन ऐबक ने अजमेर में ढाई दिन का झोपड़ा नामक मस्जिद का निर्माण सन् 1199 ई. में किया। मूलरूप में यह चाहमान शासक विग्रहराज वीसलदेव का मन्दिर था जिसे काट-छाँटकर ढाई दिन में मस्जिद का रूप दे दिया गया। इसका स्थापत्य कुव्वत उल इस्लाम मस्जिद से मिलता जुलता है किन्तु यह उससे सुन्दर एवं विस्तृत है।

3. जामा मस्जिद, बदायूँ-यह इल्तुतमिश द्वारा निर्मित मस्जिद है।

4. जमातखाना मस्जिद, दिल्ली-लाल पत्थर की इस मस्जिद का निर्माण अलाउद्दीन खिलजी (1296-1316 ई.) ने करवाया था। इसी के समीप निजामुद्दीन औलिया की मज़ार है। इसमें तीन कक्ष हैं। बीच का कक्ष वर्गाकार तथा शेष दो आयताकार हैं। कक्षों के प्रवेशद्वार मेहराबदार हैं जिनके किनारों पर चौड़ी पट्टियों में फूल, पत्तियाँ, पद्म मुद्रा तथा कुरान की आयतें खुदी हुई हैं। किंवदंती के अनुसार अलाउद्दीन खिलजी के पुत्र खिज्र खाँ ने इसका केन्द्रीय कक्ष सूफ़ी सन्त निजामुद्दीन औलिया के मकबरे के रूप में बनवाया था। किन्तु औलिया ने वहाँ न दफनाये जाने की इच्छा प्रकट की। अतः साथ में दो आयताकार कक्ष बनवाकर इसे मस्जिद का रूप दे दिया गया। इसी कारण यह मस्जिद परम्परागत वास्तुशिल्प के अनुसार नहीं बनायी गयी है।

5. कला मस्जिद, दिल्ली-इसका निर्माण फिरोज तुगलक के प्रधानमन्त्री (वजीर) जुनाशाह खानेजहाँ ने 1387 ई. में करवाया था। जामा मस्जिद के बाद यह दिल्ली की सबसे प्रभावशाली इमारत है। इसके प्रभावशाली दिखने का कारण है कि यह लगभग 8.5 फीट ऊँचे चबूतरे पर बनायी गयी है तथा इसके प्रवेशद्वार तक पहुँचने के लिए तीस सीढ़ियाँ चढ़नी पड़ती हैं। मस्जिद परम्परागत शैली में निर्मित है अर्थात् सहन, प्रार्थना सभागार, मेहराब तथा तीन ओर स्तम्भोंवाले गलियारे हैं। छतदार क्षेत्र पर 30 गुम्बद बने हैं।

6. खिड़की मस्जिद, दिल्ली-यह मस्जिद दिल्ली में खिड़की गाँव में स्थित है जिसका निर्माण फिरोज तुगलक के वजीर खाने जहाँ ने ही करवाया था। बाहर से यह कला मस्जिद जैसी ही दिखायी पड़ती है किन्तु यह आकार में उससे बड़ी है। यह भी एक ऊँचे चबूतरे पर निर्मित है तथा इसकी बनावट वर्गाकार है। गुम्बदाकार प्रवेशद्वार तथा उसके दोनों किनारों पर मीनारें तथा पूरी छत पर बने 85 गुम्बद इसकी भव्यता को बढ़ाते हैं। अन्दरूनी भाग कला मस्जिद से बिलकुल अलग तरीके से बनाया गया है। इसके सहन के बीचोबीच पूर्व-पश्चिम एवं उत्तर-दक्षिण छतदार रास्ते एक-दूसरे को समकोण पर काटते हैं।

7. बेगमपुरी मस्जिद-यह दिल्ली के पास बेगमपुर गाँव में स्थित है। यह भी काफी बड़ी मस्जिद है। इसमें भी एक बड़ा सहन तथा तीन तरफ छतदार गलियारे हैं तथा गुम्बदाकार प्रवेशद्वार है। तोरणों पर 44 गुम्बद बने हुए हैं। प्रार्थना-कक्ष के ऊपर भी गुम्बद है। इस मस्जिद की मुख्य विशेषता काफी ऊँचाईवाला मेहराब है। इसका निर्माण भी खानेजहाँ द्वारा कराया गया था।

8. मोठ मस्जिद, दिल्ली-यह मस्जिद दिल्ली के समीप मोठ गाँव में स्थित है जिसका निर्माण सिकन्दर लोदी (1489-1517 ई.) के प्रधानमन्त्री मियाँ भुवा द्वारा कराया गया था। इसमें लोदी काल की श्रेष्ठ स्थापत्य कला शैली का प्रदर्शन है। इसका निर्माण ऊँचे उठे हुए मैदान में किया गया है। मस्जिद का मुख्य भाग आयताकार हाल है जिसके अग्रभाग में मेहराबदार प्रवेशद्वार है। प्रार्थना कक्ष 5 भागों के बँटा हुआ है जिसमें से मध्य और तीन भागों के ऊपर सुन्दर गुम्बद है। मस्जिद के सामनेवाले किनारों पर मेहराबदार छतरियाँ हैं।

9. कला-ए-कुहना मस्जिद, दिल्ली-यह मस्जिद दिल्ली के पुराने किले में स्थित है जिसका निर्माण शेरशाह सूरी द्वारा 1541 ई. में कराया गया है। इस पर दिल्ली की मोठ मस्जिद का प्रभाव है। इसमें घोड़े की नाल के आकार के पाँच प्रवेशद्वार हैं। मस्जिद का अन्दरूनी भाग पाँच भागों में बँटा है। प्रार्थना सभागार की मुख्य मेहराब काले और सफेद संगमरमर से अलंकृत है। मुख्य इमारत एक ही बड़े एवं सुन्दर गुम्बद से ढकी है। विभिन्न अंगों में पूर्ण सामंजस्य, काले एवं सफेद संगमरमरों की नक्काशी तथा अरबी शैली की सजावट के कारण यह मस्जिद दिल्ली की पूर्व मुगलकालीन मस्जिदों में श्रेष्ठ तथा देश की सुन्दर मस्जिदों में गिनी जाती है। इसके गुम्बद पर बना डमरू भारतीय कला का प्रतीक है।

10. जामा मस्जिद, फतेहपुर सीकरी-अकबर द्वारा 1571 ई. में निर्मित यह मस्जिद अबुल फजल के निवास के पीछे बनी हुई है। इसके सहन में प्रसिद्ध सन्त शेख सलीम चिश्ती एवं उनके पौत्र इस्लाम खाँ के मकबरे हैं। इसके आयताकार मुख्य भाग पर तीन गुम्बद हैं जिसमें मध्यवाला गुम्बद तुलनात्मक रूप से बड़ा है। इसके सहन के पार्श्व में छोटी-छोटी कोठरियाँ हैं जो मौलवियों के निवास के लिए हैं। मस्जिद की मूल संकल्पना में तीन ऊँचे प्रार्थना सभागार थे जिनमें से एक को कुछ समय बाद हटाकर बुलन्द दरवाजे का रूप दे दिया गया। अब मस्जिद का मुख्य

प्रवेश शाही दरवाजे से है। यह मस्जिद अपने समय की मस्जिदों के स्थापत्य का सुन्दर नमूना है।

11. मोती मस्जिद, आगरा-यह मुगल बादशाह शाहजहाँ (1648-55 ई.) द्वारा निर्मित आगरा के किले की सबसे सुन्दर इमारत है। यह दीवाने खास के उत्तर में स्थित है। इसके बाहरी भाग में लाल पत्थर तथा आन्तरिक भाग में सफेद संगमरमर का प्रयोग है। इसमें सहन तथा उसके तीन तरफ खम्भे और मेहराबदार गलियारे हैं। प्रार्थना सभागार सहन से सात नोकदार मेहराबों से मिलता है। मुख्य सभाकक्ष के ऊपर तीन गुम्बद हैं। सभाकक्ष के कोनों पर बनी अष्टकोणीय छतरियाँ इसके सौन्दर्य को बढ़ा देती हैं।

12. नगीना मस्जिद, आगरा-यह मस्जिद भी शाहजहाँ द्वारा हरम की महिलाओं के प्रयोग के लिए बनायी गयी थी। यह आकार में बहुत छोटी है किन्तु सौन्दर्य में मोती मस्जिद के समान है। इसी मस्जिद के साथ संलग्न कमरों में शाहजहाँ ने अपने बन्दी जीवन के आठ वर्ष व्यतीत किये।

13. जामी मस्जिद, आगरा-शाहजहाँ की बड़ी पुत्री जहाँआरा बेगम ने आगरा किले के मुख्य द्वार से लगभग दो सौ मीटर की दूरी पर 1648 ई. में इसे बनवाया था। इसका निर्माण लाल पत्थरों से किया गया था। इसके मुख्य सभाकक्ष के ऊपर तीन गुम्बद हैं जिन पर संगमरमर का सुन्दर जड़ाऊ काम है। इसका मुख्य मेहराब द्वार 40 फीट ऊँचा है। इसके सभागार के ऊपर छतरियों की कतारें अत्यन्त सुन्दर हैं।

14. जामी मस्जिद, दिल्ली-दिल्ली के लाल किले के सामने इस विशाल मस्जिद का निर्माण शाहजहाँ ने 1656 ई. में पूर्ण कराया। इसे 9 मीटर ऊँचे चबूतरे पर बनाया गया है जिस पर पहुँचने के लिए तीन ओर भव्य प्रवेशद्वार हैं, जिन तक पहुँचने के लिए सीढ़ियों की व्यवस्था है। भीतर एक विस्तृत वर्गाकार सहन तथा उसके बीच जलाशय है। इसके चारों कोनों पर बारह खम्भों पर टिकी छतरियाँ हैं जिन पर संगमरमर के गुम्बद हैं। प्रार्थना सभागार के अग्रभाग में 11 सुन्दर मेहराब हैं। सभागार के दोनों ओर 40 मीटर ऊँची तीन सोपानों में बँटी मीनारें अत्यन्त आकर्षक हैं। सभागार के ऊपर बने तीन गुम्बदों, जिन्हें काले संगमरमर की पट्टियों से सजाया गया है, के कारण यह इमारत अत्यन्त भव्य लगती है। बड़े आकार के बावजूद इसके स्थापत्य में सन्तुलन एवं सामंजस्य है।

प्रान्तीय मजिस्दें

15. अदीना मस्जिद, पण्डुआ (पं. बंगाल)-इसका निर्माण 1369 ई. में सुल्तान सिकन्दर शाह ने कराया था। यह भी भारत की सबसे बड़ी मस्जिदों मे से एक है। इसके बीच खुला सहन तथा चारों ओर स्तंभयुक्त दरवाजे हैं। सारी इमारत एक समान 378 गुम्बदों से आच्छादित हैं अर्थात् जितने कक्ष हैं उतने गुम्बद हैं।

मस्जिद की विशालता तथा आनुपातिक सामंजस्य के अभाव से मस्जिद का वातावरण अत्यन्त एकरस हो गया है। अन्दरूनी भाग दो मंजिला है। निचला भाग वर्गाकार भारी खम्भों पर टिका है जो कम ऊँचाईवाले हैं। यह बंगाल के स्थापत्य की विशेषता है। इसकी एकरसता अन्दरूनी हिस्से में बने सुल्तान तख्त से कुछ कम होती है।

16. छोटा सोना मस्जिद, गौड़-इसका निर्माण सुल्तान अलाउद्दीन हुसैन शाह (1493-1519 ई.) के शासनकाल में वली मुहम्मद द्वारा कराया गया। मस्जिद का अन्दरूनी भाग 5 कक्षों में बँटा हुआ है। मध्यवाला कक्ष अपेक्षाकृत बड़ा है। इसके पाँच प्रवेशद्वारों पर सुन्दर नोकदार मेहराबें हैं। इस मस्जिद की छत बक्ररेखीय है। मध्यभाग का गुम्बद अन्य गुम्बदों की भाँति अर्द्ध गोलाकार न होकर विशुद्ध बंगाली चौचला शैली में बना है।

17. बड़ा सोना मस्जिद, गौड़-अपने गुम्बदों पर सोने के काम के कारण इसे बड़ा सोना मस्जिद कहा गया, जो अब नहीं हैं। इसके बारह द्वारों के कारण इसे बारहद्वारी मस्जिद भी कहा जाता है। यद्यपि इस समय केवल 11 ही बचे हैं। इसका निर्माण सुल्तान नुसरतशाह (1519-32 ई.) ने 1526 ई. में कराया था। सारा भवन 44 गुम्बदों से आच्छादित है जिसमें भाग 11 बचे हैं। इसका अग्रभाग एकदम सादा एवं नीरस है किन्तु दूर से यह मस्जिद अत्यन्त भव्य दिखायी देती है।

18. अटाला मस्जिद, जौनपुर-इसका निर्माण इब्राहीम शरकी (1401-40 ई.) के शासनकाल में हुआ था। यह शरकी वास्तुशिल्प का सुन्दर नमूना है। यह मस्जिद वर्गाकार है जिसमें खुला सहन, सभागार तथा तीन ओर से स्तम्भों पर टिके गलियारें हैं। प्रार्थना सभागार के मध्यभाग के ऊपर अर्द्धगोलाकार गुम्बद है। दोनों तरफ के दो कक्षों के ऊपर भी समान गुम्बद हैं। भवन के दोनों तरफ शुण्डाकार मीनारें हैं। न यह आकार में बड़ी मस्जिद है, न ही वास्तुशिल्प में परिष्कार है फिर भी इसकी परिकल्पना मौलिक एवं नयापन लिये हुए है। कालान्तर में बनी जौनपुर की अन्य मस्जिदें इससे कहीं-न-कहीं प्रभावित हैं।

19. लाल दरवाजा मस्जिद, जौनपुर-इसका निर्माण 1450 ई. के आस-पास सुल्तान महमूदशाह की मल्लिका बीबी राजी द्वारा कराया गया था। यह जौनपुर की सबसे छोटी मस्जिद है जिसमें 40 वर्ग मीटर का सहन है। प्रार्थना-कक्ष के ऊपर केवल एक गुम्बद है। इसके अग्रभाग में एक ही तोरण है। यद्यपि यह मस्जिद अटाला मस्जिद का अनुकरण है किन्तु उसकी तरह भव्य नहीं है।

20. जामी मस्जिद, जौनपुर-जौनपुर की आकार में सबसे बड़ी इस मस्जिद का निर्माण शरकी सुल्तान हुसैनशाह (1458-79 ई.) के शासनकाल में हुआ। परिकल्पना एवं वास्तुशिल्प की दृष्टि से यह अटाला मस्जिद का परिवर्द्धित संस्करण है। इसकी इमारत एक ऊँचे चबूतरे पर बनी है जिस पर पहुँचने के लिए सीढ़ियाँ हैं। इसके तीन तरफ प्रवेशद्वार हैं। मुख्य भवन पर तीन ऊँचे गुम्बद इसकी शोभा बढ़ाते हैं।

पार्श्व के गलियारों पर, अटाला मस्जिद की खम्भोंवाली छत की जगह मेहराबी छत है।

21. जामी मस्जिद, मंगरौल, गुजरात-यह सौराष्ट्र गुजरात की सर्वाधिक सुन्दर मस्जिद है जिसका निर्माण सुल्तान फिरोज तुगलक के शासनकाल में 1348 ई. में इजाजुद्दीन द्वारा किया गया। यह अपनी श्रेणी की श्रेष्ठतम मस्जिद है। यह सहन और मेहराबी गलियारों की परम्परागत मस्जिद है। सहन के उत्तरी-पश्चिमी भाग में पक्की बावड़ी है जिसके तीन तरफ दो मंजिले ऊँचे खम्भों की श्रेणी है। खम्भेदार प्रार्थना-कक्ष के ऊपर दस गुम्बद बने हुए हैं। इसके अग्रभाग में मेहराबी प्रवेशद्वार है।

22. जामी मस्जिद, अहमदाबाद-इसका निर्माण सुल्तान अहमदशाह प्रथम (1411-41 ई.) ने 1424 में कराया था। यह परम्परागत शैली में बनायी गयी है तथा इसका सहन बहुत बड़ा है। इसका प्रार्थना सभागार भी बहुत बड़ा है जिसके ऊपर 15 बड़े गुम्बद बने हैं। इसमें तीन तोरणद्वार हैं जिसमें बीचवाला तोरणद्वार अपेक्षाकृत ऊँचा है। इसके दोनों तरफ दो सुन्दर मीनारें थीं जो 1819 ई. के भूकम्प में गिरकर नष्ट हो गयी थी। अग्रभाग की नीरसता को कम करने के लिए बीचवाले भाग को तीन मंजिला बनाया गया है एवं साथवाले भाग को दो मंजिला तथा बाह्य भाग को एक मंजिला बनाया गया है। इस मस्जिद की प्रमुख विशेषता है इसके सुन्दर मेहराबी गलियारे, एकदम सही बैठायी गयी पत्थर की यवनिकाएँ और शानदार नक्काशी वाले पुश्ते। मुख्य कक्ष में प्रकाश की व्यवस्था को सुचारु रखने के लिए पत्थर की यवनिकाएँ गुजरात की मस्जिदों की मुख्य विशेषता हैं। कुछ जानकार इसे पूर्व की सुन्दरतम मस्जिदों में एक मानते हैं।

23. जामी मस्जिद, चम्पानेर (गुजरात)- इस मस्जिद का निर्माण गुजरात के सुल्तान महमूद बेगड़ा (1458-1511 ई.) के काल में हुआ था। फर्गुसन महोदय इस मस्जिद को वास्तुशिल्प के दृष्टिकोण से गुजरात की सर्वश्रेष्ठ इमारत मानते हैं। यह काफी बड़ी मस्जिद है जो परम्परागत सहन, प्रार्थना-कक्ष तथा तीन तरफ से स्तम्भोंवाले गलियारे से घिरी है। प्रार्थना-कक्ष में प्रवेश के लिए पाँच नोकदार तोरणद्वार बने हैं। मुख्य भाग पाँच मंजिला है। जिसके दोनों तरफ दो सुन्दर मीनारें हैं। मस्जिद के चारों कोने पर भी मीनारें बनी हैं। अग्रभाग की ऊपरी मंजिल पर बनी झरोखेदार खिड़कियाँ उसकी नीरसता को कम करती हैं। प्रार्थना-कक्ष की बाहरी दीवारों पर की गयी सजावट अत्यन्त सुन्दर है।

24. रानी सबराई की मस्जिद, अहमदाबाद-इसका निर्माण महमूद बेगड़ा की विधवा बेगम ने 1514 ई. में कराया था। अपनी सुन्दर पच्चीदारी तथा हीरों की चमक सदृश बेलबूटों के कारण इस मस्जिद को रत्न कहा जाता है। खम्भेदार सभागार चारों कोनों पर बनी मीनारें, गुम्बद तथा गुजराती शैली की झरोखेदार खिड़कियाँ एक साथ वास्तुशिल्प के सुन्दर सामंजस्य का परिचय देती हैं।

25. सीदी सैय्यद की मस्जिद, अहमदाबाद-इस मस्जिद का निर्माण गुजरात की सल्तनत के आखिरी वर्ष 1572-73 में सुल्तान मुजफ्फर तृतीय (1561-73 ई.) के काल में उसके दरबारी शेख सैय्यद सुल्तानी द्वारा किया गया। यह गुजरात के मस्जिद निर्माण शैली की अन्तिम अवस्था का द्योतक है। इस मस्जिद के निर्माण के साथ ही गुजरात के सल्तनत का पतन भी हो गया। इसकी प्रसिद्धि इसकी खिड़कियों तथा यवनिकाओं पर सुन्दर फूल, पत्तियों, बेलों आदि की नक्काशी के कारण है। सभागार के आगे पाँच समानुपातिक तोरणद्वार इसकी शोभा में चार चाँद लगाते हैं।

26. जामी मस्जिद, माण्डू (मालवा)-यह माण्डू की सबसे बड़ी इमारत है। इसका निर्माण होशंगशाह (1406-35 ई.) द्वारा आरम्भ किया गया जो उसके उत्तराधिकारी महमूदशाह प्रथम (1436-69 ई.) द्वारा पूर्ण हुआ। इसके विशाल वर्गाकार सहन (50 मी. × 50 मी.) के दोनों ओर खम्भेदार कक्ष बने हैं तथा सामने की ओर 11 मेहराबोंवाला प्रवेशद्वार है। यह मस्जिद एक ऊँचे चबूतरे पर बनी है। प्रार्थना कक्ष मेहराबदार है जिसमें सुन्दर कारीगरी है। सारी इमारत के ऊपर 158 छोटे-छोटे गुम्बद हैं। इसके अतिरिक्त प्रार्थना सभागार के ऊपर भी तीन गुम्बद बने हैं।

27. मलिक मुगीज की मस्जिद, माण्डू-इसका निर्माण होशंगशाद के वजीर मलिक मुगीज ने 1432 ई. में करवाया था। यह मस्जिद परम्परागत शैली अर्थात् खुला सहन, तीन ओर छतदार गलियारे में बनवायी गयी। यह ऊँचे चबूतरे पर निर्मित है। यह मुख्य द्वार तक पहुँचने के लिए बनी हैं। इसके सहन के चारों ओर मेहराबदार कक्ष हैं जिनकी छतें गुम्बदाकार हैं।

28. जामी मस्जिद गुलबर्ग (कर्नाटक)-यह मस्जिद गुलबर्गा के किले के अन्दर मुहम्मदशाह बहमनी के शासनकाल (1358-75 ई.) में 1367 ई. में निर्मित हुई थी। इसकी गिनती भारत के प्रसिद्ध मस्जिदों मे होती है। यह बड़ी मस्जिद परम्परागत शैली में बनी है। इसका प्रार्थना कक्ष खुला है जिसमें सुन्दर रोशनदान तथा ऊपर पायदार गुम्बद है। मस्जिद के चारों कोनों पर अपेक्षाकृत आकार में छोटे गुम्बद बने हैं। पूरा सहन 68 वीथियोंवाला छतदार कक्ष बन गया है जिसके प्रत्येक छत पर गुम्बद है। मस्जिद की बाह्य सजावट भी इसकी एक विशेषता है। यह चापाकार बनावट में बनी देशी प्रभाव से रहित फारसी प्रभाववाली मस्जिद है।

29. जामा मस्जिद, बीजापुर-इस मस्जिद का निर्माण अली आदिलशाह प्रथम (1558-1580 ई.) के शासनकाल के आरम्भ में शुरू किया गया तथा मुहम्मद आदिल शाह (1627-56 ई.) के शासनकाल में पूरा हुआ। बनावट में सादगी तथा अपेक्षाकृत कम अलंकरणवाली यह मस्जिद पूर्णतया कभी पूरी नहीं की जा सकी। यह बीजापुर मस्जिदों में सबसे बड़ी 137 मी. × 68.5 मी. मस्जिद है। इसका सहन वर्गाकार है जिसके दोनों ओर 7-7 मेहराबों की सुन्दर पक्तियाँ हैं। तीन तरफ छतदार गलियारे तथा पश्चिमी भाग में सभागार है। इमारत का एकमात्र गुम्बद जो काफी

बड़े आकार का है छत के ऊपर वर्गाकार रोशनदान के ऊपर बना है। गुम्बद के मूल आधार को परम्परागत फूलदार पायों में छिपाया गया है जो दक्कन की मस्जिदों की विशिष्टता है। गुलबर्गा की मस्जिद की तरह यहाँ भी साज-सज्जा का विशेष ध्यान दिया गया है।

30. मक्का मस्जिद, हैदराबाद-इस मस्जिद का निर्माण मुहम्मद कुतुबशाह (1612-26 ई.) के शासनकाल में 1617 ई. में शुरू हुआ और उसके उत्तराधिकारी अब्दुल्ला (1626-72 ई.) और अबुल हसन (1672-87 ई.) के शासनकाल में चलता रहा। यह दक्कन की सर्वाधिक प्रभावशाली मस्जिद है। इसका सहन 110 मीटर का वर्गाकार स्थान है जिसमें तीन कक्ष हैं तथा दो ऊँची मीनारें हैं। इस मस्जिद के छतदार गलियारों में बने खम्भों की सुन्दरता दर्शनीय है।

31. तोली मस्जिद, हैदराबाद-इस मस्जिद का निर्माण 1671 ई. में सुल्तान अब्दुल्ला कुतुबशाह के एक अधिकारी ने कराया था। इसके प्रार्थना सभागार में दो कक्ष हैं। अन्दरूनी कक्ष में प्रवेश करने हेतु पाँच तथा बाहरी कक्ष में प व श । करने हेतु तीन तोरण पथ बने हुए हैं। मेहराबों को भारी पत्थर के पायों पर खड़ा किया गया है। इसके मीनार ऊँचे तथा सुन्दर नक्काशी एवं समानुपातिक संरचनावाले हैं। इस छोटी किन्तु सुन्दर मस्जिद का सर्वाधिक महत्त्वपूर्ण पक्ष है पलस्तर से तराशी हुई सजावट का काम जिसमें स्थानीय प्रभाव व शैली का सौष्ठव स्पष्ट झलकता है।

32. जामी मस्जिद, श्रीनगर-इस मस्जिद का निर्माण सुल्तान सिकन्दर (1393-94 ई.) के समय शुरू हुआ तथा उसके पुत्र जैनुल आबिदीन (1420-70 ई.) ने इसे पूरा किया तथा परिवर्द्धित किया। इस मस्जिद में ईंट, गारे के स्थान पर लकड़ी का प्रयोग किया गया है जो कश्मीर की विशिष्ट वास्तुशैली का अन्यतम नमूना है। इस मस्जिद के बारे में एक उल्लेखनीय बात यह भी है कि इसे तीन बार (एक बार 15वीं सदी में तथा दो बार 17वीं सदी में) जला दिया गया और तीनों बार इसका जीर्णोद्धार किया गया। इसका सहन वर्गाकार है जिसके चारों ओर छतदार गालियारे हैं सभागार के कक्षों की छतें पिरामिडीय हैं और शीर्ष नुकीले हैं। गलियारे और प्रवेशमार्ग एक शहतीर को काटकर बनाये गये हैं।

33. मस्जिदे-आला, श्रीरंगपट्टनम-यह मस्जिद टीपू सुल्तान (1783-99 ई.) द्वारा 1787 ई. में निर्मित एवं उसके मैसूर स्थित महल के भग्नावशेषों के निकट स्थित है। यह स्थान टीपू की राजधानी श्रीरंगपट्टनम में महल के बंगलौटी दरवाजे के समीप है। इस मस्जिद का वृहद् आकार वास्तुशिल्पियों के लिए आकर्षण का विषय है। इसकी परम्परागत शैली और दो ऊँचे मीनार अत्यन्त ऊँचे हैं। यह मस्जिद एक ऊँचे चबूतरे पर बनायी गयी है। सामने के आधे भाग में पंक्ति में कमरे बने हुए हैं। इसका प्रार्थना सभागार बन्द शैली का एवं अत्यन्त विस्तृत है जिसकी छत मेहराबों पर टिकी है।

25

हिन्दू मुस्लिम संश्लेषण

कहा जाता है कि जब दो संस्कृतियों का सम्मिलन होता है तब वही संस्कृति प्रभुत्व स्थापित करती है जिसकी धार्मिक जड़ें मजबूत होती हैं। भारत में यवन, शक, कुषाण, हूण आदि आक्रमणकारी संस्कृतियाँ धीरे-धीरे विलीन होती गयीं तथा हिन्दू धर्म में ज़ज्ब कर ली गयीं। इस्लाम के आने के पश्चात दो महान् संस्कृतियों के आदान-प्रदान से धार्मिक एवं सामाजिक संश्लेषण शुरू हुआ तथा एक नयी गंगा-जमुनी संस्कृति का आविर्भाव हुआ। इस्लाम के भाईचारे की अवधारणा तथा हिन्दू धर्म के वसुधैव कुटुम्बकम् के सिद्धान्त ने एक दूसरे को आन्तरिक रूप से प्रभावित किया। हिन्दू एवं इस्लामिक संस्कृतियों के संश्लेषण में लोक आस्था एवं व्यवहार ने महत्त्वपूर्ण भूमिका का निर्वाह किया। यही कारण है कि हिन्दू एवं इस्लाम धर्म पारम्परिक एवं सैद्धान्तिक रूप से भले एक-दूसरे से अलग रहे किन्तु लोकजीवन एवं लोक व्यवहार के स्तर पर स्पष्ट रूप से संश्लेषण देखा जा सकता है।

अरबों के आक्रमण से लेकर मुगलकाल तक संश्लेषण की प्रक्रिया लगातार चलती रही। इस प्रक्रिया में सूफ़ी सन्तों की भूमिका अत्यन्त महत्त्वपूर्ण रही। यह विचित्र संयोग है कि जिस समय महमूद गजनवी भारत पर आक्रमण कर लूट मार कर रहा था उसी समय भारत में प्रवेश करनेवाले प्रथम सूफ़ी सन्त शेख इस्माइल (1005 ई.) लाहौर में शान्ति एवं भाईचारे का उपदेश दे रहे थे। जिस समय मुहम्मद गोरी आक्रमणकारी के रूप में भारत में प्रवेश कर रहा था उसी समय शेख मुइनुद्दीन चिश्ती (1192 ई.) हिन्दू-मुस्लिम संश्लेषण की बुनियाद रख रहे थे। सूफ़ी सन्तों ने हिन्दू विचारों एवं व्यवहारों में रुचि दिखायी तथा इस्लाम की आस्था के साथ इनका सामंजस्य स्थापित किया। बख्तियार काकी, निजामुद्दीन औलिया, बाबा फरीद, अमीर खुसरो, शेख सलीम चिश्ती, मियाँ मीर आदि सूफ़ी सन्तों ने तलवार के विरोध में कुरान के भाईचारे के सिद्धान्त को भारतीय समाज में अध्यारोपित किया। सूफ़ियों

के योग एवं रहस्यवाद के प्रति हिन्दू जनता भी आकर्षित हुई। सत्ता के लिए गलाकाट राजनीति से दूर इन सन्तों ने समाज की अन्तर्धारा के रूप में भारतीय लोकजीवन को गहराई तक प्रभावित किया। इसी अतःक्रिया का परिणाम हुआ कि अकबर के काल तक संश्लेषण का एक युग पूरा हो चुका था।

सूफ़ी सन्तों की तरह भारतीय भक्ति आन्दोलन के सन्तों ने हिन्दू एवं इस्लाम को जोड़ने में महत्त्वपूर्ण भूमिका अदा किया। जिस प्रकार सूफ़ी सन्तों की आस्था इस्लाम में थी उसी प्रकार भक्तों की आस्था हिन्दू धर्म में थी। अपनी आस्थाओं के बावजूद सूफ़ी सन्तों की तरह भक्तिकालीन सन्तों ने भी एकता, भाईचारा एवं शान्ति का उपदेश दिया। हिन्दू-मुस्लिम एकता एवं संश्लेषण का सबसे बड़ा पाठ कबीर ने दिया। वे हिन्दू-इस्लाम के मुहाने पर बैठे थे। उन्होंने हिन्दू एवं इस्लाम दोनों धर्मों की संकीर्णताओं पर प्रहार किया तथा जाति-व्यवस्था का विरोध किया। कबीर का व्यक्तित्त्व हिन्दू एवं इस्लाम धर्मों के बीच समन्वय एवं सामंजस्य का प्रतीक बन गया। इसी प्रकार नानक, रैदास, दादू, नामदेव जैसे भक्तिकालीन सन्तों ने कर्मकाण्डों एवं जातिप्रथा जैसी कुरीतियों पर प्रहार कर हिन्दू-मुस्लिम जन-जीवन को भाईचारे के रिश्ते में बाँधने का महत्त्वपूर्ण काम किया।

दिल्ली सल्तनत के लगभग तीन सौ वर्षों में हिन्दू एवं मुस्लिम आमजन ने एक-दूसरे के विचारों, व्यवहारों, रहन-सहन, रीति-रिवाजों को बहुत कुछ अपना लिया था। इस्लाम धर्म में नव प्रवेशी हिन्दुओं ने अपने लोकव्यवहारों को जारी रखा जिससे हिन्दुओं एवं मुसलमानों के रीति-रिवाज साझा होने लगे। कुछ हिन्दू जातियों जैसे हुसैनी ब्राह्मणों ने दोनों धर्मों में सामंजस्य का नया प्रयोग किया। वे शीआ हुसैन को इष्ट मानते थे, ख्वाजा मुइनुद्दीन चिश्ती को देवता स्वीकार करते थे तथा पैग़म्बर मुहम्मद को अवतार मानते थे। वे मुसलमानों की तरह रमजान में रोजे रखते थे और अपने मृतकों को दफनाते थे। ऐसा ही अन्य दृष्टान्त रामसांचियों का है जो रामचरण के अनुयायी थे तथा मुसलमानों की भाँति दिन में पाँच बार नमाज़ पढ़ते थे। सूफियों के अतिरिक्त अनेक अज्ञात धार्मिक मूल के सन्त हैं जिनकी पूजा हिन्दू एवं मुसलमान दोनों करते हैं। उदाहरण के लिए सिन्ध में पीर मारिया तथा लाल शाहबाज कलन्दर, गुजरात में सलार महमूद गाजी तथा बंगाल में गाजी मियाँ। सिन्ध के शाहबाज कलन्दर को जहाँ कुछ लोग विष्णु का अवतार मानते हैं वहीं बंगाल के गाजीमिया की पूजा हिन्दू लोग सत्यवीर बाबा के नाम से करते हैं। इसी प्रकार बंगाल के कुछ मुसलमान हिन्दुओं की ही भाँति शीतला माता की पूजा करते हैं।

मुगलकाल तक आते-आते हिन्दू एवं मुसलमान एक-दूसरे के उत्सवों में भी सम्मिलित होने लगे। सूफ़ी सन्तों की दरगाहों पर लगनेवाले मेलों में हिन्दू-मुसलमान समान रूप से भागीदारी करने लगे। शासक वर्ग में सहिष्णु सुल्तान एवं बादशाह भी

पहल करने लगे। अकबर जैसे मुगल शासक ने होली, दशहरा, दीवाली जैसे हिन्दू त्योहारों में भाग लिया वहीं गोलकुण्डा के कुतुबशाही सुल्तानों के प्रयास से हिन्दू मुहर्रम में भाग लेते थे तथा मुसलमान हिन्दू उत्सवों में। इसी प्रकार बंगाल की दुर्गा-पूजा में मुसलमान भी भाग लेने लगे। बंगाल के हिन्दुओं ने कुरान से शकुन विचारने की प्रथा को अपना लिया तथा मुसलमान विवाहादि शुभकार्यों के लिए ब्राह्मणों से मुहूर्त्त निकलवाते थे। अर्थात् मुगलकाल आते-आते लोक स्तर पर हिन्दू-मुस्लिम संश्लेषण इतना हो चुका था कि वह गंगा-जमुनी या हिन्दुस्तानी संस्कृति का स्वरूप ग्रहण कर चुका था।

बादशाह अकबर की नीतियों ने हिन्दु-मुस्लिम भाईचारे को बहुत हद तक मजबूत किया। अकबर ने अपनी उदारवादी नीतियों से मुगल सत्ता को नया सैद्धान्तिक आधार प्रदान किया। उसने दासप्रथा (1562), तीर्थयात्रा कर (1563) तथा जजियाकर (1564) को समाप्त कर एक नया अध्याय शुरू किया। उसकी उदारवादी नीतियों में अबुल फजल, फैजी, बीरबल, टोडरमल तथा जोधाबाई की भी सहभागिता की। अकबर ने 1575 में इबादतखाना की स्थापना किया जिसमें सभी धर्मों के विद्वान् धार्मिक विषयों पर वाद-विवाद करते थे। उसने 1579 में मज़हर नामक घोषणा-पत्र जारी किया जिसके अनुसार उलमा में किसी धार्मिक विषय पर मतभेद होने पर वह साम्राज्य एवं जनता के हित में एक विचार को स्वीकृति दे सकता था एवं कोई भी फरमान जारी कर सकता था। उसने तौहीद-ए-इलाही (दैवी एकेश्वरवाद) या दीन-ए-इलाही (1582 ई.) की सैद्धान्तिक योजना किया जो साम्प्रदायिक सौहार्द की प्रमुख नीति बनी जो सार्वलौकिक शान्ति पर आधारित थी। उसकी दृष्टि भेदभाव-रहित तथा समन्वयवादी थी। उसकी नीतियों में धर्म एवं जातीयता का कोई महत्त्व नहीं था। अकबर के सर्वधर्मसमभाव के प्रयासों ने हिन्दुओं एवं मुसलमानों को करीब ला दिया। औरंगजेब को छोड़कर सभी मुगल बादशाहों ने कमोबेश अकबर की धार्मिक नीति का ही अनुकरण किया।

1857 की क्रान्ति के पश्चात अंग्रेजी हुकूमत ने 'फूट डालो राज्य करो' की नीति अपनाकर पहली बार भारतीय समाज में साम्प्रदायिकता का बीजारोपण किया। क्रान्ति नें मुसलमानों की भूमिका को महत्त्वपूर्ण मानकर अंग्रेजों ने पहले हिन्दुओं को मिलाने का प्रयास किया तथा बाद में सैय्यद मुहम्मद के प्रयास से मुस्लिम तुष्टीकरण का खेल शुरू किया। सर सैय्यद आधुनिक सोच के व्यक्ति थे तथा मुसलमानों को आधुनिक बनाने के लिए अनेक वैज्ञानिक एवं शैक्षणिक संस्थाओं की स्थापना किया। प्रारम्भ में उनकी नीतियाँ राष्ट्रवादी सोच से प्रेरित थीं तथा वे हिन्दू-मुसलमान दोनों की एकता की वकालत करते थे। उनके अलीगढ़ कालेज में हिन्दुओं ने दिल खोलकर आर्थिक सहयोग किया जो बाद में अलीगढ़ विश्वविद्यालय बना। उनके विचारों से

हिन्दू-मुलसमान से ऊपर उठकर राष्ट्रीय सोच पैदा हुई। यद्यपि बाद में सर सैय्यद के विचारों में परिवर्तन आ गया तथा वे मुस्लिम हितों एवं उर्दू भाषा की वकालत करने लगे किन्तु इससे हिन्दू-मुस्लिम लोकजीवन की अन्तःधारा पर कोई प्रभाव नहीं पड़ा।

हिन्दू-मुस्लिम संश्लेषण के मार्ग में अंग्रेजों की भूमिका नकारात्मक थी। राष्ट्रीय आन्दोलन को कमजोर करने के लिए ब्रिटिश सरकार ने साम्प्रदायिकता का बीजारोपण किया। हिन्दू तथा मुस्लिम कट्टरपन्थियों ने भी इस संश्लेषण को गहरा आघात पहुँचाया। किन्तु राष्ट्रवादी सोच के नेताओं जैसे बदरुद्दीन तैय्यबजी, महात्मा गान्धी, मुहम्मद अली, अबुल कलाम आजाद तथा 1930 के पूर्व जिन्ना आदि ने धार्मिक संश्लेषण में महती भूमिका अदा किया तथा राष्ट्रवादी सोच विकसित करने का काम किया। यद्यपि 1930 के बाद जिन्ना ने कट्टरपन्थी मुस्लिम साम्प्रदायिकता का खेल खेला तथा देश-विभाजन की बुनियाद रखी।

आज भारतीय लोकतन्त्र की जड़ें काफी गहराई तक पहुँच चुकी हैं तथा भारत एक आर्थिक महाशक्ति बनने के कगार पर है। आर्थिक, शैक्षणिक एवं वैज्ञानिक विकास के साथ भारत की राष्ट्रीय चेतना बलवती होती जायगी। बँटवारे ने दोनों धर्मों के बीच जो खाईं खोदी थी धीरे-धीरे वह खाईं कम होती जा रही है। यद्यपि आज भी कट्टरपन्थी प्रतिक्रियावादी ताकतें अपना काम कर रही हैं तथा राष्ट्र के तने पर प्रहार कर रही हैं किन्तु इस राष्ट्र की जड़ें इतनी गहरी हैं कि ये ताकतें अपनी साजिश में सफल नहीं होंगी। इकबाल जो प्रारम्भ में राष्ट्रवादी सोच रखते थे इसी तरफ संकेत करते हैं कि—

यूनान मिस्र रोमां सब मिट गये जहाँ से
लेकिन अभी है बाकी नामो निशां हमारा
कुछ बात है कि हस्ती मिटती नहीं हमारी
हरदम रहा है दुश्मन दौरे-जहाँ हमारा।

•••